Restriktionen der Wertreklame

Europäische Hochschulschriften
Publications Universitaires Européennes
European University Studies

Reihe II
Rechtswissenschaft

Série II Series II
Droit
Law

Bd./Vol. 3256

PETER LANG
Frankfurt am Main · Berlin · Bern · Bruxelles · New York · Oxford · Wien

Florian Bottenschein

Restriktionen der Wertreklame

Eine schutzzweckbezogene Analyse auf dem Gebiet des Wettbewerbsrechts

PETER LANG
Europäischer Verlag der Wissenschaften

Die Deutsche Bibliothek - CIP-Einheitsaufnahme

Bottenschein, Florian:

Restriktionen der Wertreklame : eine schutzzweckbezogene Analyse auf dem Gebiet des Wettbewerbsrechts / Florian Bottenschein. - Frankfurt am Main ; Berlin ; Bern ; Bruxelles ; New York ; Oxford ; Wien : Lang, 2001
(Europäische Hochschulschriften : Reihe 2, Rechtswissenschaft ; Bd. 3256)
Zugl.: Heidelberg, Univ., Diss., 2001
ISBN 3-631-38383-5

D 16
ISSN 0531-7312
ISBN 3-631-38383-5

www.peterlang.de

MEINEN ELTERN
UND ANNE

Die Klage über die Schärfe des Wettbewerbs ist in Wirklichkeit meist nur eine Klage über den Mangel an Einfällen

WALTHER RATHENAU

VORWORT

Die Arbeit lag der Juristischen Fakultät der Ruprecht-Karls-Universität Heidelberg im WS 2000/2001 als Dissertation vor. Rechtsprechung und Literatur konnten bis November 2000 berücksichtigt werden. Die aktuellen Bestrebungen des Gesetzgebers im Hinblick auf die ZugabeVO und das RabattG betrachte ich mit Wohlwollen; sie konnten im Rahmen der Arbeit gleichwohl keine Berücksichtigung mehr finden.

Dank schulde ich Herrn Prof. Dr. Peter-Christian Müller-Graff für die Betreuung der Dissertation und die Erstellung des Erstgutachtens. Weiterhin bin ich Herrn Prof. Dr. Winfried Tilmann für die Übernahme und die zügige Erstellung des Zweitgutachtens zu Dank verpflichtet.

Die Deutsche Forschungsgemeinschaft hat die Entstehung der Arbeit durch die Gewährung eines Promotionsstipendiums im Rahmen des Graduiertenkollegs „Unternehmensorganisation und unternehmerisches Handeln nach deutschem, europäischem und internationalem Recht" an der Ruprecht-Karls-Universität Heidelberg gefördert. Hierfür bedanke ich mich sehr herzlich. Für die Aufnahme in das Graduiertenkolleg bedanke ich mich bei dessen Leitern, insbesondere bei Herrn Prof. Dr. Peter Hommelhoff.

Wertvolle fachliche Hinweise habe ich Herrn Dr. Klaus Cannivé, Frau Anne Jostock, Frau Kisten Saßmann, Frau Dr. Claudia Roider sowie den Herren Dr. Christian Storck und Dr. Michael Bormann zu verdanken. Gleicher Dank gilt Frau Nicole Kellermeier für die sprachlichen Korrekturen im Manuskript.

Hamburg, im Juni 2001

Florian Bottenschein

INHALTSVERZEICHNIS

Abkürzungen 17

Einleitung 21

A. Problemstellung 21

B. Ziel und Gang der Untersuchung 24

1. Kapitel: Einordnung der Wertreklame in den Kontext der Werbung 27

A. Der Begriff der Wertreklame 27

B. Die „klassische“ Werbung 29
I. Definitionsversuche 29
II. Funktionen der „klassischen" Werbung 30
1. Beschreibung der marktwirtschaftlichen Ordnung 30
2. Zusammenspiel aus Anbieter- und Abnehmerinteressen 31

C. Besonderheiten der Wertreklame 34
I. Vergleich mit der „klassischen“ Werbung 34
II. Wirkungsweise und Funktion der Wertreklame 35
1. Akzessorische Wertreklame 36
a) Begriffsklärung 36
b) Bedeutung für die Marktbeteiligten 37
2. Abstrakte Wertreklame 40

D. Fazit 43

2. Kapitel: Die akzessorische Wertreklame und § 1 UWG 45

A. Die Erscheinungsformen nach der Rechtsprechung 45
I. Gekoppelte Vorspannangebote 45
II. Verdeckte Koppelungsangebote 48
III. Werbung mit Garantien 50
IV. Werbung mit Zinsvorteilen 52
V. Werbung mit unmittelbaren Geldzuwendungen 53
VI. Geldwerte Zuwendungen innerhalb der Absatzkette 56

VII. Fazit 59

B. Überprüfung der Unlauterkeitskriterien 60
I. Leistungswettbewerb als Ausprägung der Allgemeininteressen 60
1. Entwicklung des Begriffs „Leistungswettbewerb" 61
a) Das klassische Schrifttum 61
b) Der Ansatz von Hefermehl 64
2. Die Rechtsprechung und der Leistungswettbewerb 65
a) Überholte preistheoretische Vorstellungen und Anmaßung von Wissen 66
b) Widerspruch mit der Werbewirklichkeit 68
3. Stellungnahme 70
II. Verletzung von Abnehmerinteressen 72
1. Das maßgebliche Verbraucherleitbild 74
a) Ansätze in der Rechtsprechung des BGH und des EuGH 74
b) Der Einfluss der Warenverkehrs- und Dienstleistungsfreiheit 76
c) Warenverkehrsfreiheit und „Maßnahmen gleicher Wirkung" 77
d) Einordnung der akzessorischen Wertreklame in die „Keck"-Doktrin? 80
e) Akzessorische Wertreklame und die Dienstleistungsfreiheit 83
f) Schlussfolgerungen 84
2. Unsachliche Beeinflussung – übertriebenes Anlocken 88
a) Entschlossene Abnehmer 90
b) Unentschlossene Abnehmer 92
3. Erschwerung des Preisvergleichs 95
a) Tatsächliche Ebene 95
b) Wettbewerbsrechtliche Relevanz 98
4. Verschleierungs- bzw. Irreführungsgefahr 100
a) Gefahrenpotential der akzessorischen Wertreklame 102
b) Zurechenbarkeit 103
c) Formel 104
d) Die Irreführungsfälle in der Rechtsprechung 104
III. Verletzung von Mitbewerberinteressen 107
1. Wettbewerbsimmanente Verdrängungswirkung? 109
a) Verdrängung auf dem Markt des koppelnden Guts 110
b) Verdrängung auf dem Markt des gekoppelten Guts 113
2. Berücksichtigung von Sonderinteressen, insbesondere Mittelstandsschutz 114
a) Zickzackkurs des BGH 115
b) Befürwortende Literatur 115

c) Fehlende Verankerung strukturpolitischer Zielsetzungen des Mittelstandes 116
3. Maßgebliche Kriterien für unzulässigen Verdrängungswettbewerb 119

C. Fazit 122

3. Kapitel: Die ZugabeVO als Restriktion der akzessorischen Wertreklame 125

A. Entstehungsgeschichte der ZugabeVO 125

B. Inhalt und Anwendungsbereich des Zugabeverbots 126
I. Begriff der Zugabe 127
1. Verschiedenheit von Haupt- und Nebenleistung 127
2. Akzessorietät und Eignung zur unsachlichen Beeinflussung 129
3. Ohne besondere Berechnung 130
II. Ausnahmen nach § 1 II ZugabeVO 130
1. „Geringwertige Kleinigkeiten“ 130
2. Der Begriff der „Handelsüblichkeit“ in § 1 II lit.d ZugabeVO 131
III. Beurteilung der Tatbestandsauslegung 133

C. Wettbewerbstheoretische Sinnfälligkeit des Zugabeverbots 135
I. Gefahr der unsachlichen Beeinflussung des Kunden 136
1. Vorwurf 136
2. Retrospektive 137
3. Berücksichtigung der Besonderheiten der Zugabenwerbung 137
II. Verschleierungs- bzw. Irreführungsgefahr 139
1. Befürchtungen 139
2. Reminiszenz 140
3. Erhöhtes Gefahrenpotential bei der Zugabenwerbung 141
III. Gefahr eines Brancheneinbruchs 143
IV. Gefahr der Übersteigerung des Zugabewettbewerbs 145
V. Zwischenergebnis 147

D. Das Zugabeverbot und die Grundfreiheiten 148
I. Die Entscheidung „Oosthoek`s Uitgeversmaatschappij BV“ 148
II. Bewertung 149

E. Resümee 152

4. Kapitel: Beschränkung der Werbung mit Preisnachlässen durch das RabattG 155

A. Geschichtlicher Hintergrund und Wandel des Gesetzeszwecks 155

B. Gesetzliche Regelung 157
I. Das Vorliegen eines Preisnachlasses 157
II. Einschränkende Tatbestandsmerkmale 158
1. „Letzter Verbraucher" 158
2. Der Terminus des „täglichen Bedarfs" 159
3. „Einzelverkauf" 159
III. Allgemeine, nach der gesetzlichen Regelung zulässige Rabatte 160
IV. Bewertung des Rabattverbots und seiner Auslegung 161

C. Wettbewerbstheoretische Sinnfälligkeit des RabattG 163
I. Verschleierung überhöhter Preisgestaltungen 163
1. Irreführung durch überhöhte Ausgangspreise 164
a) Vorspiegeln eines künstlich hohen Preisniveaus 164
b) Vergleich mit der Entwicklung in Österreich 166
2. Irreführung durch die Ausnahmepreise 167
a) Ankündigung von Rabatten 168
b) Individuelle Gewährung von Rabatten 168
3. Zwischenergebnis 170
4. Die PAngV als Ausdruck von Preiswahrheit und Markttransparenz 170
II. Anlocken der Käufer durch übermäßige Nachlässe 172
1. Anreiz zum Kauf des ermäßigten Guts 173
2. Anreiz zum Kauf von Gütern des Restsortiments 174
III. Verzerrung des Preiswettbewerbs zum Nachteil der Mitbewerber 176
1. Interpretation 176
2. Gefahr durch Gesamtumsatzrabatte 177

D. Das Rabattverbot unter dem europarechtlichen Blickwinkel 179
I. Einordnung der Rabattwerbung in die „Keck"-Rechtsprechung 180
II. Rechtfertigung durch im Allgemeinwohl liegende Interessen 182

E. Ergebnis 184

5. Kapitel: Lauterkeitsrechliche Analyse der abstrakten Wertreklame 187

A. Erscheinungsformen der abstrakten Wertreklame 187
I. Unentgeltliche Abgabe von Waren zu Werbezwecken 187

II. Werbegeschenke 189
III. Unentgeltliche Leistungserbringung 190

B. Überprüfung der Unlauterkeitskriterien 192
I. Verletzung von Abnehmerinteressen 192
1. Übertriebenes Anlocken 193
a) Typisierung 193
b) Schutzbedürftigkeit des Abnehmers 195
2 . Psychologischer Kaufzwang 198
a) Lauterkeitsrechtlicher Vorwurf 198
b) Berücksichtigung der marktwirtschaftlichen Risikobereiche 199
c) Rekurs auf das Verbot der belästigenden Werbung 200
d) Verdeutlichung anhand der kostenlosen Kundenbeförderung 202
II. Verletzung von Mitbewerberinteressen 202
1. Inhaltliche Ausgestaltung des Schutzes 202
2. Wettbewerbsfremdheit der Verdrängung 204
3. Widerspruch mit den Erkenntnissen der Wettbewerbstheorie 204
III. Verletzung von Interessen der Allgemeinheit 206
1. Schnittfeld von marktbezogener Unlauterkeit und GWB 209
a) Präventivschutz im Vorfeld der GWB-Tatbestände 210
b) Lauterkeitsrecht als Sonderdeliktsrecht 213
2. Erfolgsqualifizierte Unlauterkeit qua Nachahmungsgefahr 213
a) Gesamtwürdigung contra Erfolgszurechnung 215
b) Lauterkeitsrechtliches Gleichbehandlungsgebot 216
c) Zwischenergebnis 218
3. Marktbezogene Wirkungen der abstrakten Wertreklame 218
a) Gefahr eines Gewöhnungseffekts 218
b) Marktverstopfung durch Bedarfsdeckung 219
IV. Fazit 221

C. Exkurs: Ständiger Gratisvertrieb von Presseerzeugnissen 223
I. Rechtsprechung zum ständigen Gratisvertrieb von Presseerzeugnissen 225
1. Fachzeitschriften 225
2. Anzeigenblätter 226
3. Tagespresse 228
4. Fazit 229
II. Bewertung des ständigen Gratisvertriebs von Presseerzeugnissen 230
1. Terminologische Nähe zur abstrakten Wertreklame 231
2. Gefahr für den Bestand eines funktionsfähigen Pressewesens 233
a) Verfassungsrechtliche Vorgaben 233

b) Wettbewerbsrechtliche Beurteilung 236
3. Resümee 239

Zusammenfassende Thesen 241

Literatur 245

ABKÜRZUNGEN

a.A.	andere Ansicht
a.a.O.	am angegebenen Ort
Abs.	Absatz
a.E.	am Ende
a.F.	alte Fassung
AfP	Archiv für Presserecht
allg.	allgemein
Anm.	Anmerkung
a.Z.	alte Zählung
BAG	Bundesarbeitsgemeinschaft der Mittel- und Großbetriebe des Einzelhandels
BB	Betriebs-Berater
Bd.	Band
BGB	Bürgerliches Gesetzbuch
BGBl.	Bundesgesetzblatt
BGH	Bundesgerichtshof
BGHZ	Entscheidungen des Bundesgerichtshofs in Zivilsachen
BKartA	Bundeskartellamt
BMJ	Bundesministerium der Justiz
BVerfG	Bundesverfassungsgericht
BVerfGE	Entscheidungen des Bundesverfassungsgerichts
bzw.	beziehungsweise
DB	Der Betrieb
ders.	derselbe
d.h.	das heißt
DIHT	Deutscher Industrie- und Handelstag
DZWir	Deutsche Zeitschrift für Wirtschaftsrecht
EG	Europäische Gemeinschaft

EGV	Vertrag zur Gründung der europäischen Gemeinschaft
Einf.	Einführung
Einl.	Einleitung
etc.	et cetera
EU	Europäische Union
EuGH	Gerichtshof der Europäischen Gemeinschaft
EuZW	Europäische Zeitschrift für Wirtschaftsrecht
EWG	Europäische Wirtschaftsgemeinschaft
EWiR	Entscheidungen zum Wirtschaftsrecht
EWS	Europäisches Wirtschafts- und Steuerrecht
f.	folgende
ff.	folgende
FLF	Finanzierung, Leasing, Factoring
Fn.	Fußnote
gem.	gemäß
GG	Grundgesetz
GRUR	Gewerblicher Rechtsschutz und Urheberrecht, Zeitschrift der Deutschen Vereinigung für gewerblichen Rechtsschutz und Urheberrecht
GRUR Int.	Gewerblicher Rechtsschutz und Urheberrecht, Zeitschrift der Deutschen Vereinigung für gewerblichen Rechtsschutz und Urheberrecht, Internationaler Teil
GUR	Gesamtumsatzrabatt
GWB	Gesetz gegen Wettbewerbsbeschränkungen
Halbs.	Halbsatz
Hb.	Halbband
HDE	Hauptverband des Deutschen Einzelhandels
Hrsg.	Herausgeber
HWG	Gesetz über die Werbung auf dem Gebiet des Heilwesens
i.d.R.	in der Regel

i.e.S.	im engeren Sinne
IPRax	Praxis des internationalen Privat- und Verfahrensrechts
i.S.d.	im Sinne des
i.w.S.	im weiteren Sinne
JW	Juristische Wochenschrift
JZ	Juristenzeitung
Kap.	Kapitel
KartRdsch	Kartell-Rundschau
KG	Kammergericht
LG	Landgericht
lit.	litera
MA	Der Markenartikel
MuW	Markenschutz und Wettbewerb
m.w.N.	mit weiteren Nachweisen
n.F.	neue Fassung
NJW	Neue Juristische Wochenschrift
NJW-RR	Neue Juristische Wochenschrift, Rechtsprechungsreport
Nr.	Nummer
öBGBl.	Österreichisches Bundesgesetzblatt
öUWG	österreichisches Gesetz gegen den unlauteren Wettbewerb
OLG	Oberlandesgericht
PAngV	Preisangabenverordnung
RabattG	Rabattgesetz
RabelsZ	Zeitschrift für ausländisches und internationales Privatrecht
RGBl.	Reichsgesetzblatt
Rn.	Randnummer
RG	Reichsgericht
RIW	Recht der internationalen Wirtschaft
Rspr.	Rechtsprechung

RWW	Rechtsfragen in Wettbewerb und Werbung
S.	Seite
Slg.	Amtliche Sammlung der Entscheidungen des EuGH
sog.	sogenannte
Sp.	Spalte
st. Rspr.	ständige Rechtsprechung
u.a.	unter anderem
u.ä.	und ähnliches
Urt.	Urteil
UWG	Gesetz gegen den unlauteren Wettbewerb
v.	vom
vgl.	vergleiche
Vorb.	Vorbemerkung
VpK	Verbraucher-politische Korrespondenz
Wbl	Wirtschaftsrechtliche Blätter
WiSt	Wirtschaftswissenschaftliches Studium
WRP	Wettbewerb in Recht und Praxis
WuW	Wirtschaft und Wettbewerb
WuW/E	Entscheidungssammlung der Wirtschaft und Wettbewerb
z.B.	zum Beispiel
ZEuP	Zeitschrift für Europäisches Privatrecht
ZIP	Zeitschrift für Wirtschaftsrecht
ZHR	Zeitschrift für das gesamte Handels- und Wirtschaftsrecht
Ziff.	Ziffer
ZugabeVO	Zugabeverordnung

EINLEITUNG

A. PROBLEMSTELLUNG

Mit der Wertreklame werden die unterschiedlichsten werblichen Erscheinungsformen in Verbindung gebracht. Obwohl sich das Reichsgericht bereits im Jahre 1930 mit einer dieser Erscheinungsformen – der unentgeltlichen Abgabe von Waren zu Werbezwecken – auseinander zu setzen hatte[1], ist die Rechtsprechung in diesem Bereich keineswegs gesichert; allenfalls die tendenzielle Missbilligung der Wertreklame durch die Gerichte ist gewiss[2]. Der Erfindungsfreudigkeit der werbenden Unternehmen ist es zu verdanken, dass die in ihrer negativen Grundhaltung verharrenden Gerichte regelmäßig durch die Vorlage neuartiger Erscheinungsformen der Wertreklame mit deren wettbewerbsrechtlichen Beurteilung befasst werden. Als Beispiele aus der jüngsten Zeit sind etwa die Bewerbung von Automobilen mit zinsgünstigen Darlehen[3], längerfristige Rückgaberechte beim Gebrauchtwagenkauf[4], die kostenlose Abgabe eines Mobiltelefons bei gleichzeitigem Abschluss eines Netzkartenvertra-

1 RG GRUR 1930, 1204 – Lose. Die Unbeständigkeit der Rechtsprechung hinsichtlich der unentgeltlichen Abgabe von Waren zu Werbezwecken zeigt sich besonders deutlich in den Nachfolgeentscheidungen: RG GRUR 1936, 810 – Diamantine; BGH GRUR 1957, 365 – SUWA; BGH GRUR 1965 – Kleenex.

2 Das negative Vorverständnis gegenüber sämtlichen Erscheinungsformen der Wertreklame drückt sich auch darin aus, dass man der Wertreklame einen Verstoß gegen die Grundsätze des Leistungswettbewerbs unterstellt, vgl.: BGH GRUR 1995, 165 (166) – Kosmetikset; BGH WRP 1992, 644 – Glücksball-Festival; BGH GRUR 1984, 463 (464) – Mitmacher-Tour; BGH GRUR 1979, 779 (780) – Wert-Coupons; BGH GRUR 1976, 248 (249) – Vorspannangebot; BGH GRUR 1981, 286 (287) – Goldene Karte I; BGH WRP 1990, 28 (30) – Wirtschaftsmagazin.

3 BGH NJW 1994, 2152 – Zinsgünstige Finanzierung durch Kfz-Herstellerbank; zuvor: OLG Frankfurt, WRP 1982, 277, das einen Verstoß gegen § 3 UWG sah; OLG München, WRP 1991, 51 sah sowohl einen Verstoß gegen § 1 I ZugabeVO als auch gegen § 1 UWG; OLG Düsseldorf, WRP 1990, 105 – Finanzierungsendpreis und KG, WuW/E OLG 4766 mit dem Ergebnis der wettbewerbsrechtlichen Zulässigkeit der Werbung mit Zinsvorteilen.

4 BGH BB 1998, 661 – Umtauschrecht I sah einen Verstoß gegen die ZugabeVO, wohingegen BGH WRP 1999, 181 – Umtauschrecht II ein kurzfristiger ausgestaltetes Umtauschrecht als wettbewerbskonform beurteilte; zuvor: LG Frankfurt, WRP 1994, 217, KG, BB 1995, 1100 und OLG Frankfurt, BB 1995, 2604, die allesamt einen Verstoß gegen § 1 I ZugabeVO annahmen.

ges[5] oder der Gratisvertrieb von Sonntagszeitungen[6] zu nennen. Obwohl manches Urteil sogar in der Öffentlichkeit auf breite Ablehnung gestoßen ist[7], kann die Kritik an der Rechtsprechung sinnvollerweise nicht ohne Berücksichtigung der Eigentümlichkeiten der Normen erfolgen, die bei der Beurteilung der Wertreklame anzuwenden sind.

Sedes materie ist in erster Linie § 1 UWG. Die Ausgestaltung dieser bestimmenden Norm des Wettbewerbsrechts als Generalklausel hat es erlaubt, eine ausdifferenzierte Kasuistik aufzubauen[8]. Dem ist es schließlich zu verdanken, dass sich § 1 UWG im Großen und Ganzen als geeignet erwiesen hat, tiefgreifenden Wandlungen der politischen, gesellschaftlichen und wirtschaftlichen Verhältnisse ohne umständliche Gesetzesänderungen gerecht zu werden[9]. Die Gefahr der richterlichen Rechtsfortbildung liegt jedoch – wie Schricker unter Betonung der mit dem Richterrecht verbundenen Flexibilität anmerkt – in der Anfälligkeit, neue Phänomene vorschnell zu regulieren[10]. Diese Feststellung passt vorzüglich zu den mit der Wertreklame in Verbindung gebrachten Unlauterkeitsmerkmalen bzw. Fallgruppen. So werden beispielsweise aufgrund

5 BGH WRP 1999, 90 – Handy für 0,00 DM; BGH WRP 1999, 94 – Handy-Endpreis; vgl. vor allem die vollkommen divergierenden Entscheidungen der Oberlandesgerichte: OLG München, WRP 1996, 1060; OLG Dresden, GRUR 1997, 848; OLG Frankfurt, WRP 1997, 99; OLG Nürnberg, GRUR 1997, 847; OLG Düsseldorf, WRP 1996, 762; OLG Köln, WRP 1996, 1207.

6 OLG Karlsruhe, WRP 1998, 525 – Zeitung zum Sonntag; OLG Bremen, WRP 1999, 1052 – Kreisblatt am Sonntag.

7 So die Entscheidung BGH NJW 1991, 701 – Biowerbung mit Fahrpreiserstattung. Die Kritik hatte sogar den Gesetzgeber auf den Plan gerufen, der eine angemessene Fahrtkostenerstattung nunmehr gem. § 1 II lit.d ZugabeVO ausdrücklich als handelsübliche Zugabe behandelt wissen will. Aus der Folgerechtsprechung vgl.: BGH GRUR 1995, 163 (164) – Fahrtkostenerstattung I; BGH GRUR 1995, 616 – Fahrtkostenerstattung II; ebenfalls auf Empörung gestoßen ist das Urteil BGH WRP 1999, 424 – Bonusmeilen.

8 Aus dem Grund, dass „die langjährige Rechtsprechung des RG und des BGH den Rechtsgehalt der Generalklausel nach vielen Richtungen breit entfaltet hat" konnte das BVerfG in GRUR 1972, 358 (360) – Grabsteinwerbung § 1 UWG trotz einer gewissen Beeinträchtigung der Rechtssicherheit als verfassungskonform beurteilen.

9 BEATER, ZEuP, 1996, 200 (213 f.); SCHRICKER, GRUR Int. 1996, 473 (479); DERS., GRUR 1974, 579 (581); Köhler/PIPER, Einf., Rn. 4; KNÖPFLE, JZ 1984, 923; BUNTE, GRUR 1981, 397 (400); HENNING-BODEWIG, GRUR 1997, 180; V.GAMM, Wettbewerbsrecht, 1. Hb., Kap. 19, Rn. 1; Baumbach/HEFERMEHL, Wettbewerbsrecht, Einl. UWG, Rn. 62 spricht insoweit von der Notwendigkeit einer Generalklausel.

10 SCHRICKER, GRUR Int. 1996, 473 (474).

eines übertriebenen Anlockens oder psychologischen Kaufzwangs immer wieder vernünftige Fortentwicklungen der Wertreklame untersagt, nur weil sie in die terminologische Nähe dieser althergebrachten Stereotype gerückt werden[11]. Den Nachweis einer Verbindung mit den vermeintlich hinter den Unlauterkeitsmerkmalen stehenden Interessen bleibt die Rechtsprechung zumeist schuldig. Dieses Argumentationsdefizit gibt dringenden Anlass, zu überprüfen, ob sich hinter den von der Rechtsprechung vorgebrachten Unlauterkeitsmerkmalen tatsächlich schützenswerte Interessen verbergen.

Bei den sondergesetzlichen Regelungen der Wertreklame in der ZugabeVO und dem RabattG liegt die Problematik anders: Hier ist die Zulässigkeit der Wertreklame jeweils durch scharf umgrenzte, abstrakte Gefährdungstatbestände begrenzt. Der Rechtsprechung wird hier vorgeworfen, sie lasse unter dem Mantel der Hypothese, es handele sich um Formaltatbestände, eine eigenartige Begriffsjurisprudenz aufblühen[12]. Der Sache nach impliziert dies eine Kritik an der extensiven Tatbestandsauslegung der Rechtsprechung und der damit verbundenen größtmöglichen Restriktion der in den Sondertatbeständen geregelten Erscheinungsformen. Dadurch wird der ZugabeVO und dem RabattG eine Eigendynamik verliehen, die deswegen bedenklich ist, weil die Berechtigung dieser Regelungen in der geltenden Wirtschaftsordnung ohnehin zunehmend bezweifelt wird[13]. Aus diesem Grunde ist es notwendig, die Auslegung der Tatbestände durch die Rechtsprechung zu beleuchten und zudem der Frage nach der wettbewerbstheoretischen Sinnfälligkeit dieser Regelungen nachzugehen.

11 Vgl. nur den Beitrag von EMMERICH, in: Festschrift für Piper, S. 171 mit dem trefflichen Titel „Übertriebenes Anlocken – Was ist das eigentlich?“; instruktiv auch: SOSNITZA, Wettbewerbsbeschränkungen durch die Rechtsprechung, S. 22 ff.

12 SCHRICKER, GRUR Int. 1996, 473 (477); zum Auslegungsmaßstab dieser Sondertatbestände vgl.: Baumbach/HEFERMEHL, Wettbewerbsrecht, ZugabeVO Allg., Rn. 12, RabattG Allg., Rn. 10; KÖHLER/PIPER, ZugabeVO Ein., Rn. 3, RabattG Einf., Rn. 6; HOTH/GLOY, Zugabe und Rabatt, ZugabeVO. Einf., Rn. 4, RabattG Einf., Rn. 4.

13 REICHOLD, AcP 193 (1993), 204 (237). Eine *übermäßige* Einschränkung der Vertragsgestaltungsfreiheit wird für den Bereich der Zugabenwerbung beklagt von: KÖHLER, in: Festschrift für Hoppmann, S. 283 ff.; EMMERICH, Recht des unlauteren Wettbewerbs, § 12, 2; MESTMÄCKER, Der verwaltete Wettbewerb, S. 62; SEYDEL, Zugabeverordnung und Rabattgesetz, Allg. Vorb., Rn. 2; in Bezug auf die Rabattwerbung vgl.: SCHÜTZ, EuZW, 1993, 409 ff; MÖSCHEL, Rabattgesetz und Deregulierung, S. 16.

B. ZIEL UND GANG DER UNTERSUCHUNG

Ziel dieser Arbeit ist, die Restriktionen der Wertreklame einer grundlegenden Untersuchung zu unterwerfen. Einzubeziehen sind demnach das Richterrecht, dessen Legitimation aus dem mit der Generalklausel verbundenen Normbildungsauftrag abgeleitet wird[14], sowie die Sondertatbestände der ZugabeVO und des RabattG. Angesichts der Tatsache, dass dem Wettbewerbsrecht ein Freiheitsschutz, und zwar gegen unlautere Verhaltensweisen, immanent ist[15], muss sich dieses Beurteilungsregime an der sachgerechten Balance des empfindlichen Gleichgewichts zwischen Lauterkeits- und Freiheitsschutz messen lassen[16]. Sollte die bestehenden Rechtslage dem nicht gerecht werden, so sind im Rahmen dieser Untersuchung Maßstäbe zu entwickeln, die diesem Gleichgewicht in der erforderlichen Weise Rechnung tragen. Für die sondergesetzlichen Regelungen der Wertreklame muss dies die Frage einschließen, ob die Gefahren der Zugaben- und Rabattwerbung nicht in ebenso wirksamer Weise mit Hilfe des § 1 UWG unterbunden werden können.

Am Anfang der Untersuchung steht die Einordnung der Wertreklame in den Kontext der Werbung (1. Kapitel). Dabei wird sowohl auf den Begriff der Wertreklame als auch auf die Besonderheiten im Vergleich mit der „klassischen" Werbung einzugehen sein. Bereits an dieser Stelle ist vorwegzunehmen, dass aufgrund der unterschiedlichen Wirkungsweisen der Begriff Wertreklame in die akzessorische und die abstrakte Wertreklame aufgespalten werden muss. Von akzessorischer Wertreklame sprich man, wenn der Abnehmer die durch die Werbeaktion vermittelte Vergünstigung nur bei Abschluss eines weiteren Rechtsgeschäfts mit dem Werbenden erhalten kann. Bei der abstrakten Wertreklame wird die Vergünstigung hingegen bedingungslos gewährt.

Die schutzzweckbezogene Analyse beginnt mit der akzessorischen Wertreklame, deren Zulässigkeit an den Bestimmungen des § 1 UWG (2. Kapitel), der

14 EMMERICH, Recht des unlauteren Wettbewerbs, § 5, 4; BAUDENBACHER, GRUR 1981, 19 (20); MÖSCHEL, Pressekonzentration und Wettbewerbsgesetz, S. 143 f.; SCHÜNEMANN, in: Großkommentar, Einl., D 34 f.; Baumbach/HEFERMEHL, Wettbewerbsrecht, Einl. UWG, Rn. 72.

15 UWG und GWB sind damit „lediglich" zwei Seiten derselben Medaille; vgl. auch: SCHERER, WRP 1996, 174 (178); EMMERICH, Recht des unlauteren Wettbewerbs, § 5, 9; BAUDENBACHER, ZHR 144 (1980), 145 (169); GÖTTING, Entwicklung des Zugaberechts, S. 98; MERZ, Die Vorfeldthese, S. 199; a.A. jedoch: KNÖPFLE, Die marktbezogene Unlauterkeit, S. 27 ff.

16 Das Erfordernis dieses Gleichgewichts ergibt sich daraus, dass das Wettbewerbsrecht die Freiheit des Wettbewerbs gegen unlautere Verhaltensweisen schützen will und eine Ausdehnung des Einen zu Lasten des Anderen geht, vgl. auch: SCHRICKER, GRUR Int. 1996, 473 (479).

ZugabeVO (3. Kapitel) sowie am RabattG (4. Kapitel) gemessen wird. Die Beurteilung nach § 1 UWG gliedert sich in die Darstellung der Rechtsprechung zu den einzelnen Erscheinungsformen der akzessorischen Wertreklame und in die Überprüfung der von der Rechtsprechung vorgebrachten Unlauterkeitskriterien. Im Vordergrund steht jeweils die Frage, ob durch die akzessorische Wertreklame Interessen von Marktteilnehmern tangiert werden, und ob diese Interessen wettbewerbsrechtlich schützenswert sind. Diese Vorgehensweise ist schon dadurch determiniert, dass den Schutzzwecken des § 1 UWG bei der Frage nach der Sittenwidrigkeit einer Wettbewerbshandlung entscheidende Bedeutung zukommt und die Schutzzwecke wiederum nur im Hinblick auf den jeweils betroffenen Personenkreis und das von diesem erfasste Interesse definiert werden können[17]. In die Untersuchung integriert ist die Fragestellung, ob Erscheinungsformen der akzessorischen Wertreklame aufgrund einer Irreführungsgefahr gem. § 3 UWG zu untersagen sind.

Die Vorgehensweise bei den sondergesetzlichen Regelungen der akzessorischen Wertreklame, also der ZugabeVO (3. Kapitel) und dem RabattG (4. Kapitel), ist vorgezeichnet durch die Ausgestaltung der Verbote als abstrakte Gefährdungstatbestände. Hier soll jeweils ein Blick auf den geschichtlichen Hintergrund geworfen werden. Dem folgt eine knappe Darstellung der gesetzlichen Regelungen, in die die Auslegung der einzelnen Tatbestandsmerkmale durch die Rechtsprechung integriert sind. Im Gegensatz zu § 1 UWG, bei dem bereits eine Rechtsprechungsänderung etwaige unnötige Wettbewerbsbeschränkungen beseitigen kann, lässt sich die Analyse im Rahmen der sondergesetzlichen Regelungen nicht auf eine Überprüfung der Rechtsprechungspraxis begrenzen. Vielmehr wird zu analysieren sein, ob diese Restriktionen der akzessorischen Wertreklame, die aus der Zeit der Weltwirtschaftskrise stammen, lauterkeitsrechtlich und wirtschaftspolitisch in der geltenden Wirtschaftsordnung eine Rechtfertigung finden können. Zudem sollen die sondergesetzlichen Regelungen auf ihre Vereinbarkeit mit den gemeinschaftsrechtlichen Grundfreiheiten, namentlich der Warenverkehrs- und der Dienstleistungsfreiheit überprüft werden.

Anschließend erfolgt die lauterkeitsrechtliche Analyse der abstrakten Wertreklame (5. Kapitel). Die sondergesetzlichen Regelungen der ZugabeVO und

17 Vgl.: HEFERMEHL, in: Festschrift für GRUR, S. 897 (907); DERS., in Festschrift für Robert Fischer, S. 197 (201); BEATER, ZEuP 1996, 200 (209 ff.); DERS., JZ 1997, 916; EMMERICH, Recht des unlauteren Wettbewerbs, § 5, 12; V.GAMM, Unlauterer Wettbewerb, Einf. A, Rn. 24 ff.; RINCK, in: Festschrift für OLG Celle, S. 152 (173); SCHRICKER, GRUR 1980, 194 (198); FEZER, in: Amann/Jaspers, RWW, Kap. 3, Rn. 129; OHLY, Richterrecht und Generalklausel, S. 225; DREXL, Die Einwirkung der Grundrechte auf die Auslegung der Generalklauseln des UWG, S: 163 (189 f.).

des RabattG sind hier begrifflich nicht anwendbar[18]. Die wettbewerbsrechtliche Beurteilung vollzieht sich deswegen ausschließlich nach § 1 UWG. Zunächst sollen die Erscheinungsformen der abstrakten Wertreklame und ihre lauterkeitsrechtliche Beurteilung durch die Rechtsprechung dargestellt werden. Anschließend erfolgt eine schutzzweckbezogene Analyse der Unlauterkeitsmerkmale, mit denen die abstrakte Wertreklame in Verbindung gebracht wird, und die damit einhergehende kritische Würdigung der Rechtsprechungspraxis. Eine Sonderstellung nimmt der ständige Gratisvertrieb von Presseerzeugnissen ein[19]. Diesbezüglich steht die Frage im Vordergrund, ob die Grundsätze, die für die wettbewerbsrechtliche Beurteilung der abstrakte Wertreklame gelten, angesichts der Doppelmarktstellung[20] der Presse übertragen werden können. Soweit dies nicht möglich ist, sind eigenständige Kriterien für die wettbewerbsrechtliche Beurteilung des ständigen Gratisvertriebs von Presseerzeugnissen zu erarbeiten. Bedeutung wird hierbei der Ausstrahlungswirkung der institutionellen Pressefreiheit gem. Art. 5 I S. 2 GG zukommen, die sich als Bestandsschutz eines funktionsfähigen, eventuell sogar des herkömmlichen Pressewesens erweisen könnte[21].

18 HAMMER, Die unentgeltliche Verteilung von Originalware, S. 128, 138; LEHMANN, Die Werbung mit Geschenken, S. 8 ff; SCHOLLMEYER, Grenzen der Zulässigkeit bei Probegaben, S. 44 f.; jedoch kann bei Warenproben die ZugabeVO anwendbar sein, wenn der Erprobungszweck für den Kunden nicht hinreichend erkennbar ist, vgl.: OLG Köln, GRUR 1989, 698 (699) – Warenprobe; OLG Hamm, GRUR 1991, 395 (396) – Harro`s-Bonbons.

19 Vgl. die zahlreichen höchstrichterlichen Entscheidungen: BGH GRUR 1956, 223 – Freiburger Wochenbericht; BGH GRUR 1957, 600 – Westfalen-Blatt I; BGH GRUR 1969, 287 – Stuttgarter Wochenblatt I; BGH GRUR 1971, 477 – Stuttgarter Wochenblatt II; BGH NJW 1971, 237 – Ärztekammer; BGHZ 56, 327 – Feld und Wald I; BGH GRUR 1977, 608 – Feld und Wald II; BGH WRP 1977, 400 – WAZ-Anzeiger; BGH WRP 1980, 394 – Wochenmarkt; BGH GRUR 1982, 53 – Bäckerfachzeitschrift; BGH WRP 1985, 330 – Bliestal-Spiegel; BGH GRUR 1990, 44 – Annoncen-Avis; BGH GRUR 1991, 616 – Motorboot-Fachzeitschrift; BGH NJW 1992, 1817 – Amtsanzeiger; BGH WRP 1996, 889 – Stumme Verkäufer.

20 Zum Wesen der Doppelmarktstellung vgl.: SACHON, Wettbewerbsrechtliche Probleme des Vertriebs von Freistücken, S. 84 f.; DERS., WRP 1980, 659 (660); AHRENS, WRP 1999, 123; BRANDNER, GRUR 1996, 531 (532); GLOY, GRUR 1996, 585; KÖHLER, WRP 1998, 455.; MESTMÄCKER, Medienkonzentration und Meinungsvielfalt, S. 112 f.

21 In diesem Sinne: TEPLITZKY, GRUR 1999, 108 ff.; AHRENS, WRP 1999, 123 (124); Baumbach/HEFERMEHL, Wettbewerbsrecht, § 1 UWG, Rn. 865.

1. KAPITEL: EINORDNUNG DER WERTREKLAME IN DEN KONTEXT DER WERBUNG

A. DER BEGRIFF DER WERTREKLAME

Die Umschreibung des Begriffs Wertreklame, der weder gesetzlich definiert noch im allgemeinen Sprachgebrauch weit verbreitet ist, hat sich in der rechtswissenschaftlichen Diskussion im Laufe der Zeit gewandelt: Nach einem frühen Verständnis wurde die Wertreklame vielfach mit dem Begriff der Zugabe gleichgesetzt[1]. So geht nach Angaben von Huth[2] die Entstehung des Terminus auf die Verteidiger der Zugabe im Jahre 1913 zurück, die den Begriff der Wertreklame kreiert hätten, um die Auswüchse des Zugabeunwesens zu bemänteln. Auch die Rechtsprechung tendierte in diese Richtung: Zwar wurde formal zwischen der Zugabe und den sonstigen Formen der Wertreklame unterschieden; die Sittenwidrigkeit der Wertreklame wurde zuweilen dennoch mit denselben Erwägungen begründet, mit denen zuvor ein Verstoß gegen die ZugabeVO festgestellt wurde[3]. Obwohl man sich heutzutage von diesem Verständnis gelöst hat, sind die Nachwirkungen noch immer daran zu erkennen, dass die verschiedenen Erscheinungsformen der Wertreklame allein wegen ihres zugabeähnlichen Charakters in die Nähe des Sittenwidrigkeitsbereichs gerückt werden[4].

Heute besteht kein Zweifel, dass Zugaben lediglich eine Untergruppe der Wertreklame darstellen. Die vorherrschende Definition der Wertreklame ist dementsprechend auffallend weit gefasst: Unter Wertreklame im weitesten Sinne versteht man jede Form der Werbung, die dem Kunden besondere Vergünstigungen in Aussicht stellt, um ihn zum Abschluss von Geschäften mit

1 LEHMANN, Die Werbung mit Geschenken, S. 3. Zum Streit um die Berechtigung einer gesetzlichen Regelung der Zugaben, der unter dem Begriff der „Wertreklame" ausgetragen wurde, vgl.: MARBE, Psychologie der Wertreklame, S. 23 ff.; KIND, Die volkswirtschaftliche Bedeutung des Zugabewesens, S. 5; LOBE, Die Wertreklame in wirtschaftlicher und juristischer Bedeutung, S. 6; BUHL, Die Wertreklame - Eine betriebswirtschaftliche Studie.

2 HUTH, Gutscheinsystem und Zugabeunwesen, S. 16 f.

3 RG GRUR 1936, 190 (193) – Dentistentagebuch.

4 So vor allem die Vorspannangebote, siehe dazu: BGH GRUR 1976, 248 (249) – Vorspannangebot; zustimmend: HÖNN, in: Festschrift für Mühl, S. 309 (331); KRÜGER-NIELAND, WRP 1979, 1 (2); ablehnend: GÖTTING, Entwicklung des Zugaberechts, S. 59; HOTH, GRUR 1976, 219 (220) SOSNITZA, Wettbewerbsbeschränkungen durch die Rechtsprechung, S. 55; vgl. auch: LEHMANN, Werbung mit Geschenken, S. 4; ANGEHRN, MA 1972, 177.

dem Werbenden zu veranlassen[5]. Charakteristisch ist nicht – wie zumeist bei der „klassischen“ Werbung – die Anpreisung der preislichen und qualitativen Vorzüge der Ware, sondern das Überlassen von geldwerten Vergünstigungen verschiedenster Art, wie z.B. Waren, Leistungen oder schlichtweg Geld[6]. Teilweise kommt in den in der Literatur anzutreffenden Definitionen bereits die Stigmatisierung der Wertreklame als leistungswidrige Werbeform zum Ausdruck. So werden die genannten „Appeal-Faktoren“ der Wertreklame in der Kommentierung von Hefermehl[7] als „unsachliche Mittel“, die den Kunden in seinen Entschlüssen „bestechen“ wollen, angesehen. Zu betonen ist noch, dass das eine Unentgeltlichkeit keineswegs notwendige Voraussetzung für die Zugehörigkeit einer Werbeform zur Wertreklame ist. Die geldwerte Vergünstigung kann vielmehr auch durch einen Preisnachlass, das Hinzugeben einer weiteren Ware bzw. Leistung oder durch die Erstattung bestimmter Kosten erbracht werden.

Trotz dieser Umschreibungsversuche ist man sich weitgehend einig, dass es sich bei der Wertreklame nicht um eine eigenständige Fallgruppe des § 1 UWG handelt[8]. Mit der Zugehörigkeit einer Werbeform zur Wertreklame ist demnach noch keine Aussage über deren wettbewerbsrechtliche Zulässigkeit verbunden. Deswegen ist es wohl zu verstehen, dass keine ernsthaften Versuche unternommen wurden, eine prägnante, lauterkeitsrechtlich handhabbare Definition zu finden. Angesichts dieser Tatsache sollte Wertreklame als eine Sammlung unterschiedlicher Unterfallgruppen des § 1 UWG verstanden werden, wie insbesondere die Gefahr für den Bestand des Leistungswettbewerbs, das übertriebene Anlocken, die Erschwerung des Preisvergleichs, die Verschleierungs- bzw. Irreführungsgefahr, der psychologischer Kaufzwang, die Gewöhnung der Verbraucher sowie die Marktverstopfung. Diese Unterfallgruppen lassen sich

5 EMMERICH, Recht des unlauteren Wettbewerbs, § 13; Köhler/PIPER, § 1 UWG, Rn. 36; SOSNITZA, Wettbewerbsbeschränkungen durch die Rechtsprechung, S. 125; PRALLE, Die Wertwerbung, S. 4; KLOSTERFELDE/JAEGER-LENZ, in: Handbuch des Wettbewerbsrechts, § 50, Rn. 75; V.GAMM, Unlauterer Wettbewerb, § 1 UWG Rn. 156; DERS., WRP 1974, 1; E.Ulmer/REIMER, Unlauterer Wettbewerb, Band III, Nr. 800; SCHÜNEMANN, Wettbewerbsrecht, S. 68; BORCK, WRP 1983, 469; DERS., WRP 1983, 311; DERS., WRP 1976, 285.

6 KLOSTERFELDE/JAEGER-LENZ, in: Handbuch des Wettbewerbsrechts, § 50, Rn. 75; Köhler/PIPER, § 1 UWG, Rn. 36; RÜFFLER, Österreichisches und europäisches Wirtschaftsprivatrecht, Teil 6/2, S. 412; KEHL, Wettbewerbsrecht, S. 121.

7 Baumbach/HEFERMEHL, Wettbewerbsrecht, § 1 UWG, Rn. 85.

8 Vgl. auch: HIRTZ, BB 1979, 450 (452); MERZ, Die Vorfeldthese, S. 97. Trotzdem lässt sich zuweilen die Tendenz erkennen, aus dem Wesen der Wertreklame die Sittenwidrigkeit herzuleiten. In diesem Sinne die Einteilung bei: Baumbach/HEFERMEHL, Wettbewerbsrecht, § 1 UWG, Rn. 85 ff.

wiederum im Wesentlichen den Oberfallgruppen Kundenfang und Marktstörung zuordnen[9].

B. DIE „KLASSISCHE" WERBUNG

Um die werblichen Besonderheiten der Wertreklame verständlicher zu machen, soll – als Kontrast – zunächst die „klassische" Werbung als solches auf ihr Wesen und ihre Funktion hin untersucht werden.

I. Definitionsversuche

Die in der Wissenschaft vertretenen Definitionen der Werbung sind abundant, wobei sich die Unterschiede zumeist aus der Zugehörigkeit der Autoren zu den verschiedenen Fachbereichen ergeben. Die intensivste Behandlung – und damit die reichhaltigste Ausprägung – hat der Begriff der Werbung in der wirtschaftswissenschaftlichen Literatur erfahren[10]. So heißt es, „Werbung ziele darauf ab, den Werbeadressaten durch geistig seelische, also rationale oder emotionale, aber physisch zwangfreie Beeinflussung zu veranlassen, sich im Sinne der Ziele des Werbenden zu verhalten[11]." Prägnanter lässt sich die Werbung definieren als der planvolle Einsatz von Mitteln zur Erzielung bestimmter Absatzleistungen[12]. Negativ wird die Werbung oftmals von anderen Marketingmaßnahmen, wie „sales promotion" oder „public relations" abgegrenzt. Je-

9 Zu Grunde gelegt ist in diesem Fall die Einteilung von: Baumbach/HEFERMEHL, Wettbewerbsrecht; vgl. auch: HEFERMEHL, in: Festschrift für GRUR, S. 899 (919). Unabhängig von diversen anderen Einteilungsversuchen in der Literatur (vgl. dazu die Übersicht bei: K. KRÜGER, Die Systematik des Wettbewerbsrechts, S. 15 ff.) wird teilweise die Berechtigung der Fallgruppe „Markstörung" gänzlich bestritten: KNÖPFLE, Die marktbezogene Unlauterkeit, S. 2; 154 m.w.N.

10 Zur unterschiedlichen Ausprägung des Begriffs der „Werbung" in den diversen wissenschaftlichen Fachbereichen vgl.: SCHERER, Privatrechtliche Grenzen der Verbraucherwerbung, S. 19 f.

11 SEYFFERT, Werbelehre, S. 7; DRETTMANN, Wirtschaftswerbung und Meinungsfreiheit, S. 7; KREFT, in: Handbuch des Wettbewerbsrechts, § 14, Rn. 1; STERZINGER, Deregulierung im UWG und seinen Nebengesetzen, S. 38.; TIETZ, Handbuch der Kommunikations- und Werbewirtschaft, S. 71; JETZER, Lockvogelwerbung, S. 73.

12 KREFT, in: Handbuch des Wettbewerbsrecht, § 14, Rn. 1; ALBACH, in: Beckerath, Handwörterbuch der Sozialwissenschaften, S. 624; vgl. auch: STEFFENHAGEN, Absatzpolitische Instrumente, in: Wittmann, Handwörterbuch der Betriebswirtschaft, A-H, Sp. 23, 29 ff.; TEMPELMEIER, Beschaffung, Materialwirtschaft, Logistik, in: Wittmann, Handwörterbuch der Betriebswirtschaft, A-H, Sp. 312, 319 f.

doch ist diese Einteilung aus lauterkeitsrechtlicher Sicht von zu vernachlässigender Bedeutung, da bei der Auslegung des Begriffs der Sittenwidrigkeit in § 1 UWG eine Anknüpfung an wirtschaftswissenschaftliche Kategorien nicht stattfindet. Erwähnenswert ist allerdings die Legaldefinition in der Richtlinie des Rates vom 10. September 1984 zur Angleichung der Rechts- und Verwaltungsvorschriften der Mitgliedstaaten über irreführende Werbung (84/450/EWG). In Art. 2 Nr. 1 wird Werbung definiert als „jede Äußerung bei der Ausübung eines Handels, Gewerbes, Handwerks oder freien Berufs mit dem Ziel, den Absatz von Waren oder die Erbringung von Dienstleistungen, einschließlich unbeweglicher Sachen, Rechte und Verpflichtungen, zu fördern."

II. Funktionen der „klassischen" Werbung

Versucht man sich die Funktionen der „klassischen" Werbung vor Augen zu führen, kann dies nur vor dem Hintergrund einer bestimmten Wirtschaftsordnung geschehen. Die Beschreibung der marktwirtschaftlichen Ordnung und ihrer Funktionsbedingungen ist ein Bereich, der von der volkswirtschaftlichen Lehre entwickelt wurde und der sich im Laufe der Zeit gewandelt hat[13].

1. Beschreibung der marktwirtschaftlichen Ordnung

Heutzutage geht die Volkswirtschaftslehre – ungeachtet der Divergenzen hinsichtlich der konkreten Ausprägung – überwiegend von einem Modell aus, das den Wettbewerb als Koordinator des Marktgeschehens in einem dynamischen Prozess versteht[14]. Dieser Prozess, der als Entdeckungsverfahren von niemandem vorausgesagt werden kann, entfaltet sich am besten unter Abwesenheit von Beschränkungen der Wettbewerbsfreiheit[15]. Prägend ist zudem das

13 Zu dieser Entwicklung vgl. vor allem: EMMERICH, Kartellrecht, § 1, 2 ff.; SCHERER, Privatrechtliche Grenzen der Verbraucherwerbung, S. 23 ff.; SCHÜNEMANN, in: Großkommentar, Einl., A 8 ff.; Baumbach/HEFERMEHL, Wettbewerbsrecht, Allg., Rn. 13 ff; WILHELM, in: Behrens, Handbuch der Werbung, S. 41 ff.; FEZER, in: Amann/Jaspers, RWW, Kap. 3, Rn. 44 ff.

14 Vgl.: SCHÜNEMANN, in: Großkommentar, Einl., A 28.

15 Zu diesem neoklassischen Leitbild des Wettbewerbs grundlegend: V.HAYEK, Der Wettbewerb als Entdeckungsverfahren, S. 14 ff.; DERS., Die Verfassung der Freiheit, S. 30 ff.; vgl. auch: HOPPMANN, Marktmacht und Wettbewerb, S. 9; DERS., Zum Schutzobjekt des GWB, S. 61 (90); NIESCHLAG/DICHTL/HOERSCHGEN, Marketing, S. 52; MÖSCHEL, in: Festschrift für Tübinger Juristenfakultät, S. 333 (338); PERAU, Werbeverbote im Gemeinschaftsrecht, S. 31; MERZ, Die Vorfeldthese, S. 219; REICHOLD, AcP 193 (1993), 204 (205).

Bild eines vorstoßenden und nachfolgenden Wettbewerbs. In fundamentalem Gegensatz dazu steht das statischen Modell des vollkommenen Wettbewerbs[16], das als unrealistisches Wunschbild die geltende Marktwirtschaft nicht hinreichend beschreibt und deswegen als überwunden angesehen werden kann[17]. Ausgangspunkt der Überlegungen der dynamischen Theorie ist – anders als beim statischen Modell – ein unvollkommener Wettbewerb mit wenigen Produktinnovationen und einem weitgehend gesättigten Markt, der zudem durch die ubiquitäre Heterogenität der Güter und damit durch ein geringes Maß an Markttransparenz gekennzeichnet ist[18]. Gerade aufgrund dieser unvollkommenen Marktsituation, der zudem ein gewisses Maß an Informationsdefizit anhaftet[19], bedarf es der Werbung als Informationsträger, der eine Brücke zwischen Anbieter- und Abnehmerinteressen schlägt.

2. Zusammenspiel aus Anbieter- und Abnehmerinteressen

Aus der Sicht der *Anbieter* ist die Werbung ein Mittel, um den eigenen Absatz zu maximieren, den Marktanteil zu vergrößern oder neue Märkte zu er-

16 In den amtlichen Begründungen zum GWB-Entwurf ist man sogar vom Wunschbild eines vollkommenen Wettbewerbs ausgegangen. Es heißt dort: „Es darf als sichere wirtschaftliche Erkenntnis angesehen werden, dass die Marktverfassung des freien Wettbewerbs das Vorhandensein der Marktform des vollkommenen Wettbewerbs als wirtschaftliche Gegebenheit zur Voraussetzung hat, d.h. die Zahl der Marktteilnehmer muss so groß sein, dass der Marktpreis für den Unternehmer eine von seinem Verhalten im Wesentlichen unabhängige Größe ist. Soweit diese Voraussetzung zutrifft, muss der Gesetzgeber dafür Sorge tragen, dass der vollständige Wettbewerb nicht durch beschränkende Maßnahmen beeinträchtigt wird" (abgedruckt bei Baumbach/HEFERMEHL, Wettbewerbsrecht, Allg., Rn. 14)

17 Zur Kritik am statischen Modell der Marktwirtschaft vgl. z.B.: DOEPNER, in: Festschrift für Lieberknecht, S. 165 (180); SCHERER, Privatrechtliche Grenzen der Verbraucherwerbung, S. 24; STOBBE, Gesamtwirtschaftliche Theorie, S. 292; Baumbach/HEFERMEHL, Wettbewerbsrecht, Allg., Rn. 14.

18 SCHÜNEMANN, in: Großkommentar, Einl., A 18; SCHERER, WRP 1996, 174 (179); vgl. auch: LEHMANN, GRUR Int, 1977, 135 (136), der feststellt, dass der Durchschnittsverbraucher in der Regel nur wenige Preise von Markenartikeln im Gedächtnis hat; VAN DEN BERGH/LEHMANN, GRUR Int. 1992, 588 (592) sprechen insoweit von „Preis- und Qualitätsunsicherheiten".

19 Gleichwohl weisen VAN DEN BERGH/LEHMANN, GRUR Int. 1992, 588 (590) zu Recht darauf hin, dass informationseffiziente Märkte aus wettbewerblichen Gründen kein anzustrebendes Ziel sind, da für den Verbraucher auf Dauer der Anreiz fehlen würde, Suchkosten aufzuwenden, was letztendlich zur Folge hätte, dass sich Preis und Qualität der einzelnen Mitbewerber angleichen würden.

schließen[20]. Auf einem unvollkommenen Markt ist eine Absatzsteigerung oftmals nur möglich, wenn neue Bedürfnisse geweckt werden[21]. Insoweit hat die Wirtschaftssituation einen gewissen Wandel erfahren: Während früher der Abnehmer in Ausübung seiner Souveränität seinen Bedarf tendenziell selbst lenkte und damit für einen höchstmöglichen Grad der Befriedigung aus seinem Einkommen sorgte, obliegt es heute zunehmend dem Anbieter, die Bedürfnisse des Abnehmers zu wecken[22]. Dazu ist eine Information des potentiellen Käufers über das entsprechende Produkt von großer Bedeutung, auch wenn sich diese Information auf das Vorhandensein eines solchen Produkts beschränkt[23]. Der Abnehmer soll neugierig gemacht und zur Probe des Produkts angeregt werden, letztendlich mit der Intention, ihn von seiner bestehenden Marktbindung abzubringen. Im Erfolgsfalle durchbricht der Abnehmer seine Marktpräferenzen. Die Werbung bewirkt damit eine Verstärkung des Wettbewerbs; ohne sie würde der Abnehmer dazu neigen, immer wieder ihm vertraute Produkte zu kaufen. Besonders für Newcomer ist deswegen ein Markteintritt ohne Werbung kaum vorstellbar.

Für den *Abnehmer* ist in erster Linie die Frage relevant, wie er seinen Bedarf an Waren und Dienstleistungen optimal decken kann. Aus diesem Blickwinkel kommt vor allem der informativen Werbung eine bedeutende Funktion zu. Sie klärt darüber auf, welche Warenarten, Marken und Sortimente angeboten werden. Der Abnehmer kann sich an dieser Werbung orientieren und mit Hilfe der daraus gewonnenen Informationen die Unübersichtlichkeit des Marktes mindern[24]. Dadurch kann die Markttransparenz geschaffen werden, die

20 PERAU, Werbeverbote im Gemeinschaftsrecht, S. 29; SCHERER, Privatrechtliche Grenzen der Verbraucherwerbung, S. 25; STOBBE, Gesamtwirtschaftliche Theorie, S. 293; DERS., Mikroökonomik, S. 348 f.; STRODTHOFF, Werbung in Wirtschaft und Recht, S. 7; VAN DEN BERGH/LEHMANN, GRUR Int. 1992, 588 (592).

21 STOBBE, Gesamtwirtschaftliche Theorie, S. 293; JUTTA KEßLER, Das System der Warenverkehrsfreiheit im Gemeinschaftsrecht, S. 200; JETZER, Lockvogelwerbung, S. 83; SEVECKE, Wettbewerbsrecht und Kommunikationsgrundrechte, S. 32 stellt insoweit die Bekanntmachungsfunktion in den Vordergrund.

22 LEHMANN, Vertragsanbahnung durch Werbung, S. 64 ff.; SCHERER, Privatrechtliche Grenzen der Verbraucherwerbung, S. 22 f.

23 Interessant diesbezüglich ist insbesondere die „moderne, informationsökonomische Werbetheorie“, vgl. vor allem bei: VAN DEN BERGH/LEHMANN, GRUR Int. 1992, 588 (592 f.); MENKE, GRUR 1993, 718 ff.

24 KAISER, Werbung - Theorie und Praxis werblicher Beeinflussung, S. 66; LUCKENBACH, WiSt 1973, 399 (400); SCHMALEN, WiSt 1975, 496; HARTWIG, WRP 1997, 825 (830); JETZER, Lockvogelwerbung, S. 78; PERAU, Werbeverbote im Gemeinschaftsrecht, S. 31; KOPPENSTEINER, Wettbewerbsrecht, § 32, Rn. 19;

Voraussetzung für den autonomen Entscheidungsprozess des Kunden und damit für ein zweckrationales Agieren im Wettbewerb ist[25]. Besonders wichtig ist dieses Informationsbedürfnis im Hinblick auf Produkteinführungen, Qualitätsverbesserungen, Preissenkungen und den Produktsystem-Vergleich. Ohne Werbung könnte sich der Kunde die Informationen hierüber nur unter sehr großem Aufwand beschaffen.

Trotz der unterschiedlichen Funktionen der Werbung besteht doch gleichwohl eine enge Verknüpfung zwischen dem Ziel der Absatzsteigerung des Anbieters einerseits und dem Informationsbedürfnis des Abnehmers andererseits. Aufgrund des in der heutigen Wohlstandsgesellschaft wachsenden Verbrauchereinkommens ist das Einkommen mit dem Erwerb von existenziellen Gütern noch nicht aufgebraucht. Dieser Überschuss an Geld lässt sich einem neuen Verwendungszweck zuführen[26]. Dementsprechend müssen beim Kunden Bedürfnisse für ein neues Produkt geweckt werden, gleichzeitig muss er über Innovationen informiert werden. Wird das Bedürfnis des Abnehmers geweckt und dieser zum Kauf der Ware erfolgreich veranlasst, so zeigt sich in dieser Situation, dass die Absatzsteigerung und die Informationsvermittlung als Funktionen der Werbung in ihrem Zusammenspiel einen notwendigen Bestandteil einer jeden marktwirtschaftlichen Ordnung darstellen[27]. Die Werbung ist demnach das zentrale Bindeglied zwischen Angebot und Nachfrage.

Praktisch gesehen ist eine rein informative Werbung allerdings kaum vorzufinden. Die Werbung versucht vielmehr auch, das Gefühlsleben oder das Unterbewusstsein der Kunden durch Suggestion, Assoziation und Motivation anzusprechen[28]. Die Wirksamkeit solcher Werbemethoden beruht auf tiefen-

SEVECKE, Wettbewerbsrecht und Kommunikationsgrundrechte, S. 32; PEDRETTI, Wettbewerb und Zugabewesen, S. 71; P.ULMER, GRUR 1977, 565 (571).

25 LOEWENHEIM, GRUR 1975, 99 (105); DAUSES, EuZW 1995, 425 (430); SACK, Rechts- und wirtschaftspolitische Argumente, S. 5; Baumbach/HEFERMEHL, Wettbewerbsrecht, § 1 UWG, Rn. 334; DOEPNER, GRUR 1976, 16 (21); JETZER, Lockvogelwerbung, S. 78; PERAU, Werbeverbote im Gemeinschaftsrecht, S. 31; vgl. auch: WILLEKE, Wettbewerbspolitik, S. 48; NEUMANN, in: Handbuch des Wettbewerbs, S. 149 (156).

26 STOBBE, Gesamtwirtschaftliche Theorie, S. 293; DERS., Mikroökonomik, S. 349; SCHERER, Privatrechtliche Grenzen der Verbraucherwerbung, S. 26.

27 OHLGART, in: Behrens, Handbuch der Werbung, S. 211; STOBBE, Gesamtwirtschaftliche Theorie, S. 293; JUTTA KEßLER, Das System der Warenverkehrsfreiheit im Gemeinschaftsrecht, S. 200.

28 MEFFERT, Marketing, S. 664, 699; Baumbach/HEFERMEHL, Wettbewerbsrecht, vor §§ 3-8 UWG, Rn. 1; KOTLER/BLIEMEL, Marketing-Management, Kap. 23; JETZER, Lockvogelwerbung, S. 62; PERAU, Werbeverbote im Gemeinschaftsrecht, S. 27; LEHMANN, Die Werbung mit Geschenken, S. 30.

psychologischen Erkenntnissen[29]. Nur auf diese Weise ist es möglich, die Gesamtheit der Bedürfnisse und Wünsche des Menschen anzusprechen; eine auf Information beschränkte Werbung liefe Gefahr, vom Verbraucher überhaupt nicht beachtet zu werden. Die Informationen könnten nicht an den Adressaten gelangen, was sich kontraproduktiv auf die erwünschte Markttransparenz auswirken würde[30]. Die attraktive „Verpackung" einer informativen Werbung ist deswegen erforderlich, um das intendierte Ziel – die Absatzsteigerung – erreichen zu können[31]. Neuerdings hat sich demgemäß unter den Ökonomen die Einsicht durchgesetzt, dass eine strikte Unterscheidung zwischen informativer und persuasiver Werbung nicht möglich und zudem nicht nützlich ist[32].

C. Besonderheiten der Wertreklame

I. Vergleich mit der „klassischen" Werbung

Für das Feld der Wertreklame sind wirtschaftswissenschaftliche Untersuchungen der oben dargestellten Art kaum anzutreffen. Dies liegt vor allem daran, dass die Wertreklame – im Gegensatz zur „klassischen" Werbung, der sog. Wort- und Anschauungsreklame – in Deutschland wegen der gesetzlichen Restriktionen einen relativ geringen Werbeanteil besitzt[33]. Insoweit ist lediglich eine Übertragung der für die „klassische" Werbung gefundenen Ergebnisse in Erwägung zu ziehen. Die Wertreklame wird jedoch zumeist als etwas grundlegend Verschiedenes angesehen, der „klassischen" Werbung gar begrifflich ge-

29 BIELER, GRUR 1972, 530; BÜLOW, WRP 1971, 299; LEHMANN, Die Werbung mit Geschenken, S. 164.

30 SCHRICKER, RabelsZ 40 (1976), 533 (551); GÖTTING, Entwicklung des Zugaberechts, S. 68; instruktiv zum Spannungsverhältnis zwischen informativer und unsachlicher Werbung MENKE, GRUR 1993, 718 (719); SEVECKE, Wettbewerbsrecht und Kommunikationsgrundrechte, S. 33.

31 Gleichwohl dürfen auch die Gefahren der Werbung nicht außer Acht gelassen werden. So hat insbesondere PACKARD, Die geheimen Verführer, passim S. 10, 82, 93, 297, 315, für eine Sensibilisierung gesorgt. In etwas übertriebener Weise wirft er der Werbung vor, sie manipuliere die Verbraucher mit tiefenpsychologischen Mitteln; sie stoße in das Unterbewusstsein des Umworbenen vor, in den intimsten Bereich seiner Ängste und seines Fühlens und führe die so gewonnenen Erkenntnisse einer rücksichtslosen ökonomischen Nutzanwendung bei der Absatzsteigerung zu.

32 VAN DEN BERGH/LEHMANN, GRUR Int. 1992, 588 (592).

33 Anders noch in den 60er Jahren, in denen BURMANN, Recht der Wertreklame, Einf. I zufolge der Gesamtumsatz der Wertreklame dreimal so hoch war wie der von Funk- und Fernsehwerbung zusammen.

genübergestellt[34], so dass eine Übertragung der wirtschaftswissenschaftlichen Erkenntnisse auf die Wertreklame zumindest explizit nicht stattgefunden hat. In der Tat besteht ein gravierender Unterschied zwischen der „klassischen" Werbung und der Wertreklame.

So zeichnet sich die „klassische" Werbung dadurch aus, dass der Werbende die Adressaten über die sprachliche, schriftliche und bildliche Darstellung des Werbeobjekts zur Erfüllung des Werbezwecks motivieren will[35]. Diese Form der Darstellung soll Motive, Triebe oder Gefühle des Umworbenen, die im Zusammenhang mit dem Werbeobjekt stehen, ansprechen. Bei der Wertreklame hingegen wird nicht „über" eine Ware, sondern „mit" einer Ware geworben. Diese werbende Ware stellt die Vergünstigung dar, welche die Zugehörigkeit der Werbeaktion zum Sammelbegriff der Wertreklame bewirkt. Der Umworbene soll unmittelbar durch diese Vergünstigung – vor allem durch deren Nützlichkeit – zum Kauf motiviert werden. Werbeträger ist bei der Wertreklame demzufolge der beworbene Gegenstand. Die Wertreklame hat daher über den eigentlichen Informationswert hinausgehend den Vorteil, dass dem Umworbenen ein in Geld bezifferbarer Wert zukommt.

II. Wirkungsweise und Funktion der Wertreklame

Angesichts der bestehenden Unterschiede zwischen der Wertreklame und der „klassischen" Werbung erscheint es notwendig, die Wirkungsweise und Funktion der Wertreklame eingehender zu untersuchen, bevor Aussagen über die lauterkeitsrechtliche Zulässigkeit getroffen werden können. Wie bereits festgestellt wurde, handelt es sich bei der Wertreklame mehr um eine Sammlung unterschiedlicher Fallgruppen des § 1 UWG als um einen exakt definierbaren Ausdruck[36]. Um eine sachgemäße, wettbewerbsrechtliche Analyse der Wertreklame vornehmen zu können, ist es sinnvoll, die Wertreklame in zwei Untergruppen einzuteilen. Die Wirkungsweise der Wertreklame ist entscheidend davon abhängig, inwiefern die Gewährung der Vergünstigung unmittelbar

34 PRALLE, Die Wertwerbung, S. 7; BORCK, WRP 1976, 285 (286); BURMANN, Recht der Wertreklame, 330 II, S. 1; E.Ulmer/REIMER, Unlauterer Wettbewerbs, Band III, Nr. 800, der darauf hinweist, dass die Wort- und Anschauungsreklame häufig höhere Aufwendungen als die Wertreklame erfordert, dem Kunden aber keine Vorteile zuwendet.

35 PRALLE, Die Wertwerbung, S. 7; EMMERICH, Recht des unlauteren Wettbewerbs, § 13; BURMANN, Recht der Wertreklame, 330 II, S. 1; KLOSTERFELDE/JAEGER-LENZ, in: Handbuch des Wettbewerbsrechts, § 50, Rn. 75.

36 Vgl.: 1. Kapitel, A., S. 27 ff.

vom Abschluss des vom Werbenden erstrebten Rechtsgeschäfts abhängig ist[37]. Erhält der Kunde die in Aussicht gestellte Vergünstigung lediglich, wenn er mit dem Werbenden zugleich ein weiteres Rechtsgeschäft abschließt, so spricht man von *akzessorischer Wertreklame*; erhält er die Vergünstigung jedoch ohne den Abschluss eines solchen Rechtsgeschäfts, handelt es sich um *abstrakte Wertreklame*. Die Motivation, die den Kunden zum Geschäftsabschluss mit dem Werbenden veranlassen soll, ist grundsätzlich verschieden. Insofern sind sowohl die Beschreibung der werblichen Wirkungen dieser Gruppierungen als auch die lauterkeitsrechtliche Analyse getrennt vorzunehmen.

1. Akzessorische Wertreklame

Bei der akzessorischen Wertreklame wird die Gewährung der Vergünstigung unmittelbar vom Abschluss des vom Werbenden erstrebten Rechtsgeschäfts abhängig gemacht. Gekoppelte Vorspannangebote, verdeckte Koppelungsangebote, Garantien, Werbung mit Zinsvorteilen, Werbung mit unmittelbaren Geldzuwendungen sowie geldwerte Zuwendungen innerhalb der Absatzkette sind die wesentlichen Erscheinungsformen der akzessorischen Wertreklame. Die wettbewerbsrechtliche Zulässigkeit dieser Werbeformen wird vorwiegend an § 1 UWG gemessen. Je nach Ausgestaltung der Werbeaktion, in concreto bei Abgabe der Vergünstigung ohne besondere Berechnung oder einem nur zum Schein berechneten Entgelt, kann die in Aussicht gestellte Vergünstigung eine nach § 1 I ZugabeVO verbotene Zugabe darstellen. Wird die Vergünstigung nicht als Ware oder Leistung an den Kunden gegeben, sondern als Nachlass vom allgemein angekündigten oder geforderten Preis, so ist die Zulässigkeit der akzessorischen Wertreklame an den Vorgaben des RabattG zu messen.

a) Begriffsklärung

In der üblichen Terminologie wird bei der wettbewerbsrechtlichen Beurteilung der akzessorischen Wertreklame – in Anlehnung an die ZugabeVO – zwischen Haupt- und Nebenware unterschieden[38]. Diese Begrifflichkeit sollte

37 LEHMANN, Die Werbung mit Geschenken, S. 8, auf den diese Unterscheidung zurückgeht, der sich dann aber im Folgenden nur mit den abstrakten Wertreklamemitteln auseinander setzt; ihm folgend: MERZ, Die Vorfeldthese, S. 98; vgl. auch: BORCK, WRP 1996, 4, der aus der Unterscheidung zwischen akzessorischer und abstrakter Wertreklame jedoch keine unmittelbare Konsequenzen zieht.

38 Vgl.: Baumbach/HEFERMEHL, Wettbewerbsrecht, § 1 UWG, Rn. 132; BORCK, WRP 1975, 1 (3); SCHERER, Privatrechtliche Grenzen der Verbraucherwerbung, S. 163; EMMERICH, Recht des unlauteren Wettbewerbs, § 13, 4; KNÖPFLE, Die

nach Möglichkeit vermieden werden. Was Haupt- und Nebenleistung ist, kann erst vom jeweiligen Standpunkt des Betrachters beurteilt werden. Im Rahmen einer nach § 1 UWG zu bewertenden Werbemaßnahme kann – anders als bei der ZugabeVO – die Nebenleistung sogar von höherem Wert als die Hauptleistung sein. Der Abnehmer kann in diesem Fall unter Umständen eine andere Gewichtung vornehmen als der Anbieter. Deswegen bietet es sich an, zumindest im Bereich der nach § 1 UWG zu beurteilenden akzessorischen Wertreklame eine Terminologie zu wählen, die eine solche vorweggenommene Wertung vermeidet. Da allen Formen der akzessorischen Wertreklame gemein ist, dass zwei verschiedene Güter in irgendeiner Weise rechtsgeschäftlich miteinander verknüpft sind, ist dies in der Begrifflichkeit zum Ausdruck zu bringen. Die Komponente des Angebots, die der Kunde zwangsläufig abnehmen muss, um die Vergünstigung zu erhalten, wird demnach als das *gekoppelte Gut* bezeichnet[39]. Bei der Vergünstigung selbst spricht man vom *koppelnden Gut*. Sowohl das gekoppelte als auch das koppelnde Gut kann in Form einer Ware oder einer Leistung angeboten werden.

b) Bedeutung für die Marktbeteiligten

Für den *Anbieter* stellt die akzessorische Wertreklame in erster Linie eine Absatzstrategie dar, die – wie die „klassische" Werbung – versucht, die Aufmerksamkeit der potentiellen Kunden auf das eigene beworbene Gut zu lenken. Gleichwohl bietet die akzessorische Wertreklame einen kaum zu unterschätzenden Vorteil gegenüber anderen Werbeformen. Während beispielsweise bei der „klassischen" Werbung von der Absatzkapazität des werbenden Unternehmens unabhängige Kosten entstehen, fallen die Kosten bei der akzessorischen Wertreklame stets im gleichen Verhältnis zum Umsatz an[40]. Der Anbieter kann demnach von der Absatzproportionalität der akzessorischen Wertreklame profitieren[41]. Besonders für Newcomer, deren Markteintritt sich im Sinne eines

marktbezogene Unlauterkeit, S. 139; SOSNITZA, Wettbewerbsbeschränkungen durch die Rechtsprechung, S. 123; NORDEMANN, Wettbewerbs- und Markenrecht, Rn. 214 a; E.Ulmer/REIMER, Unlauterer Wettbewerb, Band III, Nr. 835; KLOSTERFELDE/JAEGER-LENZ, in: Handbuch des Wettbewerbsrechts, § 50, Rn. 123; GERSTENBERG, GRUR 1980, 618 (619).

39 Vgl. schon die Einteilung bei: BURKERT, Zulässigkeit von Koppelungsgeschäften; S. 35; DERS., GRUR 1989, 869.

40 E.ULMER, Unlauterer Wettbewerb, Band I, Nr. 358; GÖTTING, Entwicklung des Zugaberechts, S. 5; PRALLE, Die Wertwerbung, S. 118.

41 Auf diesen Aspekt wird schon in der amtlichen Erläuterung des Reichspräsidenten zum Schutze der Wirtschaft vom 9.3.1932 (RGBl. I, S. 121), Rechtsanzeiger Nr. 61 vom 12.3.1932, abgedruckt bei v.Godin, Wettbewerbsrecht, S. 332 (334)

sich entwickelnden Wettbewerbs als unabdingbare Voraussetzung darstellt[42], ist dieser Effekt von immenser Bedeutung[43]. Durch die akzessorische Wertreklame kann der Newcomer besonders leicht auf seine Produkte aufmerksam machen, wohingegen eine „klassische" Werbung über Rundfunk, Presse oder Fernsehen schon aus Kostengründen oftmals nicht in Betracht kommt. Zwar lässt sich einwenden, der Newcomer könne den gleichen Werbeeffekt ebenso gut mittels einer attraktiven Einzelpreisgestaltung erreichen. Dabei wird allerdings verkannt, dass dieser Vorstoß schnell wieder egalisiert wäre, wenn die etablierten Unternehmen ihre Marktanteile durch Gegenaktionen, vor allem durch kurzfristig angesetzte Sonderpreise, zu erhalten versuchen[44]. Da die etablierten Unternehmen in der Regel über die größeren Finanzreserven verfügen, wäre der Versuch eines Markteintritts schnell zum Scheitern verurteilt. Bedient sich der Newcomer hingegen einer der Erscheinungsformen der akzessorischen Wertreklame, so ist die Vorgehensweise, welche die Gewährung der Vergünstigung an den Abnehmer ermöglicht, angesichts der verdeckten Preisgestaltung – Stichwort „Geheimwettbewerb"[45] – nur schwer aufdeckbar. Hiermit deutet sich bereits an, dass ein Verbot der akzessorischen Wertreklame eine erhebliche Erschwerung des Marktzutritts bedeuten kann[46]. Aus wettbewerbspo-

aufmerksam gemacht, wenn es heißt „die Wertreklame werde nur für wirklich abgesetzte Ware aufgewendet; sie stehe in einem festen Verhältnis zum Absatz, da man nichts für Reklame ausgebe, ohne Ware zu verkaufen".

42 WILLEKE, Wettbewerbspolitik, S. 90; vgl. auch: EMMERICH, Kartellrecht, § 1, 1, der zu Recht darauf hinweist, dass ohne den Wettbewerb mehrerer voneinander unabhängiger Anbieter die Marktgegenseite keine Alternativen mehr hat. Die notwendige Folge wäre, dass sich die Anbieter nicht mehr um die Wünsche der Kunden zu kümmern bräuchten und ihre Preise – innerhalb bestimmter äußerster Grenzen – beliebig hoch festsetzen könnten.

43 JUTTA KEẞLER, Das System der Warenverkehrsfreiheit im Gemeinschaftsrecht, S. 240; HÖSCH, Der Einfluß der Freiheit des Warenverkehrs, S. 69; LÜDER, EuZW 1995, 87 (88); mehr auf den Aspekt der Erschließung neuer Märkte abstellend: HEERMANN, WRP 1999, 130 (131).

44 Vgl.: MESTMÄCKER, Der verwaltete Wettbewerb, S. 283.

45 Weiterführend hierzu: MESTMÄCKER, Der verwaltete Wettbewerb, S. 283 ff., der diesbezüglich zu dem Ergebnis gelangt, dass das Verbot von bestimmten Nebenleistungen eine gesetzliche Wettbewerbsbeschränkung darstellt, die einen funktionsfähigen Wettbewerb im Widerspruch zu dem auf die Freiheit des Wettbewerbs gerichteten Zweck von GWB und UWG ohne sachlich gerechtfertigten Grund ausschließt; zur Ambivalenz des Geheimwettbewerbs: MEIER, WRP 1982, 135 (136).

46 Vgl. auch: MÖSCHEL, Rabattgesetz und Deregulierung, S. 27: „Herstellung von Markttransparenz kann als Unterbindung von Geheimwettbewerb im Einzelfall zum Kartellersatz werden".

litischer Sicht ist aber gerade für eine Öffnung der Märkte zu sorgen[47], da mit einer hohen Anzahl von Konkurrenten einer Vermachtung des Wettbewerbs entgegengewirkt werden kann.

Die akzessorische Wertreklame ist aus unternehmerischer Sicht zudem auf Märkten von Bedeutung, auf denen der Wettbewerb mit den Parametern Preis und Qualität aus tatsächlichen Gründen nicht möglich ist. Besonders deutlich zeigt sich dies am Beispiel homogener Märkte, wie z.B. dem Kaffeemarkt. Diese Märkte sind durch einen mangelnden Qualitätsunterschied zwischen den Produkten der Wettbewerber geprägt[48]. Zudem bleibt den Unternehmen bezüglich des Preises kaum Handlungsspielraum, da der Kunde aufgrund der Gleichwertigkeit der Produkte einen höheren Preis kaum akzeptieren würde und eine Preisverschiebung nach unten nur eine unbedeutende Gewinnspanne zulässt. Charakteristisch für diese Märkte ist zudem ihre oligopolistische Struktur, was in concreto bedeutet, dass eine offene Preissenkung des einen Wettbewerbers aufgrund der Reaktionsverbundenheit sofort ein Nachahmen der anderen Oligopolisten nach sich ziehen und die Preissenkung wirkungslos werden würde. Im Sinne eines funktionierenden Wettbewerbs sind festgefahrene Marktstrukturen zu verhindern[49]. Hierzu benötigen die Wettbewerber einen Parameter mit Hebelwirkung[50]. Insbesondere die Werbung mit gekoppelten Vorspannangeboten stellt eine der wenigen Möglichkeiten dar, diese Wirkung zu erreichen[51].

Auch aus der Sicht der *Abnehmer* bestehen Unterschiede im Vergleich zur „klassischen“ Werbung. Die akzessorische Wertreklame bleibt gegenüber dem potentiellen Kunden nicht unverbindlich und distanziert, sondern stellt ihm über den reinen Produktvorteil hinaus einen zusätzlichen unentgeltlichen Vorteil in Aussicht. Der Kunde wird damit auf emotionaler sowie auf rationaler Ebene angesprochen, da in ihm das Gefühl geweckt wird, etwas geschenkt zu bekommen. In ihm wird sozusagen der „homo oeconomicus“ aktiviert, der sich von der Überlegung leiten lässt, es sei wirtschaftlich sinnvoll, von dem Ange-

47 BARTLING, Leitbilder der Wettbewerbspolitik, S. 130 ff.; HEUß, Allgemeine Markttheorie, S. 264 ff; COX/HÜBENER, in: Handbuch des Wettbewerbs, S. 1 (10); REICHOLD, AcP 193 (1993), 204 (205).

48 SCHERER, Privatrechtliche Grenzen der Verbraucherwerbung, S. 164; SCHRICKER/LEHMANN, WRP 1977, 289 (290); GÖTTING, Entwicklung des Zugaberechts, S. 4; KÖHLER, in Festschrift für Hoppmann, S. 283.

49 BARTLING, Leitbilder der Wettbewerbspolitik, S. 130 ff.; HEUß, Allgemeine Markttheorie, S. 264 ff.

50 SCHRICKER/LEHMANN, WRP 1977, 289 (290); KÖHLER, in: Festschrift für Hoppmann, S. 283 ff.

51 V.GAMM, Wettbewerbsrecht, 1. Hb., § 26, Rn. 68.

bot der akzessorischen Wertreklame Gebrauch zu machen[52]. Tatsächlich ist nicht unbedingt jedes Angebot akzessorischer Wertreklame für den Abnehmer vorteilhaft. Zumindest spricht eine Vermutung dafür, dass der Anbieter die Kosten, die ihm durch die Einbindung des koppelnden Guts in das Gesamtangebot entstehen, wieder auszugleichen versucht. Eine Möglichkeit hierfür ist zwar, den Preis für das gekoppelte Gut überhöht zu veranschlagen. Zwingend ist diese Überlegung aber keinesfalls. Kostenvorteile durch den gemeinsamen Vertrieb der in das Gesamtangebot eingebundenen Güter können durchaus dazu führen, dass der Anbieter tatsächlich preisgünstiger als seine Konkurrenten offerieren kann[53].

2. *Abstrakte Wertreklame*

Bei der abstrakten Wertreklame erhält der Kunde die Vergünstigung unabhängig vom Abschluss des vom Werbenden beabsichtigten entgeltlichen Rechtsgeschäfts. Als Erscheinungsformen der abstrakten Wertreklame sind vor allem die unentgeltliche Abgabe von Waren zu Werbezwecken, Werbegeschenke sowie die unentgeltliche Leistungserbringung zu nennen. Eine Sonderstellung nimmt der Gratisvertrieb von Presseerzeugnissen ein, der – insoweit bedarf es einer Überprüfung – nur teilweise als Erscheinungsform der abstrakten Wertreklame angesehen wird[54]. Die Gewährung der Vergünstigung ist bei diesen Erscheinungsformen abstrakt, d.h. der Kunde kann sie erhalten, ohne eine weitere rechtliche Verpflichtung gegenüber dem Anbieter eingehen zu müssen.

52 PRALLE, Die Wertwerbung, S. 117; GÖTTING, Entwicklung des Zugaberechts, S. 5.

53 So stellt PRALLE, Die Wertwerbung, S. 115 in seiner betriebswirtschaftlichen Studie des Wertreklamewesens fest, dass aufgrund des scharfen Wettbewerbs und der fehlenden Gewinnträgerfunktion der Zugabe der verrechnete Kostensatz bei Zugaben nicht selten unter dem Marktpreis der Zugabe liegt.

54 So wohl: BGH GRUR 1969, 287 (288) – Stuttgarter Wochenblatt; Baumbach/HEFERMEHL, Wettbewerbsrecht, § 1 UWG, Rn. 865; V.GAMM, Unlauterer Wettbewerb, § 1 UWG, Rn. 171; KÜBLER, in: Festschrift für Löffler, S. 169 (172); HAMMER, Die unentgeltliche Verteilung von Originalware, S. 11 ff.; anderer Auffassung jedoch: BGH GRUR 1982, 53 (55) – Bäckerfachzeitschrift; OLG Karlsruhe, WRP 1996, 118 (119) – Wieslocher Woche; KÖHLER, in: Großkommentar, § 1 UWG, D 55; DERS., WRP 1998, 455 (457); SACHON, WRP 1980, 659 (663); MESTMÄCKER, Medienkonzentration und Meinungsvielfalt, S. 142; DERS., Der verwaltete Wettbewerb, S. 66; EMMERICH, Recht des unlauteren Wettbewerbs, § 19, 2a.

Aus der Sicht der *Anbieter* bedeutet die abstrakte Wertreklame zunächst eine ungewisse Investition, die sich – insofern ist die abstrakte Wertreklame vergleichbar mit der „klassischen" Werbung – im Gegensatz zur akzessorischen Wertreklame nicht sogleich bezahlt macht. Trotzdem beinhaltet die abstrakte Wertreklame für den Anbieter einen beachtlichen Werbeeffekt. Die heutige Gesellschaftssituation zeichnet sich unter anderem durch eine immensen Informationsflut aus. Intensiviert wird diese Entwicklung durch die immer weiter voranschreitende Anzahl der Zugänge zum Internet, welches dem Benutzer in einem noch nie dagewesenen Maße erlaubt, Informationen je nach anfallendem Bedarf gezielt abzurufen. Werbebotschaften eines Unternehmens sind aufgrund dieser Informationsflut der Gefahr ausgesetzt, nicht beachtet zu werden. Insoweit ist die heutige Informationsgesellschaft durch einen Mangel an Aufmerksamkeit gekennzeichnet[55]. Aus dieser Notlage heraus sind die Unternehmen gezwungen, ihre Werbebotschaften für den potentiellen Kunden attraktiv zu gestalten. Hier kann die abstrakte Wertreklame neue Maßstäbe setzen[56]. Der Umworbene wird selbstverständlich einer Werbung, die ihm eine nicht unerhebliche geldwerte Vergünstigung anbietet, ein erhöhtes Maß an Aufmerksamkeit widmen. Dies liegt nicht zuletzt daran, dass der Umworbene sich durch das an ihn gerichtete Angebot umschmeichelt fühlt. Die Wahrscheinlichkeit, dass er sich mit dem hinter der abstrakten Wertreklame stehenden Waren oder Dienstleistungen näher befasst, ist jedenfalls erhöht. Macht der potentielle Kunde von dem Angebot Gebrauch, kann bei ihm ein Gefühl der Dankbarkeit entstehen, das er unter Umständen mit einem eigenen Entgegenkommen – dem Abschluss eines entgeltlichen Rechtsgeschäfts mit dem Anbieter – beenden will[57].

55 Vgl. auch: HENNING-BODEWIG, GRUR 1997, 180, die dieses Phänomen als Erklärung für das zunehmende Aufkommen von Werbung ohne Produktbezug – sog. indirekte Werbung – anführt.

56 Wie gut sich mit Gratisangeboten Aufmerksamkeit erreichen lässt, zeigt eine Werbeaktion des Unternehmens Free-PC, vgl.: Süddeutsche Zeitung vom 21. Juni 1999, S. 24. Dort wurden Heimcomputer zunächst an wenige Journalisten, die dazu lediglich eine Reihe von Fragen über Einkommen, Alter und Konsumgewohnheiten beantworten mussten, verschenkt. Kurze Zeit später wurden sage und schreibe eine Million Interessenten über das Internet vorstellig.

57 Nicht selten wird die Herbeiführung eines derartigen Geschäftsabschlusses aufgrund eines „psychologischen Kaufzwangs" gem. § 1 UWG untersagt, vgl.: Köhler/PIPER, § 1 UWG, Rn. 41; EMMERICH, Recht des unlauteren Wettbewerbs, § 13, 2; BURKERT, Zulässigkeit von Koppelungsgeschäften, S. 393; RÜFFLER, Österreichisches und europäisches Wirtschaftsprivatrecht, Teil 6/2, S. 416; KOPPENSTEINER, Wettbewerbsrecht, § 33, Rn. 18; E.Ulmer/REIMER, Unlauterer Wettbewerb, Band III, Nr. 807.

Betrachtet man die Interessen der *Abnehmer*, so ist zu konstatieren, dass die abstrakte Wertreklame dem Zielbild der Werbung – Schaffung von Markttransparenz – sogar eher gerecht wird als die „klassische“ Werbung. So ist beispielsweise die unentgeltliche Abgabe von Waren zu Werbezwecken eine ideale Möglichkeit, die Kunden mit dem eigenen Produkt vertraut zu machen, da durch die Ware selbst am deutlichsten Qualität, Verwendungsmöglichkeiten und sonstige Eigenschaften unter Beweis gestellt werden können[58]. Dem Werbeadressaten ist mit der abstrakten Wertreklame indes weit mehr gedient als mit sonstigen Werbeformen, weil die empfangene Vergünstigung eine Ersparnis bewirkt, so dass gleichzeitig Geldmittel für andere Zwecke frei bleiben[59].

Zudem mindert die abstrakte Wertreklame die Transaktionskosten des Abnehmers. Transaktionskosten entstehen dem Abnehmer gewöhnlich durch die Feststellung des Bedarfs am Abschluss eines entgeltlichen Rechtsgeschäfts und durch die Suche nach dem subjektiv günstigsten Anbieter. Die Inanspruchnahme der durch die abstrakte Wertreklame vermittelten Vergünstigung, insbesondere die Entgegennahme unentgeltlicher Leistungen, versetzt den Abnehmer in die Lage, generell den Bedarf an einem Geschäftsabschluss zu beurteilen. Auf das Beispiel der kostenlosen Fahrzeugüberprüfung einer Kfz-Werkstatt auf Brems-, Spur- und Motormängel sei hier nur als eine Möglichkeit hinzuweisen[60]. Hat der Abnehmer grundsätzlich einen Bedarf festgestellt, steht er vor der Entscheidung, den geeignetsten Anbieter ausfindig zu machen. Dieser Entscheidungsprozess ist für den Abnehmer in der Regel mit der Notwendigkeit der Informationsbeschaffung und daher mit finanziellen Aufwendungen verbunden. Konnte der Abnehmer aufgrund der abstrakten Wertreklame das Angebot eines Anbieters testen, so ist er über dessen Leistungsfähigkeit bereits im Bilde; er muss diesbezüglich keine weiteren Informationen einholen. Neben einer Reduzierung von Transaktionskosten kann die abstrakte Wertreklame somit auch das Risiko eines Fehlkaufs minimieren.

58 KNÖPFLE, Die marktbezogene Unlauterkeit, S. 78; Baumbach/HEFERMEHL, Wettbewerbsrecht, § 1 UWG, Rn. 856; EMMERICH, Recht des unlauteren Wettbewerbs, § 19, 1; HAMMER, Die unentgeltliche Verteilung von Originalware, S. 1; KUNZ, Das allgemeine Übermaßverbot, S. 127; BECHER, NJW 1966, 1289 (1290); BURMANN, Recht der Wertreklame, 330 II, S. 1; mit zahlreichen Beispielen aus der Rechtsprechung: V.GAMM, Wettbewerbsrecht, 1. Hb., § 26, Rn. 22 ff.

59 LEHMANN, Die Werbung mit Geschenken, S. 32; ähnlich: KÖHLER, in: Großkommentar, § 1 UWG, D 44; KNÖPFLE, Die marktbezogene Unlauterkeit, S. 78; E.Ulmer/REIMER, Unlauterer Wettbewerb, Band III, Nr. 800; RAISER, GRUR Int. 1973, 442 (445).

60 Zur wettbewerbsrechtlichen Zulässigkeit dieser Erscheinungsform der abstrakten Wertreklame, vgl. BGH GRUR 1971, 162 – Diagnose-Zentrum.

D. Fazit

Wertreklame zeichnet sich demnach dadurch aus, dass der Werbende dem Kunden besondere Vergünstigungen in Aussicht stellt, um diesen zum Abschluss von Geschäften zu veranlassen[61]. Unter den Begriff der Wertreklame sind demnach folgende Erscheinungsformen zu subsumieren: Gekoppelte Vorspannangebote, verdeckte Vorspannangebote, Werbung mit Garantien, Werbung mit Zinsvorteilen, Werbung mit unmittelbaren Geldzuwendungen, geldwerte Zuwendungen innerhalb der Absatzkette, Zugaben, Rabatte, die unentgeltliche Abgabe von Waren zu Werbezwecken, Werbegeschenke sowie die unentgeltliche Leistungserbringung. Bei der wettbewerbsrechtlichen Beurteilung dieser Werbeformen sind die dargestellten werblichen Besonderheiten im Auge zu behalten. Hinsichtlich der akzessorischen Wertreklame ist dies primär die Absatzproportionalität und die damit verbundene Hebelwirkung. Vor allem auf homogenen, oligopolistisch geprägten Märkten können diese Effekte eine Belebung der Wettbewerbssituation initiieren. Die werblichen Besonderheiten der abstrakten Wertreklame sind vor allem in der Steigerung der Markttransparenz und der Reduzierung von Transaktionskosten beim Abnehmer zu sehen.

Mit der Wertreklame inhaltlich verwandt sind die sog. aleatorischen Werbemittel, wie etwa Preisausschreiben, Gratisverlosungen, Gewinnspiele und die progressive Kundenwerbung. Auch hier werden dem Umworbenen geldwerte Vergünstigungen in Aussicht gestellt. Es besteht jedoch ein zentraler Unterschied zur Wertreklame: Der Gewährung der in Aussicht gestellten Vergünstigung ist ein Zufallselement vorgeschaltet. Dementsprechend beruht die werbliche Wirkung dieser Werbeformen auf der Ausnutzung der Spiellust des Umworbenen, also des Wunsches, durch Zufall und ohne Mühe einen Gewinn zu erzielen[62]. Da sich die folgende Untersuchung auf die wettbewerbsrechtliche Beurteilung der Wertreklame als solcher konzentriert, finden diese aleatorischen Werbeformen keine weitere Berücksichtigung[63].

61 Nachweise auf S. 28, Fn. 5.

62 Baumbach/HEFERMEHL, Wettbewerbsrecht, § 1 UWG, Rn. 142; KLOSTERFELDE/JAEGER-LENZ, in: Handbuch des Wettbewerbsrechts, § 50, Rn. 130.

63 Zur wettbewerbsrechtlichen Beurteilung dieser Werbeformen vgl. daher: Baumbach/HEFERMEHL, Wettbewerbsrecht, § 1 UWG, Rn. 142 ff.; V.GAMM, Wettbewerbsrecht, 1. Hb., Kap. 27, Rn. 1 ff.; DERS., Unlauterer Wettbewerb, § 1 UWG, Rn. 178 ff.; Köhler/PIPER, § 1 UWG, Rn. 55; KUNZE, in: Festgabe für Hefermehl zum 65. Geburtstag, S. 319 ff; PAEFGEN, WRP 1990, 85 ff.; VIEREGGE/STROTHMANN, in: Festschrift für Quack, S. 139 ff.

2. KAPITEL: DIE AKZESSORISCHE WERTREKLAME UND § 1 UWG

A. DIE ERSCHEINUNGSFORMEN NACH DER RECHTSPRECHUNG

I. Gekoppelte Vorspannangebote

Die Eigenart von gekoppelten Vorspannangeboten, eine der umstrittensten Erscheinungsformen der akzessorischen Wertreklame[1], besteht darin, dass der Kunde mit einem besonders preisgünstig erscheinenden Gut – koppelndes Gut – geworben werden soll, das er jedoch nur in Verbindung mit einem marktüblich angebotenen Gut – gekoppeltes Gut – erwerben kann[2]. Das gekoppelte Gut hingegen kann auch ohne das koppelnde Gut erworben werden. Da die Preise der einzelnen Güter ausgezeichnet sind, handelt es sich gleichzeitig um ein offenes Koppelungsangebot. Zum Wesen der gekoppelten Vorspannangebote gehört, dass das Interesse des Anbieters auf den Absatz des gekoppelten Guts gerichtet ist; am Absatz des koppelnden Guts – deswegen der Begriff Vorspannware – ist er vorwiegend interessiert, um den Verkauf der gekoppelten Ware zu steigern. Der Blickwinkel des Abnehmers ist in erster Linie auf den Erwerb der Vorspannware bzw. -leistung gerichtet, da gerade diese aus seiner Sicht attraktiv und günstig erscheint; das gekoppelte Gut nimmt er nur deswegen ab, um die Vorspannware bzw. -leistung erwerben zu können. Der durch das koppelnde Gut erwünschte Lockeffekt ist erfahrungsgemäß besonders groß, wenn es sich um ein branchenfremdes Gut handelt, das sich nicht im üblichen Sortiment des Anbieters befindet[3].

1 Vgl. die zahlreichen Beiträge aus dem Schrifttum: BORCK, WRP 1975, 75 ff.; HEFERMEHL, GRUR 1974, 542 ff.; BURKERT, Zulässigkeit von Koppelungsgeschäften, S. 387 ff.; GERSTENBERG, GRUR 1980, 618 ff.; GÖTTING, Entwicklung des Zugaberechts, S. 27 ff.; HAHN, WRP 1984, 59 ff.; HOTH, GRUR 1976, 219 ff.; MENKE, WRP 1997, 532 ff.; NEES/SAUBERSCHWARZ, WRP 1993, 369 ff; MERZ, Die Vorfeldthese, S. 86 ff; KNÖPFLE, Die marktbezogene Unlauterkeit, S. 136 ff.

2 Besonders intensiv wurde diese einseitige Koppelung in den 70er Jahren von den großen Kaffeeröstereien betrieben, um den Wettbewerb auf dem weitgehend homogenen Kaffeemarkt anzukurbeln. Neben dem üblichen Angebot von Kaffee konnten plötzlich branchenfremde Waren zu einem besonders günstigen Preis erworben werden, vorausgesetzt, der Kunde erwarb gleichzeitig eine bestimmte Menge Kaffee.

3 Dies liegt offensichtlich daran, dass der Kunde mit zunehmender Branchenfremdheit auf eine Preiswürdigkeit des Angebots zu schließen pflegt, vgl.: MENKE,

Der BGH hatte sich mit der Zulässigkeit von Vorspannangeboten zum ersten Mal im Jahre 1976 zu beschäftigen[4]. In diversen EDEKA-Einzelhandelsgeschäften wurde in einer Werbeaktion ein elegantes Rauchglas zum Preis von 1,- DM angeboten, sofern der Kunde Einkäufe in einer Höhe von 5,- DM nachweisen konnte. Der BGH sah hierin einen Verstoß gegen § 1 UWG, weil er die der Wertreklame im Allgemeinen inhärenten Gefahren auch bei gekoppelten Vorspannangeboten verwirklicht sah. An deren Zulässigkeit seien deswegen, wie bei sonstigen Formen der Wertreklame,

> „strenge Anforderungen zu stellen, weil sie, wenn sie den Rahmen einer reinen Aufmerksamkeitswerbung überschreitet, die Gefahr mit sich bringt, daß die angesprochenen Verkehrskreise in ihren wirtschaftlichen Entschließungen unsachlich beeinflußt werden, ihre Wahl nicht in erster Linie nach ihren Vorstellungen über die Preiswürdigkeit und Qualität der konkurrierenden Waren zu treffen, sondern vor allem danach, wie sie in den Genuß der Vergünstigung gelangen können, was dem Sinn des Leistungswettbewerbs und der Funktion des Verbrauchers im Rahmen dieser Ordnung widerspricht. Derartige Gefahren sind mit *branchenfremden Vorspannangeboten* in aller Regel verbunden, so daß sie grundsätzlich als unzulässig zu behandeln sind[5]."

Unklar bleibt in diesem Urteil, wie die Zulässigkeit von gekoppelten Vorspannangeboten zu beurteilen ist, bei denen keine *branchenfremden* Güter eingebunden sind. In einem späteren Urteil, in dem das Verbot gekoppelter Vorspannangebote auf brancheneigene Güter ausgedehnt wurde, wird jedoch bemerkt, dass es eine Frage des Einzelfalls sei, „ob beim Angebot solcher Waren dem Eindruck einer ungewöhnlichen Vergünstigung und einer davon ausgehenden sachfremden Beeinflussung des Kaufentschlusses entgegengewirkt wird[6]." Mit dieser Feststellung verschafft sich der BGH die notwendige Flexibilität bei der Beurteilung brancheneigener Vorspannangebote.

WRP 1997, 532 (533); Baumbach/HEFERMEHL, Wettbewerbsrecht, § 1 UWG, Rn. 135; äußerst kritisch diesbezüglich: SCHÜNEMANN, Wettbewerbsrecht, S. 76; KOPPENSTEINER, Wettbewerbsrecht, § 33, Rn. 15.GÖTTING, Entwicklung des Zugaberechts, S. 81 ff.

4 BGH GRUR 1976, 248 – Vorspannangebot.

5 BGH a.a.O., S. 249 – Vorspannangebot mit Verweis auf BGH GRUR 1973, 591 – Schatzjagd; BGH GRUR 1974, 156 – Geldgewinnspiel.

6 BGH GRUR 1983, 781 (783) – Buchklub-Vorspannangebot.

Das faktische, prinzipielle Verbot branchenfremder Vorspannangebote wurde später in weiteren Entscheidungen bestätigt[7]. Obwohl es immer wieder vermieden wurde, aus dem Vorliegen der Branchenfremdheit des koppelnden Guts eindeutige Konsequenzen zu ziehen, lässt sich gleichwohl die Tendenz erkennen, dass dieses Merkmal die Sittenwidrigkeit von gekoppelten Vorspannangeboten zumindest indiziert. Entkräftet werden kann diese Indizwirkung offenbar, wenn das Vorspannangebot *Bagatellcharakter* hat[8] oder die gekoppelten Güter trotz ihrer Branchenfremdheit eine gewisse *Gebrauchsnähe* aufweisen und dadurch der Gefahr einer sachwidrigen Beeinflussung entgegengewirkt wird[9]. Jüngst sind zwei Entscheidungen ergangen, in denen vom BGH eine solche Gebrauchsnähe, die schließlich zur Zulässigkeit der gekoppelten Vorspannangebote geführt hat, angenommen wurde[10]. Zur Beurteilung stand die seit langem umstrittene Frage[11], ob die kostenlose bzw. besonders günstige Abgabe von Mobiltelefonen bei gleichzeitigem Bezug einer Telefonnetzkarte wettbewerbsrechtlich zulässig ist[12]. Einen Verstoß gegen § 1 UWG konnte der BGH nicht erblicken, da zwischen Mobiltelefon und Netzkartenvertrag eine Funktionseinheit – offenbar eine gesteigerte Form der Ge-

7 BGH GRUR 1976, 637 – Rustikale Brettchen; BGH GRUR 1977, 110 – Kochbuch; BGH GRUR 1982, 688 – Senioren-Paß; OLG Düsseldorf, WRP 1974, 279; LG Hamburg, WRP 1975, 184; OLG München, WRP 1975, 307; OLG Düsseldorf, WRP 1978, 59.

8 BGH a.a.O., S. 250 – Vorspannangebot.

9 BGH GRUR 1976, 637 (639) – Rustikale Brettchen; die Erscheinungsform des verdeckten Koppelungsangebots betreffend: BGH GRUR 1962, 415 (417) – Glockenpackung; SCHÜNEMANN, Wettbewerbsrecht, S. 77; Baumbach/HEFERMEHL, Wettbewerbsrecht, § 1 UWG, Rn. 136.

10 BGH WRP 1999, 90 – Handy für 0,00 DM; BGH WRP 1999, 94 – Handy-Endpreis;.

11 Vgl. dazu vor allem die veröffentlichten, teilweise vollkommen divergierenden Oberlandesgerichtsentscheidungen: OLG München, WRP 1996, 1060; OLG Dresden, GRUR 1997, 848; OLG Frankfurt, WRP 1997, 99; OLG Nürnberg, GRUR 1997, 847; OLG Düsseldorf, WRP 1996, 762; OLG Köln, WRP 1996, 1207.

12 Diese besonders zugkräftigen Angebote sind den Händlern möglich, weil sie für die Vermittlung des Netzkartenvertrages von den Netzbetreibern bzw. den Service-Providern Provisionen in Höhe von mehreren hundert DM erhalten. Regelmäßig lässt der Handel diese Provisionen in die Abgabepreise der Mobiltelefone im Rahmen einer Gesamtkalkulation einfließen. Die Abgabepreise für die Mobiltelefone sind dann gewissermaßen subventioniert; vgl. hierzu: STEINHÖFEL, GRUR 1998, 27; CH. KRÜGER, WRP 1998, 262.

brauchsnähe – bestehe[13]. Bei einem solchen einheitlichen Angebot könne in der Ankündigung des besonders günstigen Preises des einen Teils der zu erbringenden Gesamtleistung kein unsachliches Mittel der Kundenbeeinflussung gesehen werden, sie stelle lediglich einen Hinweis auf die eigene Leistungsfähigkeit dar[14]. Die Anlockwirkung, die von einem attraktivem Angebot ausgehe, sei aber nicht wettbewerbswidrig, sondern eine gewollte Folge des Leistungswettbewerbs[15].

II. Verdeckte Koppelungsangebote

Um ein verdecktes Koppelungsangebot handelt es sich, wenn zwei Handelsgüter vom Anbieter als Gesamtangebot abgegeben werden, dem Kunden die Einzelpreise der gekoppelten Güter vom Anbieter aber nicht mitgeteilt werden[16]. Eine gewisse Überschneidung mit den gekoppelten Vorspannangeboten kann insofern bestehen, als auch beim verdeckten Koppelungsangebot zumeist eine Komponente vom Anbieter separat abgegeben wird. Der entscheidende Unterschied liegt allerdings darin, dass dem Kunden beim verdeckten Koppelungsangebot die Einzelpreisgestaltung vorenthalten werden soll, während beim gekoppelten Vorspannangebot in der Regel gerade die Einzelpreisauszeichnung einen besonderen Werbeeffekt auslösen soll. Zudem stehen bei einem verdeckten Koppelungsangebot die in einem einheitlichen Angebot verschmolzenen Güter gleichberechtigt nebeneinander; der Anbieter ist folglich am Absatz beider Güter gleichermaßen interessiert.

Wettbewerbswidrig ist ein verdecktes Koppelungsangebot nach der höchstrichterlichen Rechtsprechung, wenn der Käufer die ihm nicht bekannten Einzelpreise nicht in Erfahrung bringen kann, weil er keinerlei Anhaltspunkte für deren Berechnung hat und er deshalb die Preisgestaltung des Angebots nicht

13 § 3 UWG sowie § 1 VI S. 2 PAngV stellen für die Zulässigkeit des Angebots jedoch die Anforderung, dass dem Verbraucher die mit dem Abschluss des Netzkartenvertrages verbundenen Kosten hinreichend deutlich gemacht werden, vgl.: BGH a.a.O., S. 93 – Handy für 0,00 DM sowie BGH a.a.O., S. 97 – Handy-Endpreis.

14 BGH a.a.O., S. 92 – Handy für 0,00 DM; BGH a.a.O., S. 96 – Handy-Endpreis.

15 BGH a.a.O., S. 92 – Handy für 0,00 DM mit Verweis auf BGH GRUR 1994, 743 (744) – Zinsgünstige Finanzierung durch Kfz-Finanzierung; BGH GRUR 1998, 500 (501) – Skibindungsmontage.

16 Baumbach/HEFERMEHL, Wettbewerbsrecht, § 1 UWG, Rn. 128; SCHÜNEMANN, Wettbewerbsrecht, S. 75; Köhler/PIPER, § 1 UWG, Rn. 52; EMMERICH, Recht des unlauteren Wettbewerbs, § 13, 3; SCHERER, Privatrechtliche Grenzen der Verbraucherwerbung, S. 160; BURKERT, Zulässigkeit von Koppelungsgeschäften, S. 390.

mit Konkurrenzangeboten vergleichen kann[17]. Als sittenwidrig beurteilte der BGH[18] beispielsweise eine Werbeaktion, bei der eine Packung Tee (50g) zusammen mit einer „Japan"-Tasse in einem Zellophanbeutel vertrieben wurde, auf dem nur der Gesamtpreis verzeichnet war. Zwar befand sich auf der Teepackung der Teepreis; dies schloss eine Erschwerung des Preisvergleichs aber nicht aus, weil sich die Angabe nur im Beutel befand und deshalb vor dem Kauf nicht ohne weiteres wahrgenommen werden konnte. Dem Kunden sei es dann nicht möglich, die Preiswürdigkeit der gekoppelten Waren durch einen Vergleich mit den Preisen der Mitbewerber festzustellen. Differenzberechnungen, die Aufschluss über die Einzelpreise bringen würden, seien dem Kunden nicht zumutbar[19].

Geringere Anforderungen an die Preistransparenz werden gestellt, wenn Güter in einem Gesamtangebot gekoppelt werden, die funktionell miteinander in Zusammenhang stehen, also ein *Gebrauchszusammenhang* besteht. So konnte beispielsweise ein Radio- und Fernsehhändler in zulässiger Weise ein verdecktes Koppelungsangebot mit einem Fernseher und einem Videorecorder zusammenstellen[20]. In diese Tendenz fügt sich die – soweit ersichtlich – neueste Entscheidung des BGH[21] zu den verdeckten Koppelungsangeboten ein. Ein Einzelhändler für Unterhaltungselektronik, Elektrogeräte und Computer hatte in einer Anzeige eine Gefriertruhe mit einer Schweinehälfte zu einem Gesamtpreis von 599,- DM beworben; beide Komponenten konnten einzeln nicht bezogen werden. Hierin wurde ein zulässiges Koppelungsangebot gesehen, weil dem Kunden zur Vornahme eines Preisvergleichs auch längeres Suchen nach einem Vergleichsobjekt zumutbar sei[22]. Im konkreten Fall bürdete der BGH dem Kunden auf, mit Hilfe der Anzeige des Anbieters, welche eine eindeutige Identifizierung des Markenartikels erlaubte, die Einzelpreise bei den Konkur-

17 BGH GRUR 1962, 415 (418) – Glockenpackung mit Anm. SEYDEL; BGH GRUR 1967, 531, 532 – Fahrschule; BGH GRUR 1971, 582 (584) – Kopplung im Kaffeehandel; vgl. auch: LG Köln, WRP 1983, 178.

18 BGH GRUR 1962, 415 – Glockenpackung; vgl. auch: BGH GRUR 1971, 582 (584) – Kopplung im Kaffeehandel; LG Köln, WRP 1983, 178; OLG Hamm, GRUR 1989, 923 – Auto und Urlaub.

19 BGH a.a.O., S. 418 – Glockenpackung; differenzierend betrachtend hingegen: V.GAMM, Wettbewerbsrecht, 1 Hb. § 26, Rn. 66, für den die Errechenbarkeit der Einzelpreise genügen soll, um dem Bereich der Sittenwidrigkeit zu entrinnen.

20 OLG Hamm, GRUR 1988, 553 – Video-Koppelungsangebot.

21 BGH GRUR 1996, 363 – Saustarke Angebote.

22 BGH a.a.O., S. 364 – Saustarke Angebote mit Verweis auf BGH GRUR 1991, 468 (469) – Preisgarantie II; BGH NJW 1993, 3060 (3061) – Geld-zurück-Garantie.

renten zu erfragen. Ausdrücklich offen gelassen hat der BGH allerdings die Frage, ob ein Gebrauchszusammenhang, der zwischen einer Tiefkühltruhe und einer Schweinehälfte nicht in Abrede gestellt werden konnte, für die lauterkeitsrechtliche Beurteilung von Bedeutung sein kann[23]. Berücksichtigt man die Rechtsprechung zu den gekoppelten Vorspannangeboten, so ist davon auszugehen, dass der BGH die Unzulässigkeit des Koppelungsangebots ausgesprochen hätte, wenn zwischen dem brancheneigenen und dem branchenfremden Artikel kein Gebrauchszusammenhang bestanden hätte.

III. Werbung mit Garantien

Auch die Werbung mit Garantien kann dem Bereich der akzessorischen Wertreklame zugeordnet werden, da die Garantie aus der Sicht des Abnehmers einen geldwerten Vorteil darstellt, der mitunter entscheidend für einen Vertragsschluss sein kann. Garantien unterscheiden sich trotz der Gemeinsamkeit der Akzessorietät von den Koppelungsangeboten in einem wesentlichen Punkt: Während es dem Kunden bei den Koppelungsangeboten, vor allem beim gekoppelten Vorspannangebot, besonders auf den Erwerb der koppelnden Ware ankommt und er hinsichtlich des Erwerbs des gekoppelten Guts zumeist indifferent ist, würde die alleinige Gewährung der Garantie als koppelndes Gut keinen Sinn ergeben.

Die Rechtsprechung hatte sich vor allem mit Garantien zu beschäftigen, die in Form eines Rücktrittsrechts ausgestaltet waren. Bei dieser sog. *Preisgarantie* kann der Kunde unter der Bedingung, dass er innerhalb eines bestimmten Zeitraums ein günstigeres Konkurrenzangebot nachweist, sein Geld zurückerhalten[24]. Bedenklich soll diese Werbeform unter dem Aspekt des übertriebenen Anlockens sein. So hatte das OLG Düsseldorf[25] eine Werbung untersagt, in der eine Kette von Optikerfachgeschäften mit einer 6-wöchigen Preisgarantie auf nicht exklusiv angebotene Brillenfassungen warb. Der Kunde werde dadurch übermäßig angelockt, ohne dass diese Anlockwirkung ihre Entsprechung in

23 BGH a.a.O., S. 364 – Saustarke Angebote. Deutlich Stellung nimmt diesbezüglich aber das OLG Hamm, GRUR 1988, 553, das aus dem Vorliegen eines Gebrauchszusammenhangs eindeutig auf die Zulässigkeit eines verdeckten Koppelungsangebots schließt.

24 Bei dieser Form handelt es sich um ein bedingtes Rückgaberecht, da der Käufer zum Entstehen des Rückgaberechts zunächst eine Bedingung erfüllen muss. Davon zu unterscheiden sind die unbedingten Rücktrittsrechte, bei denen der Kaufgegenstand ohne Angaben von Gründen zurückgegeben werden kann. Diese erlangen vor allem bei der zugaberechtlichen Beurteilung Bedeutung (vgl. zum Ganzen: KNOPS, GRUR 1995, 649 ff.).

25 Hierzu unter: BGH NJW 1993, 3060 – Geld-zurück-Garantie.

praktisch möglichen Preisvergleichen finde[26]. Der BGH[27] konnte dieser Auffassung nicht beitreten. Er hielt die Ankündigung einer Preisgarantie unter der Voraussetzung, dass ein echter Preisvergleich möglich sei, für zulässig, da es genüge, wenn der Kunde in die Lage versetzt werde, ein Vergleichsangebot einzuholen[28]. Ausreichend sei die Möglichkeit, mit der in der Rechnung enthaltenen Brillenbeschreibung einen Konkurrenten aufzusuchen. In einer weiteren Entscheidung wird betont, dass es dem Kunden sogar zumutbar sein, im Einzelgespräch mit dem Konkurrenzunternehmen den bereits stattgefundenen Kauf offen zu legen[29]. Eine andere Entwicklung scheint sich abzuzeichnen, wenn die Preisgarantie bezüglich handgefertigter Stücke oder bei Exklusivangeboten versprochen wird. So sei es dem Kunden bei Orientteppichen nicht möglich, einen Preisvergleich anzustellen, da es aufgrund der individuellen Eigenarten an den maßgeblichen Kriterien fehle[30]. Bei einem Exklusivangebot hingegen ist ein Preisvergleich schon theoretisch ausgeschlossen, so dass in der Entscheidung „Geld-zurück-Garantie"[31] eine Preisgarantie eines Optikerfachgeschäfts für exklusiv angebotene Brillenfassungen untersagt wurde, bei denen – entgegen der Erwartung des Verkehrs – keine Vergleichsmöglichkeit besteht.

Bei der rechtlichen Beurteilung von *Erfolgsgarantien* steht das Irreführungsverbot des § 3 UWG im Vordergrund[32]. Der BGH konnte sich in der Entscheidung „Nachhilfeunterricht"[33] dazu äußern. Ein Institut für Nachhilfeunterricht hatte folgendermaßen geworben: *„Bewährte Nachprüfungskurse bietet die Schülerhilfe. Bei Mißerfolg Geld zurück.*" Der BGH betrachtete die Reklame als irreführend, weil bei einem nicht unerheblichen Teil der angesprochenen Kreise der unzutreffende Eindruck entstehe, neben dem Versprechen der Kostenrückerstattung bei negativem Ausgang werde auch die Gewähr für eine erfolgreiche Nachprüfung geboten. Dieser Eindruck entstehe deshalb, weil es keinem Kaufmann und keinem Institutsinhaber möglich sei, das Risiko der

26 OLG Düsseldorf, zitiert nach BGH NJW 1993, 3060 – Geld-zurück-Garantie.

27 BGH a.a.O., S. 3060 – Geld-zurück-Garantie.

28 BGH a.a.O., S. 3061 – Geld-zurück-Garantie. Zu erwähnen ist auch, dass es sich bei Preisgarantien nicht um eine sog. Alleinstellungsbehauptung handelt, weil der Verkehr die Garantie nicht dahingehend versteht, dass der Händler die Ware am billigsten verkauft, vgl.: Baumbach/HEFERMEHL, Wettbewerbsrecht, § 1 UWG, Rn. 388.

29 BGH GRUR 1991, 468 (469) – Preisgarantie II.

30 OLG Stuttgart, WRP 1998, 433 (434) – Preisgarantie bei echten Orientteppichen.

31 BGH NJW 1993, 3060; zustimmend: HEERMANN, WRP 1999, 130 (139).

32 Daneben befindet sich in § 3 Nr. 2a HWG ein ausdrückliches Verbot der Werbung mit Erfolgsgarantien.

33 BGH GRUR 1983, 254 – Nachhilfeunterricht.

Rückerstattung des Leistungsentgelts, abgesehen von nicht ins Gewicht fallenden Einzelfällen, gegenüber einer Vielzahl von Kunden zu tragen[34].

IV. Werbung mit Zinsvorteilen

Besonders im Automobilgeschäft wird seit geraumer Zeit mit besonders günstigen Finanzierungskrediten geworben[35]. Jeder bedeutende Automobilhersteller hat mittlerweile ein eigenes Finanzierungsinstitut, an das der Kunde verwiesen wird, wenn er den Kaufpreis aus eigenen Mitteln nicht finanzieren kann[36]. Den Finanzierungsinstituten ist die Gewährung von außerordentlich günstigen Darlehen möglich, weil ein eventueller Verlust durch den Automobilhersteller subventioniert wird. Durch das zinsgünstige Darlehen soll vor allem der Absatz von Fahrzeugen gefördert werden, für die gewisse Absatzschwierigkeiten bestehen. Der BGH[37] sah sich in einer grundlegenden Entscheidung mit der Werbung einer Finanzierungsbank konfrontiert, die beim Erwerb eines Automobils ein Darlehen mit 2,9 % effektivem Jahreszins bei 18 und 24 Monaten Laufzeit und 25 % Anzahlung offerierte. Entgegen dem OLG München, das den Verbraucher mit einem Verbot dieser Werbung vor Spontankäufen schützen wollte[38], sah der BGH in dem zinsgünstigen Darlehen eine Modalität des Kaufpreises und zog daraus die Konsequenz, dass die von einem günstigen Kaufpreis ausgehende Anlockwirkung nicht sittenwidrig, sondern eine gewollte Folge des Leistungswettbewerbs sei[39]. Selbst wenn die Preisge-

34 BGH a.a.O., S. 255 – Nachhilfeunterricht; eine ähnliche Werbung hatte das OLG Hamm, WRP 1984, 140 zu beurteilen. Dort warb ein Studio für Gewichtsreduzierungen mit dem Schlagwort „*Wir machen schlank*" und dem Hinweis auf bestimmte Erfolgsfristen. Diese Werbung wurde ebenfalls als unzulässig angesehen, weil viele Leser unzutreffend davon ausgehen würden, der Höchsterfolg trete bei jedem Kunden ein.

35 Einem Bericht des Handelsblatts vom 15.9.1988, S. 8 zufolge, wurden bis zu diesem Zeitpunkt bereit 50% aller Neuwagenanschaffungen unter Zuhilfenahme fremden Geldes getätigt.

36 Die Gewährung eines zinsgünstigen Darlehens durch den Hersteller selbst ist mittlerweile die Ausnahme. Erhebliche wirtschaftliche Bedeutung hat vor allem das sog. „B-Geschäft". Der Käufer unterschreibt hierbei neben dem Kaufvertrag einen ihm vom Händler vorgelegten Darlehensantrag eines Kreditinstituts. Zwischen dem Händler und dem Kreditinstitut besteht in der Regel ein Rahmenvertrag; bei dem Finanzierungsinstitut handelt es sich in vielen Fällen um ein Konzernunternehmen des Kraftfahrzeugsherstellers.

37 BGH NJW 1994, 2152 – Zinsgünstige Finanzierung durch Kfz-Herstellerbank.

38 OLG München, WRP 1991, 51 (54) – Finanzierungsangebot.

39 BGH a.a.O., S. 2154 – Zinsgünstige Finanzierung durch Kfz-Herstellerbank.

staltung für den Anbieter mit einem Verlust verbunden gewesen wäre, ergebe sich daraus nicht ohne das Hinzutreten weiterer Umstände die Sittenwidrigkeit der Werbeaktion[40].

V. Werbung mit unmittelbaren Geldzuwendungen

Akzessorische Wertreklame kann schlichtweg so ausgestaltet sein, dass dem Kunden beim Abschluss des Rechtsgeschäfts mit dem Anbieter unmittelbare Geldzuwendungen erbracht werden. Die geldwerte Vergünstigung ist dem Abschluss des entgeltlichen Rechtsgeschäft „nachgespannt"; eine alleinige Gewährung des koppelnden Guts würde aus Sicht des Abnehmers keinen Sinn machen, weil kein separater Markt vorhanden ist.

Einen Fall der *Werbung mit Zuschüssen* hatte das OLG München[41] zu beurteilen. Die Stadtwerke München hatten in einem Rundschreiben darauf hingewiesen, dass sie im Falle einer Umstellung der Heizungsanlage auf Erdgas bei Übernahme ihrer Brennwerttechnologie einen Zuschuss in Höhe von 30% (maximal 8950 DM) gewähren würden. Die Stadtwerke wollten demnach nicht nur eine Umstellung auf Erdgas bewirken, sondern zugleich ihre eigene Brennwerttechnologie möglichst effizient absetzen. Angesichts der bisher erörterten Fälle verwundert es nicht, dass das OLG München in dieser Werbung einen Verstoß gegen die guten Sitten sah. Eine einleuchtende Begründung wird jedoch nicht geliefert. Das OLG München beruft sich auf die Fallgruppe des übertriebenen Anlockens, die zur Unzulässigkeit nach § 1 UWG führt, wenn

> „die angebotenen Vorteile ihrem Wert und ihrer Art nach geeignet sind, die Entschließungsfreiheit des Kunden in einem derartigen Maße unsachlich zu beeinflussen, daß er seine Entscheidung nicht mehr nach dem Leitbild des Leistungswettbewerbs, also im Hinblick auf die Preiswürdigkeit und Qualität der Ware oder Leistung, sondern im Hinblick auf den ihm versprochenen Vorteil trifft[42]."

Anschließend begnügt sich das OLG München mit der Feststellung, dass „ausgehend von diesen Beträgen der Anreiz, über die Umstellung auf Erdgas hinaus auch die Brennwerttechnik zu verwenden, so groß ist, dass die Kriterien des Leistungswettbewerbs, insbesondere ein Preis- und Leistungsvergleich, weitgehend zurücktreten[43]."

40 BGH a.a.O., S. 2154 – Zinsgünstige Finanzierung durch Kfz-Herstellerbank.

41 OLG München, NJW-RR 1994, 1129.

42 OLG München, a.a.O., S. 1130.

43 OLG München, a.a.O., S. 1130.

Liberalere Tendenzen lässt eine neuere Entscheidung des BGH[44] erkennen, in der in einer vergleichbaren Konstellation ein Umwelt-Bonus von 1000,- DM gewährt wurde, sofern bis zu einem bestimmten Zeitpunkt ein Versorgungsvertrag mit dem Anbieter, den Stadtwerken einer kommunalen Gebietskörperschaft, abgeschlossen wurde. Der BGH konnte hier nach sorgfältiger Prüfung weder ein übertriebenes Anlocken noch eine unbillige Mitbewerberbehinderung erblicken und erklärte die Werbeaktion demgemäß als mit den guten Sitten vereinbar.

Eine weitere Ausgestaltungsmöglichkeit der akzessorischen Wertreklame, bei der unmittelbare Geldzuwendungen erbracht werden, ist die *Fahrtkostenerstattung*. Seit längerer Zeit versuchen Unternehmen, ihren Kunden die Aufwendungen für das Auffinden der Verkaufsstätten zu erstatten. Aufgrund der Knappheit von kostenlosem Parkraum im Innenstadtbereich ist es üblich, dem Kunden entweder eigenen Parkraum zur Verfügung zu stellen oder ihm die anfallenden Parkgebühren zumindest teilweise zu erstatten[45]. Gegen diese Form der akzessorischen Wertreklame werden aus wettbewerbsrechtlicher Sicht keine Bedenken erhoben[46]. Die zunehmende Verknappung von Parkraum im Innenstadtbereich hat aber auch eine Ansiedlung von Verkaufsflächen an den Stadtrand zur Folge. Damit einher geht der Nachteil, dass es für nicht motorisierte Kunden nicht mehr ohne weiteres möglich ist, diese Verkaufsräume aufzusuchen. Folglich haben die betreffenden Unternehmen ein Interesse daran, ihre Kunden nicht zu verlieren, mithin ihre Standortnachteile auszugleichen. Deswegen bietet es sich an, dem Kunden die Kosten der An- bzw. Rückfahrt für öffentliche Verkehrsmittel zu erstatten. In den Genuss dieses Vorzuges kommt der Kunde allerdings nur, wenn er den Kauf von Waren in bestimmter Höhe nachweisen kann. Demzufolge besteht ein innerer Zusammenhang zwischen der Vergünstigung und dem gekoppelten Gut[47].

44 BGH WRP 1998, 857 – 1000,- DM Umwelt-Bonus.

45 PIPER, GRUR 1993, 276. Beachte auch die Entscheidungen bezüglich anderer Werbeformen, die dem Kunden ebenfalls ein einfaches und kostengünstiges Erreichen der Verkaufsräume des Anbieters ermöglichen wollen: BGH GRUR 1971, 322 – Lichdi-Center mit Anm. SEYDEL; BGH GRUR 1972, 364 – Mehrwert-Fahrten; BGH GRUR 1972, 603 – Kundeneinzelbeförderung.

46 EBERT-WEIDENFELLER, GRUR 1992, 94; PIPER, GRUR 1993, 276; SOSNITZA, Wettbewerbsbeschränkungen durch die Rechtsprechung, S. 69; LEHMANN, Die Werbung mit Geschenken, S. 171 Fn. 217; V.GAMM, Wettbewerbsrecht, 1. Hb., § 26, Rn. 46.

47 Aus diesem Grunde ist in dieser Konstellation zumeist § 1 I ZugabeVO einschlägig. Eine Beurteilung der Sachverhalte anhand von § 1 UWG kann aber trotzdem erfolgen. Nach § 2 II ZugabeVO bleiben die Vorschriften des UWG unberührt. Dies ergibt sich im Übrigen schon zwanglos daraus, dass die ZugabeVO nur einen

Der BGH beurteilte in der Entscheidung „Biowerbung mit Fahrpreiserstattung“[48] die Werbeanzeige eines Möbelgeschäfts, bei einem Einkauf ab 10,- DM und der Vorlage einer Bus- oder Bahnfahrkarte 1,50 DM zu erstatten, als wettbewerbswidrig. Die Herausstellung des Umweltschutzes in Verbindung mit der Wertreklame führe jedenfalls nicht zu deren Rechtfertigung, sondern zu einem verstärkten – in dieser Kombination die Wettbewerbswidrigkeit begründenden – Anlockeffekt und sei mit den Grundsätzen eines lauteren Leistungswettbewerbs nicht zu vereinbaren[49]. Im Anschluss an dieses Urteil setzte eine öffentliche Kritik ein, die weniger lauterkeitsrechtlich, sondern vielmehr umweltbezogen und verkehrspolitisch motiviert war[50]. Resultat der öffentlichen Empörung war ein erstaunlich schnelles Einschreiten des Gesetzgebers, der nach § 1 II lit. d 2. HS ZugabeVO „eine im Hinblick auf den Wert der Ware oder Leistung angemessene teilweise oder vollständige Erstattung oder Übernahme von Fahrtkosten für Verkehrsmittel des öffentlichen Personennahverkehrs, die im Zusammenhang mit dem Besuch des Geschäftslokals oder des Orts der Erbringung der Leistung aufgewendet werden“, nunmehr als handelsübliche Zugabe behandelt wissen will.

Diese zugaberechtliche Bestimmung determiniert auch die Auslegung der guten Sitten in § 1 UWG insofern, als zumindest nicht mehr von der grundsätzlichen Unzulässigkeit der Fahrtkostenerstattung ausgegangen werden kann. Entscheidende Bedeutung kommt gegenwärtig der Frage zu, bis zu welchem Grad die Fahrtkostenerstattung als angemessen angesehen werden kann. Der BGH hatte nach der Gesetzesänderung in zwei Urteilen zu dieser Angemessenheitsgrenze Stellung genommen[51]. Im ersten Urteil wurde eine Fahrtkostenerstattung in Höhe von 1,- DM bei einem Einkaufswert ab 35,- DM Fahrtkosten

Teilbereich der Wertreklame regelt und dies auch nur unter besonderen Aspekten. Selbstverständlich dürfen bei der Anwendung des § 1 UWG die Wertungen der ZugabeVO nicht umgangen werden.

48 BGH NJW 1991, 701.

49 BGH a.a.O., S. 702 – Biowerbung mit Fahrpreiserstattung. Mit dieser Begründung begibt sich der BGH schließlich auf den Boden seiner gesicherten Rechtsprechung, wonach die Erweckung des Kaufinteresses aus sozialem Verantwortungsgefühl, Hilfsbereitschaft oder Mitleid wettbewerbswidrig ist, wenn ein sachlicher Zusammenhang zwischen dem in der Werbung angesprochenen sozialen Engagement und der beworbenen Ware oder Leistung nicht besteht.

50 Vgl.: KLAAS, in: Festschrift für Piper, S. 301 ff. Ablehnende Kritik: FEZER, JZ 1992, 443; DRESCHER/LIPS, Natur und Recht 1991, 447; EBERT-WEIDENFELLER, GRUR 1991, 543; DERS., GRUR 1992, 543; zustimmend: GRUBER, WRP 1992, 429 (434); CORDES, Umweltwerbung, 63 f.; NACKEN. WRP 1991, 212 ff.

51 BGH GRUR 1995, 163 (164) – Fahrtkostenerstattung I; BGH GRUR 1995, 616 – Fahrtkostenerstattung II.

als angemessen angesehen[52]. Grundüberlegung war, dass es sich um einen Betrag handelt, der unter 3 % des Kaufpreises liegt. In diesem Rahmen sei es der Verbraucher gewohnt, nach dem RabattG zulässige Rabatte zu erhalten[53]. Im zweiten Urteil wurde es als angemessen angesehen, ab einem Einkaufswert von 20 DM Fahrtkosten für Verkehrsmittel des öffentlichen Nahverkehrs in Höhe von 1,50 DM zu erstatten[54].

VI. Geldwerte Zuwendungen innerhalb der Absatzkette

Bei der wettbewerbsrechtlichen Beurteilung der Gewährung von geldwerten Zuwendungen innerhalb der Absatzkette wird zwischen gewerblichen Abnehmern (Wiederverkäufer) und privaten Kunden (Laienwerber) unterschieden, da man davon ausgeht, dass sich Wiederverkäufer im Gegensatz zu Laienwerbern weniger leicht durch Vergünstigungen von der eigentlichen Leistungsfähigkeit der Ware ablenken lassen[55].

Die Gewährung von *Werbeprämien* an *Wiederverkäufer* ist nur unter engen Voraussetzungen sittenwidrig, und zwar, wenn zu befürchten ist, dass der Wiederverkäufer seine Kunden einseitig, unter Vernachlässigung sachlicher Gesichtspunkte berät, so dass die Gefahr von Warenunterschiebungen droht[56]. Einen solchen Fall hatte der BGH in der Entscheidung „clix-Mann“[57] zu beurteilen. Ein Hersteller von Ski-Sicherheitsbindungen lobte einen Maria-Theresia-Taler dafür aus, dass der Wiederverkäufer seine Fachkenntnisse bezüglich des Produkts des Herstellers im Rahmen eines Verkaufsgesprächs unter Beweis stellt. Diese Kenntnisse sollten durch einen Prüfer, den sog. clix-Mann, der irgendwann das Geschäft als vermeintlicher Kunde aufsuchen sollte, kontrolliert werden[58]. Der BGH untersagte diese Werbemethode, weil die Gefahr bestehe, dass der Verkäufer geneigt sei, in jedem Interessenten für Ski-Bindungen den

52 BGH a.a.O., S. 164 – Fahrtkostenerstattung I.

53 BGH a.a.O., S. 164 – Fahrtkostenerstattung I.

54 BGH a.a.O. – Fahrkostenerstattung II.

55 KLOSTERFELDE/JAEGER-LENZ, in: Handbuch des Wettbewerbsrechts, § 50, Rn. 140; Baumbach/HEFERMEHL, Wettbewerbsrecht, § 1 UWG, Rn. 85. Allerdings ist zu beachten, dass bei der Gewährung von Werbeprämien an Angestellte der Tatbestand der Bestechung nach § 12 UWG verwirklicht sein kann.

56 KLOSTERFELDE/JAEGER-LENZ, in: Handbuch des Wettbewerbsrechts, § 50, Rn. 140; Baumbach/HEFERMEHL, Wettbewerbsrecht, § 1 UWG, Rn. 98; RG GRUR 1938, 619 – Herdweiß; RGSt 48, 291 – Korkengeld; BGH GRUR 1974, 394 (395) – Verschlußkapsel-Prämie.

57 BGH GRUR 1971, 223.

58 BGH GRUR 1971, 223 – clix-Mann.

„clix-Mann“ zu vermuten. Dadurch werde der Verkäufer dazu verleitet, seine Kunden einseitig zu Gunsten des einen Herstellers zu beeinflussen, um möglichst bald den Maria-Theresia-Taler zu erhalten. Die Kunden, die vom Verkäufer zwar keine schrankenlose Objektivität, aber immerhin eine sachliche Beratung erwarten, würden hierdurch in ihren Erwartungen getäuscht[59].

Eine ähnliche Konstellation ist bei den sogenannten *Werbehilfen* gegeben. Bei dieser Werbeform überlässt der Hersteller dem Wiederverkäufer Gegenstände oder andere Vergünstigungen als Gegenleistung für eine auffällige Präsentation der gelieferten Produkte[60]. Untersagt wird diese Form der akzessorischen Wertreklame, wenn zu befürchten ist, dass der Händler die Ware des Herstellers nicht nur aufgrund ihrer Güte und Preiswürdigkeit abnimmt, sondern vorwiegend mit dem Ziel, die Vergünstigung zu erhalten[61]. Die Gefahr einer solchen, von leistungsfremden Gesichtspunkten orientierten Kaufentscheidung sei um so größer, je weniger die Werbehilfe der Präsentation des Produkts und je mehr sie dem Händler selbst zugute kommt[62]. In einem grundlegenden Urteil hat der BGH das Bezahlen von Regalmieten in Höhe von 20,- DM für jedes im Schaufenster ausgestellte Fernsehgerät vor allem wegen einer Irreführungsgefahr für wettbewerbswidrig gehalten[63]. Ein nicht unerheblicher Teil der durch die Schaufensterdekoration angesprochenen Verkehrskreise erwarte, dass der Verkäufer solche Erzeugnisse bevorzuge, die hinsichtlich Art, Qualität und Preis für den Verbraucher von Vorteil sind. In dieser Erwartung werde der Verbraucher getäuscht, wenn der Fachhändler für die Ausstellung einer Ware im Schaufenster eine besondere Vergütung vom Hersteller erhalte, die geeignet erscheint, den Fachhändler in seiner Entscheidung hinsichtlich der Präsentation diverser Artikel unsachlich zu beeinflussen[64].

59 BGH GRUR 1971, 223 (225) – clix-Mann

60 Besteht die Vergünstigung in einem Gegenstand, der zwar der Präsentation dient, der aber anschließend dem Wiederverkäufer überlassen wird, so spricht man von einem „Mitgehartikel“. Von einer „Regalmiete“ spricht man hingegen, wenn eine Geldzahlung erfolgt.

61 BGH GRUR 1961, 588 (590) – Einpfennig-Süßwaren; BGH GRUR 1977, 257 (259) – Schaufensteraktion; Baumbach/HEFERMEHL, Wettbewerbsrecht, § 1 UWG, Rn. 98; KLOSTERFELDE/JAEGER-LENZ, in: Handbuch des Wettbewerbsrechts, § 50, Rn. 139.

62 KLOSTERFELDE/JAEGER-LENZ, in: Handbuch des Wettbewerbsrechts, § 50, Rn. 138.

63 BGH GRUR 1977, 257 – Schaufensteraktion; vgl. auch: BGH GRUR 1961, 588 – Einpfennig-Süßwaren.

64 BGH a.a.O., S. 258 – Schaufensteraktion. Zustimmende Literatur: DROSTE, MA 1961, 745; E. Ulmer/REIMER, Unlauterer Wettbewerb, Band III, Nr. 814;

Werden nicht berufsmäßigen Werbern *Prämien* versprochen, handelt es sich um sog. *Laienwerber*. Ihnen gegenüber ist die Gewährung einer Prämie ebenfalls nicht ohne weiteres als wettbewerbswidrig anzusehen; es kommt vielmehr auf die Umstände des Einzelfalls an[65]. Wie aus der Entscheidung „Laienwerbung für Kreditkarten“[66] ersichtlich wird, ist der Umstand der Kommerzialisierung der Privatsphäre maßgebend für die wettbewerbsrechtliche Beurteilung:

> „Diese Werbeform ist darauf angelegt, durch Aussetzen von Werbeprämien die persönlichen Beziehungen der Laienwerber, die sich vor allem an Verwandte, Freunde und Bekannte wenden werden, für die Zwecke des einzelnen Unternehmens zu nutzen, und das Werbegespräch in die Privatsphäre zu verlagern. Dadurch trägt das werbende Unternehmen nicht nur zu einer wettbewerbsfremden Kommerzialisierung der Privatsphäre bei, sondern zieht zum Schaden des Leistungswettbewerbs auch Nutzen aus den besonderen Bedingungen, unter denen solche Werbegespräche zwischen Privatleuten geführt werden. Es besteht die Gefahr, daß Laienwerber ihr Prämieninteresse möglichst lange verschleiern oder ganz verheimlichen, um ihrer Empfehlung den Anstrich eines uneigennützigen Rates und damit ein besonderes Gewicht zu geben[67].“

Die in der Entscheidung „Laienwerbung für Kreditkarten“ angeklungene Problematik verdeutlicht, dass es sich hier um eine Besonderheit handelt, die mit dem Problembereich der akzessorischen Wertreklame nicht zwingend in Zusammenhang steht.

HOTH/GLOY, Zugabe und Rabatt, § 1 ZugabeVO, Anm. 45; kritisch hingegen: SCHÜNEMANN, in: Großkommentar, § 1 UWG, C 175.

65 BGH WRP 1959, 81 (82) – Bienenhonig; BGH WRP 1981, 456 – Laienwerbung für Makleraufträge; BGH GRUR 1995, 122 (123) – Laienwerbung für Augenoptiker; Baumbach/HEFERMEHL, Wettbewerbsrecht, § 1 UWG, Rn. 201; V.GAMM, Unlauterer Wettbewerb, § 1 UWG, Rn. 154.

66 BGH GRUR 1991, 150 – Laienwerbung für Kreditkarten.

67 BGH a.a.O. – Laienwerbung für Kreditkarten; vgl. ferner: BGH GRUR 1959, 285 (287) – Bienenhonig; BGH GRUR 1974, 341 (342) – Campagne; BGH GRUR 1981, 655 (656) – Laienwerbung für Maklerauftrage; BGH GRUR 1995, 122 (123) – Laienwerbung für Augenoptiker.

VII. Fazit

Die voranstehende Darstellung der Rechtsprechungspraxis hat die der akzessorischen Wertreklame entgegengebrachte negative Grundeinstellung angedeutet. Besonders klar manifestiert sich diese Einstellung in der Aussage, dass aufgrund eines Verstoßes gegen die Grundsätze des Leistungswettbewerbs an die Wertreklame strenge Anforderungen zu stellen seien[68]. Insbesondere bei der Werbung mit gekoppelten Vorspannangeboten führt dieses Verständnis faktisch zu deren Unzulässigkeit, da vor allem das besonders werbeeffiziente Angebot branchenfremder Güter – wegen eines angeblichen Verstoßes gegen die Grundsätze des Leistungswettbewerbs und einer daraus resultierenden unsachlichen Beeinflussung des Kunden – den werbenden Unternehmen praktisch nicht zur Verfügung steht[69]. Auch verdeckte Koppelungsangebote werden de facto als unzulässig eingestuft, da man, sofern zwischen den gekoppelten Gütern kein Gebrauchszusammenhang besteht, eine Erschwerung des Preisvergleichs annimmt. Trotz der ebenfalls bestehenden akzessorischen Verknüpfung zwischen gekoppeltem Gut und der Vergünstigung zeichnen sich bei anderen Erscheinungsformen liberalere Tendenzen ab. So vor allem bei der Werbung mit Garantien und Zinsvorteilen, bei denen die Rechtsprechung die positiven wettbewerblichen Wirkungen der akzessorischen Wertreklame erkannt hat. Für die Fahrtkostenerstattung musste diese Entwicklung erst durch den Gesetzgeber „erzwungen" werden. Hingegen führt ein Verstoß gegen die Grundsätze des Leistungswettbewerbs und eine daraus resultierende unsachliche Beeinflussung des Abnehmers bei der Werbung mit Zuschüssen wiederum weitgehend zu deren Unzulässigkeit. Zuwendungen innerhalb der Absatzkette werden dagegen vor allem dann streng beurteilt, wenn der Verbraucher, der in diesem Fall nicht Adressat der gewährten Vergünstigung ist, Gefahr zu laufen droht, die Angebote des Wiederverkäufers aufgrund dessen Präsentation falsch zu beurteilen.

Bei der wettbewerbsrechtlichen Beurteilung von geldwerten Zuwendungen an Laienwerber kommen hingegen Unlauterkeitsmomente zum Tragen, die mit den Besonderheiten der akzessorischen Wertreklame nicht in Zusammenhang stehen. Aus diesem Grund kann die wettbewerbsrechtliche Berechtigung dieser Werbeform in der folgenden Untersuchung dahinstehen.

68 Vgl. nur: BGH GRUR 1976, 249 – Vorspannangebot.

69 So bemerkt GÖTTING, Entwicklung des Zugaberechts, S. 117, dass die Rechtsprechung im Bereich der Vorspannwerbung auf so schwankendem Boden steht, dass der Werbende „auf den Einsatz dieses Werbemittels besser ganz verzichtet, wenn er sich nicht dem Risiko eines Rechtsstreits aussetzen will".

B. ÜBERPRÜFUNG DER UNLAUTERKEITSKRITERIEN

Im Folgenden ist zu prüfen, ob die von der Rechtsprechung gegen die akzessorische Wertreklame angeführten Argumente tatsächlich zutreffend sind. Die Tatsache, dass ein Verbot der akzessorischen Wertreklame nur gerechtfertigt sein kann, wenn die Argumente bzw. Unlauterkeitsmerkmale stichhaltig sind, ergibt sich bereits aus der verfassungsrechtlich geschützten Freiheit wettbewerblichen Handelns[70] und der darin inbegriffenen Freiheit des Einsatzes ihrer Aktionsparameter[71]. Dabei steht zunächst der Begriff im Vordergrund, der bei der wettbewerbsrechtlichen Beurteilung der akzessorischen Wertreklame regelmäßig die zentrale Rolle spielt – der Begriff des Leistungswettbewerbs. Anschließend erfolgt eine Untersuchung der besonderen Unlauterkeitsmerkmale, untergliedert in die Schutzsubjekte des Abnehmer- und des Mitbewerberschutzes.

I. Leistungswettbewerb als Ausprägung der Allgemeininteressen

Ausgangspunkt der Untersuchung des Unlauterkeitsmerkmals „Verstoß gegen die Grundsätze des Leistungswettbewerbs" ist die tendenzielle Missbilligung der akzessorischen Wertreklame durch die Rechtsprechung[72] und der ihr größtenteils unkritisch folgenden herrschenden Lehre[73]. Formelartig wird immer wieder betont: „Mit dem Leitbild eines an Güte und Preiswürdigkeit orientierten Leistungswettbewerbs ist eine Wertreklame nur schwer zu vereinba-

70 Die Wettbewerbsfreiheit wird dabei als konkrete Erscheinung des Rechts auf freie wirtschaftliche Betätigung angesehen, vgl.: Baumbach/HEFERMEHL, Wettbewerbsrecht, Allg., Rn. 50; zur Frage, inwieweit überhaupt ein subjektives Recht auf Wettbewerb besteht, vgl.: SCHERER, Privatrechtliche Grenzen der Verbraucherwerbung, S. 27 f.

71 HOPPMANN, Definition des Wettbewerbs, S. 9 f.

72 BGH GRUR 1974, 345 – Geballtes Bunt; WRP 1976, 172 – Versandhandelspreisausschreiben; GRUR 1990, 44 – Annoncen-Avis; GRUR 1991, 616 – Motorboot-Fachzeitschrift; GRUR 1993, 483 – Unentgeltliche Partnervermittlung.

73 Köhler/PIPER, § 1 UWG, Rn. 38; Baumbach/HEFERMEHL, Wettbewerbsrecht, § 1 UWG, Rn. 86; KLOSTERFELDE/JAEGER-LENZ, in: Handbuch des Wettbewerbsrechts, § 50, Rn. 80; KEHL, Wettbewerbsrecht, S. 121; V.GAMM, Unlauterer Wettbewerb, § 1 UWG, Rn. 162; BORCK, in: Amann/Jaspers, RWW, Kap. 3.8, Rn. 1; WUTTKE, Sicherung des Leistungswettbewerbs, S. 23; kritisch hingegen EMMERICH, Recht des unlauteren Wettbewerbs, § 5, 8; SCHÜNEMANN, Wettbewerbsrecht, S. 69; FEZER, JZ 1992, 443 (447).

ren[74].“ Da mit diesem Satz das Ergebnis der wettbewerbsrechtlichen Beurteilung zumeist feststeht, erweist sich die Zuordnung einer Wettbewerbshandlung zum Leistungs- oder Nichtleistungswettbewerb als weichenstellende Prämisse des Sittenwidrigkeitsurteils. Zwar bildet der „Verstoß gegen die Grundsätze des Leistungswettbewerbs“ im Rahmen des § 1 UWG keine eigenständige Fallgruppe. Die Tragweite des Leistungswettbewerbs wird allerdings daran deutlich, dass er in jeder der Wertreklame zugeordneten Erscheinungsform insofern eine Rolle spielt, als sich aus einem Verstoß gegen die Grundsätze des Leistungswettbewerbs die tendenzielle Missbilligung der betreffenden Werbeform ergeben soll[75]. Zu untersuchen ist daher, ob der schillernde Begriff des Leistungswettbewerbs für die Beurteilung von Wettbewerbshandlungen anhand von § 1 UWG fruchtbar gemacht werden kann. Ein Blick auf den Ursprung und die geschichtliche Entwicklung ist hierzu unerlässlich.

1. Entwicklung des Begriffs „Leistungswettbewerb“

a) Das klassische Schrifttum

Bei der Nachzeichnung der Entwicklung, die der Begriff des Leistungswettbewerbs[76] in der wettbewerbsrechtlichen Diskussion erfahren hat, stößt

74 OLG München, WRP 1996, 1060 (1062) – Handy für 1,00 DM; vgl. auch: BGH GRUR 1976, 248 (249) – Vorspannangebot; BGH WRP 1992, 644 – Glücksball-Festival; BGH GRUR 1984, 463 (464) – Mitmacher-Tour; BGH GRUR 1979, 779 (780) – Wert-Coupons; BGH GRUR 1981, 286 (287) – Goldene Karte I; BGH WRP 1990, 28 (30) – Wirtschaftsmagazin.

75 Für das kostenlose Verteilen von Originalware: BGH GRUR 1957, 365 – SUWA; BGH GRUR 1965, 489 – Kleenex; BGH GRUR 1969, 287 – Stuttgarter Wochenblatt I; BGH GRUR 1977, 608 – Feld und Wald II; BGH GRUR 1991, 616 – Motorboot-Fachzeitschrift; BGH NJW-RR 1993, 1066 (1067) – Hotelgutschein; zum psychologischen Kaufzwang: BGH GRUR 1974, 156 – Geld-Gewinnspiel; BGH GRUR 1981, 746 – Ein-Groschen-Werbeaktion; BGH GRUR 1992, 621 – Glücksball-Festival; zum übertriebenen Anlocken: BGH NJW 1971, 162 – Diagnose-Zentrum; BGH GRUR 1974, 156 – Geld-Gewinnspiel; BGH GRUR 1989, 366 – Wirtschaftsmagazin; zu den gekoppelten Vorspannangeboten: BGH GRUR 1983, 781 (782) – Buchklub-Vorspannangebot; ebenso: BGH GRUR 1976, 248 (249) – Vorspannangebot; BGH GRUR 1976, 637 (638) – Rustikale Brettchen; BGH GRUR 1977, 110 (111) – Kochbuch.

76 Der Vollständigkeit halber ist noch zu erwähnen, dass der Begriff des Leistungswettbewerbs auch den Gesetzgeber beschäftigt hat. Eine Vorlage einer Gruppe von Abgeordneten der CDU/CSU Fraktion vom 22.3.1978, BT-Drucks 8/1670 S. 1, 4, zur Änderung des UWG sah vor, über § 1 UWG Handlungen zu untersagen, die geeignet sind, der Wirksamkeit eines leistungsgerechten Wettbewerbs

man zunächst auf die Darstellung von Lobe[77]. Ohne den Begriff des Leistungswettbewerbs beim Namen zu nennen, verglich er den Wettbewerb mit einem Sportwettkampf, bei dem nur der Einsatz bestimmter Kräfte und Tätigkeiten erlaubt sei, jeder Einsatz anderer Mittel – als Parallele wird die Verwendung eines Motors bei einem Ruderwettkampf angeführt[78] – sei dagegen als Verstoß gegen die Kampfregeln unlauter. In die rechtswissenschaftliche Diskussion wurde der Begriff des Leistungswettbewerbs, der als solcher bis dahin lediglich in die wirtschaftswissenschaftliche Lehre Eingang fand, erstmals von Callmann[79] explizit eingeführt. Er grenzte den Leistungswettbewerb als Wettbewerb durch Kräfteentfaltung vom Suggestionswettbewerb und vom Gewaltwettbewerb ab. Rechtliche Konsequenzen hinsichtlich der Sittenwidrigkeit hat Callmann hieraus jedoch nicht angeleitet.

Die Unterscheidung von Leistungs- und Behinderungswettbewerb geht zurück auf ein Gutachten von Nipperdey[80] im berühmten Benrather Tankstellenfall[81]. Das Reichsgericht hatte zu entscheiden, ob die gezielte Preisunterbietung in Verdrängungsabsicht kartellmäßig untereinander verbundener Markentreibstoffgesellschaften gegenüber einem nicht preisgebundenen Außenseiter gegen § 1 UWG verstößt. Nipperdey gelangte zu dem Ergebnis, dass diese Art von Preiskampf nicht als unlautere Handlung zu qualifizieren sei[82]. Dahinter stand

entgegenzuwirken, vgl. hierzu: MERKEL, BB 1977, 705; DERS., BB 1977, 1176 ff. Zudem soll der „Josten-Entwurf zur Sicherung des Leistungswettbewerbs" vom 5.7.1949, teilweise abgedruckt bei KLAUE, Zur Problematik der Fusionskontrolle, S. 133 ff., in Erinnerung gerufen werden. Gesetzlich verankert ist der Begriff des Leistungswettbewerbs in § 24 II GWB, nach dem Wirtschafts- und Berufsvereinigungen Wettbewerbsregeln bei der Kartellbehörde anerkennen lassen können.

77 LOBE, Die Bekämpfung des unlauteren Wettbewerbs, 1907, S.7 ff.

78 Das angeführte Beispiel muss man jedoch mit größter Vorsicht genießen, da eine leistungsfremde Handlung nur deswegen vorliegt, weil dies in einem Regelwerk festgeschrieben ist. Im wirtschaftlichen Wettbewerb muss dieses Regelwerk aber gerade erst noch gesucht werden. Dabei kann leider nicht der Einfachheit halber ein willkürliches Regelwerk festgelegt werden. Das Regelwerk muss sich vielmehr am System des Wettbewerbs ausrichten, welches allen Beteiligten einen möglichst breiten Handlungsspielraum gewähren muss, vgl. hierzu: MERZ, Die Vorfeldthese, S. 276; FREITAG, Der Leistungswettbewerb als rechtliche Denkfigur, S. 84 f.; GILLERT, Die rechtliche Bewertung des sog. Anzapfens nach § 1 UWG, S. 140 f.

79 CALLMANN, Der unlautere Wettbewerb, S.20.

80 NIPPERDEY, Wettbewerb und Existenzvernichtung, S. 16 ff.; DERS., KartRdsch 1930, 127 ff.

81 RGZ 134, 342.

82 NIPPERDEY, KartRdsch 1930, 127 (142).

die Überlegung, es gebe einen Gegensatz zwischen Leistungs- und Behinderungswettbewerb. Ersterer sei als positiver Wettbewerb auf die Förderung der Absatztätigkeit des eigenen Unternehmens durch eigene Leistung gekennzeichnet, während der Behinderungswettbewerb als negativer Wettbewerb erst über den Weg der Behinderung des Mitbewerbers freie Bahn für den eigenen Absatz schaffen soll. Das Ergebnis Nipperdey's erscheint auf den ersten Blick durchaus konsequent, vorausgesetzt, dass die Mittel des Leistungswettbewerbs – Qualitätssteigerung und Preissenkung – auch im Falle der beabsichtigten Existenzvernichtung des Mitbewerbers wettbewerbsimmanent sind. Das Reichsgericht ist dieser Überlegung nicht gefolgt, weil es in der gezielten Preisunterbietung in Vernichtungsabsicht keinen Fall des Leistungs- sondern des Behinderungswettbewerbs gesehen hat[83]. Die Verdrängungswirkung sei in diesem Fall keine immanente Folge des Wettbewerbskampfes; die Schädigung des Mitbewerbers sei vielmehr ein Kampfmittel des Kartells, um nach dem Ausscheiden des Mitbewerbers höhere Preise als zuvor verlangen zu können[84].

Die hier vor allem interessierende direkte Gegenüberstellung der Antipoden Leistungs- und Nichtleistungswettbewerb findet sich erstmals bei Böhm[85]. Nichtleistungswettbewerb soll dabei nicht einfach ein Synonym für Behinderungswettbewerb sein. Vielmehr sei davon auszugehen, dass sich die Begriffe Leistungs- und Nichtleistungswettbewerb diametral entgegenstehen, wobei letzterer die Untergruppen Behinderungswettbewerb und Beeinträchtigung der Entscheidungsfreiheit der Marktgegenseite beinhalte[86]. Eine gewisse Berechtigung kann dieser These nicht abgesprochen werden, denn unstrittig stellt die Irreführung eines Kunden eine sittenwidrige Maßnahme dar. Gleichwohl handelt es sich – mangels unmittelbarer Beeinträchtigung von Mitbewerberinteressen – nicht um einen Fall des Behinderungswettbewerbs. Die Beeinträchtigung der Entscheidungsfreiheit der Marktgegenseite oder der Kundenfang, wie diese Fallgruppe zumeist bezeichnet wird, ist deswegen als weitere Erscheinungsform des Nichtleistungswettbewerbs neben dem klassischen Behinderungswettbewerb anzuerkennen[87]. Wenngleich diese Einteilung die Zielrichtung

83 RGZ a.a.O., S. 353 – Benrather Tankstelle.

84 RGZ a.a.O., S. 354 – Benrather Tankstelle.

85 BÖHM, Wettbewerb und Monopolkampf, S. 212, der jedoch noch den inzwischen überkommenen Begriff des „Nichtleistungskampfs" benutzt.

86 BÖHM, Wettbewerb und Monopolkampf, S. 253 ff.

87 Baumbach/HEFERMEHL, Wettbewerbsrecht, Einl. UWG, Rn. 96; DERS., GRUR Int. 1983, 507 (510); KOPPENSTEINER, Wettbewerbsrecht, § 32, Rn. 57; MERZ, Die Vorfeldthese, S. 268 ff.; auf die Unmöglichkeit einer abstrakten Begriffsfassung hinweisend: SOSNITZA, Wettbewerbsbeschränkungen durch die Rechtsprechung, S. 81; BUNTE, in: Langen/Bunte, Kartellrecht, Band I, Einf., Rn. 45;

wettbewerblicher Verhaltensweisen plastisch systematisiert, so ist damit kaum ein Gewinn an inhaltlicher Schärfe bei der Konkretisierung der Begriffe verbunden.

b) *Der Ansatz von Hefermehl*

Aufbauend auf die Systematik des klassischen Schrifttums trägt vor allem Hefermehl[88] zu einer Präzisierung hinsichtlich der Differenzierung zwischen Leistungs- und Nichtleistungswettbewerb bei. Demnach soll der *Leistungswettbewerb* darin bestehen, dass der einzelne Wettbewerber seine Leistung auf dem Markt frei anbieten und der Abnehmer die ihm zusagende Leistung frei wählen könne. Zum *Nichtleistungswettbewerb* sollen hingegen alle Mittel zählen, die geeignet seien, einen Vergleich der Leistungen durch die Marktgegenseite auszuschließen[89]. Folglich sei die Verfälschung oder Verhinderung eines echten Leistungsvergleichs das entscheidende Kriterium der Unterscheidung zwischen Leistungs- und Nichtleistungswettbewerb. Die Schwierigkeit dieser Unterscheidung bleibt Hefermehl nicht verborgen; sie steht und fällt mit der Konkretisierung des Begriffs der *Leistung*. Dementsprechend soll der Begriff der Leistung aus der Funktion des freien Wettbewerbs heraus zu definieren sein. Auszugehen sei von der auf einem bestimmten Markt angebotenen Leistung eines einzelnen Wettbewerbers, die vor allem in Bezug auf Preis, Qualität, Konditionen, Vertrieb und Service mit den Leistungen des Mitbewerbers in Vergleich stehe[90]. Die Entscheidung darüber, wer die beste Leistung anbietet, obliege dem als „Schiedsrichter" fungierenden Kunden[91].

P.ULMER, GRUR 1977, 565 (567); kritisch: BORCK, WRP 1976, 285 (286); DERS., WRP 1983, 311 f.

88 Baumbach/HEFERMEHL, Wettbewerbsrecht, Einl. UWG Rn. 96 ff.

89 Baumbach/HEFERMEHL, Wettbewerbsrecht, Einl. UWG, Rn. 96; DERS., in; Festschrift für GRUR, S. 897 (906); DERS., in: Festschrift für Robert Fischer, S. 197 (200); HEFERMEHL beruft sich diesbezüglich auf LOBE, Die Bekämpfung unlauteren Wettbewerbs, Band I, S. 7, 10 sowie E. ULMER, Sinneszusammenhänge im modernen Wettbewerbsrecht, S. 11, die ebenfalls positiv festgestellt haben, dass ein Wettbewerb nur dann lauter ist, wenn die zum Vergleich stehende Tätigkeit rein zu Entfaltung kommt; ebenso: GLOY in: Handbuch des Wettbewerbsrechts, § 9, Rn. 22.

90 Baumbach/HEFERMEHL, Wettbewerbsrecht, Einl. UWG, Rn. 97.

91 Baumbach/HEFERMEHL, Wettbewerbsrecht, Einl. UWG, Rn. 98; zur Schiedsrichterrolle des Abnehmers vgl. auch: SCHERER, Privatrechtliche Grenzen der Verbraucherwerbung, S. 35; LOEWENHEIM, GRUR 1975, 99 (104).

Voraussetzung für die Zuweisung der Schiedsrichterfunktion an den Kunden ist aber, dass der Kunde das erforderliche Sachwissen und die Unabhängigkeit für eine hinreichend freie Entscheidung besitzt. Führt man sich jedoch vor Augen, dass sich der Kunde bei seinen Kaufentscheidungen häufig nicht von rationalen Erwägungen leiten lässt, sondern oftmals impulsive und habituelle Entscheidungen trifft[92], wird deutlich, dass die Ausgangsprämisse Hefermehl`s auf wackligen Füßen steht. Aus dieser Unvollkommenheit heraus lässt es sich erklären, dass Hefermehl der Kaufentscheidung des Abnehmers nicht die alleinige Relevanz bei der lauterkeitsrechtlichen Beurteilung von Wettbewerbshandlungen beimessen will[93]. Die Unterscheidung von Leistungs- und Nichtleistungswettbewerb wird daher lediglich als Wertungshilfe herangezogen. Ein Verstoß gegen die Grundsätze des Leistungswettbewerbs soll die Unlauterkeit lediglich indizieren. Diese Indizwirkung könne allerdings beseitigt werden, wenn Umstände vorliegen, die die Wettbewerbshandlung aufgrund einer Gesamtwürdigung als zulässig erscheinen lassen. Umgekehrt soll ein Verhalten, das sich im Rahmen des Leistungswettbewerbs bewegt, gewöhnlich nicht unlauter sein, auch wenn als unvermeidbare Folge Mitbewerber beeinträchtigt oder sogar vom Markt verdrängt werden[94].

2. Die Rechtsprechung und der Leistungswettbewerb

Die Rechtsprechung unternimmt nicht den Versuch, den Begriff des Leistungswettbewerbs im Sinne einer abstrakten Definition inhaltlich auszugestalten, vielmehr begnügt man sich mit dem Hinweis, dass im Grunde genommen lediglich die Parameter Qualität und Preis zum Leistungswettbewerb zu zählen sind[95]. Gründe für diese enge Begrenzung des Leistungsbegriffs lassen sich den einschlägigen Entscheidungen nicht entnehmen. Hingegen wird keine Gele-

92 SCHERER, Privatrechtliche Grenzen der Verbraucherwerbung, S. 53; LEHMANN, Die Werbung mit Geschenken, S. 160 f.; DERS., GRUR 1975, 239 (241); vgl. auch: KUNZ, Das allgemeine Übermaßverbot, S. 198; BIELER, GRUR 1972, 530 (531); BÜLOW, WRP 1971, 299 ff.

93 Baumbach/HEFERMEHL, Wettbewerbsrecht, Einl. UWG, Rn. 105.

94 Baumbach/HEFERMEHL, Wettbewerbsrecht, Einl. UWG, Rn. 105.

95 BGH GRUR 1954, 174 – Kunststoffiguren I; BGH GRUR 1959, 544 – Modenschau; BGH GRUR 1965, 489 – Kleenex; BGH GRUR 1967, 254 – Waschkugel; BGH GRUR 1968, 649 – Recroni-Ascher; BGH GRUR 1971, 162 – Diagnose-Zentrum; BGH GRUR 1975, 248 – Vorspannangebot; BGH GRUR 1976, 637 – Rustikale Brettchen; BGH GRUR 1976, 704 – Meßbecher; BGH GRUR 1977, 110 – Kochbuch; BGH GRUR 1977, 608 – Feld und Wald; BGH GRUR 1981, 746 – Ein-Groschen-Werbeaktion; BGH GRUR 1983, 781 – Buchklub-Vorspannangebot; BGH GRUR 1991, 616 – Motorboot-Fachzeitschrift.

genheit versäumt, hervorzuheben, allen Formen der Wertreklame – eine Differenzierung zwischen akzessorischer und abstrakter Wertreklame wird von der Rechtsprechung nicht explizit vorgenommen – sei gemein, dass sie den Kunden nicht durch Güte und Preiswürdigkeit der Ware oder Leistung zu gewinnen versuchen, sondern durch das Gewähren einer besonderen Vergünstigung[96]. Aufgrund dieses prinzipiellen Widerspruchs mit dem Leitbild des Leistungswettbewerbs soll die Wertreklame nur hingenommen werden, wenn sie sich im Rahmen einer reinen Aufmerksamkeitswerbung halte[97]. Gleichwohl wird betont, dass diese Art der Werbung nicht schlechthin gegen die guten Sitten verstoße, jedoch einer strengeren Prüfung zu unterziehen sei[98]. Letztendlich soll sich die Sittenwidrigkeit aber aus besonderen Umständen ergeben[99], womit die Fallgruppen des § 1 UWG wie unsachliche Beeinflussung bzw. übertriebenes Anlocken, Erschwerung des Preisvergleichs sowie Verschleierungs- bzw. Irreführungsgefahr angesprochen sind. Die Rechtsprechung in diesem Punkt allerdings nicht konsequent: Das negative Vorverständnis, die Wertreklame verstoße mangels Verwendung der Parameter Qualität und Preis gegen die Grundsätze des Leistungswettbewerbs, wird innerhalb der Prüfung dieser besonderen Umstände zwar nicht formal, aber doch inhaltlich erneut als Argumentationsstütze herangezogen. Die Stichhaltigkeit der Konzeption der Rechtsprechung bedarf daher dringend einer Überprüfung.

a) Überholte preistheoretische Vorstellungen und Anmaßung von Wissen

Der Konzeption der Rechtsprechung wird entgegengebracht, ihr Ausgangspunkt beruhe auf überholten preistheoretischen Vorstellungen und führe zur

96 OLG München, WRP 1996, 1061 (1062) – Handy für 1, 00 DM.

97 BGH GRUR 1976, 248 (249) – Vorspannangebot; BGH GRUR 1979, 779 (780) – Wert-Coupons; BGH GRUR 1981, 286 (287) – Goldene Karte I; BGH WRP 1990, 28 (30) – Wirtschaftsmagazin; BGH GRUR 1994, 639 (640) – Pinguin-Apotheke.

98 BGH GRUR 1959, 285 – Bienenhonig; GRUR 1973, 591 – Schatzjagd; GRUR 1974, 156 – Geldgewinnspiel; GRUR 1974, 345 – Geballtes Bunt; GRUR 1974, 395 – Verschlußkapsel-Prämie; WRP 1976, 100 – Mars; GRUR 1976, 248 – Vorspannangebot; GRUR 1984, 463 – Mitmacher-Tour; GRUR 1989, 757 – McBacon.

99 BGH GRUR 1965, 489 – Kleenex; GRUR 1969, 287 – Stuttgarter Wochenblatt; BGH GRUR 1974, 345 – Geballtes Bunt; BGH WRP 1975, 672 (673) – Vorspannangebot; BGH WRP 1981, 576 (577 ff.) – Ein-Groschen-Werbeaktion; BGH GRUR 1982, 53 – Bäckerfachzeitschrift; BGH GRUR 1991, 616 – Motorboot-Fachzeitschrift; BGH GRUR 1993, 483 (484) – Unentgeltliche Partnervermittlung; BGH GRUR 1993, 774 (776) – Hotelgutschein.

Disqualifikation tatsächlicher Leistungselemente[100]. Die alleinige Zulassung von Preis und Qualität als im Wettbewerb erlaubte Aktionsparameter bedeutet in der Tat die Einnahme des Standpunktes der klassischen Preistheorie[101]. Die Folge ist, dass alle anderen Faktoren als Nebenleistungen stigmatisiert werden und dadurch den Charakter einer ungerechtfertigten Sonderzuwendung erhalten. Mit dem zunehmenden Einfluss der Marketingforschung ging jedoch die Erkenntnis einher, dass die beherrschende Stellung der Preispolitik gebrochen wurde[102]. Die Preispolitik ist vielmehr nur ein Instrumentarium, welches möglichst wirkungsvoll in das gesamte Marketing-Mix eingeordnet werden kann[103]. Soweit die Ergebnisse der Preistheorie, die lediglich die Parameter Preis und Qualität als wettbewerbliche Aktionsparameter kennt, auf die realen Verhältnisse des Wettbewerbs übertragen werden, steht dies der Heuristik auf dem Gebiet der Wirtschaftswissenschaften diametral entgegen. Die Identifizierung leistungsbezogener Wettbewerbshandlungen müsste, sofern das Lauterkeitsrecht „just in time" zwischen zulässigen und unzulässigen Werbemaßnahmen differenzieren soll, bereits erfolgen, bevor die Auswirkungen auf den Marktprozess erkennbar sind[104]. Eine derartige ex ante-Vorgehensweise zur Beurteilung von Wettbewerbsparametern, die jenseits des „klassischen" Leistungswettbewerbs angesiedelt sind, kommt jedoch einer „Anmaßung von Wissen" im von Hayek`schen Sinne gleich, da aufgrund der Ergebnisoffenheit der Wettbewerbsprozesse eine Prognostizierung von Marktergebnissen kaum möglich ist[105]. In einem solchen Wettbewerb, der demgemäß als Entdeckungs-

100 MEIER, DB 1980, 721 (729); SOSNITZA, Wettbewerbsbeschränkungen durch die Rechtsprechung, S. 120; ähnlich, KERBER, Evolutionäre Marktprozesse und Nachfragemacht, S. 468 ff.

101 SOSNITZA, Wettbewerbsbeschränkungen durch die Rechtsprechung, S. 120; allgemein zur Preistheorie: EMMERICH, Kartellrecht, § 1, 2; MANTZAVINOS, Wettbewerbstheorie, S. 21 ff.; NEUMANN, Historische Entwicklung und heutiger Stand der Wettbewerbstheorie, S. 67 ff.; KAUFER, Von der Preistheorie zur Wettbewerbstheorie, S. 327 ff; COX/HÜBENER, in: Handbuch des Wettbewerbs, S. 11 ff.

102 BARTH/MÖHLENBRUCH, DB 1983, 591 (598); SOSNITZA, Wettbewerbsbeschränkungen durch die Rechtsprechung, S. 120; LEHMANN, GRUR Int. 1977, 135.

103 Eine Verlagerung zu nicht preispolitischen Instrumenten bedeutet in der Regel sogar eine Erhöhung des akquisitorischen Potentials, vgl.: BARTH/MÖHLENBRUCH, DB 1983, 593 (597).

104 KERBER, Evolutionäre Marktprozesse und Nachfragemacht, S. 468; WUTTKE, Sicherung des Leistungswettbewerbs, S. 63; ähnlich: SOSNITZA, Wettbewerbsbeschränkungen durch die Rechtsprechung, S. 82.

105 Vgl.: V.HAYEK, Der Wettbewerb als Entdeckungsverfahren. S. 14 f.; KNÖPFLE, Die marktbezogene Unlauterkeit, S. 59 ff. folgert daraus, dass der Leistungsbegriff mit der Mehrung der Nachfrage gleichzusetzen sei.

verfahren umschrieben wird[106], kann erst nach der Entscheidung des Konsumenten über die verschiedenen Angebote und damit ex post beurteilt werden, ob die betreffende Werbemaßnahme Leistungscharakter hat. Nimmt man dies – wie es in der Rechtsprechung offenbar geschieht – nicht ernst, so diskreditiert man von vornherein innovative Werbemaßnahmen, die gerade wegen ihrer Neuartigkeit noch nicht als leistungsgerecht anerkannt sind. Die Konzeption der Rechtsprechung birgt deswegen latent die Gefahr einer Erstarrung des Wettbewerbsprozesses in sich.

b) Widerspruch mit der Werbewirklichkeit

Die Konzeption der Rechtsprechung widerspricht zudem den tatsächlichen Gegebenheiten der heutigen Werbewirklichkeit. Jede Werbung versucht in bestimmtem Maße, den Kunden auch durch „unsachliche" Einflüsse – also solche, die jedenfalls nach Ansicht der Rechtsprechung jenseits der Parameter Qualität und Preis einzuordnen sind – zu einer Kaufentscheidung zu bewegen[107]. Insbesondere die Werbung in den modernen Massenmedien ist darauf ausgerichtet, das Gefühlsleben oder das Unterbewusstsein des Kunden emotional durch Methoden der Suggestion, Assoziation und Motivation anzusprechen[108]. Ohne diese Faktoren, die zumeist einer Werbung, die im Kern ein gewisses Maß an Verbraucherinformation enthält, quasi als Verpackung dienen, könnte die moderne Werbung mangels öffentlicher Beachtung ihre Funktionen nicht erfüllen. Aufgrund des zunehmenden Strebens der Konsumenten nach Prestige und Statussymbolen ist beispielsweise das Image eines Produkts ein besonders effizienter Faktor[109]. Gewiss lässt sich das Image eines Produkts nicht unter die Parameter Preis oder Leistung i.S.d. Rechtsprechung subsumieren; gleichwohl ist unbestritten, dass eine Werbung, die sich diesen Faktor zu Nutze macht, im heutigen Wirtschaftssystem ihre Berechtigung hat. Würde die

106 Vgl.: V.HAYEK, Der Wettbewerb als Entdeckungsverfahren, S. 3 ff.; SCHÜNEMANN, in: Großkommentar, Einl., A 28; REICHOLD, AcP 193 (1993), 204 (205).

107 Vgl.: KOPPENSTEINER, WBl 1995, 1 (7).

108 Vgl.: 1. Kapitel, B. II. 2, S. 31 ff.; MEFFERT, Marketing, S. 664; LOEWENHEIM, GRUR 1975, 99; Baumbach/HEFERMEHL, Wettbewerbsrecht, vor §§ 3-8 UWG, Rn. 1; KOTLER/BLIEMEL, Marketing-Management, Kap. 23; JETZER, Lockvogelwerbung, S. 62; PERAU, Werbeverbote im Gemeinschaftsrecht, S. 27; BIELER, GRUR 1972, 830.

109 MENKE, GRUR 1993, 718 bemerkt hierzu, dass schillernde Werbekampagnen – häufig mit Auftritten „teurer" Sport und Filmstars – offensichtlich nur das Image pflegen, statt den Konsumenten Preis- und Qualitätsinformationen zur Verfügung zu stellen.

Rechtsprechung ihre Konzeption zum Leistungswettbewerb strikt auf alle Werbeformen anwenden, so würde praktisch jede Werbung Gefahr laufen, wegen eines Verstoßes gegen die Grundsätze des Leistungswettbewerbs verboten zu werden[110].

Der Verstoß gegen die Grundsätze des Leistungswettbewerbs spielt lediglich bei der Beurteilung der Wertreklame[111] und auch der gefühlsbetonten Werbung[112] eine zentrale Rolle. Der große Teil der „klassischen" Werbung wird dagegen nicht an diesem Grundsatz gemessen[113]. Dies wirft die Frage nach einer sachlichen Rechtfertigung dieser Differenzierung auf. Aus der Judikatur zur Wertreklame lassen sich bezeichnenderweise keine Hinweise entnehmen. Insofern kann man nur mutmaßen, dass es an der Besonderheit der Wertreklame liegt, ganz offen mit der „sachfremden", in Aussicht gestellten Vergünstigung zu werben. Die „klassische" Werbung hingegen agiert mit tiefenpsychologischen Mitteln, die unter Umständen aus wettbewerbsrechtlicher Sicht bei weitem bedenklicher sind. Die Verwendung von tiefenpsychologischen Mitteln hat jedoch den Effekt, es der klagenden Partei im Verfahren zu erschweren, die für ein Obsiegen erforderlichen Beweise darzulegen, zumal psychologische Erkenntnisse über die Suggestivwerbung in die Rechtswissenschaft kaum Eingang gefunden haben[114].

Mit der Verdeutlichung dieser Problematik soll keineswegs eine strengere wettbewerbsrechtliche Beurteilung jeglicher Werbeform gefordert werden, die sich suggestiver Elemente bedient. Vielmehr soll aufgezeigt werden, dass eine

110 LEHMANN, Die Werbung mit Geschenken, S. 160 ff.; DERS., GRUR 1975, 239 (244); GÖTTING, Entwicklung des Zugaberechts, S. 65; SCHRICKER, RabelsZ 40 (1976), 535 (552).

111 BGH GRUR 1957, 365 – SUWA; BGH GRUR 1965, 489 – Kleenex; BGH NJW 1971, 162 – Diagnose-Zentrum; BGH GRUR 1974, 156 – Geld-Gewinnspiel; BGH GRUR 1976, 637 (638) – Rustikale Brettchen; BGH GRUR 1977, 110 (111) – Kochbuch; BGH GRUR 1983, 781 (782) – Buchklub-Vorspannangebot; BGH GRUR 1989, 366 – Wirtschaftsmagazin; BGH GRUR 1991, 616 – Motorboot-Fachzeitschrift; BGH NJW-RR 1993, 1066 (1067) – Hotelgutschein.

112 Hier zumeist in der Ausprägung eines Verstoßes gegen den inhaltsgleichen Sachlichkeitsgrundsatz: BGH NJW 1995, 2488 – Benetton I; BGH NJW 1995, 2492 – Benetton II; BGH NJW 1995, 2490 – Benetton III; BGH NJW 1991, 1228; OLG Hamburg, GRUR 1986, 261 – Schwer-Sprachbehinderte; OLG Hamburg, GRUR 1987, 386 – Bäumchen-Aktion; OLG Stuttgart, NJW-RR 1997, 133; OLG Frankfurt, NJW-RR 1991, 864.

113 SCHRICKER, RabelsZ 40 (1976), 535 (552).

114 LOEWENHEIM, GRUR 1975, 99 betont hierzu, dass die empirische Sozialforschung bisher wenig getan hat, um den tatsächlichen Einfluss der Wirtschaftswerbung auf das Konsumentenverhalten zu untersuchen.

Werbung, die allein mit den Parametern Preis und Qualität wirbt, kaum anzutreffen ist. Vor dem Hintergrund dieser Tatsache kann es nicht überzeugen, dass ein Verstoß gegen die Grundsätze des Leistungswettbewerbs ein negatives Vorverständnis gegen sämtliche Erscheinungsformen der Wertreklame begründen soll.

3. Stellungnahme

Gegen die Konzeption der Rechtsprechung vom Leistungswettbewerb bestehen nach den voranstehenden Ausführungen zwei gravierende Bedenken: Zum einen beruht der Standpunkt der Rechtsprechung auf überholten preispolitischen Vorstellungen. Er diskreditiert auf diese Weise von vornherein neuartige Werbeformen, so dass die Gefahr einer Erstarrung des Wettbewerbsprozesses heraufbeschworen wird. Zum anderen besteht ein Widerspruch mit der Werbewirklichkeit, da die Werbung heutzutage in vielen Bereichen gerade durch ein Fehlen der Parameter Qualität und Preis gekennzeichnet ist. Die Bewerbung von Gütern mit sog. „sachfremden" Mitteln ist folglich keine Besonderheit der akzessorischen Wertreklame. Dementsprechend ist die Konzeption der Rechtsprechung, die aus der Tatsache, dass die akzessorische Wertreklame nicht mit den Parametern Qualität und Preis wirbt, ein negatives Vorverständnis herleiten will, als realitätsfern anzulehnen.

Es stellt sich demzufolge die Frage nach einem schlüssigeren Lösungsansatz. In Betracht kommt der Ansatz von Hefermehl[115], der die Vergleichbarkeit der angebotenen Leistungen für die Marktgegenseite als maßgebliches Kriterium für die Einordnung als Leistungs- oder Nichtleistungswettbewerb ansieht. Abgesehen davon, dass ein hohes Maß an Markttransparenz dem Zielbild der Werbung entsprechen würde[116], stößt die Schlussfolgerung, hieraus eine Indizwirkung für die Lauterkeit einer Wettbewerbshandlung ziehen zu wollen, auf Bedenken. Unbeachtet bleibt ein wesentliches Ziel der offenen Marktwirtschaft mit freiem Wettbewerb, wie sie in Art. 4 EGV verfasst ist: die Versorgung der Allgemeinheit mit den von ihr gewünschten Waren und Leistungen[117]. Je besser ein Angebot auf die Bedürfnisse der Abnehmer ausgerichtet ist, um so höher ist die in ihr liegende Leistung zu bewerten[118], und zwar unabhängig

115 Vgl.: 2. Kapitel, B. I. 1. b, S. 64.

116 Vgl.: 1. Kapitel, B. II. 2, S. 31 ff.

117 Vgl.: HERDZINA, Wettbewerbspolitik, S. 18; KÖHLER, Wettbewerbs- und kartellrechtliche Kontrolle der Nachfragemacht, S. 24.

118 KNÖPFLE, Die marktbezogene Unlauterkeit, S. 60; ähnlich: MÖSCHEL, Pressekonzentration und Wettbewerbsgesetz, S. 100; SOSNITZA, Wettbewerbsbeschrän-

davon, ob die Zusammenstellung eines Angebots der Markttransparenz zuträglich ist. Demgemäß hat alleine die Marktgegenseite darüber zu entscheiden, mit welchem Angebot die höchste Leistung verbunden ist. Den Begriff der Leistung allein aus der Vergleichbarkeit der Angebote für die Marktgegenseite abzuleiten, würde jedoch – unter Verkennung der Rolle des Nachfragewettbewerbs – eine nicht zu rechtfertigende Begrenzung des Leistungswettbewerbs auf die Angebotsseite des Marktes bedeuten[119].

Die von Knöpfle[120] vertretene Schlussfolgerung hieraus ist eine Gleichstellung der Nachfragemehrung mit der wettbewerblichen Leistung, vorausgesetzt, dass die Entschließungsfreiheit des Kunden nicht in mehr als nur unerheblicher Weise beeinträchtigt wird und kein Behinderungswettbewerb im herkömmlichen Sinne vorliegt. Auch dies kann kein geeigneter Ansatz zur Beurteilung von Werbemaßnahmen anhand von § 1 UWG sein. Bei genauer Betrachtung bietet der Begriff der Leistung, setzt man ihn mit einer Mehrung der Nachfrage gleich, keinen Maßstab zur Unterscheidung von wettbewerblich erlaubtem und verbotenem Handeln. Die Prämisse des Nichtvorhandenseins von Behinderungen der Marktgegenseite und der Konkurrenten für die Zulässigkeit einer Werbeform stellt nach den Vorarbeiten von Lobe, Callmann, Nipperdey, Böhm und Hefermehl ohnehin eine Selbstverständlichkeit dar. Einer Leerformel in Gestalt eines wie auch immer interpretierten Leistungswettbewerbs bedarf es daher nicht, zumal dem Richter die Schwierigkeit der Feststellung einer Interessenbeeinträchtigung bei einem der Marktbeteiligten nicht abgenommen wird. Als bloße Orientierungsformel hingegen birgt der Begriff des Leistungswettbewerbs die Gefahr, eine Zementierung von Argwohn bekannter und eine vorschnelle Inkriminierung neuartiger Werbeformen zu erleichtern und damit die erforderliche einzelfallbezogene Betrachtung einer Werbeform zu erschweren.

Es läßt sich daher festhalten, dass der Begriff des Leistungswettbewerbs keine begrifflich-definitorische Aussagekraft besitzt und deswegen keinen Beitrag zur Abgrenzung von lauterem und unlauterem Verhalten leisten

kungen durch die Rechtsprechung, S. 81; ähnlich: DREXL, Die Einwirkung der Grundrechte auf die Auslegung der Generalklauseln des UWG, S. 163 (175).

119 So auch: HÖLZLER/SATZKY, Wettbewerbsverzerrung durch nachfragemächtige Handelsunternehmen, S. 34; KÖHLER, Wettbewerbs- und kartellrechtliche Kontrolle der Nachfragemacht, S. 25; KREITERLING, Das Problem der Abgrenzung von Leistungs- und Nichtleistungswettbewerb in der Nachfragemacht-Diskussion, S. 74.

120 KNÖPFLE, Die marktbezogene Unlauterkeit, S. 61; kritisch hierzu: MERZ, Die Vorfeldthese, S. 274 f.; KOPPENSTEINER, Wettbewerbsrecht, § 32, Rn. 57; BAUDENBACHER, Suggestivwerbung und Lauterkeitsrecht, S. 157; DERS., Zur funktionalen Anwendung von § 1 UWG, ZHR 144 (1980), 145 ff.; JETZER, Lockvogelwerbung, S. 62 f.

kann[121]. Dies hat sich nicht zuletzt darin manifestiert, dass Nipperdey in seinem Gutachten zum Benrather Tankstellenfall zu einem Ergebnis gelangte, das dem Urteil des Reichsgerichts diametral entgegenstand, obwohl beide mit dem Leistungswettbewerb operierten. Ansichten, die gegenüber Formen der (akzessorischen) Wertreklame wegen eines Verstoßes gegen die Grundsätze des Leistungswettbewerbs ein negatives Vorverständnis ableiten wollen, müssen nach der hier vertretenen Auffassung folglich abgelehnt werden. Die weitere Beurteilung der akzessorischen Wertreklame kann sich folglich – unvoreingenommen – der Frage nach einer Beeinträchtigung von Abnehmer- und Mitbewerberinteressen widmen.

II. Verletzung von Abnehmerinteressen

Der Schutz der Abnehmer – insbesondere der Verbraucher – ist, entgegen der ursprünglichen Konzeption, inzwischen ein anerkannter Schutzzweck im Rahmen des § 1 UWG[122]. Zwar muss es in einer Wettbewerbsordnung grundsätzlich zulässig sein, den Kunden durch Werbung in eine bestimmte Richtung zu beeinflussen; es ist jedoch sicherlich wettbewerbswidrig, seine freie Willensentschließung erheblich zu beeinträchtigen oder sogar auszuschließen. Bei der Bestimmung der Grenzen noch zulässiger Werbemaßnahmen ist entscheidend,

121 Ebenso: SCHÜNEMANN, in: Großkommentar, Einl., D 97; MERZ, Die Vorfeldthese, S. 279; MÖSCHEL, Pressekonzentration und Wettbewerbsgesetz, S. 95 ff.; MESTMÄCKER, Medienkonzentration, S. 131 ff.; DERS., Der verwaltete Wettbewerb, S. 148 ff.; FREITAG, Der Leistungswettbewerb als rechtliche Denkfigur; HOPPMANN, WuW 1980, 811; KLÜNDER, Wirkt das Rabattgesetz wettbewerbsbeschränkend?, S. 47; GILLERT, Die rechtliche Bewertung des sog. Anzapfens nach § 1 UWG, S. 121; HÖLZLER/SATZKY, Wettbewerbsverzerrung durch nachfragemächtige Handelsunternehmen, S. 94, 120; WILDE, Wettbewerbsverzerrungen und Wettbewerbsbeschränkungen, S. 34 ff.; für einen möglichst weiten Leistungsbegriff plädierend: SOSNITZA, Wettbewerbsbeschränkungen durch die Rechtsprechung, S. 84 f.; WILLEKE, Wettbewerbspolitik, S. 37 f.; JUNGK, Die Ausübung wirtschaftlicher Macht als unlauterer Wettbewerb, S. 93; DREXL, Die Einwirkung der Grundrechts auf die Generalklauseln des Wettbewerbsrechts, S. 163 (197).

122 EMMERICH, Recht des unlauteren Wettbewerbs, § 11; BEATER, ZEuP 1996, 200 (210); HEFERMEHL, in: Festschrift für GRUR, S. 897 (912); RINCK, in: Festschrift für das OLG Celle, S.151 (162); RITTNER, Wettbewerbs- und Kartellrecht, S. 19; STERZINGER, Deregulierung im UWG und seinen Nebengesetzen, S. 13; KUNZ, Das allgemeine Übermaßverbot, S. 160; PAUSE, Die Berücksichtigung der Allgemeinheit bei der Beurteilung wettbewerblichen Verhaltens, S. 51; DREXL, Die Einwirkung der Grundrechte auf die Auslegung der Generalklauseln des UWG, S. 163 (172); SCHRICKER, GRUR 1974, 579.

welche Anforderungen an das Verhalten derjenigen gerichtet werden, die mit der fraglichen Handlung konfrontiert werden. Je schutzbedürftiger die Gruppe der Abnehmer beurteilt wird, desto niedriger ist die Schwelle zur Sittenwidrigkeit anzulegen.

Die als heterogen angesehene Gruppe der Abnehmer und damit der Adressaten der akzessorischen Wertreklame ist gekennzeichnet durch die Diversität zwischen Wiederverkäufer und Verbraucher als den zugehörigen Personengruppen. Die Schutzbedürftigkeit dieser beiden Personengruppen wird demgemäß unterschiedlich beurteilt: Bei der Gruppe der Wiederverkäufer ist weitgehend anerkannt, dass sie aufgrund ihrer Geschäftserfahrung im Allgemeinen nicht besonders leicht beeinflussbar sind[123]; eine Problematisierung erübrigt sich demnach. Höchst umstritten ist hingegen das Bild der Rechtsprechung vom Verbraucher. Zur Begründung der Sittenwidrigkeit nach § 1 UWG wird regelmäßig auf angebliche Verhaltensmuster sowie Vorstellungen des Verbrauchers rekurriert[124]. So treffe der Verbraucher bei der Werbung mit gekoppelten Vorspannangeboten seine Kaufentscheidung nicht nach Preis und Qualität der Ware, sondern nur danach, wie er in den Genuss der Vergünstigung gelangen könne[125]. Der Rechtsprechung liegt demgemäß ein ganz bestimmtes Verbraucherleitbild zu Grunde, das sich in der Argumentation der einzelnen Unlauterkeitsmerkmale widerspiegelt und einen vermeintlichen Verbraucherschutz gewährleisten soll.

Ob dieses Leitbild – vor allem vor dem Hintergrund der Rechtsprechung des EuGH, der hinsichtlich des Verbraucherschutzes ein divergierendes Konzept verfolgt – bei der Auslegung des Begriffs der guten Sitten dem Verständnis von der normativen Rolle des Verbrauchers in der geltenden Wirtschaftsordnung gerecht wird, soll im Folgenden überprüft werden. Zur besseren Illustration wird zunächst auf die Unterschiede zwischen den Verbraucherleitbildern von BGH und EuGH anhand der Irreführungsfälle, bei denen die Problematik am deutlichsten sichtbar wird, eingegangen. Anschließend ist zu beurteilen, inwiefern das Verbraucherleitbild des EuGH dasjenige des nationalen Lauterkeitsrechts überlagert und demgemäß die Analyse der abnehmerbezogenen Unlauterkeitsmerkmale – unsachliche Beeinflussung bzw. übertriebenes Anlocken, Erschwerung des Preisvergleichs sowie Verschleierungs- bzw. Irreführungsgefahr – beeinflusst.

123 KLOSTERFELDE/JAEGER-LENZ, in: Handbuch des Wettbewerbsrechts, § 50, Rn. 137; Baumbach/HEFERMEHL, Wettbewerbsrecht, § 1 UWG, Rn. 98; V.GAMM, Unlauterer Wettbewerb, § 1 UWG, Rn. 177; GAEDERTZ, WRP 1970, 287 (289).

124 SOSNITZA, Wettbewerbsbeschränkungen durch die Rechtsprechung, S. 185.

125 Vgl.: 2. Kapitel, A. I, S. 45.

1. Das maßgebliche Verbraucherleitbild

a) Ansätze in der Rechtsprechung des BGH und des EuGH

Bezüglich der Frage, ob die zu beurteilende Werbeform eine relevante Irreführung beinhaltet, geht der BGH von einem sog. deskriptiv-empirischen Ansatz aus. Die Prüfung erfolgt in drei Schritten: Zunächst wird ermittelt, welche Bedeutung der Werbeaussage von Seiten der angesprochenen Verkehrskreise beigemessen wird, wobei maßgeblich ein Durchschnittsbetrachter ist, der die Werbebehauptung flüchtig, oberflächlich und unkritisch wahrnimmt[126]. Anschließend wird untersucht, ob die festgestellte Verkehrsauffassung mit den tatsächlichen Gegebenheiten übereinstimmt. Stellt sich heraus, dass die Werbeaussage objektiv wahr ist, Teile des angesprochenen Publikums der Werbeaussage dennoch eine falsche Bedeutung zumessen, wird die Frage nach der maßgeblichen Irreführungsquote relevant. Der BGH, der, sofern die Richter den angesprochenen Verkehrskreisen nicht angehören, auf das Beweismittel des Meinungsforschungsgutachtens angewiesen ist, nimmt diesbezüglich an, dass eine Irreführungsquote von 10 bis 15% der maßgeblichen Verkehrskreise genügt, um eine Werbebehauptung nach § 3 UWG zu untersagen[127]. Lediglich in Ausnahmefällen wird durch eine Interessenabwägung eine Korrektur der Irreführungsquote vorgenommen[128]. Letztendlich praktiziert der BGH mit diesem

126 BGH GRUR 1959, 365 (366) – Englisch Lavendel; BGH GRUR 1969, 415 – Kaffeerösterei; BGH GRUR 1970, 425 (426) – Melitta-Kaffee; Köhler/PIPER, § 3 UWG, Rn. 80; V.GAMM, Wettbewerbsrecht 1. Hb., § 36, Rn. 33; SPLIETHOFF, Verkehrsauffassung und Wettbewerbsrecht, S. 42; DAUSES, EuZW 1995, 425 (429).

127 BGH GRUR 1979, 716 (718) – Kontinentmöbel; BGH GRUR 1989, 440 (442) – Dresdner Stollen; OLG München, GRUR 1983, 339 (340) – Eder Alt. Von diesem Regel-Irreführungsquorum werden sowohl nach oben als auch nach unten Ausnahmen zugelassen. Bei der Bewertung objektiv wahrer Angaben müssen das Informationsinteresse der nicht irregeführten Verbraucher und das Kommunikationsinteresse des Werbenden dazu führen, dass das Quorum höher angesetzt wird. Werden bei der Werbeaussage Rechtsgüter von hoher Sensibilität, wie etwa der Gesundheitsschutz angesprochen, sind sogar niedrigere Schwellenwerte zuzulassen, so dass eine Quote von 5 bis 6% genügen soll, vgl.: DOEPNER, in: Festschrift für Lieberknecht, S. 165 (176); LEIBLE, DZWir, 1994, 177 (178) LUDWIG, Irreführende und vergleichende Werbung in der europäischen Gemeinschaft, S. 282.

128 Vgl. beispielhaft die Entscheidungen: BGH GRUR 1957, 285 (287) – Erstes Kulmbacher; BGH GRUR 1971, 313 (315) – Bocksbeutelflasche; BGH GRUR 1991, 852 (855) – Aquavit sowie die Stellungnahmen aus der Literatur: HÖSL, Interessenabwägung und rechtliche Erheblichkeit, passim; TEPLITZKY, in: Fest-

hohen Schutzniveau einen Minderheitenschutz. Ihm wird deswegen vorgeworfen, er gehe vom Leitbild eines an der Grenze zur Debilität verharrenden, unmündigen, einer umfassenden Betreuung bedürftigen, hilflosen Verbrauchers aus, der sogar vor der kleinsten Irreführungsgefahr geschützt werden müsse[129].

Der EuGH hat bei der Frage, ob mitgliedschaftliche Regelungen im Rahmen der Warenverkehrsfreiheit den Maßstäben der Erforderlichkeit und der Verhältnismäßigkeit genügen, ein eigenes, normativ geprägtes Verbraucherleitbild entwickelt[130]. Spätestens seit der Entscheidung „Mars“[131] ist geklärt, dass sich der EuGH bei der Beurteilung einer Werbebehauptung am Bild eines vernünftigen und aufmerksamen Durchschnittsverbrauchers orientiert, der lesen sowie Informationen aufnehmen und bewerten kann[132]. In der konkreten Entscheidung konnte deswegen vom Verbraucher erwartet werden, zu wissen, dass zwischen der Größe von Werbeaufdrucken, die auf eine Erhöhung der

schrift für Vieregge, S. 853 ff; LINDACHER, in: Festschrift für Nirk, S. 578 ff.; TRAUB, in: Festschrift für Nirk, S. 1017 ff.

129 EMMERICH, in: Festschrift für Gernhuber, S. 857 (870); DERS., Recht des unlauteren Wettbewerbs, § 14, 2b; zurückhaltender: DREXL, Die Einwirkung der Grundrechte auf die Auslegung der Generalklauseln des UWG, S. 163 (176); Baumbach/HEFERMEHL, Wettbewerbsrecht, § 3 UWG, Rn. 27; auf die unnötige Wettbewerbsbeschränkung hinweisend FEZER, JZ 1994, 317 (322); BÜTTNER, GRUR 1996, 533 (534); in einer Publikation von NOELLE-NEUMANN/SCHRAMM, Umfrageforschung in der Rechtspraxis, S. 83 aus dem Jahr 1961 wird darauf hingewiesen, dass die Wahrnehmungskraft von etwa 5% der Bevölkerung auf dem Niveau von Sonderschülern liege. Diese pflegen bei Befragungen im Rahmen von demoskopischen Umfragen beliebig zu reden.

130 Vgl.: SCHERER, WRP 1999, 991 (992); ROTH, in: Festschrift für Mestmäcker, S. 725 (727); EMMERICH, Recht des unlauteren Wettbewerbs, § 14, 2b; DOEPNER, in: Festschrift für Lieberknecht, S. 165 (166); LEIBLE, DZWir 1994, 177 (179); an einem einheitlichen Verbraucherleitbild des EuGH zweifelnd: SACK, WRP 1998, 264 (265); DERS., WRP 1999, 399 ff.; kritisch bezüglich der Unterscheidung zwischen normativem und empirischem Ansatz: TILMANN, in: Festschrift für Piper, S. 481 (490); DREXL, Die Einwirkung der Grundrechte auf die Auslegung der Generalklauseln im Wettbewerbsrecht, S. 163 (178).

131 EuGH Slg. 1995, I-1923 (1944) Ziff. 24.

132 Diese Entscheidung als Ausprägung des europäischen Verbraucherleitbildes betrachtend: A.H.MEYER, GRUR Int. 1996, 98; EMMERICH, in: Festschrift für Gernhuber, S. 857, (870); DERS. Recht des unlauteren Wettbewerbs, § 14, 2b; MÜLLER-GRAFF, in: von der Groeben/Thiesing/Ehlermann, Art. 30 EGV (a.Z.), Rn. 256; ROTH, in Festschrift für Mestmäcker, S. 725 (728); TILMANN, in: Festschrift für Piper, S. 481. SACK, WRP, 1998, 164 ff. sieht hingegen keine gravierenden Unterschiede zwischen dem nationalen und dem europäischen Verbraucherleitbild.

Menge des Erzeugnisses hinweisen, und dem Ausmaß dieser Erhöhung nicht notwendigerweise ein Zusammenhang besteht[133]. Angesichts der handelshemmenden Wirkung der Anwendung des § 3 UWG auf Produktwerbung reicht demnach die bloße Möglichkeit der Irreführung des Verbrauchers nicht aus, um eine Berufung auf den Verbraucherschutz zu rechtfertigen; es muss vielmehr eine tatsächliche Irreführung eingetreten sein. Damit erteilt der EuGH Vorstellungen, das zu dieser Zeit praktizierte, empirische Verbraucherleitbild des BGH könne sich am normativen Modell messen lassen, eine deutliche Absage[134]. Eine Relativierung dieses Ausgangspunkts ist gleichwohl durch die Entscheidung „Gut Springenheide"[135] erfolgt, in der der EuGH trotz der Feststellung, dass sein Beurteilungsmaßstab grundsätzlich verbindlich ist, den nationalen Gerichten bei besonderen Schwierigkeiten die Möglichkeit gibt, nach Maßgabe des nationalen Rechts ein Sachverständigengutachten einzuholen oder eine Verbraucherbefragung in Auftrag zu geben[136].

b) Der Einfluss der Warenverkehrs- und Dienstleistungsfreiheit

Das Verbraucherleitbild des EuGH vermag insbesondere dann das nationale Verbraucherleitbild zu überlagern, wenn und soweit durch eine konkrete Werberegelung die Warenverkehrs- bzw. Dienstleistungsfreiheit tangiert wird. Tritt ein Verbot einer Werbemaßnahme mit einer dieser Grundfreiheiten in Konflikt, so kann deren Einschränkung zwar gerechtfertigt sein, weil nationale, dem Allgemeinwohl dienende Interessen als immanente Schranken der Warenverkehrs- bzw. Dienstleistungsfreiheit anerkannt sind[137]. Im Rahmen der anschließend vorzunehmenden Verhältnismäßigkeitsprüfung ist diese Einschränkung aber nur gerechtfertigt, wenn das nationale Verbot das verfolgte Ziel – bedeutsam

133 EuGH Slg. 1995, I-1923 (1944) Ziff. 24 – Mars.

134 Zwar wurde der Begriff des verständigen Verbrauchers in früheren Entscheidungen nicht genannt, jedoch war die Tendenz des EuGH schon in vorangegangenen Entscheidungen deutlich erkennbar; vgl.: EuGH Slg. 1990, I-667 (686 ff.) – GB-Inno-BM; EuGH Slg. 1990, I-4844 (4849) – Pall; EuGH Slg. 1993, I-2384 (2389 f.) – Yves Rocher; EuGH Slg. 1994, I-330 (337) – Clinique.

135 EuGH WRP 1998, 848; vgl. auch die ausführliche Besprechung bei: REESE, WRP 1998, 1035 ff.; bestätigt durch EuGH WRP 2000, 289 – Lifting-Creme.

136 EuGH WRP 1998, 848 (851) Ziff. 37 – Gut Springenheide. Bestätigung dieses Ausgangspunkts durch EuGH EuZW, 1999, 281 (283) – Sektkellerei Kessler. Hier hatte der EuGH über die Auslegung des Art. 13 II lit.b Verordnung (EWG) Nr. 2333/92 des Rates vom 13.7.1992 zu entscheiden.

137 Bezüglich der Warenverkehrsfreiheit: EuGH Slg. 1979, 649 (662) Ziff. 8 – Cassis de Dijon; bezüglich der Dienstleistungsfreiheit: EuGH Slg. 1974, 1299 (1309) Ziff. 10 – Van Binsbergen; EuGH Slg. 1981, 3305 (3325) Ziff. 17 – Webb.

sind hier vor allem die Lauterkeit des Handelsverkehrs und der Verbraucherschutz – in geeigneter und erforderlicher Weise verwirklicht[138]. Da der EuGH sein Verbraucherleitbild für die Mitgliedstaaten als verbindlich betrachtet[139], wird diese Rechtfertigung unter dem Aspekt des Verbraucherschutzes allerdings nur gelingen, wenn die nationale Regelung erforderlich ist, gerade den verständigen und mündigen Durchschnittsverbraucher zu schützen[140], nicht jedoch, wenn lediglich die Minderheit der unverständigen Verbraucher geschützt werden soll.

c) Warenverkehrsfreiheit und „Maßnahmen gleicher Wirkung"

Die Maßgeblichkeit des Verbraucherleitbilds des EuGH für die Beurteilung der abnehmerbezogenen Unlauterkeitsmerkmale setzt für den Bereich der Warenverkehrsfreiheit voraus, dass ein Verbot der akzessorischen Wertreklame eine „Maßnahme gleicher Wirkung" im Sinne des Art. 28 EGV darstellt. Der Begriff der „Maßnahmen gleicher Wirkung" ist vom EuGH in mehreren Entscheidungen präzisiert worden. Ausgangspunkt ist die „Dassonville"-Formel, nach der unter einer „Maßnahme gleicher Wirkung" jede Handelsregelung der Mitgliedstaaten zu verstehen ist, die geeignet ist, den innergemeinschaftlichen Handel unmittelbar oder mittelbar, tatsächlich oder potentiell zu behindern[141]. Ein Meilenstein in der Judikatur des EuGH zur Warenverkehrsfreiheit ist die Entscheidung „Cassis de Dijon"[142]. Darin wird zunächst klargestellt, dass auch unterschiedslos anwendbare Maßnahmen, solche also, die keine Unterscheidung zwischen eingeführten und einheimischen Waren treffen, Maßnahmen gleicher Wirkung sein können. Gleichzeitig wird die Einschränkbarkeit der Warenverkehrsfreiheit erweitert:

> „Hemmnisse für den Binnenhandel der Gemeinschaft, die sich aus den Unterschieden der nationalen Regelungen über die Vermarktung dieser Erzeugnisse

138 EuGH Slg. 1979, 649 (662) Ziff. 8 – Cassis de Dijon; EuGH Slg. 1980, 3841 (3853 f.) Ziff. 11 – Fietje; EuGH Slg. 1981, 527 (536) Ziff. 12 – Kelderman; EuGH Slg. 1981, 3019 (3034) Ziff. 21 – Kommission/Italien; EuGH Slg. 1982, 3961 (3972) Ziff. 12 – Rau; EuGH Slg. 1984, 2793 (2806) Ziff. 15 f. – Kommission/Italien; EuGH Slg. 1995, I-1141 (1179) Ziff. 45 – Alpine Investments; EuGH Slg. 1995, I-4165 (4198 f.) Ziff. 39 – Gebhard.

139 EuGH WRP 1998, 848 (851) Ziff. 37 – Gut Springenheide.

140 EuGH Slg. 1995, I-1936 (1943 f.) Ziff. 22 f. – Mars.

141 EuGH Slg. 1974, 837 (847) Ziff. 5 – Dassonville.

142 EuGH Slg. 1979, 649 – Cassis de Dijon.

(hier: Weingeist) ergeben, müssen hingenommen werden, soweit diese Bestimmungen notwendig sind, um *zwingenden Erfordernissen* gerecht zu werden, insbesondere den Erfordernissen einer wirksamen steuerlichen Kontrolle, des Schutzes der öffentlichen Gesundheit, der *Lauterkeit des Handelsverkehrs* und des *Verbraucherschutzes*[143]."

Voraussetzung der Anwendbarkeit der „zwingenden Erfordernisse" als immanente Schranke oder auch als zusätzlicher Rechtfertigungsgrund[144] ist, dass – wie für den gesamten Bereich der Wertreklame – keine gemeinschaftliche Regelung des jeweiligen Gebiets existiert[145].

Als Kehrtwende der Entwicklung, die Warenverkehrsfreiheit möglichst weit zu interpretieren, wird teilweise die Entscheidung „Keck und Mithouard"[146] bewertet[147]. Da aus der Sicht des EuGH die sich auf Art. 28 EGV berufenden Klagen überhand genommen haben, hielt er es für notwendig, seine Rechtsprechung noch einmal zu überprüfen und klarzustellen. Es wird ausgeführt:

„Demgegenüber ist entgegen der bisherigen Rechtsprechung die Anwendung nationaler Bestimmungen, die bestimmte Verkaufsmodalitäten beschränken oder verbieten, auf Erzeugnisse aus anderen Mitgliedstaaten nicht geeignet, den Handel zwischen den Mitgliedstaaten im Sinne des Urteils „Dassonville" (...) unmittelbar oder mittelbar, tatsächlich oder potentiell zu behindern, sofern diese Bestimmungen für alle betroffenen Wirtschaftsteilnehmer gelten, die ihre Tätigkeit im Inland ausüben, und sofern sie den Absatz der inländischen Erzeugnisse und der Erzeug-

143 EuGH a.a.O., S. 662 Ziff. 8 – Cassis de Dijon.

144 Über die richtige dogmatische Einordnung der „zwingenden Erfordernisse" ist vielfach diskutiert worden. Praktische Relevanz besitzt diese Frage nicht, so dass sie mit HEERMANN, GRUR Int. 1999, 579 (580) als „Streit um des Kaisers Bart" bezeichnet werden kann.

145 EuGH a.a.O., S. 662 Ziff. 8 – Cassis de Dijon.

146 EuGH Slg. 1993, I-6097 = GRUR 1994, 296 mit Anm. BORNKAMM.

147 Zurückhaltend hinsichtlich der Bedeutung zu Recht: MÜLLER-GRAFF, ZHR 159 (1995), 34 (73); DERS., in: von der Groeben/Thiesing/Ehlermann, Art. 30 EGV (a.Z.), Rn. 240; MATTHIES/VON BORRIES, in: Grabitz/Hilf, Kommentar zur Europäischen Union, Art. 30 EGV (a.Z.), Rn. 30; ZULEEG, in Festschrift für Everling, S. 1717 (1721); SPRINGER, Europäisches Gemeinschaftsrecht und die Auslegung des Irreführungsverbots gem. § 3 UWG, S. 44; REICH, Europäisches Verbraucherrecht, S. 86.

nisse aus anderen Mitgliedstaaten rechtlich wie tatsächlich in der gleichen Weise berühren[148]."

Nunmehr werden somit die nicht näher definierten „bestimmten Verkaufsmodalitäten" – wie im konkreten Fall das französische Verbot des Verkaufs unter Einstandspreis – den „produktbezogenen" Vorschriften, die nach wie vor der „Dassonville"-Formel unterfallen, gegenübergestellt[149]. Auf den ersten Blick liegt die Schlussfolgerung nahe, dass Formen der Werbung und Methoden der Absatzförderung als solche, da sie keinen unmittelbaren Produktbezug aufweisen, nicht länger als Maßnahmen gleicher Wirkung angesehen werden können, sondern lediglich als bestimmte Verkaufsmodalitäten[150]. Ob der EuGH einen derart tiefgreifenden Bruch mit seiner bisherigen lauterkeitsrechtlichen Rechtsprechung herbeiführen wollte, ist äußerst fraglich[151]. Dagegen spricht zuvörderst die doppelte Konditionierung der „Keck"-Formel dergestalt, dass zum einen nur *bestimmte* Verkaufsmodalitäten aus dem Anwendungsbereich des Art. 28 EGV herausgenommen werden sollen und zum anderen eine *rechtliche oder tatsächliche Diskriminierung* ausländischer Anbieter ausgeschlossen

148 EuGH Slg. 1994, I-6097 (6131) Ziff. 16 – Keck und Mithouard.

149 Vgl. auch die nachfolgenden Entscheidungen: EuGH Slg. 1993, I-6787 – Hünermund; EuGH Slg. 1994, I-317 – Clinique; EuGH Slg. 1994, I-2199 – Tankstation; EuGH Slg. 1994, I-2355 – Punto-Casa; EuGH Slg. 1994, I-5243 – Lucien Ortscheit; EuGH Slg. 1995, I-179 – Leclerc-Siplec; EuGH Slg. 1995, I-1621 – Säuglingsnahrung; EuGH Slg. 1995, I-1923 – Mars; EuGH Slg. 1995, I-2467 – Belgapom; EuGH Slg. 1995, I-4663 – Banchero; EuGH Slg. 1996, I-2975 – Semeraro; EuGH vom 26.6.1997 Rs C-368/95 – Familiapress.

150 Die Befürworter dieser Auffassung stützen sich auch auf die Folgerechtsprechung des EuGH, wonach in folgenden Fällen das Vorliegen einer „bestimmten Verkaufsmodalität" angenommen wurde: ein belgisches Verbot des Verkaufs zu äußerst geringen Gewinnspannen: EuGH Slg. 1995, I-2467 – Belgapom; die griechische Vertriebskonzentration von verarbeiteten Milchprodukten für Säuglinge auf Apotheken: EuGH Slg. 1995, I-1621 – Säuglingsnahrung; die italienische Beschränkung des Einzelhandels mit Tabakwaren zu Gunsten zugelassener Vertriebshändler: EuGH Slg. 1995, I-4663 – Banchero; das französische Verbot der Ausstrahlung von Werbemitteilungen durch im Hoheitsgebiet niedergelassene Fernsehveranstalter zu Gunsten des Wirtschaftssektors des Vertriebs: EuGH Slg. 1995, I-179 – Leclerc-Siplec; die von einer Landesapothekenkammer erlassene Standesregel, die Apothekern die Werbung für apothekenübliche Ware außerhalb der Apotheke verbietet: EuGH Slg. 1993, 6787 – Hünermund; Sonntagsbackverbote: EuGH Slg. 1994, I-2355 – Punta Casa/-PVV.

151 Fraglich ist dabei vor allem, inwieweit die Entscheidungen EuGH Slg. 1990, I-667 – GB-Inno-BM und EuGH Slg. 1993, I-2384 – Yves Rocher obsolet geworden sind.

sein muss. Gleichwohl ist an der Entscheidung zu bemängeln, dass sich aus dem Begriff der bestimmten Verkaufsmodalitäten heraus keine klare Abgrenzung vornehmen lässt[152]. Eine solche Interpretation würde der Bedeutung der Grundfreiheiten aber auch nicht gerecht[153]. Daher ist nach wie vor zu ermitteln, inwiefern nationale Regelungen dem Sinn und Zweck des Art. 28 EGV widersprechen, den „freien Warenverkehr zwischen den Mitgliedstaaten im Gemeinsamen Markt gegen einzelstaatliche Beschränkungen rechtsförmig zu sichern und mit dieser Öffnung und Offenhaltung der mitgliedschaftlichen Marktgrenzen zugleich auch die Möglichkeit zum grenzüberschreitenden und binnenmarktweiten Wettbewerb zu eröffnen und zu gewährleisten“[154]. Im Rahmen dieser Arbeit soll es genügen, das Verbot der (akzessorischen) Wertreklame an der „Keck“-Doktrin zu messen.

d) Einordnung der akzessorischen Wertreklame in die „Keck“-Doktrin?

Reglementierungen der akzessorischen Wertreklame können nicht generell in den Bereich der Verkaufsmodalitäten eingeordnet werden. Vielmehr kann ein Verbot der akzessorischen Wertreklame durchaus eine *produktbezogene Regelung* darstellen. Um ein gewisses Maß an Publikumswirksamkeit erreichen zu können, ist der Werbende unter Umständen gezwungen, die akzessorische Wertreklame derart zu gestalten, dass die gekoppelte Ware mit der koppelnden Ware fest in einer Verpackung verbunden ist[155]. Dies war beispielsweise der Fall in der Entscheidung „Glockenpackung“[156], in der eine Packung Tee zusammen mit einer „Japan“-Tasse in einem Zellophanbeutel verpackt angeboten wurde. Auch bei gekoppelten Vorspannangeboten wird es sich – vor allem, wenn es sich bei der Vorspannware um einen kleinen Zubehörartikel han-

152 Vgl.: MÜLLER-GRAFF, in: von der Groeben/Thiesing/Ehlermann, Art. 30 EGV (a.Z.), Rn. 252, der darauf hinweist, dass „Waren in der Regel zum Verkauf bestimmt sind, und daher jedwede Bedingung für den Verkäufer als Verkaufsmodalität angesehen werden könnte“.

153 STEINDORFF, ZHR 158 (1994), 149 (161); FEZER, JZ 1994, 317 (323); MÜLLER-GRAFF, in: von der Groeben/Thiesing/Ehlermann, Art. 30 EGV (a.Z.), Rn. 252; LEIBLE, WRP 1997, 517 (521).

154 MÜLLER-GRAFF, in: von der Groeben/Thiesing/Ehlermann, Art. 30 EGV (a.Z.), Rn. 2; vgl. auch: DERS., Wettbewerbsregeln des gemeinschafteuropäischen Binnenmarktes, S. 5.

155 KOTTHOFF, WRP 1996, 79 führt den fiktiven Fall an, in dem eine belgische Brauerei als Werbeaktion jeder Sechserpackung ein Bierglas beifügt und diesen Umstand werbemäßig ankündigt.

156 BGH GRUR 1962, 415 – Glockenpackung.

delt – anbieten, eine gemeinsame Verpackung zu wählen. Zu erwähnen ist zudem das österreichische Verbot, in periodischen Druckwerken eine Teilnahmemöglichkeit an einem Gewinnspiel als Zugabe zu gewähren. Dieses Verbot wurde vom EuGH als produktbezogene Regelung angesehen, weil ausländische Anbieter zur Umgestaltung der Zeitschrift gezwungen würden, wenn sie ihre Zeitschrift in Österreich anbieten wollten[157]. Das Verbot akzessorischer Wertreklame bewirkt in diesen Fällen, dass bei der Einfuhr in das Bestimmungsland die Verpackung oder das Produkt selbst umgestaltet werden müssen und stellt dementsprechend eine produktbezogene Regelung dar.

Die Warenverkehrsfreiheit kann zudem betroffen sein, wenn der Werbende für das Gesamtgebiet der Europäischen Union ein einheitliches Werbekonzept – Stichwort Euro-Marketing – betreiben will[158]. So beispielsweise, wenn ein Autohersteller seine Produkte europaweit mit einer besonders günstigen Finanzierung durch seine Herstellerbank bewerben will. Die Einordnung des Euro-Marketing in die Rechtsprechung des EuGH ist eine der umstrittensten Fragen seit dem „Keck"-Urteil[159]. Obwohl ein Verbot dieser Werbeformen grundsätzlich eine Verkaufsmodalität darstellt, kommt eine Beeinträchtigung der Warenverkehrsfreiheit insofern in Betracht, als der Anbieter aufgrund der unterschiedlichen Rechtsordnungen gezwungen sein kann, seine einheitlich für mehrere Länder konzipierte Werbung zu ändern[160]. Eine Anpassung der im Herkunftsland praktizierten Absatzstrategie ist wiederum mit Kosten verbunden. Aus Gründen der Kosteneffiziens kann der Einsatz einer einheitlichen Absatzstrategie unter Umständen von ebenso großer Bedeutung sein wie eine identi-

157 EuGH, GRUR Int. 1997, 829 – Familiapress.

158 Bereits in den Entscheidungen EuGH Slg. 1982, 4575 (4587 f.) Ziff. 15 – Oosthoek's Uitgeversmaatschappij; EuGH Slg. 1990, I-667 (686) Ziff. 8 – GB-Inno-BM sowie EuGH Slg. 1993, I-2361 (2388) Ziff. 10 – Yves Rocher wurde das Vorliegen einer Beeinträchtigung des Handels zwischen den Mitgliedstaaten mit dem Zwang des Unternehmers begründet, unterschiedliche Absatzstrategien für verschiedene Länder verwenden zu müssen.

159 Zur umfangreichen Literatur vgl.: ROTH, in: Festschrift für Mestmäcker, S. 725 ff.; BORNKAMM, GRUR 1994, 297 (298); REMIEN, JZ 1994, 349 ff; REUTHAL, WRP 1997, 1154 ff.; MÜLBERT, ZHR 159 (1995), 2 ff.; SACK, WRP 1998, 103 (106 ff.); KOTTHOFF, WRP 1996, 79 ff.; ACKERMANN, RIW 1994, 189 ff.; BASEDOW, EuZW 1994, 225; FEZER, JZ 1994, 317 (323 f.); KOPPENSTEINER, Wettbewerbsrecht, S. 485, 514; LEIBLE/SOSNITZA, GRUR 1995, 799 ff.; STEINDORFF, ZHR 158 (1994), 149 (163).

160 Aufschlussreich ist diesbezüglich EuGH Slg. 1982, 4575 (4587) Ziff. 15 – Oosthoek's Uitgeversmaatschappij, in der ausgeführt wird, dass ein Anbieter nicht gezwungen werden dürfe, sein Vertriebssystem von Land zu Land unterschiedlich zu gestalten.

sche Produktgestaltung[161]. Diese Tatsache deutet auf eine Einbeziehung gemeinschaftsweiter Werbekonzepte in den Schutzbereich des Art. 28 EGV hin.

Dem wird jedoch entgegengehalten, ein zusätzlich entstehender Kostenzuwachs habe keine Benachteiligung ausländischer Wirtschaftsteilnehmer gegenüber inländischen Konkurrenten zur Folge[162]. Letztere würden bei eigenen gemeinschaftsweiten Vermarktungsbestrebungen denselben Diversifikationszwängen unterliegen wie ausländische Mitbewerber[163]. Ob aber inländische Mitbewerber im konkreten Fall tatsächlich grenzüberschreitend tätig sind, könne für die Frage der Beeinträchtigung der Warenverkehrsfreiheit durch die jeweils in Rede stehenden Bestimmung nicht entscheidend sein, weil dies ein rein zufälliger Umstand sei, der sich jeder Zeit verändern könne[164].

An dieser Argumentation bestehen jedoch erhebliche Bedenken, vor allem angesichts des Idealbilds des Binnenmarktes und des zu seiner Verwirklichung dienenden Herkunftslandprinzips[165], das es geradezu verbietet, die „Keck"-Doktrin als allgemeine Freistellung sämtlicher staatlicher Vertriebs- und Preisvorschriften von der Warenverkehrsfreiheit zu verstehen[166]. Ziel des Binnenmarktes ist gem. Art. 14 II EGV u.a. die Gewährleistung eines ungehinderten Warenflusses in einem Raum ohne Binnengrenzen. Dessen Sinn kann nicht allein darin bestehen, für werbetreibende Unternehmen im Ausland jeweils die gleichen Nachteile entstehen zu lassen. Der freie Warenverkehr wird somit nicht nur durch produktbezogene Regelungen, sondern auch durch Vorschriften beeinträchtigt, die bewirken, dass der grenzüberschreitende Warenvertrieb

161 STEINDORFF, ZHR 158 (1994), 149 (164); MÜLLER-GRAFF, in: von der Groeben/Thiesing/Ehlermann, Art. 30 EGV (a.Z.), Rn. 259; JUTTA KEßLER, Das System der Warenverkehrsfreiheit im Gemeinschaftsrecht, S. 156; LEIBLE/SOSNITZA, GRUR 1995, 799 (801).

162 KOTTHOFF, Werbung ausländischer Unternehmen im Inland, S. 88 ff., 114 ff.; DERS., WRP 1996, 79 (83); SACK, EWS 1994, 181 (183).

163 KOTTHOFF, Werbung ausländischer Unternehmen im Inland, S. 115; DERS., WRP 1996, 79 (83).

164 KOTTHOFF, Werbung ausländischer Unternehmen im Inland, S. 115; DERS., WRP 1996, 79 (83); SACK, WRP 1998, 103 (107).

165 Dazu: STEINDORFF, ZHR 150 (1986), 687 (689 f.).

166 STEINDORFF, ZHR 158 (1994), 149 (164); LEIBLE/SOSNITZA, GRUR 1995, 799 (801); MÜLLER-GRAFF, in: von der Groeben/Thiesing/Ehlermann, Art. 30 EGV (a.Z.), Rn. 248 bemerkt deswegen zu Recht, dass die grobstrichige Ausgrenzung der bestimmten Verkaufsmodalitäten der „Keck"-Formel bei der Beurteilung des Einzelfalls im Ergebnis keinesfalls zu einer stärkeren Respektierung mitgliedstaatlicher Regelungen über Verkaufsmodalitäten mit spezifisch handelsbehindernder Wirkung führen darf als dies bei einer offenen Abwägung der Fall wäre.

abweichend von den Vorschriften des Herkunftslandes den unterschiedlichen werbetechnischen Standards verschiedener Bestimmungsländer angepasst werden muss. Die Entstehung zusätzlicher Kosten und die Erschwerung des Vertriebs bewirken eine tatsächliche Diskriminierung ausländischer Anbieter. Regelungen über Verkaufsmodalitäten, die zu einer tatsächlichen Diskriminierung ausländischer Anbieter führen, werden aber selbst nach Ansicht des EuGH als Maßnahmen gleicher Wirkung erfasst[167].

Es lässt sich festhalten, dass ein Verbot der akzessorischen Wertreklame sowohl eine produktbezogene Regelung als auch eine sonstige Verkaufsmodalität, die den Anbieter zwingt, seine Aktionsparameter von einem zum anderen Mitgliedstaat zu variieren, darstellen kann. In beiden Fällen ist die nationale Regelung an der Warenverkehrsfreiheit zu messen. Eine Rechtfertigung aus Gründen des Verbraucherschutzes hat folglich nur dann Aussicht auf Erfolg hat, wenn sich die Regelung am Leitbild des EuGH orientiert.

e) Akzessorische Wertreklame und die Dienstleistungsfreiheit

Für die Dienstleistungsfreiheit, die sowohl bei Beschränkungen der Werbung für Dienstleistungen[168] als auch bei Beschränkungen der Werbung als Dienstleistung[169] betroffen sein kann, ist bislang nicht geklärt, ob die restriktive Auslegung der Warenverkehrsfreiheit durch die „Keck"-Rechtsprechung zu übertragen und dementsprechend zwischen den das Produkt „Dienstleistung" beschränkenden Regelungen und bloßen Verkaufsmodalitäten zu unterscheiden ist[170]. In der Entscheidung „Alpine Investments"[171] hat der EuGH eine Übertragung der Grundsätze ausdrücklich abgelehnt, jedoch vor dem speziellen Hin-

167 Beachte die Wendung in: EuGH Slg. 1994, I-6097 (6131) Ziff. 16 – Keck und Mithouard: „(...) und sofern die den Absatz inländischer Erzeugnisse und der Erzeugnisse aus anderen Mitgliedstaaten rechtlich wie *tatsächlich* in der gleichen Weise berühren".

168 Vgl. dazu: EuGH Slg. 1994, I-1039 – Schindler; EuGH Slg. 1995, I-1141 – Alpine Investments.

169 Vgl. dazu: EuGH Slg. 1974, 409 – Sacchi; EuGH Slg. 1980, 833 – Debauve; EuGH Slg. 1988, 2085 – Bond van Adverteerdens/Niederländischer Staat; EuGH Slg. 1991, I-4007 – Collectieve Antennevoorziening Gouda; vgl. auch: TROBERG, in: von der Groeben/Thiesing/Ehlermann, Art. 59 EGV (a.Z.), Rn. 36.

170 Aufgeworfen wurde die Frage auch in der Entscheidung BGH WRP 1999, 424 (429) – Bonusmeilen. Der BGH hat die Frage jedoch offen gelassen, weil er jedenfalls eine Rechtfertigung der eventuell beschränkten Dienstleistungsfreiheit gesehen hat.

171 EuGH Slg. 1995, I-1141.

tergrund, dass im betreffenden Sachverhalt nicht der Staat des Bestimmungslands, sondern der Staat des Herkunftslands das fragliche Verbot des sogenannten „cold-calling" erlassen hat[172]. In der „Keck"-Entscheidung hingegen war das Marktverhalten vom Staat des Warenempfängers reguliert worden. Nach der Auffassung des EuGH behindert ein Werbeverbot des Herkunftslandes den Zugang zum Dienstleistungsmarkt unmittelbar und ist daher in jedem Fall geeignet, den innergemeinschaftlichen Dienstleistungsverkehr zu beschränken[173].

Die Frage, inwieweit die Grundsätze der „Keck"-Rechtsprechung auf die Dienstleistungsfreiheit zu übertragen sind, kann im Rahmen dieser Untersuchung unbeantwortet bleiben. Aufgrund der doppelten Konditionierung der „Keck"-Formel kann ein Verbot der akzessorischen Wertreklame ohnehin nicht gänzlich dem Bereich der Warenverkehrsfreiheit entzogen werden, auch wenn es sich um eine Verkaufsmodalität handelt. Selbst wenn man im Rahmen der Dienstleistungsfreiheit zwischen das Produkt „Dienstleistung" beschränkenden Regelungen und bloßen Verkaufsmodalitäten unterscheiden würde, müsste auch die doppelte Konditionierung übertragen werden. Dafür spricht schon die Tendenz des EuGH, einen Gleichlauf der Regeln für den freien Warenverkehr und derjenigen für den freien Dienstleistungsverkehr herzustellen[174]. Demnach wären nicht alle Verkaufsmodalitäten aus dem Bereich der Dienstleistungsfreiheit ausgenommen, zudem dürfte die nationale Regelung keine tatsächliche oder rechtliche Diskriminierung ausländischer Anbieter enthalten. Ist aber die Dienstleistungsfreiheit grundsätzlich tangiert und geht die in Frage stehende nationale Regelung über den Schutzstandard hinaus, den der durchschnittlich informierte, aufmerksame und verständige Durchschnittsverbraucher i.S.d. Rechtsprechung des EuGH benötigt, so handelt es sich um eine unverhältnismäßige Beschränkung der Dienstleistungsfreiheit[175].

f) Schlussfolgerungen

Durch die bisherigen Ausführungen ist zunächst nur belegt, dass in Fällen mit grenzüberschreitendem Bezug auf das normative Verbraucherleitbild des

172 EuGH a.a.O., S. 1177 f. Ziff. 37 – Alpine Investments.

173 EuGH a.a.O., S. 1178 Ziff. 38 – Alpine Investments.

174 Vgl.: MÜLLER-GRAFF, in: von der Groeben/Thiesing/Ehlermann, Art. 30 EGV (a.Z.), Rn. 273.; vgl. auch DERS., in: Festschrift für Lukes, S. 471 (484). Auf die Parallelen hinsichtlich des Beschränkungsbegriffs weist hin: TROBERG, in: von der Groeben/Thiesing/Ehlermann, Vor. Art. 59-60 EGV (a.Z.), Rn. 22.

175 Vgl.: EuGH a.a.O., S. 1179 Ziff. 45 – Alpine Investments mit Verweis auf EuGH Slg. 1991, I-4007 (4041) Ziff. 15 – Collectieve Antennevoozieníng Gouda.

EuGH Rekurs zu nehmen ist, sofern eine nationale, lauterkeitsrechtliche Regelung gegenüber der Warenverkehrs- bzw. Dienstleistungsfreiheit Bestand haben will. Die Konsequenzen dieses Paradigmawechsels für Anwendungsfälle mit rein nationaler Bedeutung sind hingegen nicht geklärt.

Zumeist wird angenommen, eine Benachteiligung inländischer Unternehmer, denen die Liberalisierung aufgrund des Gemeinschaftsrechts nicht zugute kommt und die den restriktiven Bestimmungen des Heimatlandes unterworfen bleiben, sei als Ausdruck eines unvollendeten Binnenmarktes gemeinschaftsrechtlich zu akzeptieren[176]. Tatsächlich kann die Unzulässigkeit einer Inländerdiskriminierung nicht auf die Grundfreiheiten des EGV gestützt werden. Art. 28 EGV beispielsweise soll lediglich die Beseitigung von Hindernissen für die Wareneinfuhr bewirken. Ein Vorteil ausländischer Unternehmen gegenüber den inländischen berührt die Warenverkehrsfreiheit nicht. Entsprechendes gilt für die Dienstleistungsfreiheit.

Auch Art. 12 EGV kann diesbezüglich nicht fruchtbar gemacht werden, da eine etwaige Inländerdiskriminierung nicht an die Staatsangehörigkeit, sondern an die Herkunft der Ware oder der Dienstleistung anknüpft. Art. 12 EGV verbietet aber lediglich eine Diskriminierung aus Gründen der Staatsangehörigkeit. Zudem kann das gemeinschaftsrechtliche Diskriminierungsverbot[177], wie folgende Textpassage aus der EuGH-Entscheidung „Driancourt/Cognet" belegt, nicht gegen eine Inländerdiskriminierung angeführt werden:

> „Zum allgemeinen Diskriminierungsverbot ist festzustellen, dass es nicht in den Anwendungsbereich des Gemeinschaftsrechts fällt, wenn ein Mitgliedstaat in einem Bereich, für den keine Gemeinschaftsregelung gilt und der nicht Gegenstand einer Harmonisierung der nationalen Rechtsvorschriften ist, einerseits im Inland hergestellte Erzeugnisse und eingeführte Erzeugnisse, andererseits Einzelhändler, die im Inland hergestellte Erzeugnisse verkaufen, und solche, die eingeführte Er-

176 DAUSES, EuZW 1995, 425 (427); vor allem die Gleichbehandlungsgebote betrachtend: T. KRÜGER, Die Zulässigkeit der vergleichenden Werbung, S. 169; KOPPENSTEINER, Wettbewerbsrecht, § 24, Rn. 10; SACK, WRP 1994, 181 (182).

177 Vgl. hierzu: EuGH Slg. 1978, 1991 (2003 f.) Ziff. 27 – Koninklijke Scholten-Honig/Hoofdproduktschap voor Akkerbouwprodukten; EuGH Slg. 1978, 2037 (2074) Ziff. 25-27 – Royal Scholten-Honig/Intervention Board for Agricultural Produce, der diesen Grundsatz aus den konkreten Gleichheitssätzen des Europäischen Gemeinschaftsrechts ableitet, wohingegen BLECKMANN, Europarecht, Rn. 1779 diesen Grundsatz aufgrund einer Rechtsvergleichung gewinnen will.

zeugnisse verkaufen, ungleich behandelt und dabei die jeweils ersteren benachteiligt[178]."

Das Verbot der Inländerdiskriminierung kann in der Regel auch nicht auf einen nationalen Verfassungsgrundsatz der gleichen Behandlung gestützt werden. Dies begründet sich mit dem weiten Ermessensspielraum des Gesetzgebers, der bewirkt, dass lediglich im Falle einer willkürlichen Diskriminierung, also einer Diskriminierung, die nicht durch sachliche Erwägungen gerechtfertigt ist, ein Verstoß gegen Art. 3 GG erblickt werden kann[179]. So konnte der BGH in § 2 des Branntweinmonopolgesetzes, nach dem die Bestimmungen über den Mindestalkoholgehalt von Trinkbranntwein nicht für Spirituosen gelten, die aus dem zollrechtlich freien Verkehr eines Mitgliedstaates der EG eingeführt wurden und dort verkehrsfähig sind, keinen Verstoß gegen Art. 3 GG erblicken. Entscheidend sei lediglich, dass für die Anwendbarkeit der Regelung auf nationale Hersteller nach wie vor einleuchtende Gründe fortbestehen[180]. Eine Inländerdiskriminierung kann demnach weder mit den Mitteln des Gemeinschaftsrechts noch mit denen des nationalen Rechts verhindert werden.

Die Notwendigkeit einer Rezeption des europäischen Verbraucherleitbilds in das nationale Lauterkeitsrechts ergibt sich indes aus der Natur des § 1 UWG als Generalklausel. Der Begriff der guten Sitten ist hierbei nicht im Sinne eines Verweises auf den Anstand oder das Sittlichkeitsgefühl bestimmter Personenkreise – etwa der Durchschnittsgewerbetreibenden oder der Allgemeinheit – zu verstehen[181], sondern ist richtigerweise wettbewerbsbezogen auszulegen[182]. Bei

178 EuGH Slg. 1986, 3231 (3242) Ziff. 11 – Driancourt/Cognet; vgl. auch: EuGH Slg. 1986, 3376 (3384) Ziff. 23 – Nederlandse Bakkerij Stichting/Edeah; EuGH Slg. 1987, 809 (822) Ziff. 9 – Ministère Puplic/Mathod.

179 BVerfGE 1, 14 (52); BVerfGE 3, 58 (135); BVerfGE 4, 219 (243); BVerfGE 4, 352 (357 f.); BVerfGE 9, 20 (28); BVerfGE 9, 201 (206); BVerfGE 9, 334 (337); BVerfGE 17, 381 (388 f.); BVerfGE 26, 302 (310).

180 BGH GRUR 1985, 886 (888) – Cocktail-Getränk; kritisch: Baumbach/HEFERMEHL, Wettbewerbsrecht, Einl. UWG, Rn. 629.

181 So aber die Anstandsformel, die vor allem die ältere Rspr. zu Grunde gelegt hat, wonach jede Handlungsweise sittenwidrig ist, „die dem Anstandsgefühl des redlichen und verständigen Durchschnittsgewerbetreibenden widerspricht oder die von der Allgemeinheit mißbilligt und für untragbar angesehen wird." Vgl.: BGH GRUR 1971, 317 (318) – Grabsteinwerbung II; BGH GRUR 1970, 523 (524) – Telefonwerbung; BGH GRUR 1972, 553 – Statt Blumen ONKO-Kaffee.

182 KOPPENSTEINER, Wbl 1995, 1; SCHÜNEMANN, in: Großkommentar, Einl. UWG, D 37; SCHERER, WRP 1996, 174 (178); MENKE, GRUR 1991, 661 (662 f.); BAUDENBACHER, ZHR 144 (1980), 145 (152 ff.); SCHRICKER, Gesetzesverletzung und Sittenverstoss, S. 233 ff.

der Gewichtung der konfligierenden Interessen der einzelnen Schutzsubjekte dient als Konkretisierungsmaßstab – unter Beachtung der Ergebnisoffenheit und der Selbstregulation des Koordinationsprozesses – das Referenzsystem eines hinreichend fairen und freien Wettbewerbs im Kontext der geltenden wirtschaftsrechtlichen Gesamtordnung[183]. Diese wirtschaftsrechtliche Gesamtordnung wird im nationalen Recht vorwiegend durch das GG und das GWB konstituiert. Daneben kommt den Bestimmungen des EGV eine große Bedeutung zu[184]. So verpflichtet Art. 4 Abs. 1 EGV die Mitgliedstaaten zu einer Wirtschaftspolitik, die dem Grundsatz einer offenen Marktwirtschaft mit freiem Wettbewerb gerecht wird. Unter Berücksichtigung dieses Verständnisses ist es, unabhängig davon, inwieweit das Gemeinschaftsrecht einen Paradigmawechsel der nationalen Rechtsprechung vorgibt[185], nicht möglich, bei der Beurteilung von Werbeformen ein Verbraucherleitbild zu Grunde zu legen, das den Wertungen des EGV diametral entgegensteht. In diesem Fall würde die geltende wirtschaftliche Gesamtordnung durch den Begriff der guten Sitten unzutreffend reflektiert[186].

In diesem Zusammenhang wird zunehmend diskutiert, ob sich auch die Vorgehensweise bei der Ermittlung der maßgeblichen Verbraucherauffassung einem Wandel zu unterziehen hat[187]. Die Variationsbreite der möglichen Ansätze reicht von einer Erhöhung der Irreführungsquote über ein gemischt empirisch-normatives bis zu einem rein normativen Modell. Bei der wettbewerbsrechtlichen Beurteilung des gesamten Bereichs der Wertreklame wird aber regelmäßig von einer Verbraucherbefragung abgesehen und das Verständnis der Verbraucher gem. § 291 ZPO als offenkundige Tatsache unmittelbar durch das Gericht festgestellt. Die Ermittlung der Auffassung der maßgeblichen Verbrau-

183 SCHÜNEMANN, in: Großkommentar, Einl., D 46; EMMERICH, Recht des unlauteren Wettbewerbs, § 5, 9; DERS., in: Festschrift für Gernhuber, S. 857 (869 ff.).

184 OHLY, Richterrecht und Generalklausel, S. 217; vgl. auch: REICHOLD, AcP 193 (1993), 204 (235).

185 Mit dieser Frage hat sich – hinsichtlich des Irreführungsverbots – vor allem, V.WILD, Der „vernünftige Verbraucher" im Wettbewerbsrecht, S. 156 ff. intensiv auseinandergesetzt.

186 SCHERER, WRP 1999, 991, 995 f. weist in diesem Zusammenhang zutreffend auf die nationale Privatrechtsordnung hin. So würde insbesondere das BGB im Bereich rechtsverbindlicher Erklärungen (§§ 104 ff. sowie § 276 I S. 2) wesentlich höhere Anforderungen an das Verbraucherverhalten stellen. Diese Diskrepanz zum Leitbild des Verbrauchers im Bereich des Lauterkeitsrechts sei aber inakzeptabel.

187 Vgl. vor allem: SCHERER, WRP 1999, (994 ff.); REESE, WRP 1998, 1035 (1039 ff.); mit Kritik an der Methodik des EuGH: DREXL, Die Einwirkung der Grundrechte auf die Auslegung der Generalklausel des UWG, S. 163 (181).

cher erfolgt demnach ohnehin normativ. Eine nähere Erörterung mit der Problematik erübrigt sich folglich.

Von Bedeutung ist aber das Verbraucherleitbild als solches. Dem EuGH folgend ist in der weiteren Untersuchung – losgelöst davon, ob die zur Beurteilung stehende Absatzstrategie nur nationale oder gemeinschaftsweite Bedeutung besitzt – von einem durchschnittlich informierten, aufmerksamen und verständigen Durchschnittsverbraucher auszugehen. Die Diversitäten zwischen Wiederverkäufer und Verbraucher lösen sich demzufolge auf, so dass weitgehend ein einheitlicher Abnehmerbegriff zu Grunde gelegt werden kann.

2. Unsachliche Beeinflussung – übertriebenes Anlocken

Erstes Unlauterkeitsmerkmal der abnehmerschutzbezogenen Analyse soll die unsachliche Beeinflussung sein. Die unsachliche Beeinflussung des Kunden bildet zwar keine eigenständige Fallgruppe des § 1 UWG, wird aber zur argumentativen Unterstützung bei der Beurteilung vor allem neuartiger Werbeformen herangezogen[188]. Im Rahmen der lauterkeitsrechtlichen Beurteilung der akzessorischen Wertreklame ist das Argument der unsachlichen Beeinflussung bei gekoppelten Vorspannangeboten, der Werbung mit Garantien, der Werbung mit Zinsvorteilen, der Werbung mit unmittelbaren Geldzuwendungen und den geldwerten Zuwendungen innerhalb der Absatzkette von Bedeutung[189]. Sobald die Rechtsprechung aus einer unsachlichen Beeinflussung des Kunden die Sittenwidrigkeit einer Wettbewerbshandlung ableiten will, versteckt sie sich hin-

188 Vgl. vor allem die zahlreichen Beispiele gefühlsbetonter Werbung: BGH NJW 1995, 2488 – Benetton I; BGH NJW 1995, 2492 – Benetton II; BGH NJW 1995, 2490 – Benetton III; BGH NJW 1991, 1228 – Tageseinnahme für Mitarbeiter; KG, WRP 1984, 607 – Gefühlsbetonte Werbung mit Umweltschutzmaßnahmen; OLG Hamburg, GRUR 1986, 261 – Schwer-Sprachbehinderte; OLG Hamburg, GRUR 1987, 386 – Bäumchen-Aktion; OLG Hamburg, GRUR 1989, 614 – Umweltengagement; OLG Stuttgart, NJW-RR 1997, 133; OLG Frankfurt, NJW-RR 1991, 864; aus der Literatur vgl.: MYLAEUS, Gefühlsbetonte Werbung; CORDES, Umweltwerbung.

189 Vgl. die Rechtsprechung zu den einzelnen Erscheinungsformen: gekoppelte Vorspannangebote: BGH GRUR 1976, 248 (249) – Vorspannangebot; Werbung mit Garantien: OLG Düsseldorf, WRP 1991, 665 – langjährige Garantie; Werbung mit Zinsvorteilen: OLG München, WRP 1991, 51 (54); Werbung mit unmittelbaren Geldzuwendungen: OLG München, NJW-RR 1994, 1129; BGH GRUR 1991, 542 – Biowerbung mit Fahrpreiserstattung; Geldwerte Zuwendungen innerhalb der Absatzkette: BGH GRUR 1977, 257 – Schaufensteraktion; BGHZ 34, 264 (272) – Einpfennig-Süßwaren.

ter dem Terminus des übertriebenen Anlockens[190]. Das übertriebene Anlocken, das zugleich eine eigenständige Fallgruppe des § 1 UWG bildet, spielt auch im Bereich der abstrakten Wertreklame bei der Beurteilung von Werbeaktionen, durch die dem Kunden schon im Vorfeld des Geschäftsabschlusses besondere Vergünstigungen gewährt werden, eine zentrale Rolle[191]. Für die wettbewerbsrechtliche Beurteilung der akzessorischen Wertreklame ist allerdings weniger die Situation im Vorfeld des Geschäftsabschlusses, sondern vielmehr die Situation zum Zeitpunkt des Geschäftsabschlusses entscheidend, weil der Kunde gerade in diesem Moment der Gefahr einer unsachlichen Beeinflussung in besonders hohem Maße ausgesetzt ist. Um einer Verwischung wettbewerbsrechtlicher Argumente vorzubeugen, soll hier auf die Verwendung des Begriffs des übertriebenen Anlockens für den Bereich der akzessorischen Wertreklame verzichtet werden[192].

Bei der akzessorischen Wertreklame geht eine etwaige unsachliche Beeinflussung des Kunden typischerweise vom koppelnden Gut aus[193]. Deutlich wird dies in den Entscheidungen zu den gekoppelten Vorspannangeboten[194] und der Werbung mit unmittelbaren Geldzuwendungen[195], wenn der Sache nach befürchtet wird, dass die Kaufentscheidung des Kunden für das Gesamtangebot weniger auf Eigenschaften des gekoppelten Guts basiert, sondern der Verlokkung durch das preiswerte koppelnde Gut entscheidende Bedeutung zu-

190 BGH NJW-RR 1991, 701 (702) – Biowerbung mit Fahrpreiserstattung; BGH WRP 1991, 648 – One for two; BGH NJW-RR 1993, 3060 (3061) – Geld-zurück-Garantie; OLG München, WRP 1996, 1060 (1061) – Handy für 0,00 DM; OLG München, NJW-RR 1994, 1129 (1130).

191 KUNZ, Das allgemeine Übermaßverbot, S. 129 f.; HOTH, GRUR 1974, 547 (548); DERS., GRUR 1978, 147 (148); vgl.: weiterhin: EMMERICH, in: Festschrift für Piper, S. 171 ff.; SOSNITZA, Wettbewerbsbeschränkungen durch die Rechtsprechung, S. 42; SCHRICKER, GRUR 1974, 579 (586); BORCK, WRP 1981, 311 (315); DERS., WRP 1983, 311 (316).

192 Ebenfalls: KUNZ, Das allgemeine Übermaßverbot, S. 132., der jedoch klarstellt, dass auch bei der akzessorischen Wertreklame ein übertriebenes Anlocken in Betracht kommen kann, vor allem bei der Werbung für die Werbung mit akzessorischer Wertreklame.

193 KOPPENSTEINER, Wettbewerbsrecht, § 33, Rn. 14; NORDEMANN, Wettbewerbs- und Markenrecht, Rn. 214a; BURKERT, Zulässigkeit von Koppelungsgeschäften, S. 200; KNÖPFLE, Die marktbezogene Unlauterkeit, S. 139; SCHÜNEMANN, Wettbewerbsrecht, S. 76; MENKE, WRP 1997, 532; SACK, WRP 1975, 65.

194 Vgl.: 2. Kapitel, A. I, S. 45.

195 Vgl.: 2. Kapitel, A. V, S. 53.

kommt[196]. Die bisherigen Ausführungen haben ergeben, dass eine Kaufentscheidung, die nicht nur die Parameter „Preis“ und „Qualität“ des beworbenen Guts berücksichtigt, wettbewerbsrechtlich keineswegs zu beanstanden ist[197]. Die Grenze zu einer sittenwidrigen, unsachlichen Beeinflussung könnte allerdings überschritten sein, wenn sich die Gefahr einer Ablenkung durch die Attraktivität des koppelnden Guts dermaßen verdichtet, dass sich der Kunde ohne jede weitere Prüfung des gekoppelten Guts dazu entschließt, das Gesamtangebot zu erwerben. Stellt sich anschließend heraus, dass das Geschäft objektiv gesehen nicht die versprochenen Vorteile beinhaltet, kann von einer erheblichen Beeinträchtigung der Willensbildungs- bzw. Willensentschließungsfreiheit und damit einer sittenwidrigen, unsachlichen Beeinflussung des Kunden gesprochen werden.

Für die weitere Untersuchung erscheint es sinnvoll, die Abnehmer in zwei verschiedene Gruppen einzuteilen. Maßstab der Differenzierung soll die Frage sein, inwieweit die Abnehmer bereits vor der Beeinflussung durch die akzessorische Wertreklame zum Erwerb des gekoppelten Guts entschlossen waren.

a) Entschlossene Abnehmer

Zunächst sollen diejenigen Abnehmer beleuchtet werden, die sich zwar von der besonderen Preisgünstigkeit des koppelnden Guts zum Kauf bewegen lassen, die aber das gekoppelte Gut ohnehin erwerben wollten. Die Verlockung durch das koppelnde Gut könnte in dieser Konstellation eine unsachliche Beeinflussung hinsichtlich der Wahl des Anbieters bewirken. Die Untersuchung konzentriert sich deswegen auf die Überprüfung einer Beeinträchtigung der Willensbildungsfreiheit.

Bei gekoppelten Vorspannangeboten ist der Markt des gekoppelten Guts zumeist durch die Homogenität der Produkte gekennzeichnet[198]. Dem Abnehmer kann es aus diesem Grunde weitgehend gleichgültig sein, von welchem Wettbewerber er das entsprechende Produkt erwirbt. Er kann kaum einen Nachteil erleiden, da sich die Produkte der Wettbewerber hinsichtlich Qualität und Preis nur unwesentlich unterscheiden[199]. Die Koppelung ist aus wettbe-

196 Vgl. insbesondere: BGH GRUR 1976, 248 – Vorspannangebot; OLG München, NJW-RR 1994, 1129; BGH WRP 1998, 857, 859 – Umwelt-Bonus.

197 Vgl.: 2. Kapitel, B. I. 3, S. 70 ff.

198 Vgl.: 1. Kapitel, C. II. 1. b, S. 37 ff.

199 Dies gilt insbesondere für die sog. „experience goods“, die erst konsumiert werden müssen, bevor der Konsument die Qualität beurteilen kann, vgl.: MENKE, GRUR 1993, 718 (719). Ein typisches „experience good“, das zusätzlich durch die Homogenität des Marktes gekennzeichnet ist, ist Kaffee,

werbsrechtlicher Sicht sogar besonders wünschenswert, da aufgrund der Homogenität der Güter der „klassische“ Leistungswettbewerb zumeist nur eingeschränkt funktioniert. Die konkrete Entscheidung des Abnehmers für einen bestimmten Anbieter würde weitgehend auf Zufall beruhen. Um einer solchen, durch einen fehlenden Wettbewerbsbezug gekennzeichnet Situation entgegenzuwirken, müssen zusätzliche Kaufanreize geschaffen werden[200]. Neben einer Aktion mittels Image- oder Suggestivwerbung kommt die Absatzstrategie der akzessorischen Wertreklame in Betracht. Letztere ist aus der Sicht des Abnehmers gegenüber sonstigen Werbeformen sogar von Vorteil, weil er in den Genuss geldwerter Vergünstigung gelangen kann.

Bei anderen Erscheinungsformen der akzessorischen Wertreklame, so etwa der Werbung mit Zinsvorteilen[201] oder der Werbung mit unmittelbaren Geldzuwendungen[202], verhält es sich typischerweise anders: Hier können die gekoppelten Handelsgüter durchaus qualitativ und preislich erheblich divergieren. In den Sachverhalten der diese Werbeformen betreffenden Entscheidungen handelte es sich beispielsweise um Automobile oder Brennwerttechnologien für Gasheizungen. Ein funktionierender Wettbewerb besteht für diese Handelsgüter bereits ohne zusätzliche Kaufanreize. Die Koppelung stellt lediglich einen zusätzlichen Aktionsparameter dar. Der Abnehmer kann in dieser Konstellation bezüglich der Auswahl auch nicht indifferent sein, da schließlich Preis- und Qualitätsunterschiede zwischen den Anbietern bestehen. Auf den ersten Blick mag es deshalb so aussehen, als könnte die Einwirkung auf den Kunden mittels akzessorischer Wertreklame eine zu einer relevanten Beeinträchtigung der Willensbildungsfreiheit führende, unsachliche Beeinflussung sein. Berücksichtigung muss jedoch finden, dass die Zuwendung, die der Abnehmer in Form des Zinsvorteils oder des Geldbetrages erhält, auf der Basis einer funktionalen Betrachtungsweise lediglich den Kaufpreis für das gekoppelte Gut senkt. Demzufolge erweist sich die akzessorischen Wertreklame sogar als Form des erwünschten Preiswettbewerbs[203]. In der Entscheidung „Zinsgünstige Entscheidung durch Kfz-Herstellerbank“[204] wird dies richtigerweise anerkannt: Das Ge-

200 GERSTENBERG, GRUR 1980, 618; SCHRICKER/LEHMANN, WRP 1977, 289 (290); KÖHLER, in Festschrift für Hoppmann, S. 283; BURKERT, Zulässigkeit von Koppelungsgeschäften, S. 206.

201 Vgl.: 2. Kapitel, A. IV, S. 52.

202 Vgl.: 2. Kapitel, A. V, S. 53.

203 Zum Preiswettbewerb vgl.: EMMERICH, Recht des unlauteren Wettbewerbs, § 16, 2; DERS., Kartellrecht, § 18, 12 b; NORDEMANN, Wettbewerbs- und Markenrecht, Rn. 144; KEHL, Wettbewerbsrecht, S. 141; Baumbach/HEFERMEHL, Wettbewerbsrecht, § 1 UWG, Rn. 252; MARSCHALL, Unlauterer Wettbewerb, S. 65.

204 BGH NJW 1994, 2152.

richt sah in der Gewährung eines zinsgünstigen Darlehens beim Autokauf eine Modalität des Kaufpreises und negierte damit – in Übereinstimmung mit der hier vertretenen Auffassung – die von der Vorinstanz angenommene unsachliche Beeinflussung der Kunden[205].

Den zum Kauf des gekoppelten Guts entschlossenen Abnehmern kann deswegen zugetraut werden, die mit der akzessorischen Wertreklame verbundene Vergünstigung als preisrelevanten Faktor in die Kaufentscheidung einfließen zu lassen und demnach hinsichtlich des Gesamtangebots eine sachgerechte Abwägungsentscheidung zu treffen[206].

b) Unentschlossene Abnehmer

Von den entschlossenen Abnehmern sind diejenigen zu unterscheiden, die zuvor an einem Erwerb des gekoppelten Guts nicht interessiert waren, sich aufgrund der besonderen Attraktivität des koppelnden Guts aber dazu entscheiden, das Gesamtangebot zu erwerben. Hier steht die Überprüfung einer Beeinträchtigung der Willensentschließungsfreiheit im Vordergrund. Eine sittenwidrige, unsachliche Beeinflussung läge vor, wenn ein relevanter Teil der Kunden unzutreffenderweise davon ausgehen würde, dass die Attraktivität des koppelnden Guts auf das Gesamtangebot ausstrahlt und der Kunde deswegen einen Kauf tätigt, der objektiv gesehen nachteilhaft ist. Gleichwohl lässt sich ein Verbot der akzessorischen Wertreklame nur begründen, wenn die Gefahr eines Fehlkaufs nicht nur einzeln auftritt, sondern für den Personenkreis der unentschlossenen Abnehmer eine typisierte Gefahrenlage darstellt[207]. Ab welcher

205 BGH a.a.O., S. 2154 – Zinsgünstige Finanzierung durch Kfz-Herstellerbank.

206 In diese Tendenz fügt sich auch eine neuere Entscheidung zur Werbung mit unmittelbaren Geldzuwendungen. Hinsichtlich der Bewerbung von neuartigen Brennwerttechnologien mit Geldzuschüssen führt der BGH WRP 1998, 857 (859) – Umwelt-Bonus aus: „Es liegt erfahrungsgemäß fern, daß der Hauseigentümer, der sich mit der Umrüstung der technischen Anlage seines Hauses befaßt, sich allein oder wesentlich von der in Aussicht gestellten Geldzuwendung leiten läßt und nicht die allgemein bekannten Vor- und Nachteile der Energieträger, beispielsweise von Heizöl und Erdgas, insbesondere was Lieferfähigkeit, Lagerung, Flexibilität des Preises angeht, oder auch die ständig fortschreitende Entwicklung der Brennwerttechnik in beiden Bereichen berücksichtigt".

207 Dies ergibt sich bereits daraus, dass bei der Frage, wie eine Werbung auf die angesprochenen Verkehrskreise wirkt, der Durchschnitt dieser Gruppe maßgebend ist. Beim Durchschnitt der angesprochenen Verkehrskreise besteht eine Interessenbeeinträchtigung jedoch ausschließlich dann, wenn die Gefahr in der betreffenden Werbung hinreichend angelegt, also typisiert ist, vgl.: Baumbach/HEFERMEHL, Wettbewerbsrecht, Einl. UWG, Rn. 249.

Grenze der Erwerb des Gesamtangebots nicht mehr von Vorteil ist, lässt sich allerdings äußerst schwer beantworten, da dies davon abhängig ist, inwieweit der Kunde für das gekoppelte Gut – selbst wenn er es ursprünglich nicht erwerben wollte – eine Verwendungsmöglichkeit hat.

Aus absatzstrategischen Gründen ist bei den meisten Erscheinungsformen der akzessorischen Wertreklame das gekoppelte Gut eine Ware des täglichen Bedarfs. Für solche Waren ist in fast jedem Haushalt eine Verwendungsmöglichkeit gegeben. In diesem Fall ist eine Benachteiligung des Abnehmers nicht ersichtlich. Der Kunde hat den Vorteil, das koppelnde Gut zu einem besonders günstigen Preis zu erwerben; für das gekoppelte Gut bezahlt er zwar den Normalpreis, er kann dieses aber verwenden. Selbst auf der Basis einer ex post-Betrachtung beruht die Entscheidung des Kunden für das Gesamtangebot auf einer nachvollziehbaren Abwägung.

Es ist indes möglich, dass der Kunde für das gekoppelte Gut überhaupt keine Verwendungsmöglichkeit hat, der Anreizeffekt des koppelnden Guts jedoch so groß ist, dass sich der Kunde dennoch für das Gesamtangebot entscheidet. Die Wahrscheinlichkeit dieser Konstellation dürfte sich erhöhen, wenn das koppelnde Gut branchenfremd ist und zudem kein Gebrauchszusammenhang mit dem gekoppelten Gut besteht. In dieser Konstellation ist das Angebot für den Kunden überraschend[208]. Insofern ist es durchaus nachvollziehbar, dass die Rechtsprechung den Merkmalen der Branchenfremdheit und des Gebrauchszusammenhangs bei der wettbewerbsrechtlichen Beurteilung von gekoppelten Vorspannangeboten eine gewisse Bedeutung zukommen lässt. Entscheidet sich der Kunde demnach für das Gesamtangebot, obwohl er für das gekoppelte Gut keine Verwendungsmöglichkeit hat, so wendet er den Preis für das gekoppelte Gut umsonst auf. Für den Kunden entsteht in dieser Variante ein relevanter Nachteil, wenn der Gesamtpreis des Angebots höher ist als der durchschnittlich für das koppelnde Gut geforderte Preis.

Von einer wettbewerbsrechtlich relevanten Beeinträchtigung der Willensentschließung ist aber nur auszugehen, wenn ein nicht unerheblicher Teil der Abnehmer fälschlicherweise von der Attraktivität des Gesamtangebots ausgehen würde. Insoweit fehlt es aber schon an empirischen Untersuchungen, die

208 Aus diesem Grund fordert GÖTTING, Die Entwicklung des Zugaberechts, S. 223 ein umfassendes gesetzliches Verbot aller Koppelungsangebote im weitesten Sinne, also solcher Angebote, bei denen der Erwerb einer Ware, die Inanspruchnahme einer Dienstleistung oder die Erlangung irgendeines Vorteils vom Abschluss eines entgeltlichen Rechtsgeschäfts abhängig gemacht wird, sofern die gekoppelten Waren oder Dienstleistungen in keinem sachlichen Zusammenhang zueinander stehen.

einen solchen Zusammenhang belegen könnten[209]. Aufgrund folgender Überlegung ist auch nicht anzunehmen, dass ein solcher Zusammenhang belegbar ist: Bei den Erscheinungsformen der akzessorischen Wertreklame, denen eine unsachliche Beeinflussung des Kunden vorgeworfen wird – also gekoppelte Vorspannangebote, Werbung mit Garantien, Werbung mit Zinsvorteilen, Werbung mit geldwerten Zuwendungen und geldwerte Zuwendungen innerhalb der Absatzkette – sind dem Kunden die Preise der einzelnen Komponenten jeweils ersichtlich. Sofern dem Kunden die Konkurrenzpreise geläufig sind, kann er sich überlegen, ob der Erwerb des Gesamtangebots lohnend ist. Sind ihm die Preise nicht bekannt, besteht die Gefahr einer fehlerhaften Kaufentscheidung unabhängig von der akzessorischen Wertreklame, da die Kenntnis der Konkurrenzpreise Voraussetzung jeder rationalen Kaufentscheidung ist. Die Gefahr einer relevanten Beeinträchtigung der Willensentschließungsfreiheit des Kunden durch die akzessorische Wertreklame dürfte vielmehr nur bestehen, wenn das Angebot bewusst einen falschen Eindruck über die Preiswürdigkeit vermittelt. In diesem Fall unterfällt die akzessorische Wertreklame ohnehin dem Verbot der irreführenden Werbung[210], so dass es der Feststellung einer daraus resultierenden unsachlichen Beeinflussung der Abnehmer nicht bedarf.

Demgemäß begründet die akzessorische Wertreklame auch für diejenigen Abnehmer, die zum Erwerb des gekoppelten Guts zuvor nicht entschlossen waren, keine typisierte Gefahrenlage. Ein Verbot wegen einer unsachlicher Beeinflussung der Kunden ist nach alledem nicht gerechtfertigt. Vielmehr ist die Aussage aus der Entscheidung „Zinsgünstige Finanzierung durch Kfz-Herstellerbank“[211], wonach die Gewährung eines zinsgünstigen Darlehens eine Modalität des Kaufpreises darstellt, zu verallgemeinern: Die Abgabe des preisgünstigen koppelnden Guts nur in Verbindung mit einem weiteren Handelsgut bedeutet nichts anderes als eine funktionale Minderung des Kaufpreises. Bei den Erscheinungsformen der akzessorischen Wertreklame, die mit einer unsachlichen Beeinflussung des Kunden in Verbindung gebracht werden, sind dem Kunden die Einzelpreise der Komponenten ersichtlich. Deswegen ist es ihm möglich, die funktionale Minderung des Kaufpreises auf seine Vorteilhaftigkeit zu überprüfen. Das von der Rechtsprechung verwendete Unlauterkeitsmerkmal des übertriebenes Anlockens erweist sich demnach als nicht stichhaltig.

209 Ähnlich: SCHERER, Privatrechtliche Grenzen der Verbraucherwerbung, S. 167, die auf das fehlende Vorliegen von empirischen Untersuchungen verweist, die Frage letztlich aber im Rahmen der weiteren Argumentation offen lassen kann.

210 Vgl. später: 2. Kapitel, B. II. 4, S. 100 ff.

211 BGH NJW 1994, 2152 (2154).

3. Erschwerung des Preisvergleichs

Die akzessorische Wertreklame soll der Rechtsprechung zufolge außerdem sittenwidrig sein, wenn es die Absatzstrategie dem Kunden erschwert oder unmöglich macht, die Preiswürdigkeit des Angebots durch einen Vergleich mit den Preisen der Mitbewerber festzustellen[212]. Genau genommen bezieht sich das Argument des erschwerten Preisvergleichs ausschließlich auf die verdeckten Koppelungsangebote[213]. Die relevanten Entscheidungen „Glockenpackung"[214] und „Saustarke Angebote"[215] wurden bereits dargestellt[216]. Zur Verdeutlichung der Rechtsprechungsgrundsätze soll zusätzlich auf eine Entscheidung des OLG Hamm[217] hingewiesen werden: Ein Kfz-Betrieb hatte diverse Urlaubsreisen in Verbindung mit einem Mietwagen zu einem Gesamtpreis angeboten; die Einzelpreise wurden nicht mitgeteilt. Das OLG Hamm sah darin einen Verstoß gegen § 1 UWG, weil der Anbieter eine gezielte Erschwerung des Preisvergleichs vornehme, die nur vom Anbieter selbst beseitigt werden könne. Dadurch werde der geschäftliche Kontakt ermöglicht, der den Werbenden in die Lage versetzt, den potentiellen Kunden für sich zu gewinnen. Diese Art, Kunden zu gewinnen, könne wettbewerbsrechtlich aber nicht hingenommen werden[218]. Inwieweit diese Argumentation berechtigt ist, wird im Folgenden zu überprüfen sein.

a) Tatsächliche Ebene

Verdeckte Koppelungsangebote zeichnen sich dadurch aus, dass zwei Handelsgüter vom Anbieter als Gesamtangebot abgegeben werden, dem Kunden

212 BGH GRUR 1962, 415 – Glockenpackung; BGH GRUR 1967, 530 – Fahrschule; BGH GRUR 1996, 363 – Saustarke Angebote; OLG Hamm, GRUR 1962, 553; OLG Hamm, GRUR 1989, 923 – Auto und Urlaub; OLG Köln, WRP 1981 – Das Motorrad, 227; LG Köln, WRP 1983, 178 – Skiausrüstung.

213 Das Argument des erschwerten oder unmöglichen Preisvergleichs taucht zudem bei der wettbewerbsrechtlichen Beurteilung von Preisgarantien auf, jedoch nur als Ausgangspunkt zur Frage, ob eine Irreführung der angesprochenen Verkehrskreise vorliegt. An dieser Stelle soll lediglich untersucht werden, ob ein erschwerter oder unmöglicher Preisvergleich an sich sittenwidrig ist.

214 BGH GRUR 1962, 415.

215 BGH GRUR 1996, 363.

216 2. Kapitel, A. II, S. 48 ff.

217 OLG Hamm, a.a.O. – Auto und Urlaub; vergleichbar LG Köln, a.a.O. – Skiausrüstung.

218 OLG Hamm, a.a.O., S. 924 – Auto und Urlaub.

die Einzelpreise der gekoppelten Güter vom Anbieter aber nicht mitgeteilt werden[219]. Eine Komponente dieses Gesamtangebots führt der Anbieter üblicherweise in seinem Sortiment, bei der anderen Komponente handelt es sich folglich um ein branchenfremdes Handelsgut. Inwieweit dem Kunden durch ein solches Angebot ein Preisvergleich erschwert oder unmöglich gemacht wird, ist davon abhängig, welcher Art das branchenfremde Gut ist.

Ist das branchenfremde Gut ein solches des *täglichen Bedarfs*, kann davon ausgegangen werden, dass der Durchschnittspreis dem Kunden zumindest annähernd bekannt ist[220]. Selbst wenn dies nicht der Fall ist, kann der Kunde den Einzelpreis des branchenfremden Guts relativ einfach mittels einer Subtraktion herausfinden, da ihm sowohl der Gesamtpreis als auch der Einzelpreis des brancheneigenen Guts im Ladenlokal mitgeteilt werden. Mit diesen Informationen wird der Abnehmer bereits in die Lage versetzt, die Konkurrenzfähigkeit des Anbieters durch das Aufsuchen von Verkaufsstellen der Mitbewerber feststellen. Vor diesem Hintergrund kann dem BGH in der Entscheidung „Glockenpackung"[221] nicht zugestimmt werden. Hier musste der Kunde lediglich vom Gesamtpreis in Höhe von 2,75 DM die 1,50 DM abziehen, die der Anbieter für die Packung Tee ansonsten verlangt, um den kalkulierten Preis für die „Japan"-Tasse in Erfahrung zu bringen. Einfache Rechenoperationen können dem Kunden durchaus zugemutet werden, ohne dass darin eine relevante Erschwerung des Preisvergleichs erblickt werden kann. Vom Abnehmer wird schließlich in wesentlich diffizileren Situationen – etwa bei Küchen mit verschiedenen Einbaugeräten oder Fertighäusern mit unterschiedlichen Ausstattungen – erwartet, komplexe Gesamtangebote ohne Aufschlüsselung der einzelnen Kalkulationsposten zu vergleichen[222].

Handelt es sich bei dem branchenfremden Gut um einen *Markenartikel*, ändert sich an der Beurteilung ebenfalls nichts. Der Kunde kann zwar die Konkurrenzfähigkeit des Anbieters nicht vor Ort überprüfen, da dieser ihm kaum

219 SCHÜNEMANN, Wettbewerbsrecht, S. 75; Köhler/PIPER, § 1 UWG, Rn. 52; EMMERICH, Recht des unlauteren Wettbewerbs, § 13, 3; SCHERER, Privatrechtliche Grenzen der Verbraucherwerbung, S. 160; BURKERT, Zulässigkeit von Koppelungsgeschäften, S. 390.

220 Damit scheint sich aber SACK, Rechts- und wirtschaftspolitische Argumente, S. 6 nicht zufriedenzugeben, wenn er bemerkt, dass es irreal wäre, zu erwarten, ein Verbraucher würde, bevor er seinen Tagesbedarf an Brot, Butter, Käse, Wurst usw. deckt, in jedem Einzelfall erst einmal Preisangebote einholen.

221 BGH GRUR 1962, 415.

222 Mit Blick auf die Zugabenwerbung: HEERMANN, WRP 1999, 130 (137).

den Einstandspreis mitteilen wird[223] und eine antizipierte Kenntnis der Einzelpreise zumindest nicht für alle erdenklichen Markenartikel anzunehmen ist. Es ist dem Kunden jedoch leicht möglich, mit Hilfe der Artikelnummer den durchschnittlich geforderten Preis in anderen Geschäften zu erfragen[224]. Der Kunde muss, wenn er die Preiswürdigkeit des Anbieters feststellen will, ohnehin Geschäfte der Konkurrenten aufsuchen. Mit der dort gefundenen Information kann er beurteilen, ob die Einbeziehung des branchenfremden Guts in das Gesamtangebot vorteilhaft ist. Jedenfalls muss die Tatsache, dass der Kunde zur Vornahme des Preisvergleichs noch einen Konkurrenten aufsuchen muss, als unerheblich angesehen werden. Davon geht offensichtlich auch der BGH in der begrüßenswerten Entscheidung „Saustarke Angebote"[225] aus, in der dem Kunden zu Recht ein längeres Suchen nach einem Vergleichsobjekt zumutet wird[226].

Auf tatsächlicher Ebene ist dennoch eine Konstellation denkbar, in der eine erhebliche Erschwerung des Preisvergleichs vorliegt. Bei *nicht standardisierten Handelsgütern* hat der Kunde keine Möglichkeit, sich die Artikelnummer zu notieren, um bei Konkurrenten den durchschnittlich geforderten Preis in Erfahrung zu bringen. So verhielt es sich in dem der Entscheidung „Auto und Urlaub"[227] zu Grunde liegenden Sachverhalt. Der Kunde konnte hier nicht mit den Angaben des Reiseziels und der Reisedauer den Durchschnittspreis einer solchen Reise zu erfragen, da keine Reise mit identischen Konditionen von den Konkurrenten angeboten wurde. Eine Beurteilung der Konkurrenzfähigkeit des Preises des Gesamtangebots sowie der einzelnen Komponenten war deswegen nahezu ausgeschlossen.

223 Der Kaufmann kann auch nicht verpflichtet sein, dem Publikum Einblick in seine Kalkulation zu gewähren, worauf schon E.Ulmer/REIMER, Unlauterer Wettbewerb, Band III, Nr. 840 hingewiesen hat.

224 So auch der BGH GRUR 1996, 363 (364) – Saustarke Angebote für eine anhand des Markenartikels genau identifizierbare Tiefkühltruhe. Umstritten war jedoch, ob eine Schweinehälfte als standardisierter Artikel angesehen werden konnte. Der BGH bejahte diese Frage letztendlich, nachdem die Vorinstanz diesbezüglich eine andere Auffassung vertreten hatte.

225 BGH GRUR 1996, 363.

226 BGH a.a.O. – Saustarke Angebote. Der BGH verweist in seiner Argumentation auf seine Rechtsprechung zu den Preisgarantien, in der er dem Kunden ebenfalls ein eventuell längeres Suchen nach einem Vergleichsangebot zumutet.

227 OLG Hamm, a.a.O. – Auto und Urlaub.

b) Wettbewerbsrechtliche Relevanz

Die Tatsache, dass bei der Einbeziehung von nicht standardisierten Artikeln in ein verdecktes Koppelungsangebot die Gefahr einer Erschwerung des Preisvergleichs durchaus naheliegend ist, bedeutet nicht gleichzeitig einen Verstoß gegen § 1 UWG. Ein Verstoß gegen § 1 UWG setzt vielmehr auch voraus, dass die Gefahr einer Erschwerung des Preisvergleichs als wettbewerbsrechtliches Argument anerkannt werden kann.

Mit einem Verbot der diesbezüglich relevanten verdeckten Koppelungsangebote will man offensichtlich Interessen der Abnehmer wahrnehmen. Unzweifelhaft besteht aus der Sicht der Abnehmer ein Bedürfnis an einer Einzelpreisauszeichnung, weil sich auf diese Weise die Markttransparenz erhöhen würde[228]. Doch kann nicht jede Abweichung vom Idealbild der Werbung zu einem Verstoß gegen § 1 UWG führen. Dazu müsste ein aus der fehlenden Vergleichsmöglichkeit resultierender, relevanter Nachteil für den Kunden festgestellt werden.

Für den Abnehmer ist die Einzelpreisauszeichnung von Bedeutung, weil ihm dadurch ein Vergleich des Gesamtangebots mit den Angeboten der Konkurrenten erleichtert wird. Fällt der Preisvergleich zu Lasten des verdeckten Koppelungsangebots aus, hat der Abnehmer die Möglichkeit, die einzelnen Güter bei verschiedenen Mitbewerbern zu erwerben. Relevant wird die Erschwerung des Preisvergleichs allerdings nur bei nicht standardisierten Gütern. Gerade in diesem Bereich besteht die Erschwerung des Preisvergleichs aber unabhängig davon, dass das betreffende Gut nur als Komponente eines verdeckten Koppelungsangebots erhältlich ist. Deutlich wird dies durch den der Entscheidung „Auto und Urlaub“[229] zu Grunde liegenden Sachverhalt: Das OLG Hamm monierte, es sei gerade die Erschwerung des Preisvergleichs, die es dem Anbieter ermögliche, mit dem nach den Einzelpreisen fragenden Kunden Kontakt aufzunehmen[230]. Bei dieser Argumentation wird übersehen, dass bei nicht standardisierten Gütern, insbesondere bei der Buchung einer Reise, vor dem Abschluss des entgeltlichen Rechtsgeschäfts ohnehin ein Kontakt zwischen Anbieter und Kunde stattfinden muss[231]. Kaum jemand wird eine Reise

228 Zur Markttransparenz als Funktion der Werbung, vgl.: 1. Kapitel, B. II. 2, S. 31 ff.

229 OLG Hamm, a.a.O. – Auto und Urlaub.

230 OLG Hamm, a.a.O., S. 923 – Auto und Urlaub.

231 Interessant ist deswegen auch das nicht weiter beachtete Urteil des OLG Köln, WRP 1981, 227, in dem im Zusammenhang mit einem Koppelungsangebot i.w.S. hervorgehoben wird: „Die den Interessenten zugemutete Erschwernis beim Vergleich zwischen den Preisen des Kombinationsangebots des Antragsgegners und

buchen, ohne sich zuvor beim Anbieter nähere Informationen über die Zahlungsmodalitäten und andere Bedingungen einzuholen. Das Ziel des Werbenden, mit Hilfe des verdeckten Koppelungsangebots einen Kontakt mit dem Kunden herzustellen, ist deswegen keine Besonderheit. In dieser Hinsicht werden durch die fehlende Einzelpreisauszeichnung keine schützenswerten Interessen der Abnehmer tangiert.

Demnach kann man verdeckten Koppelungsangeboten lediglich vorwerfen, zu verhindern, dass sich die Kunden unverbindlich über das allgemeine Preisniveau der gekoppelten Güter informieren können. Es ginge allerdings zu weit, hieraus eine Pflicht des Anbieters zur Einzelpreisauszeichnung ableiten zu wollen. Hinsichtlich der konkreten Kaufentscheidung ist die Kenntnis der Einzelpreise für den Kunden weitgehend belanglos. Beim verdeckten Koppelungsangebot hat der Kunde schließlich nur die Wahl, das Gesamtangebot zu erwerben oder ganz darauf zu verzichten. Die Möglichkeit, eines dieser Güter beim Werbenden und das andere bei dessen Mitbewerber zu kaufen, existiert nicht. Die Pflicht zur Einzelpreisauszeichnung durch den Werbenden wäre somit reiner Formalismus[232]. Da der Anbieter das branchenfremde Gut ohnehin nicht in seinem Restsortiment führt, wären die Einzelpreise beliebig gewichtbare Rechnungsposten innerhalb des Gesamtangebots. Daran würde sich lediglich etwas ändern, wenn der Anbieter zumindest im Vorfeld beide Güter in seinem normalen Sortiment führen müsste. Mit dieser Sichtweise würde die unsinnige Pflicht des Unternehmers korrespondieren, immer ein Sortiment mit entsprechender Bandbreite zu führen[233]. Unbestritten kann einem Unternehmer in der geltenden Wettbewerbsordnung nicht vorgeschrieben werden, welche Produkte er in seinem Sortiment zu führen hat[234].

den Einzelpreisen von Motorrad, Jacke und Helm ergibt sich nicht durch den Gesamtpreis, sondern folgt aus der immer bestehenden Schwierigkeit, die Preise verschiedener Waren, für die keine einheitlichen Preise und Qualitäten bestehen, zu vergleichen".

232 Vgl.: BURKERT, Zulässigkeit von Koppelungsgeschäften, S. 176; so auch: SCHÜNEMANN, Wettbewerbsrecht, S. 77, der zu Recht deutlich macht, dass die Pflicht zur Angabe der Einzelpreise im Ergebnis auf ein Verbot der Mischkalkulation hinauslaufen würde.

233 SCHÜNEMANN, Wettbewerbsrecht, S. 78.

234 Vgl. auch: Baumbach/HEFERMEHL, Wettbewerbsrecht, § 1 UWG, Rn. 135, der anmerkt, dass Unternehmen mit einem umfassenden Warensortiment einen „Freibrief für Koppelungsangebote" und damit auch einen ungerechtfertigten Vorsprung gegenüber kleineren Anbietern hätten, wenn die Branchenfremdheit das alleinige Abgrenzungsmerkmal zwischen zulässigen und unzulässigen Koppelungsangeboten darstellten würde.

Das Argument der Erschwerung des Preisvergleichs kann deswegen, gleichgültig, ob die gekoppelten Güter branchenfremd sind oder ein funktionaler Gebrauchszusammenhang zwischen ihnen fehlt, nicht gegen die Zulässigkeit der akzessorischen Wertreklame angeführt werden[235]. Dem prinzipiellen Verbot von verdeckten Koppelungsangeboten mit branchenfremden Gütern ist damit die Grundlage entzogen.

4. Verschleierungs- bzw. Irreführungsgefahr

Das Kriterium der Verschleierungs- bzw. Irreführungsgefahr ist im Rahmen der akzessorischen Wertreklame vor allem bei der Beurteilung von verdeckten Koppelungsangeboten[236], der Werbung mit Garantien[237] sowie bei geldwerten Zuwendungen innerhalb der Absatzkette[238] von tragender Bedeutung. Neuerdings wird eine Verschleierungs- bzw. Irreführungsgefahr auch im Zusammenhang mit gekoppelten Vorspannangeboten angesprochen[239]. Der Sache nach steht die Überlegung im Vordergrund, dass die bei der akzessorischen Wertreklame vorgenommene Koppelung zweier Handelsgüter den Kunden über die Preiswürdigkeit im Unklaren lässt und damit die Gefahr einer Irreführung begründet[240]. Lauterkeitsrechtlich kann dieser Vorwurf sowohl zu einem Verstoß gegen § 3 UWG als auch gegen § 1 UWG führen.

§ 3 UWG als „kleine" Generalklausel des Lauterkeitsrechts sanktioniert irreführende Angaben über geschäftliche Verhältnisse im geschäftlichen Verkehr zu Zwecken des Wettbewerbs. Die tatbestandliche Anwendbarkeit des

235 Im Ergebnis auch: SCHÜNEMANN, Wettbewerbsrecht, S. 77; E.Ulmer/REIMER, Unlauterer Wettbewerb, Band III, Nr. 840; EMMERICH, Recht des unlauteren Wettbewerbs, § 13, 3; unabhängig vom Vorliegen einer Erscheinungsform der Wertreklame: BURKERT, Zulässigkeit von Koppelungsgeschäften, S. 177.

236 Vgl.: BGH GRUR 1996, 363 (365) – Saustarke Angebote.

237 Vgl.: BGH GRUR 1983, 254 (255) – Nachhilfeunterricht; OLG Stuttgart, WRP 1988, 433 (434) – Preisgarantie bei echten Orientteppichen.

238 Vgl.: BGH GRUR 1961, 588 (590) – Einpfennig-Süßwaren; BGH GRUR 1971, 223 – clix-Mann; BGH GRUR 1977, 257 (259) – Schaufensteraktion.

239 BGH WRP 1999, 90 (93) – Handy für 0,00 DM; BGH WRP 1999, 94 (97) – Handy-Endpreis.

240 Vgl.: KLOSTERFELDE/JAEGER-LENZ, Hdb. des Wettbewerbsrechts, § 50, Rn. 123; SCHÜNEMANN, Wettbewerbsrecht, S. 77; BGH GRUR 1961, 588 (592 f.) – Einpfennig-Süßwaren; BGH GRUR 1962, 415 (417) – Glockenpackung; BGH GRUR 1967, 530 (532) – Fahrschule; OLG Hamm, GRUR 1989, 923 – Auto und Urlaub;

§ 3 UWG wird demnach entscheidend vom Vorliegen einer Angabe bedingt[241]. Die Gesamtpreisauszeichnung bei der akzessorischen Wertreklame ist jedoch als Angabe über die Preisbemessung im Sinne von § 3 UWG anzusehen, da es sich um eine Tatsache handelt, die sich objektiv, nach den Kategorien von richtig und unrichtig nachprüfen lässt[242]. Ausgehend davon, dass der Anbieter den angekündigten Gesamtpreis tatsächlich fordert, kommt eine Irreführung gem. § 3 UWG nur in Betracht, wenn die Auffassung der Verkehrskreise, an die sich die Werbung richtet, der Angabe eine zusätzliche, unzutreffende Bedeutung beimisst[243].

§ 1 UWG tritt allerdings nicht vollständig hinter § 3 UWG zurück. Die große Generalklausel kann Bedeutung im Sinne einer ergänzenden Funktion erlangen, wenn der Begriff der Angabe oder der geschäftlichen Verhältnisse nicht erfüllt ist. Anspruchskonkurrenz mit § 3 UWG besteht hingegen, wenn eine nach § 1 UWG unzulässige Preisverschleierung vorliegt. Der Sache nach unterscheiden sich die Prüfung über das Vorliegen einer Preisverschleierung und einer Irreführung jedoch nicht, weil die Preisverschleierung ebenso wie die Irreführung voraussetzt, dass die angesprochenen Verkehrskreise der Angabe eine über den Gesamtpreis hinausgehende, abweichende Bedeutung zumessen. Zudem würden Wertungswidersprüche entstehen, wenn man, sofern der Anwendungsbereich des § 3 UWG eröffnet ist, bei der Überprüfung der Verschleierungs- und Irreführungsgefahr zu divergierenden Ergebnissen gelangen würde. Im Folgenden ist deswegen die Frage, ob den betreffenden Erscheinungsformen der akzessorischen Wertreklame eine Verschleierungs- oder Irreführungsgefahr anhaftet, einheitlich zu untersuchen.

241 Der Begriff der Angabe wird dabei sehr weit gefasst, vgl.: A.MEYER, Die anlockende Wirkung der irreführenden Werbung, S. 12; DOMINICUS, Schutz des Verbrauchers vor irreführender Werbung, S. 43 ff. In der Entscheidung BGH GRUR 1961, 544 – Hühnergegacker ist sogar das Gackern von Hühnern in einer Rundfunksendung als Angabe über den Frischei-Gehalt von Teigwaren angesehen worden.

242 GÖTTING, Entwicklung des Zugaberechts, S. 123.

243 Eine Werbung kann daher objektiv richtig sein, aber trotzdem subjektiv, d.h. in ihrer Wirkung auf das Publikum, geeignet sein, irrige Vorstellungen hervorzurufen. Die Werbung ist in diesem Fall aufgrund eines Verstoßes gegen § 3 UWG zu untersagen, vgl.: BGH GRUR 1955, 38 – Cupresa; BGH GRUR 1961, 193 (196) – Medaillenwerbung; BGH GRUR 1982, 111 (113) – Original Maraschino; BGH GRUR 1983, 512 (513) – Heilpraktikerkolleg; BGH GRUR 1987, 171 (172) – Schlußverkaufswerbung; BGH GRUR 1990, 609 (610) – Monatlicher Ratenzuschlag.

a) Gefahrenpotential der akzessorischen Wertreklame

Das Unlauterkeitsmerkmal der Verschleierungs- bzw. Irreführungsgefahr stünde der Zulässigkeit der akzessorischen Wertreklame entgegen, wenn diese beim Abnehmer den unzutreffenden Eindruck der Preiswürdigkeit des Gesamtangebot erwecken würde[244]. Unzutreffend ist der Eindruck der Preiswürdigkeit, wenn der Abnehmer durch den Erwerb des Gesamtangebots und damit auch des gekoppelten Guts den durch die besondere Vergünstigung vermittelten Vorteil einbüßt. Diese Überlegung fußt auf der Annahme, ein Kaufmann habe nichts zu verschenken[245]; wenn er den Verkauf des gekoppelten Guts mit einem besonders preisgünstigen Handelsgut rechtsgeschäftlich verknüpft, müsse er diese Einbuße mit dem Absatz des gekoppelten Guts gewissermaßen subventionieren[246].

Für den Abnehmer liegt möglicherweise der Gedanke nahe, dass mit dem gemeinsamen Vertrieb der gekoppelten Güter Kostenvorteile verbunden sind, die an ihn – den Kunden – weitergegeben werden. Sofern dem Kunden die Einzelpreise der gekoppelten Güter nicht mitgeteilt werden, ist es ihm zudem nicht ohne weiteres möglich, diesen ersten Eindruck zu verifizieren. Angesichts der Vielgestaltigkeit der Erscheinungsformen akzessorischer Wertreklame ist es angebracht, der unterlassenen Einzelpreisangabe solche Angaben gleichzustellen, die neben der Kenntnis der Einzelpreise für die Beurteilung des Gesamtangebots von wesentlicher Bedeutung sind; so etwa der Hinweis auf die Exklusivität des gekoppelten Guts bei der Werbung mit Preisgarantien oder im Falle der Werbung mit einem kostenlosen Mobiltelefon die hinreichende Verdeutlichung der Tarife, die sich aus dem Abschluss des Netzkartenvertrages ergeben. Das Fehlen eines solchen Faktors kann sich ebenso wie das Unterlassen der Einzelpreisangabe auf den Eindruck der Vorteilhaftigkeit des Gesamtangebots auswirken. Werden dem Abnehmer die Einzelpreise oder ähnlich wichtige Informationen nicht mitgeteilt, ist die Gefahr der Irreführung naheliegend.

244 Baumbach/HEFERMEHL, Wettbewerbsrecht, § 1 UWG, Rn. 129; BURKERT, Zulässigkeit von Koppelungsgeschäften, S. 178.

245 Auf diese formelhafte Redewendung stößt man immer wieder, wenn es darum geht, Erscheinungsformen der Wertreklame zu diskreditieren, vgl. dazu beispielhaft: HAMMER, Die unentgeltliche Verteilung von Originalware, S. 92; LEHMANN, Die Verteilung von kostenlosen Presseerzeugnissen, S. 75; REIMER, GRUR Int. 1958, 159 (168); K.KRÜGER, Die Systematik des Wettbewerbsrechts, S. 100; SCHÜNEMANN, Wettbewerbsrecht, S. 71.

246 KÖHLER, in: Festschrift für Hoppmann, S. 283 (289); NORDEMANN, Wettbewerbs- und Markenrecht, Rn. 505; Baumbach/HEFERMEHL, Wettbewerbsrecht, ZugabeVO, Rn. 7.

b) Zurechenbarkeit

Ein Verbot der akzessorischen Wertreklame ließe sich trotzdem nur rechtfertigen, wenn dem Anbieter die Entstehung des unzutreffenden Eindrucks zugerechnet werden kann. Im Rahmen des § 1 UWG ergibt sich dieser wertende Ansatz unproblematisch aus der zur Rechtsgewinnung ohnehin erforderlichen Abwägung der schützenswerten Interessen. Aber auch bei § 3 UWG besteht die Möglichkeit einer Interessenabwägung mit der Folge, dass selbst, wenn das notwendige Irreführungsquorum der angesprochenen Verkehrskreise erreicht ist, das Interesse der irregeführten Abnehmer hinter das Interesse des Anbieters an der Durchführung der Werbung zu treten hat[247]. Zwar stellt diese Vorgehensweise einen Ausnahmefall dar[248]. Das Erfordernis, dieses wertende Kriterium bei der akzessorischen Wertreklame zu berücksichtigen, lässt sich jedoch dadurch legitimieren, dass der vom Anbieter ausgezeichnete Gesamtpreis der Wirklichkeit entspricht und der möglicherweise unzutreffende Eindruck der Preiswürdigkeit des Gesamtangebots erst durch zusätzliche Überlegungen des Abnehmers zustande kommt. Dies steht mit der Rechtsprechung des BGH in Einklang, nach der nicht jeder auf Unkenntnis beruhende Irrtum als schützenswert anerkannt und dementsprechend bei objektiv richtigen Angaben, die vom Verkehr falsch verstanden werden, eine Interessenabwägung unter Berücksichtigung der Auswirkungen des Verbots vorgenommen wird[249].

Gibt der Anbieter demnach lediglich den Gesamtpreis des Angebots an, ohne die Kalkulationsgrundlage mitzuteilen, so kann es ihm grundsätzlich nicht zum Vorwurf gemacht werden, dass der Kunde unzutreffenderweise von der Preiswürdigkeit des Angebots ausgeht. Wie bereits an anderer Stelle ausgeführt wurde, besteht keine Pflicht des Anbieters, eine Einzelpreisauszeichnung vor-

247 Vgl. die Beiträge aus dem Schrifttum: BORCK, WRP 1985, 63; HÖSL, Interessenabwägung und rechtliche Erheblichkeit, passim; LINDACHER, in: Festschrift für Nirk, S. 587 ff.; TRAUB, in: Festschrift für Nirk, S. 1017 ff.; TEPLITZKY, in: Festschrift für Vieregge, S. 853 ff.; DREXL, Die Einwirkung der Grundrechte auf die Auslegung der Generalklauseln des Wettbewerbsrechts, S. 163 (176).

248 Vgl. aber: BGH GRUR 1957, 285 (287) – Erstes Kulmbacher; BGH GRUR 1958, 444 (446) – Emaillack; BGH GRUR 1960, 563 (566) – Sektwerbung; BGH GRUR 1960, 567 (571) – Kunstglas; BGH GRUR 1962, 310 (313) – Gründerbildnis; BGH GRUR 1963, 36 (38) – Fichtennadelextrakt; BGH GRUR 1966, 445 (449) – Glutamal; BGH GRUR 1971, 313 (315) – Bocksbeutelflasche; BGH GRUR 1991, 852 (855) – Aquavit.

249 BGH GRUR 1974, 665 (666) – Germany; BGH GRUR 1987, 171 (172) – Schlußverkaufswerbung; BGH GRUR 1992, 70 (72) – weniger Fett; BGH WRP 1996, 729 (731) – Der meistverkaufte Europas.

zunehmen[250]. In der geltenden Wettbewerbsordnung obliegt es dem Abnehmer, die Konkurrenzfähigkeit eines Angebots festzustellen. Selbst der BGH hat bezüglich der wettbewerbsrechtlichen Beurteilung von verdeckten Koppelungsangeboten bekräftigt, dass den Kunden, die einen Preisvergleich vorzunehmen wünschen, auch längeres Suchen nach einem Vergleichsobjekt zumutbar sei[251].

Eine andere Ausrichtung erhält dieser Sphärengedanke, wenn der Anbieter durch besondere Herausstellungen in der Werbung beim Kunden den Eindruck der Preiswürdigkeit initiiert. Hier gebietet es das Irreführungsverbot, dass dem Kunden gleichzeitig Informationen zugänglich gemacht werden, die einen möglicherweise unzutreffenden Eindruck über die Preiswürdigkeit des Gesamtangebots beseitigen können. So konnte beispielsweise bei der Werbung mit kostenlosen Mobiltelefonen vom Anbieter erwartet werden, dass er dem Verbraucher die mit dem Abschluss des Netzkartenvertrages verbundenen Kosten hinreichend deutlich macht[252].

c) Formel

Aufgrund der angesprochenen Wertungsgesichtspunkte ist eine verschleiernde bzw. irreführende akzessorische Wertreklame gem. §§ 1, 3 UWG zu untersagen. Ein Verbot ist demzufolge angezeigt, wenn

- der Anbieter durch besondere Herausstellungen beim Abnehmer den Eindruck der Preiswürdigkeit des Angebots hervorruft,
- dieser Eindruck unzutreffend ist und
- der Anbieter Informationen unterdrückt, die geeignet sind, diesen unzutreffenden Eindruck zu beseitigen.

d) Die Irreführungsfälle in der Rechtsprechung

Im Folgenden ist zu prüfen, inwieweit die Entscheidungen, in denen Erscheinungsformen der akzessorischen Wertreklame aufgrund einer Verschlei-

250 Vgl.: 2. Kapitel, B. II. 3, S. 95 ff.

251 BGH GRUR 1996, 363 (364) – Saustarke Angebote; vgl. auch hinsichtlich der Werbung mit Preisgarantien: BGH GRUR 1991, 468 (469) – Preisgarantie II; BGH GRUR 1994, 57 (58) – Geld-zurück-Garantie.

252 BGH a.a.O., S. 93 – Handy für 0,00 DM; BGH a.a.O., S. 97 – Handy-Endpreis. Die Verpflichtung des Anbieters ergab sich zudem aus § 1 II PAngV i.V.m. § 1 VI S. 1 PAngV.

erungs- bzw. Irreführungsgefahr untersagt wurden, der oben aufgestellten Formel gerecht werden.

Im Bereich der *gekoppelten Vorspannangebote*[253] ist eine Irreführungsgefahr erstmals im Zusammenhang mit der kostenlosen Abgabe von Mobiltelefonen bei gleichzeitigem Abschluss eines Netzkartenvertrages angesprochen worden. Dem BGH zufolge darf in der Werbung für das Gesamtangebot der deutliche Hinweis auf die mit dem Netzkartenvertrag verbundenen Kosten in der Darstellung nicht untergehen, weil ansonsten ein unzutreffender Eindruck über die Preiswürdigkeit des Angebots vermittelt würde[254]. Dies stimmt mit den hier aufgestellten Kriterien überein. Die blickfangmäßige Herausstellung des kostenlosen bzw. besonders preiswerten Mobiltelefons begründet die Gefahr, dass die Kunden die in die Zukunft gerichteten, dauerhaften Kosten des Netzkartenvertrages bei der Kaufentscheidung vernachlässigen. Dem Anbieter ist es deswegen zumutbar, die mit dem Abschluss des Netzkartenvertrages verbundenen Kosten bereits in der Werbung hinreichend deutlich zu machen.

Hinsichtlich der wettbewerbsrechtlichen Beurteilung von *verdeckten Koppelungsangeboten*[255] ist auf die Entscheidung „Saustarke Angebote"[256] hinzuweisen. Ein Einzelhändler für Unterhaltungselektronik hatte in einer Anzeige eine Gefriertruhe in Verbindung mit einer Schweinehälfte zu einem Gesamtpreis von 599,- DM beworben. Eine Irreführung der Kunden wurde verneint, weil der Preis des Gesamtangebots unter dem Preis lag, den Mitbewerber für eine Gefriertruhe alleine verlangten[257]. Dem BGH ist zuzustimmen. Zwar wurde der Gesamtpreis des Angebots blickfangmäßig herausgestellt, der bei den Kunden dadurch zwangsläufig entstandene Eindruck der Preisgünstigkeit war allerdings zutreffend. Eine zusätzliche Information der Kunden – hier die Angabe der Einzelpreise – war demnach entbehrlich..

Bei den *Preisgarantien*[258] geht die Rechtsprechung von einer unzulässigen Irreführung aus, wenn sich die Garantie auf Exklusivprodukte bezieht, bei denen die Überprüfung der Behauptung, es handele sich unter den Wettbewerbern um das günstigste Angebot, nicht möglich ist[259]. Der bei den Kunden erweckte Eindruck der Preisgünstigkeit ist unzutreffend, weil das gleiche Produkt

253 Vgl.: 2. Kapitel, A. I., S. 45.

254 BGH WRP 1999, 90 (93) – Handy für 0,00 DM; BGH WRP 1999, 94 (97) – Handy-Endpreis.

255 Vgl.: 2. Kapitel, A. II, S. 48.

256 BGH GRUR 1996, 363.

257 BGH GRUR a.a.O., S. 365 – Saustarke Angebote.

258 Vgl.: 2. Kapitel, A. III, S. 50.

259 OLG Stuttgart, WRP 1998, 433 (434) – Preisgarantie bei echten Orientteppichen.

bei Konkurrenten kaum oder überhaupt nicht erhältlich ist. Um diesem Eindruck entgegenzuwirken, müsse der Anbieter darauf hinweisen, dass es sich um ein Exklusivprodukt handelt und demnach bei den Konkurrenten nur schwer auffindbar ist. Die Untersagung der Bewerbung von exklusiven Produkten mit einer Preisgarantie erfolgt deswegen zu Recht. Nicht zugestimmt werden kann dem BGH jedoch in der Rechtsprechung zu den *Erfolgsgarantien.* In der Entscheidung „Nachhilfeunterricht"[260] ging der BGH davon aus, dass die Behauptung, bei Misserfolg werde das Geld zurück bezahlt, von den angesprochenen Verkehrskreisen im Sinne einer Garantie hinsichtlich des Bestehens der Prüfung aufgefasst werden müsse. Eine solche Garantie könne aber niemand geben, weswegen eine Irreführung vorliege[261]. Hier fehlt es bereits an einer besonderen Herausstellung durch den Anbieter. Der Werbebehauptung kann tatsächlich nur entnommen werden, im Nichterfolgsfalle werde das aufgewendete Geld erstattet. Die Überlegung, ein Unternehmen könne im schlimmsten Falle nicht allen Kunden das Geld zurückgeben, weswegen mit der Aussage eine nicht zu verwirklichende Erfolgsgarantie gemeint sein müsse[262], ist derart fernliegend, dass sie dem Anbieter nicht zugerechnet werden kann.

Die Irreführungsgefahr spielt zudem eine Rolle in der Rechtsprechung zu den *geldwerten Zuwendungen innerhalb der Absatzkette*[263], insbesondere den Werbehilfen. Von anderen Erscheinungsformen der akzessorischen Wertreklame unterscheidet sich diese Werbeform grundlegend: Die Gefahr der Irreführung betrifft nicht den Empfänger der Vergünstigung, also den Wiederverkäufer, sondern tritt beim Kunden ein, der an der Werbung vollkommen unbeteiligt ist. Daher finden die hier aufgestellten Kriterien für die Feststellung einer Irreführung keine Anwendung. Die Annahme einer Irreführungsgefahr beruht vielmehr auf einer Prämisse der Rechtsprechung, die dem Einzel- oder auch dem Großhandel innerhalb des Wettbewerbs eine bestimmte Funktion zuweist: Dem Verbraucher sollen die qualitativ und preislich besten Waren am aufwendigsten präsentiert werden. Im Rahmen dieser Arbeit kann lediglich auf die Stimmen verwiesen werden, die diese Prämisse als nicht haltbar herausgearbeitet und zu Recht dartun, dass sich in einem ständig fortentwickelnden Wettbewerbssystem die Verteilung der Aufgaben zwischen den Handelsstufen stetig neu herausbildet und sich eine feste Funktionszuweisung daher verbietet[264]. Für die Gewährung von Werbeprämien an den Wiederverkäufer gilt diese

260 BGH GRUR 1983, 254 – Nachhilfeunterricht.

261 BGH a.a.O., S. 255 – Nachhilfeunterricht.

262 BGH a.a.O., S. 255 – Nachhilfeunterricht.

263 Vgl.: 2. Kapitel, A. VI, S. 56.

264 SCHÜNEMANN, Wettbewerbsrecht, S. 129; Baumbach/HEFERMEHL, Wettbewerbsrecht, § 1 UWG, Rn. 906; EMMERICH, Recht des unlauteren Wettbewerbs,

Überlegung gleichermaßen. Dennoch kann dem BGH in der Entscheidung „clix-Mann“[265] zugestimmt werden. Dies beruht allerdings weniger darauf, dass die Gewährung von Werbeprämien als eine Erscheinungsform der akzessorischen Wertreklame einzuordnen ist, sondern vielmehr darauf, dass der Verkäufer durch die Ausgestaltung der Werbeaktion geradezu angestiftet wurde, einseitig und somit mangelhaft zu beraten.

III. Verletzung von Mitbewerberinteressen

Die Sittenwidrigkeit der akzessorischen Wertreklame kann sich zudem aus Aspekten des Mitbewerberschutzes ergeben. Diese Überlegung ist, wenngleich sie von der Rechtsprechung – offenbar wegen der damit verbundenen Begründungsschwierigkeiten – selten angesprochen wird[266], naheliegend, weil die akzessorische Wertreklame aus der Sicht der Konkurrenten einen doppelten Effekt hat: Durch den Geschäftsabschluss deckt der Abnehmer zumindest vorübergehend seinen Bedarf sowohl am gekoppelten als auch am koppelnden Gut. Die Kaufentscheidung zu Gunsten des Werbenden beinhaltet damit eine doppelte Verdrängungswirkung.

Allein diese Tatsache rechtfertigt es jedoch nicht, eine unzulässige Mitbewerberbehinderung anzunehmen. Die Verdrängungswirkung wettbewerblicher Handlungen und der damit verbundene Ausleseprozess ist dem Wesen des Wettbewerbs immanent[267]. Da die Erhaltung einer funktionsfähigen Gesamtwirtschaft das Auftreten möglichst vieler Mitbewerber auf dem Markt voraussetzt[268], ist die Verdrängung der Konkurrenten gleichwohl nicht zum Sinn des Wettbewerbs zu deklarieren. Folgerichtig wird ein Wettbewerb, dessen Ziel allein die Verdrängung von Mitbewerbern ist, als gemeinschaftsschädlich ein-

§ 7, 7b; SOSNITZA, Wettbewerbsbeschränkungen durch die Rechtsprechung, S. 105 ff.; MERZ, Die Vorfeldthese, S. 146 ff; KNÖPFLE, Die marktbezogene Unlauterkeit, S. 81 ff; DERS., JZ 1984, 923 (925 f.); KÖHLER, Nachfragewettbewerb und Marktbeherrschung; DERS., Kontrolle der Nachfragemacht, S. 19 ff.; KERBER, Evolutionäre Marktprozesse und Nachfragemacht, S. 458.

265 BGH GRUR 1971, 223.

266 Mit eingehender Begründung zum Mitbewerberschutz nunmehr: BGH WRP 1998, 857 (860) – Umwelt-Bonus.

267 SACK, WRP 1983, 63 (66); SCHÜNEMANN, Wettbewerbsrecht, S. 80; KEHL, Wettbewerbsrecht, S. 133; RINCK, in: Festschrift für das OLG Celle, S. 151 (153); KRAFT, Interessenabwägung und gute Sitten im Wettbewerb, S. 175; SCHNIEDERS, Allgemeininteressen im Wettbewerbsrecht, S. 42.

268 Vgl.: WILLEKE, Wettbewerbspolitik, S. 90; EMMERICH, Kartellrecht, § 1, 1.

gestuft[269]. Bis zu welcher Grenze die Verdrängung von Mitbewerbern wettbewerbsrechtlich hingenommen werden kann, ist – und das gilt nicht nur für die akzessorische Wertreklame – höchst umstritten[270]. Der Konsens über die für die Fallgruppe Mitbewerberbehinderung gefundenen Ergebnisse erscheint aus praktischer Sicht überaus unbefriedigend. Hinsichtlich der Frage, wann eine unzulässige, nach § 1 UWG zu unterbindende Mitbewerberbehinderung vorliegt, wird – sofern die Vorgehensweise des Werbenden an sich nicht bereits sittenwidrig ist[271] – im Wesentlichen das Ziel des Werbenden als maßgeblich erachtet[272]. Beabsichtigt der Werbende demnach sein eigenes Unternehmen durch Geschäftsabschlüsse mit Dritten unmittelbar zu fördern, soll es sich um wettbewerbseigenes Verhalten handeln. Eine unlautere Verdrängungswirkung hingegen soll vorliegen, wenn die Intention des Agierenden darin besteht, zunächst den Mitbewerber aus dem Weg zu räumen, um über diese Zwischenstation freie Bahn für den eigenen Absatz zu erlangen[273].

269 Baumbach/HEFERMEHL, Wettbewerbsrecht, Allg., Rn. 22; NORDEMANN, Wettbewerbs- und Markenrecht, Rn. 234; LEHMANN, GRUR 1977, 633 (638).

270 HEFERMEHL, in: Festschrift für GRUR, S. 897 (905); GÖTTING, Entwicklung des Zugaberechts, S. 96; MARSCHALL, Wettbewerbsrecht, S. 20. Für den in der wettbewerbsrechtlichen Diskussion besonders umstrittenen Bereich der Preisunterbietung vgl.: KÖHLER/Piper, § 1 UWG, Rn. 172 ff.; Baumbach/HEFERMEHL, Wettbewerbsrecht, § 1 UWG, Rn. 251 ff.; GLOY, in: Festschrift für Gaedertz, S. 209 (218); KREUZER, WRP 1985, 467 ff.; BÜLOW, BB 1985, 1297 ff.; NETTE, Die kartell- und wettbewerbsrechtliche Beurteilung der Preisunterbietung; BUNTE, GRUR 1981, 397 ff.; SACK, WRP 1983, 63 (66); EMMERICH, Recht des unlauteren Wettbewerbs, § 6.

271 Z.B. Boykott, persönliche, kritisierende vergleichende Werbung, Rufschädigung durch verletzende Äußerungen sowie Werbebehinderungen. Von diesen Arten der Mitbewerberbehinderung zu unterscheiden ist beispielsweise die Preisunterbietung, die dem Wettbewerb immanent ist und erst beim Hinzutreten weiterer Umstände als sittenwidrig eingestuft werden kann.

272 Baumbach/HEFERMEHL, Wettbewerbsrecht, § 1 UWG, Rn. 255; V.GAMM, Unlauterer Wettbewerb, § 1 UWG, Rn. 203; GÖTTING, Entwicklung des Zugaberechts, S. 96; KÖHLER/Piper, § 1 UWG, Rn. 174; NORDEMANN, Wettbewerbs- und Markenrecht, Rn. 239. Kritisch dazu SCHÜNEMANN, Wettbewerbsrecht, S. 87; ebenso LEHMANN, GRUR 1977, 633 (640), der darauf hinweist, dass es im Wettbewerbsrecht auf eine Gesamtwertung aller im Einzelfall relevanten Umstände und Interessen ankommt. Deswegen könne die Vernichtungsabsicht nur eine mögliche, nicht aber die notwendige Voraussetzung für die Bejahung des Vorliegens von Vernichtungswettbewerb sein.

273 RGZ 134, 342 (354) – Benrather Tankstelle; Baumbach/HEFERMEHL, Wettbewerbsrecht, § 1 UWG, Rn. 255; sehr kritisch: EMMERICH, Recht des unlauteren Wettbewerbs, § 6, 1d; SCHÜNEMANN, in: Großkommentar, Einl., D 134; KOPPENSTEINER, WBl 1995, 1 (5).

Angesichts der mangelnden Praktikabilität des Kriteriums der Vernichtungsabsicht verwundert es nicht, dass die Rechtsprechung bei der Beurteilung von Werbeformen anhand von § 1 UWG vordergründig regelmäßig auf den Verbraucherschutz Rekurs nimmt[274]. Im Folgenden soll deswegen das Problem der Mitbewerberbehinderung für den Bereich der akzessorischen Wertreklame weniger vom Kriterium der Vernichtungsabsicht, sondern vielmehr davon abhängig gemacht werden, inwieweit die Wirkungen der akzessorischen Wertreklame als wettbewerbsimmanent oder wettbewerbsfremd einzustufen sind. Sofern die Verdrängung als wettbewerbsfremd einzuordnen ist, gebietet der Schutz der Mitbewerber ein grundsätzliches Verbot der akzessorischen Wertreklame. Erweist sich die akzessorische Wertreklame hingegen als wettbewerbsimmanenter Aktionsparameter, ist zu überprüfen, ob einerseits die Verankerung von Sonderinteressen in § 1 UWG – zu denken ist an den Mittelstand – und andererseits das Hinzutreten weiterer Umstände zumindest im Einzelfall ein Verbot rechtfertigen kann.

1. Wettbewerbsimmanente Verdrängungswirkung?

Die bereits angesprochene doppelte Verdrängungswirkung sowohl auf dem Markt des koppelnden als auch auf dem Markt des gekoppelten Guts beruht auf verschiedenen Gründen. Ob eine Verdrängung von Mitbewerbern auf diesen Märkten als wettbewerbsimmanent hingenommen werden kann, ist deshalb separat zu untersuchen Diese Differenzierung ist allerdings nicht für alle Erscheinungsformen der akzessorischen Wertreklame sinnvoll. Bei der Werbung mit Garantien, der Werbung mit unmittelbaren Geldzuwendungen sowie den Werbeprämien existiert im Bereich des koppelnden Guts kein eigener Markt, auf dem Mitbewerber vorhanden sind, da die besondere Vergünstigung in diesen Fällen aus einer reinen Geldzuwendung besteht[275]. Bei den gekoppelten Vorspannangeboten, den verdeckten Koppelungsangeboten, der Werbung mit Zinsvorteilen und den Werbehilfen ist hingegen im Bereich des koppelnden Guts ein Markt mit Wettbewerbern vorhanden, auf dem grundsätzlich eine Beeinträchtigung in Betracht kommt. Daher bezieht sich die Analyse der Verdrängungswirkung auf dem Markt des koppelnden Guts lediglich auf die letztgenannte Gruppe.

274 Insoweit wird dem BGH bei der Beurteilung der akzessorischen Wertreklame zuweilen „Etikettenschwindel" vorgeworfen, vgl.: SCHERER, Privatrechtliche Grenzen der Verbraucherwerbung, S. 169; TETZNER, JZ 1977, 29; GÖTTING, Entwicklung des Zugaberechts, S. 115.

275 Diese Tatsächlichkeit macht PAUL, GRUR 1999, 34 (38); DERS., ZIP 1998, 1099 ff. interessanterweise für die Frage fruchtbar, ob es sich bei diesen koppelnden Gütern um Zugaben i.S.d. ZugabeVO handeln kann.

a) Verdrängung auf dem Markt des koppelnden Guts

Es liegt in der Natur der akzessorischen Wertreklame, dass gerade die Preiswürdigkeit des koppelnden Guts dem Gesamtangebot seine besondere Attraktivität verleiht[276]. Entscheidet sich der Abnehmer demgemäß für das Gesamtangebot des Werbenden, steht er selbstverständlich für andere Anbieter auf dem Markt des koppelnde Guts – zumindest für das eine Geschäft – nicht mehr als Vertragspartner zur Verfügung. Insoweit kann durchaus von einer Verdrängungswirkung gesprochen werden. Da die Verdrängung von Mitbewerbern grundsätzlich eine natürliche Folge des Wettbewerbsprozesses ist[277], ist zu überprüfen, ob die Verleitung des Kunden zu der konkreten Kaufentscheidung durch die Preiswürdigkeit des koppelnden Guts die Annahme einer unzulässigen Mitbewerberbehinderung rechtfertigen kann. Dabei ist zu bedenken, dass sich die Verdrängungswirkung auf dem Markt des koppelnden Guts mit der Verdrängungswirkung beim einfachen – wettbewerbsrechtlich grundsätzlich zulässigen[278] – Sonderangebot vergleichen lässt. Der Kunde erwirbt das Handelsgut in beiden Fällen aufgrund der Preiswürdigkeit. Die Tatsache, dass er bei der akzessorischen Wertreklame zusätzlich das gekoppelte Gut beziehen muss, ist zumindest an diesem Punkt nicht von Bedeutung.

Deswegen erscheint es sinnvoll, einen kurzen Blick auf die Grundsätze zur wettbewerbsrechtlichen Beurteilung der Preisunterbietung zu werfen. Ausgangspunkt der Überlegungen ist die Preisgestaltungsfreiheit der Unternehmen[279]. Der Preis ist zwar nicht der einzige Aktionsparameter im Wettbewerb;

276 NORDEMANN, Wettbewerbs- und Markenrecht, Rn. 214 a; KNÖPFLE, Die marktbezogene Unlauterkeit, S. 139; SCHÜNEMANN, Wettbewerbsrecht, S. 76; MENKE, WRP 1997, 532; SACK, WRP 1975, 65; KOPPENSTEINER, Wettbewerbsrecht, § 33, Rn. 14.

277 Vgl.: SACK, WRP 1983, 63 (66); SCHÜNEMANN, Wettbewerbsrecht, S. 80; RINCK, in: Festschrift für das OLG Celle, S. 151 (153); KRAFT, Interessenabwägung und gute Sitten im Wettbewerb, S. 175.

278 Sonderangebote sind gem. § 7 II UWG aus dem Kreis der unzulässigen Sonderveranstaltungen explizit ausgenommen. Unabhängig vom Vorliegen einer Sonderveranstaltung wird aus einem zulässigen Sonderangebot ein unzulässiges Lockvogelangebot, wenn die beworbene Ware nicht in ausreichender Menge zum angekündigten Preis über einen bestimmten Zeitraum zur Verfügung steht (vgl.: BGH GRUR 1987, 52 – Tomatenmark; BGH GRUR 1989, 609 – Fotoapparate; BGH GRUR 1992, 858 – Clementinen) oder der unzutreffende Eindruck der Preisgünstigkeit des Gesamtangebots erweckt wird (vgl. BGH GRUR 1970, 33 – Lockvogel; BGH GRUR 1974, 344 – Intermarkt I; BGH GRUR 1978, 649 – Elbe-Markt).

279 Vgl.: BURKERT, Zulässigkeit von Koppelungsgeschäften, S. 141; KÖHLER/Piper, § 1 UWG, Rn. 172; NORDEMANN, Wettbewerbs- und Markenrecht, Rn. 244;

aus der Sicht der Abnehmer zumeist aber der entscheidende Faktor bei der Wahl des Anbieters. Sofern es einem Unternehmer aufgrund eines günstigen Einkaufs, einer effektiven Produktion oder einer ausgeklügelten Absatzstrategie möglich ist, seine Waren oder Leistungen günstiger als seine Mitbewerber anzubieten, kann ihm dies nicht zum Vorwurf gemacht werden. In der heutigen Marktwirtschaft muss ein Preis, der sich aus dem Verhältnis von Angebot und Nachfrage ergibt, grundsätzlich gestattet sein. Erlaubt die Marktsituation einen Niedrigpreis, wird der Anbieter Erfolg haben und seinen Umsatz steigern. Den Gesetzen des Wettbewerbs folgend ist es sehr wahrscheinlich, dass die Konkurrenten – ganz im Sinne der Abnehmer – ebenfalls die Preise des jeweiligen Produkts senken. Neben der Tatsache, dass die Preisunterbietung in den Risikobereich des Anbieters fällt[280], würde daher jede Einschränkung der Preisgestaltungsfreiheit den Wettbewerb eines seiner wichtigsten Funktionselemente berauben[281]. Aus diesem Grund wird die Preisunterbietung von der Rechtsprechung generell als erlaubt angesehen[282]. Selbst der Verkauf unter Einstandspreis wird lauterkeitsrechtlich nicht beanstandet, sofern nicht besondere, die Sittenwidrigkeit eines solchen Verhaltens begründende Umstände – insbesondere die gezielte Verdrängung von Mitbewerbern – hinzutreten[283]. Kartellrecht-

STEINHÖFEL, GRUR 1998, 27 (30); GÖTTING, Entwicklung des Zugaberechts, S. 92; LEHMANN, GRUR 1984, 313; V.GAMM, Wettbewerbsrecht, 1. Hb., § 28, Rn.7; GLOY, in: Festschrift für Gaedertz, S. 209; LÜBBERT, in: Handbuch des Kartellrechts, § 27, Rn. 20.

280 NORDEMANN, Wettbewerbs- und Markenrecht, Rn. 243 vergleicht den Verkauf unter Einstandspreis deswegen mit einem Rennfahrer, dem es überlassen bleiben muss, wie er seine Kräfte einteilt. Auch bei ihm sei es seine eigene Sache, ob er sich streckenweise Anstrengungen zumutet.

281 So verweist LEHMANN, GRUR 1984, 313 (314) auf die volkswirtschaftlich bedeutenden Effekte der Preisdämpfung und Inflationshemmung. Dagegen sei die individuelle Nützlichkeit für den einzelnen Nachfrager sogar von sekundärer Bedeutung.

282 Vgl.: BGHZ 28, 54 (60) – Direktverkäufe des Großhandels; BGHZ 28, 387 (396) – Nelkenstecklinge; BGHZ 44, 288 (302); Apfel-Madonna; BGHZ 46, 168 (175) – Bauindustrie; BGH GRUR 1960, 331 – Schleuderpreise; GRUR 1966, 214 (217) – Einführungsangebot; GRUR 1966, 617 (620) – Saxophon; GRUR 1979, 321 (322) – Verkauf unter Einstandspreis I; GRUR 1984, 204 (206) – Verkauf unter Einstandspreis II.

283 BGH GRUR 1979, 321 (322) – Verkauf unter Einstandspreis I; BGH GRUR 1984, 204 (206) – Verkauf unter Einstandspreis II; BGH GRUR 1990, 371 (372) – Preiskampf; a.A. SACK, WRP 1983, 63 ff., der wegen der Häufigkeit der Fallgestaltungen, in denen die besonderen Umstände vorliegen, eine Umkehr des Grundsatzes der Kalkulationsfreiheit in ein grundsätzliches Verbot des Verkaufs unter Selbstkosten herleiten will.

lich ist jedoch seit der 6. GWB-Novelle gem. § 20 IV GWB von einer unbilligen Behinderung auszugehen, wenn Unternehmen mit überlegener Marktmacht ohne sachliche Rechtfertigung Waren oder gewerbliche Leistungen nicht nur gelegentlich unter Einstandspreis anbieten.

Soweit die Verdrängung einzelner Mitbewerber infolge eines Verkaufs unter Einstandspreis als wettbewerbsimmanent hingenommen wird, kann dies für die akzessorische Wertreklame auf dem Markt des koppelnden Guts nicht anders sein. Sowohl die Preiswürdigkeit des Sonderangebots als auch die Preiswürdigkeit des koppelnden Guts beruht auf einem System der Mischkalkulation. Dieses System wird beim einfachen Sonderangebot dadurch verwirklicht, dass die entstehenden Kosten in einem Werbebudget verbucht werden. Bei der akzessorischen Wertreklame entsteht durch die Einbeziehung des koppelnden Guts in das Gesamtangebot zu einem nicht gewinnbringenden Preis zunächst ein Verlust. Diesen Verlust kann der Werbende dadurch kompensieren, dass sich der Umsatz des gekoppelten Guts besser entwickelt als ohne Koppelung. Das System der Mischkalkulation wird demnach durch die sog. Absatzproportionalität verwirklicht[284]. In der Entscheidung „Verkauf unter Einstandspreis II“[285] hat der BGH das System der Mischkalkulation implizit anerkannt, indem er darauf hinweist, dass die Preispolitik eines Unternehmens nicht darauf gerichtet sein muss, für jede einzelne Ware einen Stückgewinn zu erzielen, sondern dass in der Regel mit dem Absatz des gesamten Sortiments ein möglichst günstiges Betriebsergebnis erzielt werden soll[286]. Hinsichtlich der Verdrängungswirkung kann es vor diesem Hintergrund keinen Unterschied machen, ob die Werbekosten – wie beim einfachen Sonderangebot – über ein allgemeines Werbebudget ausgewiesen werden oder – wie bei der akzessorischen Wertreklame – bereits durch die Absatzproportionalität aufgefangen werden. Demnach erweist sich die Verdrängung von Mitbewerbern auf dem Markt der koppelnden Ware infolge akzessorischer Wertreklame als wettbewerbsimmanent und ist demnach wettbewerbsrechtlich nicht zu beanstanden.

284 Vgl. bereits: 1. Kapitel, C. II. 1b, S. 37 ff.

285 BGH GRUR 1984, 204 – Verkauf unter Einstandspreis II.

286 BGH a.a.O., S. 206 – Verkauf unter Einstandspreis II mit Verweis auf SCHOLZ, WRP 1983, 373 (375). Anerkannt wird das System der Mischkalkulation auch von Seiten der Literatur, vgl.: Baumbach/HEFERMEHL, Wettbewerbsrecht, § 1 UWG, Rn. 264; NORDEMANN, Wettbewerbs- und Markenrecht, Rn. 245; LEHMANN, GRUR 1984, 313 (314).

b) Verdrängung auf dem Markt des gekoppelten Guts

Weiterhin ist zu prüfen, ob die Verdrängungswirkung auf dem Markt des gekoppelten Guts wettbewerbsimmanent ist. Dadurch, dass sich der Abnehmer wegen der besonderen Attrativität des koppelnden Guts für das Gesamtangebot entscheidet, wird die Nachfrage im Bereich des gekoppelten Guts auf den mit der akzessorischen Wertreklame werbenden Anbieter gelenkt. Hinsichtlich des gekoppelten Guts liegt demnach eine Verdrängungswirkung vor. Allerdings kann nur jene Variante Beachtung finden, in der der Abnehmer das gekoppelte Gut prinzipiell bei einem Mitbewerber gekauft hätte, aufgrund der besonderen Preiswürdigkeit des koppelnden Guts aber nicht auf diesen zurückgreift. Ist der Abnehmer hingegen am Erwerb des gekoppelten Guts nicht interessiert oder hätte er auch ohne die akzessorische Verknüpfung mit dem Werbenden kontrahiert, kann von einer unzulässigen Mitbewerberbehinderung ohnehin nicht gesprochen werden. In beiden Fällen stand der Abnehmer dem Mitbewerber als Kunde zu keiner Zeit zur Verfügung.

Für die Annahme einer unzulässigen Mitbewerberbehinderung ließe sich anführen, dass der Mitbewerber nicht deswegen vom Markt verdrängt wird, weil der Werbende auf dem Markt des gekoppelten Guts besonders leistungsfähig ist, sondern weil dieser aufgrund der durch das koppelnde Gut vermittelten Vorteile – sozusagen aufgrund „geborgter“ Vorteile – bevorzugt wird[287]. Eine solche Sichtweise würde aber voraussetzen, dass der Abnehmer seine Kaufentscheidung im Idealfall nur von solchen Eigenschaften eines Handelsguts abhängig macht, die diesem unmittelbar anhaften. Regelmäßig spielen bei der Kaufentscheidung des Abnehmers jedoch auch der Goodwill, der Service, das Image, die Erreichbarkeit der Geschäftsräume u.ä. eine wichtige Rolle. Diese Umstände haften nicht dem Handelsgut selbst an, sondern sind auf das anbietenden Unternehmen im weitesten Sinne zurückzuführen. Weil sie den Abnehmer bei einer bestimmten Kaufentscheidung beeinflussen, könnte man diese Umstände ebenfalls als „geborgte“ Vorteile bezeichnen. Gleichwohl kann nicht ernsthaft die Auffassung vertreten werden, bei einer derart bewirkten Kaufentscheidung sei eine unzulässige Mitbewerberbehinderung anzunehmen.

Warum soll aber ein Gesamtangebot, das seine Attraktivität aus der besonderen Preisgünstigkeit einer Teilkomponente bezieht, unter dem Aspekt der Mitbewerberbehinderung bedenklich sein? Ein überzeugender Grund, der diesbezüglich eine Differenzierung zwischen der akzessorischen Wertreklame und sonstigen Formen der Werbung erfordert, ist nicht existent. Die Verdrängungswirkung auf dem Markt des gekoppelten Guts kann folglich nicht als wettbewerbsfremd stigmatisiert werden.

287 Vgl.: BURKERT, Zulässigkeit von Koppelungsgeschäften, S. 247.

2. Berücksichtigung von Sonderinteressen, insbesondere Mittelstandsschutz

Obgleich festgestellt wurde, dass eine aus der akzessorischen Wertreklame resultierende Verdrängungswirkung sowohl auf dem Markt des koppelnden Guts als auch auf dem Markt des gekoppelten Guts als wettbewerbsimmanent hingenommen werden muss, könnte sich ein Verbot der akzessorischen Wertreklame aus Aspekten des Mittelstandsschutzes ergeben[288]. Tatsächlich kann die Schutzbedürftigkeit des Mittelstandes nicht gänzlich abgestritten werden, da kleine oder mittlere Unternehmen mangels ausreichender Kapitalkraft nicht in der Lage sind, akzessorische Wertreklame in gleichem Umfang zu betreiben, wie es Großunternehmen möglich ist. Großunternehmen haben aufgrund ihrer Kapitalkraft und ihrer Vielzahl von Vertriebsmöglichkeiten die besseren Voraussetzungen, um preisgünstig einkaufen bzw. verkaufen zu können[289]. Der Mittelstand, der vielleicht hinsichtlich des gekoppelten Guts konkurrenzfähig ist, kann aufgrund der Preisgünstigkeit des koppelnden Guts Einbußen in der Gunst des Kunden erleiden, die er mangels ausreichender Kapitalkraft nicht in gleicher Weise egalisieren kann[290]. Demnach ist zu befürchten, dass bei Zulassung der akzessorischen Wertreklame mittelständische Unternehmen einem erhöhten Konkurrenzdruck ausgesetzt werden, der letztendlich dazu führen kann, dass diese vom Markt ausscheiden.

Der Mittelstandsschutz als Argument gegen die akzessorische Wertreklame würde allerdings voraussetzen, dass § 1 UWG die geeignete Bestimmung ist, um strukturpolitische Zielsetzungen des Mittelstandes zu verwirklichen. In der Rechtsprechung des BGH und der wettbewerbsrechtlichen Literatur werden zu diesem Problem unterschiedliche Auffassungen vertreten.

288 Als Befürworter eines solchen Ansatzes treten hervor: SACK, WRP 1983, 63 (67 ff.); P.ULMER, GRUR 1977, 565 (579); BAUDENBACHER ZHR 144 (1980), 145 (158); DERS., Machtbedingte Wettbewerbsstörungen, GRUR 1981, 19 (28); SAMBUC, GRUR 1981, 796 (797).

289 SACK, WRP 1975, 65 (70); GÖTTING, Entwicklung des Zugaberechts, S. 83.

290 So hatte beispielsweise der Kaffeegroßhändler Tchibo in dem der Entscheidung BGH GRUR 1977, 110 – Kochbuch zu Grunde liegenden Sachverhalt die Vorspannware Kochbuch in einer Auflage von 800.000 Stück angeboten. Eine Gegenreaktion eines mittelständischen Unternehmens wäre dagegen in dieser Größenordnung mit den daraus resultierenden Kostenvorteilen undenkbar.

a) Zickzackkurs des BGH

Mit der Möglichkeit, den Mittelstandsschutz als Argument heranzuziehen, hat sich der BGH erstmals in der Entscheidung „Kleenex“[291] beschäftigt. Hier wurde festgestellt, dass es für die wettbewerbsrechtliche Beurteilung nicht entscheidend sein könne, ob kleinere oder mittlere Wettbewerber in der Lage sind, sich derselben Werbemethoden zu bedienen wie Großunternehmen. Wäre es bei dieser Stellungnahme geblieben, könnte man davon ausgehen, dass der BGH den Mittelstandsschutz zumindest in § 1 UWG nicht ansiedeln will. Dem steht jedoch die Entscheidung „Geld-Gewinnspiel“[292] entgegen, in der der BGH eine Werbeaktion, bei der insgesamt 32 Millionen Losbriefe ausgegeben und 330.000 Geldpreise bis zu einem Wert von 5.000,- DM ausgelobt wurden, unter dem Aspekt des übertriebenen Anlockens untersagt hat. Diesem Ergebnis fügt der BGH beiläufig hinzu, dass ebenfalls in Betracht zu ziehen sei, dass kleinere Mitbewerber einer solchen allein auf Kapitaleinsatz beruhenden Werbung kaum wirksam begegnen könnten, obwohl sie mit ihren gewerblichen Leistungen und im Rahmen üblicher Werbemethoden durchaus dazu in der Lage wären[293]. Trotz der Beiläufigkeit der Bemerkung entsteht der Eindruck, dass gerade dieser Aspekt entscheidend war[294]. In der Entscheidung „Verkauf unter Einstandspreis II“[295] hat der BGH wiederum klargestellt, dass er den Mittelstandsschutz zumindest nicht in § 1 UWG verankert sehen will[296]. Weitere Stellungnahmen sind nicht ersichtlich.

b) Befürwortende Literatur

Auf Seiten des Schrifttums hat sich vor allem Sack als Befürworter einer Implikation des Mittelstandsschutzes in § 1 UWG hervorgetan[297]. Ausgangs-

291 BGH GRUR 1965, 489 – Kleenex. In dem vorangegangenen Urteil BGH 1957, 365 – SUWA hatte der BGH die Argumente des RG teilweise fortgeführt.

292 BGH GRUR 1974, 156.

293 BGH a.a.O., S. 157 – Geld-Gewinnspiel.

294 Im Bereich der Vorspannwerbung geht TETZNER, JZ 1977, 29 davon aus, dass der Schutz des Mittelstandes grundsätzlich das Leitmotiv der Entscheidungen des BGH darstellt. Da sich die Rechtsprechung nicht explizit auf dieses Argument beruft, spricht er von einem „tiefenpsychologischen Urgrund“.

295 BGH GRUR 1984, 204.

296 BGH GRUR a.a.O., S. 206 – Verkauf unter Einstandspreis II.

297 SACK, WRP 1975, 65 (73 ff.); DERS., WRP 1983, 63 (67 ff.); ebenso P.ULMER, GRUR 1977, 565 (579); BAUDENBACHER, ZHR 144 (1980), 145 (158); DERS.,

punkt seiner Überlegungen ist die bereits erwähnte Benachteiligung des Mittelstandes bei der Durchführung großer Werbeaktionen. Da kleine Unternehmen diese Werbeaktionen nicht durchführen könnten, müsse, sofern das GWB keinen ausreichenden Schutz gewähre, zum Schutze dieser Unternehmen auf § 1 UWG zurückgegriffen werden. Dem stehe auch nicht die vermeintliche wirtschaftspolitische Neutralität des § 1 UWG entgegen. Der Begriff der wirtschaftspolitischen Neutralität sei nicht dahingehend zu verstehen, dass bei der Auslegung des § 1 UWG wirtschaftspolitische Gesichtspunkte außer Acht bleiben müssten. Er bedeute vielmehr, dass die Generalklausel wirtschaftspolitisch offen in dem Sinne sei, dass sie im Wandel der Zeit Wertungsgesichtpunkte aufnehmen könne, die im Wirkungsrahmen der jeweiligen Wirtschafts- und Sozialordnung ausgebildet worden sind[298]. Der Schutz des an sich leistungsfähigen Mittelstandes vor der Verdrängung durch marktmächtige Unternehmen komme aber in der heutigen Wirtschaftsordnung zum Ausdruck, insbesondere im GWB, das spätestens seit der zweiten Novellierung neben der Funktionsfähigkeit des Wettbewerbs den Schutz des Mittelstandes bezwecke. Sogar im UWG habe der Schutz des leistungsfähigen Mittelstandes durch die Einführung der §§ 6a, 6b UWG Eingang gefunden[299]. Dies ließe sich auch durch die Materialien zum Entwurf des UWG belegen, die insoweit eindeutig auf einen Mittelstandsschutz hinweisen würden[300].

c) Fehlende Verankerung strukturpolitischer Zielsetzungen des Mittelstandes

Die Argumente für eine Einbeziehung des Mittelstandsschutzes in § 1 UWG stoßen allerdings auf erhebliche Bedenken[301]. Zugegebenermaßen

Machtbedingte Wettbewerbsstörungen, GRUR 1981, 19 (28); SAMBUC, GRUR 1981, 796 (797); HAHN, WRP 1984, 59 (62).

298 SACK, WRP 1975, 65 (71). Zu dieser Begrifflichkeit vgl. weiter: Baumbach/HEFERMEHL, Wettbewerbsrecht, Allg., Rn. 79; BAUDENBACHER, GRUR 1981, 19.; P.ULMER, GRUR 1977, 565 (578).

299 SACK, WRP 1975, 65 (72); SAMBUC, GRUR 1981, 796 (797); kritisch GÖTTING, Entwicklung des Zugaberechts, S. 85.

300 SAMBUC, GRUR 1981, 796 (797), der auf die erste Beratung des Entwurfs eines Gesetzes gegen den unlauteren Wettbewerb, Reichstagssitzung 25.1.1909, verweist: „Meine politischen Freunde als warme Förderer der Mittelstandsfragen haben sich zum Ziel gesetzt, den Entwurf durch Bestimmungen zu erweitern, die in noch größerem Maße, als es die Vorlage tut, geeignet sind, dem Mittelstand in seiner bedrohten Existenz zu helfen und ihn zu schützen".

301 Gegen eine Einbeziehung des Mittelstandsschutzes: KRAFT, GRUR 1980, 966 (968); SCHRICKER, GRUR 1974 579 (581); SCHRICKER/LEHMANN, WRP 1977, 289 (306); LEHMANN, GRUR 1977, 633 (637 ff.); GÖTTING, Entwicklung des

muss § 1 UWG den Wertungen des GWB grundsätzlich offen stehen; kommt doch im GWB das für das UWG mitbestimmende Referenzsystem des hinreichend freien Wettbewerbs zum Ausdruck[302]. Tatsächlich stand hinter der zweiten Kartellrechtsnovelle die Absicht des Gesetzgebers, zur Erhaltung einer funktionsfähigen Marktstruktur den Mittelstand gegenüber marktmächtigen Unternehmen zu schützen[303]. Auch die vierte Kartellrechtsnovelle bezweckte einen verstärkten Schutz kleiner und mittlerer Unternehmer gegenüber einem machtbedingten Verdrängungswettbewerb[304]. Der Mittelstandsschutz ist jedoch im GWB nicht bestimmend, weswegen er bei der Auslegung des § 1 UWG nicht bindend sein kann[305].

Unzutreffend ist zudem, unter Hinweis auf die §§ 6a, 6b UWG auf eine allgemeine Verankerung des Mittelstandsschutzes im UWG zu schließen[306]. Die Bestimmungen der §§ 6a, 6b UWG haben – fasst man ihren Zweck ins Auge – im UWG sicherlich Ausnahmecharakter und können sogar als Fremdkörper bezeichnet werden. Das UWG dient primär dem Schutz der Funktionsbedingungen und Gesetzmäßigkeiten eines Systems hinreichend freien und fairen Wettbewerbs. Die Bestimmungen der §§ 6a, 6b UWG schützen jedoch den Einzelhandel vor den normalen Auswirkungen des Wettbewerbssystems[307]. Von der Existenz der §§ 6a, 6b UWG kann deswegen kaum auf den Gesamtcharakter des UWG geschlossen werden. Der Verweis auf die Materialien zum Entwurf des UWG ist ebenso wenig einleuchtend. Strukturpolitische

Zugaberechts, S. 83 ff; in Bezug auf Geldgewinnspiele ablehnend: OHLGART, GRUR 1974, 693; HIRTZ, BB 1979, 450 (453).

302 EMMERICH, Recht des unlauteren Wettbewerbs, § 5, 8; DERS., in: Festschrift für Emmerich, S. 857 (866); MERZ, Die Vorfeldthese, S. 234; SCHÜNEMANN, in: Großkommentar, Einl., D 45; vgl. auch: WILLEKE, Wettbewerbspolitik, S. 40 f.

303 Dies hat vor allem in § 5b GWB a.F., aber auch in den §§ 28 II und 38 II GWB a.F. seinen Niederschlag gefunden; vgl.: GÖTTING, Entwicklung des Zugaberechts, S. 85.

304 Ausdruck dieser Intention ist vor allem die Einführung des § 37a III GWB a.F.; vgl.: V.GAMM, NJW 1980, 2489 (2493).

305 GÖTTING, Entwicklung des Zugaberechts, S. 89; KRAFT, GRUR 1980, 966 (967); KNÖPFLE, Die marktbezogene Unlauterkeit, S. 23.

306 So jedenfalls SACK, WRP 1975, 65 (72); SAMBUC, GRUR 1981, 796 (797).

307 EMMERICH, Recht des unlauteren Wettbewerbs, § 7, 2a; vgl. auch: EMMERICH, in: Giger/Linder, Sozialismus, S. 625 (631 f.); DERS., in Festschrift für Gernhuber, S. 857 (872 ff.); etwas zurückhaltender formulierend: SCHÜNEMANN, in: Großkommentar, Einl., A 38; zweifelnd auch: LINDOW, Marktstörung als UWG-Tatbestand, S. 107 f.; REICHOLD, AcP 193 (1993), 204 (230) weist darauf hin, dass sich die §§ 6a-6e systemwidrig gegen unerwünschten, nicht aber gegen unlauteren Wettbewerb richten.

Überlegungen zu Gunsten des Mittelstandes wurden zwar durchaus offen vom historischen Gesetzgeber des UWG angestellt[308], haben aber im UWG keinen hinreichenden Niederschlag gefunden, um interpretativ maßgebend werden zu können[309].

Ein weiteres, wesentliches Argument gegen die Berücksichtigung von Interessen des Mittelstandes ist, dass damit ein Präzedenzfall für die Berücksichtigung von Sonderinteressen schlechthin geschaffen würde. Der Mittelstand ist nur eine von vielen Gruppen, zu deren Gunsten der Gesetzgeber aus wirtschaftspolitischen Gründen Schutzvorschriften erlassen hat. Als weitere Beispiele können vor allem die Landwirtschaft[310], der Buchhandel[311] und der Sport[312] angeführt werden. Die Berücksichtigung von Mittelstandsinteressen würde einen Präzedensfall schaffen, dessen konsequente Anwendung durch die Gerichte auch die Berücksichtigung anderer Gruppeninteressen nach sich ziehen müsste. § 1 UWG würde zum Spielball ständig wechselnder, spezieller Brancheninteressen verkommen[313]. Der Entscheidungsprozess unter Beachtung der konfligierenden Gruppeninteressen würde die ohnehin schwer berechenba-

308 Zur ersten Beratung des UWG in der Reichstagssitzung vom 25.1.1909 siehe: GRUR 1909, 106 ff., insbesondere die Redebeiträge der Abgeordneten Giese (S. 107), Findel (S. 116) und Linz (S. 199).

309 SCHÜNEMANN, in: Großkommentar, Einl., A 37; JUNGK, Die Ausübung wirtschaftlicher Macht als unlauterer Wettbewerb, S. 101.

310 Vgl. § 28 GWB, wonach § 1 GWB nicht für Vereinbarungen von landwirtschaftlichen Erzeugnisbetrieben u.ä. gilt.

311 Vgl. § 15 GWB, nach dem das Verbot der Preisbindung zweiter Hand nicht gilt, „soweit ein Unternehmen die Abnehmer seiner Verlagserzeugnisse rechtlich oder wirtschaftlich bindet, bei der Weiterveräußerung bestimmte Preise zu vereinbaren oder ihren Abnehmern die gleiche Bindung bis zur Weiterveräußerung an den letzten Verbraucher aufzuerlegen“.

312 Nach § 31 GWB findet § 1 GWB unter gewissen Umständen keine Anwendung auf die zentrale Vermarktung von Rechten an der Fernsehübertragung satzungsmäßig durchgeführter sportlicher Wettbewerbe durch Sportverbände, die in Erfüllung ihrer gesellschaftspolitischen Verantwortung auch der Förderung des Jugend- und Amateurbereichs verpflichtet sind. Diese Bestimmung war Reaktion des Gesetzgebers auf die Entscheidung BGH WRP 1998, 188, wonach die zentrale Vermarktung der Fernsehübertragungsrechte an Europapokalheimspielen gegen § 1 GWB verstößt. Zur Problematik im Ganzen vgl.: STOPPER, Ligasport und Kartellrecht, S. 1 ff.; FLEISCHER, WuW 1996, 473 ff.; WERTENBRUCH, ZIP 1996, 1417 ff.; STOCKMANN, ZIP 1996, 411 ff.; HEERMANN, ZHR 161 (1997), 665 ff.

313 LEHMANN, GRUR 1977, 633 (638); GÖTTING, Entwicklung des Zugaberechts, S. 89; SCHRICKER, GRUR 1974, 579 (581).

re Gesamtabwägung in § 1 UWG für den einzelnen Wettbewerber schlichtweg unvorhersehbar machen.

Die fehlende Verankerung des Mittelstandsschutzes im UWG und die Bedenken, spezielle Brancheninteressen bei der Auslegung des § 1 UWG zu berücksichtigen, verbieten es deswegen, mit Hilfe des § 1 UWG Strukturpolitik zu Gunsten des Mittelstands zu betreiben. § 1 UWG stellt ganz im Gegenteil Verhaltensregeln auf, die für alle Marktbeteiligten gleichermaßen zu gelten haben[314]. Somit kann die Gefahr einer Verdrängung mittelständischer Unternehmen nicht zur Unzulässigkeit der akzessorischen Wertreklame führen.

3. Maßgebliche Kriterien für unzulässigen Verdrängungswettbewerb

Die akzessorische Wertreklame kann sich gleichwohl als geeignetes Instrument erweisen, um Mitbewerber vom Markt zu verdrängen, ohne dass darin immanente Wirkungen des Wettbewerbs zum Ausdruck kommen würden. In besonderem Maße gilt dies für den Markt des koppelnden Guts. Hier kann das dauerhafte Angebot einer akzessorischen Wertreklame unter derselben Zusammenstellung bewirken, dass Mitbewerber, die sich üblicherweise auf das Angebot des koppelnden Guts beschränken, quasi ausgetrocknet werden. Unter diesem Aspekt ist es notwendig, Ausnahmen von der Zulässigkeit der akzessorischen Wertreklame zu statuieren.

Insofern läge es nahe, die Grundsätze zur lauterkeitsrechtlichen Beurteilung der Preisunterbietung zu übernehmen und die akzessorische Wertreklame zu untersagen, wenn die Verdrängung von Mitbewerbern gezielt vorgenommen wird[315]. Unberücksichtigt bliebe jedoch, dass bei einer wettbewerbsbezogenen Auslegung des Begriffs der guten Sitten die Vernichtungsabsicht als allein qualifizierendes Element nicht akzeptabel ist, weil sich reine Absichten – ungeachtet der Beweisprobleme – nicht verbieten lassen und zudem in einem System freien Wettbewerbs gänzlich irrelevant sind, sofern das angewandte Mit-

314 Hinsichtlich der Berücksichtigung von Marktmacht im Rahmen des § 1 UWG: SCHRICKER, RabelsZ 40 (1976), 535 (541); KNÖPFLE, Die marktbezogene Unlauterkeit, S. 38; REICHOLD, AcP 193 (1993), 204 (230); MESTMÄCKER, Der verwaltete Wettbewerb, S. 77; MERZ, Die Vorfeldthese, S. 248; KRAFT, in: Festschrift für Bartholomeyczik, S. 223 (231).

315 Zur Preisunterbietung in Vernichtungsabsicht, vgl.: RGZ 134, 342 (351) – Benrather Tankstelle; E.Ulmer/REIMER, Unlauterer Wettbewerb, Band III, Nr. 918; SACK, WRP 1983, 63 (64); LINDACHER, Lockvogel- und Sonderangebote, S. 37 ff.

tel selbst bedenkenlos ist[316]. Des Weiteren ist zu bedenken, dass beispielsweise im Falle der Branchenfremdheit des koppelnden Guts die Verdrängung regelmäßig eine – zumindest nicht beabsichtigte – Nebenfolge eines Wettbewerbs ist, der eigentlich auf dem Markt des gekoppelten Guts stattfindet. Die Vernichtungsabsicht ist deswegen als qualifizierendes Merkmal einer unzulässigen akzessorischen Wertreklame abzulehnen. Ein Verbot nach § 1 UWG ist vielmehr nur gerechtfertigt, wenn

- die akzessorische Wertreklame systematisch betrieben wird,
- der Verkaufspreis des Gesamtangebots niedriger ist als die Summe der Einstandspreise und
- dadurch die ernsthafte Gefahr einer Verdrängung von Mitbewerbern auf dem Markt des koppelnden Guts begründet wird.

Mit dem Merkmal der Systematik soll vor allem zum Ausdruck gebracht werden, dass die akzessorische Wertreklame lauterkeitsrechtlich lediglich bedenklich ist, wenn die Werbeaktion über einen längeren Zeitraum unter derselben Zusammenstellung erfolgt. Andererseits können über dieses Merkmal Wertungsgesichtspunkte Eingang finden. So können sich Unternehmen beispielsweise in einer Situation befinden, in der das dauerhafte Werben mit akzessorischer Wertreklame sinnvoll der Ertragsoptimierung dienen kann. Zu denken ist etwa an niedrige Produktionskosten, hohe Lagerbestände bei rückläufiger Nachfrage, Überkapazitäten, verderbliche Ware oder Produkteinführungen. In diesen Fällen ist das Interesse des werbenden Unternehmens an der Durchführung der akzessorischen Wertreklame höher zu bewerten als das Schutzinteresse der betroffenen Konkurrenten auf dem Markt des koppelnden Guts. Hingegen ist das Interesse des Anbieters der akzessorischen Wertreklame in der Regel niedriger zu bewerten, wenn als koppelndes Gut ein branchenfremder Artikel verwendet wird, der keinen Gebrauchszusammenhang mit dem gekoppelten Gut aufweisen kann; der nur gelegentlichen Offerte einer solchen Zusammenstellung können jedoch keine mitbewerberschutzrechtlichen Bedenken entgegengebracht werden.

Die Erforderlichkeit des Merkmals, dass der Verkaufspreis des Gesamtangebot niedriger sein muss als die Summe der Einstandspreise ergibt sich daraus, dass das Angebot der akzessorischen Wertreklame erst ab dieser Unterschreitung in den Verdacht geraten kann, nicht allein Ausdruck unternehmerischer Leistungsfähigkeit zu sein, sondern ein Mittel zur Behinderung anderer

316 EMMERICH, Recht des unlauteren Wettbewerbs, § 6, 1d; KOPPENSTEINER, WBl 1995, 1 (5); SCHÜNEMANN, in: Großkommentar, Einl., D 134; MERZ, Die Vorfeldthese, S. 231; etwas zurückhaltender: TYLLAK, Wettbewerb und Behinderung, S. 557; REICHOLD, AcP 193 (1993), 204 (220).

Unternehmen. Zur Bestimmung des Einstandspreises ist der Listenpreis der jeweiligen Güter maßgebend. Von diesem Listenpreis sind bestimmte Kosten abzugsfähig. Als preismindernd können allerdings nur solche Abzugsposten angesehen werden, die ihren rechtlichen Grund im konkreten Kaufvertrag zwischen Lieferant und Abnehmer haben[317]. Allgemeine Preisvorteile, die nicht im Zusammenhang mit einem der Güter stehen, scheiden demnach als Abzugsposten aus. Abzugsfähig sind daher insbesondere Rabatte, Skonti, umsatzbezogene Vergütungen und warenbezogene Zuwendungen[318].

Zu der Voraussetzung, dass die ernsthafte Gefahr einer Verdrängung von Mitbewerbern auf dem Markt des koppelnden Guts begründet werden muss, ist Folgendes anzumerken: Eine systematisch betriebene akzessorische Wertreklame kann – und darin zeigt sich die Ambivalenz wettbewerblicher Verhaltensweisen – unterschiedliche Auswirkungen auf die Freiheit des Wettbewerbs haben, je nachdem, wie groß die Marktstärke[319] des betreffenden Unternehmens ist[320]. Geht eine intensiv betriebene akzessorische Wertreklame von einem Newcomer aus, so kann eventuell ein erstarrter Wettbewerb wieder in Gang gebracht werden; die gleiche Werbemaßnahme von einem marktbeherrschenden bzw. marktstarken Unternehmen kann hingegen zu einer Vernichtung von Konkurrenten führen. Faktisch kann eine erhebliche Verdrängungswirkung in der Regel demgemäß nur von einem Unternehmen mit einer gewissen Marktmacht ausgehen. Diese Tatsache führt schließlich dazu, dass das Verbot der akzessorischen Wertreklame unter Mitbewerberschutzaspekten – gleichwohl das Lauterkeitsrecht ein Verhaltensrecht ist, das für alle Marktteilnehmer

317 Vgl. den Bericht des Wirtschaftsausschusses zum neu eingeführten § 20 IV S. 2 GWB, BT-Drucks. 13/10633, S. 72.

318 Vgl.: Baumbach/HEFERMEHL, Wettbewerbsrecht, § 3 UWG, Rn. 334; BECHTOLD, Kartellgesetz, § 20 GWB, Rn. 63; LEHMANN, GRUR Int. 1977, 135 (137 f.); EMMERICH, Kartellrecht, § 18, 12b; ausführlich zu den Voraussetzungen, nach denen der Einstandspreis nach § 20 IV S. 2 GWB zu bestimmen ist: KÖHLER, BB 1999, 697 ff.

319 Zur Behandlung von Marktmacht in § 1 UWG im Allgemeinen vgl.: EMMERICH, Recht des unlauteren Wettbewerbs, § 7; SOSNITZA, Wettbewerbsbeschränkungen durch die Rechtsprechung, S. 105 ff.; GILLERT, Die rechtliche Bewertung des sog. Anzapfens nach § 1 UWG; HÖLZLER/SATZKY, Wettbewerbsverzerrung durch nachfragemächtige Handelsunternehmen, S. 13 ff.; KÖHLER, Kontrolle der Nachfragemacht, S. 19 ff.; KNÖPFLE, Die marktbezogene Unlauterkeit, S. 81 ff.; GRÖNER/KÖHLER, Der Selbstbedienungsgroßhandel zwischen Rechtszwang und Wettbewerb; P.ULMER, GRUR 1977, 565; WIRTZ, GRUR 1985, 15.

320 Mit Blick auf den Preiswettbewerb: KÖHLER, in: Großkommentar, § 1 UWG, D 13.

gleichermaßen zu gelten hat[321] – marktbeherrschende bzw. marktstarke Unternehmen in einem höheren Maße tangiert.

C. Fazit

Die schutzzweckbezogene Analyse der akzessorischen Wertreklame – unter Einbeziehung von Allgemeininteressen in Gestalt eines Verstoßes gegen die Grundsätze des Leistungswettbewerbs, Abnehmer- und Mitbewerberinteressen – hat gezeigt, dass ein grundsätzliches Verbot der akzessorischen Wertreklame nicht gerechtfertigt ist. Der Begriff des Leistungswettbewerbs besitzt keine begrifflich-definitorische Aussagekraft und kann daher keinen Beitrag zur Abgrenzung von lauterem und unlauterem Verhalten leisten. Die Konzeption der Rechtsprechung, die den Leistungsbegriff mit den Parametern „Qualität" und „Preis" anreichert, beruht auf überholten preispolitischen Vorstellungen und widerspricht den Gegebenheiten der Werbewirklichkeit. Sie ist folglich abzulehnen.

Als Beurteilungsmaßstab der abnehmerbezogenen Analyse der akzessorischen Wertreklame dient – der Rechtsprechung des EuGH folgend – das Leitbild eines durchschnittlich informierten, aufmerksamen und verständigen Durchschnittsverbrauchers. Die Unlauterkeitsmerkmale des übertriebenen Anlockens und der Erschwerung des Preisvergleichs werden diesem Leitbild nicht gerecht. Lediglich eine Irreführung des Kunden kann unter bestimmten Umständen zur Unzulässigkeit der akzessorischen Wertreklame führen. Dies ist namentlich der Fall, wenn der Anbieter durch besondere Herausstellungen beim Abnehmer den Eindruck der Preiswürdigkeit des Angebots hervorruft, dieser Eindruck unzutreffend ist und der Anbieter Informationen unterdrückt, die geeignet sind, diesen unzutreffenden Eindruck zu beseitigen. Praktische Bedeutung dürfte diese Formel für die Beurteilung von verdeckten Koppelungsangeboten und Preisgarantien erlangen.

Mit der akzessorischen Wertreklame ist zudem typischerweise keine unzulässige Mitbewerberbehinderung verbunden. Die Tatsache, dass die Zunahme des Wettbewerbs mittels akzessorischer Wertreklame mittelständische Unternehmen in ihrer Existenz gefährdet, kann nicht gegen die Zulässigkeit der akzessorischen Wertreklame angeführt werden. Strukturpolitische Erwägungen können bei der Auslegung des § 1 UWG keine Berücksichtigung finden. Unter Mitbewerberschutzaspekten ist die akzessorische Wertreklame lediglich zu untersagen, wenn sie systematisch betrieben wird, der Verkaufspreis des Ge-

321 Schricker, RabelsZ 40 (1976), 535 (541); Reichold, AcP 193 (1993), 204 (230); Knöpfle, Die marktbezogene Unlauterkeit, S. 53; Merz, Die Vorfeldthese, S. 247 ff.; Kraft, in: Festschrift für Bartholomeyczik, S. 223 (231 ff.).

samtangebots niedriger ist als die Summe der Einstandspreise und dadurch die ernsthafte Gefahr einer Verdrängung von Mitbewerbern auf dem Markt des koppelnden Guts begründet wird. Als Anwendungsfeld dieser Formel kommen vor allem gekoppelte Vorspannangebote in Betracht.

3. KAPITEL: DIE ZUGABEVO ALS RESTRIKTION DER AKZESSORISCHEN WERTREKLAME

A. ENTSTEHUNGSGESCHICHTE DER ZUGABEVO

Die Zugabenwerbung ist eine Erscheinungsform der akzessorischen Wertreklame, deren wettbewerbsrechtliche Zulässigkeit angesichts der ihr vermeintlich inhärenten Gefahren – Gefahr der unsachlichen Beeinflussung des Kunden[1], Verschleierungs- bzw. Irreführungsgefahr[2], Gefahr eines Brancheneinbruchs[3] sowie Gefahr der Übersteigerung des Zugabewettbewerbs[4] – in der ZugabeVO sondergesetzlich mittels eines abstrakten Gefährdungstatbestandes geregelt ist.

Die ZugabeVO geht bereits zurück auf eine Notverordnung vom 9.3. 1932[5]. Bestrebungen, das Zugabewesen zu regulieren, bestanden hingegen schon bei den Beratungen des UWG im Jahre 1907. Die notwendige Einigung auf eine tatbestandliche Abgrenzung der zulässigen von der unzulässigen Zugabe erwies sich jedoch als unüberwindbares Hindernis. Zudem vertraute man darauf, den Auswüchsen des Zugabewesens mit Hilfe der Generalklausel des § 1 UWG wirksam begegnen zu können[6]. In der Folgezeit löste sich das Problem zunächst von selbst, weil während des 1. Weltkrieges und der Inflationszeit allgemein kaum Werbetätigkeiten entfaltet wurden. Gegen Ende der 20er Jahre breitete sich die Zugabenwerbung indes lawinenartig aus. Dies lässt sich vorwiegend dadurch erklären, dass aufgrund des steigenden Konkurrenzdrucks Mittel eingesetzt werden mussten, die geeignet waren, wirkungsvoll den eige-

1 Dazu: Amtliche Erläuterungen zur Verordnung des Reichspräsidenten zum Schutze der Wirtschaft vom 9.3.1932 (RGBl. I, S. 121), Rechtsanzeiger Nr. 61 vom 12.3.1932, abgedruckt bei V.GODIN, Wettbewerbsrecht, S. 333 (334).

2 Amtliche Erläuterungen, a.a.O., S. 335.

3 Anklingend in den amtlichen Erläuterungen, a.a.O., S. 335.

4 Amtliche Erläuterungen, a.a.O., S. 335.

5 RGBl. I S. 121. Die Verordnung ging im Wesentlichen auf ein Gutachten des Reichswirtschaftsrates zurück, das nach Anhörung von Sachverständigen und Verbänden am 15.4.1930 erstattet worden war. Darin wurde eine gegenseitige Übersteigerung der Werbung mit Zugaben und die Ablenkung der Aufmerksamkeit des kaufenden Publikums von der Hauptware auf die vielfältig gebotenen Nebenwaren befürchtet, vgl.: SEYDEL, Zugabeverordnung und Rabattgesetz, ZugabeVO, Rn. 1.

6 Baumbach/HEFERMEHL, Wettbewerbsrecht, ZugabeVO Allg., Rn. 2; DICHTL/BRINKMANN/HARDOCK, Beilage 12 zu Heft 35/1995 des BB, S. 23; GÖTTING, Entwicklung des Zugaberechts, S. 4

nen Absatz zu akzelerieren, obwohl das eigene Angebot hinsichtlich Qualität und Preis kaum von dem der Konkurrenten divergierte. Für dieses Unterfangen erwies sich die Zugabenwerbung angesichts der mit ihr verbundenen Absatzproportionalität als effektives Werbemittel[7]. Dies gilt speziell für solche Güter, die durch einen kurzfristigen Bedarf gekennzeichnet sind, wie z.B. Produkte der Lebens- und Genussmittelbranche.

Nicht alle Marktteilnehmer betrachteten die beschriebene Entwicklung mit dem gleichen Optimismus. Vor allem den Einzelhandelsverbänden war die Zugabenwerbung ein Dorn im Auge. Nachdem sich die Generalklausel des § 1 UWG wider Erwarten als ungeeignet erwies, der Entwicklung Einhalt zu gebieten, gingen die Einzelhandelsverbände zur Selbsthilfe über. Sie verboten ihren Mitgliedern unter Androhung von Konventionalstrafen, Zugaben zu gewähren. Auf ihr Drängen hin wurde schließlich die ZugabeVO erlassen[8]. In der Folgezeit fanden lediglich geringfügige tatbestandliche Änderungen statt, so dass es am grundsätzlichen Zugabeverbot bis heute geblieben ist[9]. Der Versuch der Bundesregierung[10], im Jahre 1994 das Zugabeverbot wieder aufzuheben, scheiterte am Widerstand der Bundesländer und der Mittelstandsschützer in den großen Parteien[11].

B. Inhalt und Anwendungsbereich des Zugabeverbots

Nach § 1 I S. 1 ZugabeVO ist es verboten, „im geschäftlichen Verkehr neben einer Ware oder Leistung eine Zugabe (Ware oder Leistung) anzubieten, anzukündigen oder zu gewähren." Eine Zugabe liegt auch dann vor, wenn die Zuwendung nur gegen ein geringfügiges, offenbar zum Schein gewährtes Entgelt gewährt wird. Gleiches gilt, wenn zur Verschleierung der Zugabe eine Ware oder Leistung mit einer anderen Ware oder Leistung zu einem Gesamtpreis angeboten, angekündigt oder gewährt wird. Ausnahmen von diesem generellen Zugabeverbot werden in § 1 II ZugabeVO normiert.

7 Vgl. bereits: 1. Kapitel, C. II. 1. b, S. 37 ff.

8 Vgl.: KÖHLER, in: Festschrift für Hoppmann, S. 283 (284); OPITZ, Zugaben, S. 19; VINCK, DZWir 1996, 124 (125); SCHÜNEMANN, Wettbewerbsrecht, S. 188; EMMERICH, Recht des unlauteren Wettbewerbs, § 12, 1; KÖHLER/Piper, ZugabeVO Einf., Rn. 1.

9 Zu den diversen Veränderungen vgl.: SEYDEL, Zugabeverordnung und Rabattgesetz, § 1 ZugabeVO, Rn. 1 ff.

10 Vgl. den Referentenentwurf des BMJ vom 25. Januar 1994 sowie den Gesetzentwurf der Bundesregierung vom 1. Februar 1994 (BT-Drucks. 12/6723).

11 Vgl.: EMMERICH, FLF 1995, 70 (72); SOSNITZA, Wettbewerbsbeschränkungen durch die Rechtsprechung, S. 131 Fn. 27.

I. Begriff der Zugabe

Zentrales Merkmal für die Anwendung des Zugabeverbots ist der Begriff der Zugabe. Dieser Begriff wird vom Gesetzgeber nicht explizit definiert, sondern vorausgesetzt. Inzwischen existiert eine gefestigte Rechtsprechung zur Auslegung des Zugabebegriffs. Eine Zugabe liegt demnach vor,

> „wenn eine Ware (Leistung) *neben* einer entgeltlich abgegebenen Hauptware *ohne besondere Berechnung* angeboten wird, der Erwerb der Nebenware vom Abschluß des Geschäfts über die Hauptware *abhängig* ist und dabei ein innerer Zusammenhang dahingehend besteht, daß die Nebenware mit Rücksicht auf die Hauptware abgegeben wird und wegen dieser Abhängigkeit objektiv *geeignet* ist, den Kunden in seiner Entscheidung zum Erwerb der Hauptware zu beeinflussen[12]."

Für die Beurteilung der in dieser Definition enthaltenen Merkmale soll die Auffassung der angesprochenen Verkehrskreise maßgebend sein[13]. Gerade die Auslegung der einzelnen Merkmale in den höchstrichterlichen Entscheidungen hat zu zahlreicher Kritik geführt, wobei hauptsächlich eine unnötige Beschränkung der Wettbewerbsfreiheit beklagt wird[14]. Im Folgenden soll die Auslegung der Merkmale, aus denen sich der Zugabebegriff zusammensetzt, beleuchtet werden.

1. Verschiedenheit von Haupt- und Nebenleistung

Der Zugabebegriff setzt voraus, dass neben dem entgeltlich abgegebenen Hauptgut ein zusätzliches Nebengut angeboten, angekündigt oder gewährt wird. Bei der Zugabe muss es sich folglich um etwas vom Hauptgut Verschiedenes handeln. Die angesprochenen Verkehrskreise dürfen die Zugabe nicht

12 BGHZ 11, 274 (276) – Orbis-Reisemarken; BGHZ 34, 264 (267) – Einpfennig-Süßwaren; BGH GRUR 1964, 509 (511) – Wagenwaschplatz; BGH GRUR 1972, 611 (612) – Cognac-Portionierer; BGH GRUR 1974, 402 (403) – Service-Set; BGH GRUR 1979, 482 (484) – Briefmarken-Auktion; BGH GRUR 1993, 137 – Zinssubvention; BGH GRUR 1994, 230 (232) – Euroscheck-Differenzzahlung; BGH GRUR 1994, 656 (657) – Stofftragetasche.

13 BGH WRP 1991, 719 (720) – Topfguckerscheck; BGH GRUR 1993, 137 (141) – Zinssubvention; BGH GRUR 1994, 230 (232) – Euroscheck-Differenzzahlung; BGH GRUR 1994, 656 (657) – Stofftragetasche.

14 Hervorzuheben sind: EMMERICH, Recht des unlauteren Wettbewerbs, § 12, 2; SCHÜNEMANN, Wettbewerbsrecht, S. 188 ff.

lediglich als sachliche Verbesserung des Hauptguts verstehen[15]. Vielmehr muss es sich um eine Leistung handeln, die nicht Teil des Hauptguts im wirtschaftlichen Sinne ist, sondern ihren eigenen wirtschaftlichen Wert besitzt und ihr Äquivalent nicht in der vereinbarten Gegenleistung findet.

Die Konkretisierung dieser Voraussetzung wird in der Entscheidung „One for Two"[16] deutlich. Im Rahmen einer Werbemaßnahme eines Verlages konnte ein Gutscheinheft für 50,- DM bezogen werden. Gegen Vorlage einer der 500 enthaltenen Gutscheine bei einem Essen mit einer Begleitperson in einem der beteiligten Restaurants musste der Inhaber nur das jeweils teurere Essen bezahlen, wohingegen das andere Essen gratis war. Getränke wurden extra berechnet. In jedem Lokal konnte nur ein Gutschein eingelöst werden. Dem Einwand der Beklagten, es handele sich um ein Gesamtessen, also um *eine* Leistung, weshalb mangels Nebenleistung ein Verstoß gegen die ZugabeVO ausscheide, ist der BGH nicht gefolgt[17]. Er schloss sich vielmehr der Auffassung des OLG München an, wonach mit dem zweiten Essen eine kostenlose Nebenleistung vorliege, was durch die Werbeaussage „One for Two" noch verstärkt werde. Auf die vertragliche Ausgestaltung, nach der auf das Gratisessen ohne Frage ein zivilrechtlicher Anspruch bestehe, komme es nicht an, weil der Verkehr dem üblicherweise keine Beachtung schenke[18].

In diesem Zusammenhang ist zudem die Entscheidung „Euroscheckdifferenzzahlung"[19] erwähnenswert. Ein Einzelhandelsunternehmen hatte folgendermaßen geworben: „*Wenn Sie jetzt Ihren Einkauf mit einem Euroscheck begleichen, zahlen wir Ihnen die Differenz bis zu einem Ausstellungsbetrag von 400,- DM aus.*" Dadurch hatte der Kunde die Möglichkeit, Bargeld für einen Scheck zu erhalten, was ihm zumindest einen gewissen Aufwand ersparte, da

15 BGH GRUR 1989, 697 (698) – Vertrauensgarantie; BGH GRUR 1991, 329 (330) – Family-Karte; BGH GRUR 1991, 862 (863) – Rückfahrkarte; BGH GRUR 1992, 463 (464) – Anzeigenplazierung; BGH GRUR 1994, 743 (744) – Zinsgünstige Kfz-Finanzierung durch Herstellerbank; BGH BB 1998, 661 (662) – Umtauschrecht I.

16 BGH GRUR 1991, 933. Mit der gleichen Werbemaßnahme waren verschiedene Instanzgerichte befasst, die zu unterschiedlichen Ergebnissen gelangten. Einen Verstoß gegen die ZugabeVO nahmen an: OLG Hamburg, WRP 1988, 462 (463); OLG Frankfurt, WRP 1986, 220 (221); LG Berlin, GRUR 1988, 154 (155); OLG Hamm, GRUR 1989, 928; anders hingegen: OLG Köln, WRP 1988, 558 (559), das eine einheitliche Leistung sah und damit folgerichtig einen Verstoß gegen die ZugabeVO verneinte.

17 BGH a.a.O., S. 934 – One for two.

18 BGH a.a.O., S. 934 – One for two.

19 BGH GRUR 1994, 230.

er ansonsten ein Kreditinstitut hätte aufsuchen müssen. Der BGH sah in dieser Vergünstigung eine selbständige Nebenleistung, weil die zusätzliche Bargeldbeschaffung über das vom Käufer üblicherweise Gewünschte und Erwartete hinausgehe[20]. Dies sei auch nicht mit der üblichen Rückgabe von Kleingeld bei der Bezahlung mit einem großen Geldschein und damit mit einer bloßen Zahlungsabwicklung vergleichbar. Ein Scheck stelle nur eine Zahlungsanweisung an die bezogene Bank dar, nicht aber ein gesetzliches Zahlungsmittel. Zudem bestehe ein Unterschied darin, dass der Verkäufer einen großen Geldschein unmittelbar im Zahlungsverkehr einsetzen könne, während dies beim Euroscheck nicht möglich sei. Dem Kunden werde durch die Entgegennahme des Schecks sogar Bargeld kreditiert, bis die Bank das Konto des Ausstellers mit dem Anweisungsbetrag belaste[21]. Aufgrund dieser Erwägungen gelangte der BGH zur Annahme einer Zugabe und letztlich zu dem Ergebnis eines Verstoßes gegen § 1 ZugabeVO.

2. Akzessorietät und Eignung zur unsachlichen Beeinflussung

Eine weitere Anforderung an den Zugabebegriff stellt die Abhängigkeit der Zugabe vom Bezug des Hauptguts dar[22]. Kennzeichnend für die Zugabe ist deswegen, dass lediglich der Erwerber des Hauptguts sie erhalten kann. Diese Abhängigkeit muss jedoch nicht zwingend rechtlicher Natur sein. Als ausreichend wird betrachtet, wenn die Werbung bei den angesprochenen Verkehrskreisen den Eindruck erweckt, der Bezug der Zugabe sei von dem der Hauptware abhängig und werde nur mit Rücksicht auf diese gewährt; ansonsten würde es an der Eignung zur unsachlichen Beeinflussung fehlen[23].

20 BGH a.a.O., S. 231 – Euroscheckdifferenzzahlung.

21 BGH a.a.O., S. 232 – Euroscheckdifferenzzahlung.

22 BGHZ 34, 264 (267) – Einpfennig-Süßwaren; BGH GRUR 1959, 544 (545) – Modenschau; Baumbach/HEFERMEHL, Wettbewerbsrecht, § 1 ZugabeVO, Rn. 5.

23 BGH GRUR 1954, 167 (168) – Kundenzeitschrift; BGH GRUR 1961, 588 – Einpfennig-Süßwaren; BGH GRUR 1964, 509 (510) – Wagenwaschplatz; BGH GRUR 1971, 322 – Lichdi-Center; BGH GRUR 1972, 364 (365) – Mehrwertfahrten; BGH GRUR 1972, 611 (612) – Cognac-Portionierer; BGH GRUR 1976, 314 (315) – Büro-Service-Vertrag; BGH GRUR 1989, 366 – Wirtschaftsmagazin; BGH GRUR 1991, 862 (863) – Rückfahrkarte; BGH GRUR 1991, 933 (934) – One for Two.

3. Ohne besondere Berechnung

Konstitutiv für den Zugabebegriff ist nach der Rechtsprechung weiterhin die Abgabe ohne besondere Berechnung[24]. Dem stellt das Gesetz in § 1 I S. 2 ZugabeVO die Konstellation gleich, dass nur ein offenkundig nicht ernst gemeintes Scheinentgelt gefordert wird. Bei der Auslegung dieser Merkmale ist maßgebend, wie die angebotene Leistung nach außen in Erscheinung tritt[25]. Entscheidend ist insofern nur das formale Element, nicht aber, ob der Kunde die Zugabe letztendlich in irgendeiner Form bezahlen muss.

II. Ausnahmen nach § 1 II ZugabeVO

Vom generellen Zugabeverbot des § 1 I ZugabeVO bestehen gem. § 1 II ZugabeVO zahlreiche Ausnahmetatbestände, die allerdings gem. § 1 III ZugabeVO nicht eingreifen, wenn die Zugabe als unentgeltlich gewährt bezeichnet wird oder sonstwie den Eindruck der Unentgeltlichkeit erweckt. Im Folgenden soll lediglich ein kurzer Überblick der signifikanten Auslegung der Begriffe der geringwertigen Kleinigkeiten gem. § 1 II lit.a ZugabeVO sowie der Handelsüblichkeit gem. § 1 II lit.d ZugabeVO gegeben werden. Anhand der Problematik um die Auslegung dieser Tatbestandsmerkmale tritt die wettbewerbsbeschränkende Wirkung der ZugabeVO am deutlichsten hervor.

1. „Geringwertige Kleinigkeiten"

Das Zugabeverbot des § 1 I ZugabeVO gilt gem. § 1 II lit.a ZugabeVO nicht bei der Gewährung von geringwertigen Kleinigkeiten. Unter Kleinigkeiten versteht man Gegenstände oder Leistungen, die von niemandem, auch nicht von Käufern mit geringen finanziellen Mitteln, wirtschaftlich sonderlich geachtet werden[26]. Durch diese Definition können unter den Ausnahmetatbestand nur solche Gegenstände fallen, für die typischerweise keine Nachfrage be-

24 BGHZ 11, 274 (278) – Orbis-Reisemarken; BGH GRUR 1962, 415 (416) – Glockenpackung; BGH GRUR 1963, 322 (324) – Mal- und Zeichenschule; BGH GRUR 1971, 582 (583) – Kopplung im Kaffeehandel; BGH GRUR 1991, 862 (863) – Rückfahrkarte; Baumbach/HEFERMEHL, Wettbewerbsrecht, § 1 ZugabeVO, Rn. 12; KÖHLER/Piper, § 1 ZugabeVO, Rn. 7.

25 BGH GRUR 1963, 322 (324) – Mal- und Zeichenschule; BGH GRUR 1971, 582 (583) – Kopplung im Kaffeehandel; OLG Hamm, GRUR 1991, 857; KÖHLER/Piper, § 1 ZugabeVO, Rn. 7.

26 BGHZ 11, 260 (268) – Kunststoff-Figuren I; OLG Köln, GRUR 1989, 698 (700); OLG Karlsruhe, WRP 1990, 51 (54).

steht[27]. Ob diese Kleinigkeit dann geringwertig ist, richtet sich nach dem Verkehrswert für den Kunden[28]. Den Verkehrswert bestimmt die Rechtsprechung absolut; entscheidend ist deswegen allein, ob die Zugabe für sich genommen, d.h. absolut geringwertig ist[29]. Eine Höchstgrenze wurde von der Rechtsprechung zwar bewusst nicht festgesetzt, zumeist werden aber Gegenstände mit einem Verkehrswert von über 1 DM bereits nicht mehr als geringwertig angesehen. Dementsprechend konnte ein Betreiber eines Wettbüros, der eine Tasse Kaffe im Wert von 1, DM kostenlos an Kunden ausschenkte, sich nicht auf die Ausnahmebestimmung des § 1 II lit.a ZugabeVO berufen[30]. Ebenso wenig zugelassen wurden beispielsweise die Abgabe eines Stücks Seife im Wert von 0,56 DM[31], die Abgabe einer Kaffeedose im Wert von 0,80 DM[32] oder der Verkauf von Stofftragetaschen im Wert von 0,59 DM bis 0,99 DM für das „Scheinentgelt" von 0,10 DM[33].

2. Der Begriff der „Handelsüblichkeit" in § 1 II lit.d ZugabeVO

Nach § 1 II lit.d ZugabeVO sind sowohl „handelsübliches Zubehör" als auch „handelsübliche Nebenleistungen" vom Zugabeverbot ausgenommen[34]. Für die Einordnung einer Zugabe als Zubehör oder Nebenleistung ist wesentlich, dass sie die Erbringung des Hauptguts sachlich ermöglicht oder in irgend-

27 OLG Hamburg, WRP 1984, 33 – Weihnachtspapier.

28 BGH GRUR 1991, 329 (330) – Family-Karte; Baumbach/HEFERMEHL, Wettbewerbsrecht, § 1 ZugabeVO, Rn. 70; KÖHLER/Piper, § 1 ZugabeVO, Rn. 32.

29 BGHZ 11, 260 (268) – Kunststoff-Figuren I; BGH GRUR 1964, 509 (510) – Wagenwaschplatz; NORDEMANN, Wettbewerbs- und Markenrecht, Rn. 511; KLOSTERFELD/JAEGER-LENZ, in: Handbuch des Wettbewerbsrechts, § 52, Rn. 30; SEYDEL, Zugabeverordnung und Rabattgesetz, § 1 ZugabeVO, Rn. 201; kritisch hingegen: EMMERICH, Recht des unlauteren Wettbewerbs, § 12, 6a; KÖHLER/Piper, § 1 ZugabeVO, Rn. 32.

30 OLG Düsseldorf, GRUR 1991, 69.

31 OLG Hamburg, GRUR 1984, 223 (224).

32 BGH GRUR 1969, 299 (300) – Probierpaket.

33 OLG Düsseldorf, NJW-RR 1994, 735.

34 1994 wurde dem Gesetz in § 1 II lit.d HS 2 hinzugefügt, dass als handelsüblich „insbesondere eine im Hinblick auf den Wert der Ware oder Leistung angemessene, teilweise oder vollständige Erstattung oder Übernahme von Fahrtkosten für Verkehrsmittel des öffentlichen Personennahverkehrs" gilt, „die im Zusammenhang mit dem Besuch des Geschäftslokals oder des Orts der Erbringung der Leistung aufgewendet werden", vgl.: 2. Kapitel, A. V, S. 53 ff.

einer Weise fördert[35]. Als handelsüblich wird seit dem „Gutachten der Reichswirtschaftskammer zu Fragen des Zugabeverbots“[36] vom 14.11.1935 all jenes angesehen, was sich nach allgemeiner Auffassung der beteiligten Gewerbetreibenden im Rahmen vernünftiger kaufmännischer Gepflogenheiten hält[37]. Entgegen dem eigentlichen Wortlaut dieser Formel, die durch den Rückgriff auf die kaufmännischen Gepflogenheiten eigentlich eine bereits bestehende Handelsübung erfordern würde, bekennt sich die Rechtsprechung dazu, auch neuartige Erscheinungsformen als handelsüblich anzusehen, sofern es sich um vernünftige Entwicklungen handelt[38]. Neben bereits bestehenden Werbeformen könnte somit neuartigen Werbemethoden, die bislang im Handel nicht üblich waren, der Weg in die Wettbewerbskonformität geebnet werden[39].

Es ist allerdings zweifelhaft, ob die Rechtsprechung den eigenen Vorgaben nachkommt. Dies zeigt die Entscheidung „Umtauschrecht I“[40]: Ein Gebrauchtwagenhändler hatte ein Umtauschrecht für Kraftfahrzeuge gewährt, von dem 30 Tage lang und bis zu einer Fahrtleistung von 2000 km Gebrauch gemacht werden konnte. Der BGH sah darin eine verbotene Zugabe, die nicht als handelsübliche Nebenleistung anzusehen sei[41]. Der Begriff der Handelsüblichkeit setze bei neuartigen Werbeerscheinungen voraus, dass es sich um wirtschaftlich vernünftige Fortentwicklungen handele. Eine etwaige Rückgabe bewirke aber aufgrund der abgefahrenen Kilometer und der Eintragung eines weiteren Halters im Kraftfahrzeugbrief einen Wertverlust. Dem berechtigten Interesse des Gebrauchtwagenhändlers, die zum Verkauf stehenden Gebrauchtwagen möglichst rasch in den Verkehr zu bringen, könne dies nicht entgegenkommen. Zudem erweise sich das Umtauschrecht auch für den Verbraucher als nachteil-

35 BGH GRUR 1964, 509 (511) – Wagenwaschplatz; BGH GRUR 1968, 53 (55) – Probetube; BGH GRUR 1969, 299 (300) – Probierpaket; BGH GRUR 1979, 484 (484) – Briefmarken-Auktion; BGH GRUR 1983, 252 (254) – Diners Club; BGH GRUR 1994, 230 (232) – Euroscheck-Differenzzahlung.

36 Abgedruckt in: GRUR 1936, 30 (31).

37 St. Rspr.: BGH GRUR 1964, 509 (511) – Wagenwaschplatz; BGH GRUR 1968, 53 (55) – Probetube; BGH GRUR 1969, 299 (300) – Probierpaket; BGH GRUR 1977, 38 (40) – Grüne Salatschale; BGH GRUR 1991, 329 (330) – Family-Karte; BGH GRUR 1994, 230 (232) – Euroscheck-Differenzzahlung.

38 BGH WRP 1991, 225 (226 f.) – Family-Karte; BGH GRUR 1994, 230 (232) – Euroscheck-Differenzzahlung; BGH BB 1998, 661 (663) – Umtauschrecht I; OLG Frankfurt, DZWir 1996, 123 (124) – BahnCard mit Kreditkartenfunktion.

39 HEERMANN, WRP 1991, 625 (626); KNOPS, GRUR 1995, 649 (651).

40 BGH, BB 1998, 661.

41 Vgl. die ähnlichen Entscheidungen.: OLG Düsseldorf, EWiR 1994, 311; LG Frankfurt, WRP 1994, 217.

haft, da der Gebrauchtwagenhändler den Wertverlust der umgetauschten Fahrzeuge durch eine weite Preiskalkulation wieder auffangen müsse[42].

III. Beurteilung der Tatbestandsauslegung

Die voranstehenden Ausführungen haben die weite Auslegung des Verbotstatbestands des § 1 I ZugabeVO durch die Rechtsprechung angedeutet. Erreicht wird dies vor allem über die Auslegung des Merkmals „Verschiedenheit von Haupt- und Nebenleistung“ dergestalt, dass die Auffassung der angesprochenen Verkehrskreise als maßgebend erachtet wird[43]. In der Entscheidung „One for Two“[44] hat diese Auslegung einer sinnvollen Werbeaktion, die dem Restaurantbesucher die Möglichkeit eröffnet hätte, eine Vielzahl von Restaurants preiswert zu testen, den Weg in die Zulässigkeit versperrt. Gleichwohl erfolgte die Untersagung – unter Beachtung der Verkehrsauffassung – zu Recht, weil die konkrete Ausgestaltung der Werbeaktion dem Umworbenen tatsächlich den Eindruck vermittelte, das zweite Essen stelle eine kostenlose Nebenleistung und daher eine Zugabe dar. Sofern jedoch unter Beachtung der Verkehrsauffassung innovative Erscheinungsformen der akzessorischen Wertreklame zulässig sein müssten, wie in der Entscheidung „Euroscheckdifferenzzahlung“[45], wird der Sache nach eine objektive Auslegung zu Grunde gelegt. Bei Berücksichtigung der angeblich maßgebenden Verkehrsauffassung hätte der BGH erkennen müssen, dass sich der Kunde in der Regel gedanklich nicht damit beschäftigt, ob der Verkäufer den empfangenen Scheck im Zahlungsverkehr unmittelbar verwenden kann, oder dass ihm durch die Hingabe des Schecks der Kaufpreis kreditiert wird. Vielmehr ist denkbar, dass der Kunde die Zahlung mit einem Scheck, der über einen oberhalb des Kaufpreises liegenden Betrag ausgestellt ist, und die damit verbundene Möglichkeit, Bargeld zu erlangen, als zur Abwicklung des Hauptgeschäfts dazugehörig betrachtet. Die Maßgeblichkeit der Verkehrsauffassung bezüglich der Auslegung des Zugabebegriffs erweist sich demzufolge als Vehikel zur Unterbindung neuartiger

42 BGH BB 1998, 661 (662) – Umtauschrecht I; in einer weiteren Entscheidung BGH WRP 1999, 181 – Umtauschrecht II ist jedoch ein Umtauschrecht, das die Nutzung eines Fahrzeugs für fünf Tage ermöglichte, als zulässige Zugabe eingestuft worden.

43 BGH GRUR 1954, 170 – Orbis-Reisemarken; BGH GRUR 1979, 482 (484) – Briefmarken-Auktion; BGH GRUR 1991, 933 (934) – One for two; BGH WRP 1991, 719 (720) Topfguckerscheck; BGH GRUR 1993, 137 – Zinssubvention; BGH a.a.O. – Euroscheck-Differenzzahlung; BGH GRUR 1994, 656 (657) – Stofftragetasche.

44 BGH GRUR 1991, 933.

45 BGH GRUR 1994, 230.

Erscheinungsformen der akzessorischen Wertreklame, mithin als Innovationsbremse.

Die Ausnahmen vom Zugabeverbot werden dagegen äußerst restriktiv ausgelegt. Dies manifestiert sich am Begriff der Handelsüblichkeit gem. § 1 II lit.d ZugabeVO, welchem prinzipiell alle Werbeformen unterfallen sollen, die sich nach allgemeiner Auffassung der beteiligten Verkehrskreise im Rahmen vernünftiger kaufmännischer Gepflogenheiten bewegen[46]. Dennoch wurde das Umtauschrecht für Kraftfahrzeuge in der Entscheidung „Umtauschrecht I"[47] nicht als handelsüblich eingestuft. Übersehen wird dabei jedoch, dass die Garantie dem Kunden Gelegenheit verschafft, die Fahreigenschaften eines Kraftfahrzeugs über längere Zeit in den verschiedensten Verkehrslagen zu erproben[48]. Für den Kunden minimiert sich folglich das Risiko eines Fehlkaufs. Ungeachtet der Tatsache, dass längerfristige Umtauschrechte im Bereich des Gebrauchtwagenhandels dazu beitragen könnten, das schlechte Image der Branche zu beseitigen und teure Gewährleistungsprozesse zu verhindern, erscheint die Behauptung, das Umtauschrecht laufe den Interessen der Beteiligten zuwider, schlichtweg abwegig.

Restriktiv wird zudem der Begriff der geringwertigen Kleinigkeiten in § 1 II lit.a ZugabeVO ausgelegt. Eine absolute Wertgrenze wird zwar nicht festgesetzt, Waren oder Leistungen mit einem Wert von 1 DM werden jedoch bereits nicht mehr als geringwertige Kleinigkeiten angesehen[49]. Da die ZugabeVO der Gefahr einer unsachlichen Beeinflussung des Kunden vorbeugen soll[50], wäre es folgerichtig, bei der Beurteilung des Begriffs der Geringwertigkeit das Wertverhältnis zwischen Hauptware und Zugabe als Maßstab anzusehen. Bei teuren, hochwertigen Gegenständen könnten auf dieser Weise wertvollere Zugabe gewährt werden. Die Gefahr eines unsachlichen Beeinflussung wäre gleichwohl als gering einzustufen. Der Bedeutungsgehalt des § 1 I lit.a ZugabeVO in der derzeitigen Auslegung tendiert indes gegen Null.

46 St. Rspr.: BGH GRUR 1964, 509 (511) – Wagenwaschplatz; BGH GRUR 1968, 53 (55) – Probetube; BGH GRUR 1969, 299 (300) – Probierpaket; BGH GRUR 1977, 38 (40) – Grüne Salatschale; BGH GRUR 1991, 329 (330) – Family-Karte; BGH GRUR 1994, 230 (232) – Euroscheck-Differenzzahlung.

47 BGH BB 1998, 661.

48 PAUL, GRUR 1999, 34 (36) spricht deswegen auch davon, dass es sich aus Verbrauchergesichtspunkten gar um eine besonders effektive Form des Kundenschutzes handelt.

49 Vgl.: 3. Kapitel, B. II. 1, S. 130.

50 BORCK, WRP 1996, 965 (972); V.GAMM, Wettbewerbsrecht, 2. Hb., § 59 Rn. 4; HEERMANN, Handelsüblichkeit von Zugaben, S. 79; vgl. auch: BGHZ 11, 260 (264) – Kunststoff-Figuren I; BGHZ 11, 274 (279) – Orbis-Reisemarken.

Die Auslegung des Zugabebegriffs und der Ausnahmen vom Zugabeverbot bewirkt demnach eine Verstärkung der wettbewerbsbeschränkenden Wirkung der ZugabeVO[51]. Zum Schaden der Abnehmer wird sinnvollen Absatzstrategien der Weg in die Zulässigkeit verwehrt. Die Unternehmer werden hingegen der Zugabenwerbung als eines der effektivsten Mittel im Ringen um die Gunst des Kunden beraubt[52]. Die Forderung nach einer liberaleren Auslegung der ZugabeVO liegt folglich nahe. Eine solche wettbewerbsfreundliche Auslegung würde allerdings nur bedingt zu einer Belebung des Zugabewettbewerbs führen. Für § 1 I ZugabeVO ergibt sich dies aus der Ausgestaltung als abstrakter Gefährdungstatbestand. Bei den Ausnahmen vom Zugabeverbot kommt erschwerend hinzu, dass die Rechtsprechung die Ausnahmebestimmungen restriktiv auslegt[53]. Weiterhin werden die Tatbestände des § 1 II ZugabeVO für nicht analogiefähig gehalten, weil der Katalog der Ausnahmen abschließend sei[54]. Der Rechtsprechung setzt sich damit selbst enge Grenzen.

C. WETTBEWERBSTHEORETISCHE SINNFÄLLIGKEIT DES ZUGABEVERBOTS

Die Grenzen einer wettbewerbsfreundlichen Auslegung des Zugabeverbots und seiner Ausnahmetatbestände einerseits sowie das Resultat des 2. Kapitels andererseits, wonach ein Verbot der akzessorischen Wertreklame nach

51 Zu den beschränkenden Wirkungen der ZugabeVO im Hinblick auf Vertragsgestaltung und Wettbewerbsparameter vgl. auch: SEYDEL, Zugabeverordnung und Rabattgesetz, Allg. Vorb., Rn. 2; KÖHLER, in: Festschrift für Hoppmann, S. 283 ff; GÖTTING, Entwicklung des Zugaberechts, S. 7; OPITZ, Zugaben, S. 16; HEFERMEHL, WuW 1958, 264; KÖHLER/Piper, ZugabeVO Einf., Rn. 1; PRALLE, Die Wertwerbung, S. 113.

52 HEFERMEHL, WuW 1958, 264; KÖHLER/Piper, ZugabeVO Einf., Rn. 1; PRALLE, Die Wertwerbung, S. 113.

53 REIMER/KRIEGER, Zugabe- und Rabattrecht, § 1 ZugabeVO, Rn. 16; Baumbach/HEFERMEHL, Wettbewerbsrecht, § 1 ZugabeVO, Rn. 62; V.GODIN, Wettbewerbsrecht, § 1 ZugabeVO, Anm. 40; V.GAMM, Wettbewerbsrecht, 2. Hb., § 59, Rn. 34; KLOSTERFELDE/JAEGER-LENZ, in: Handbuch des Wettbewerbsrechts, § 52, Rn. 25; HOTH/GLOY, Zugabe und Rabatt, § 1 ZugabeVO, Anm. 75. Anders hingegen: KÖHLER/Piper, § 1 ZugabeVO, Rn. 28; SEYDEL, Zugabeverordnung und Rabattgesetz, § 1 ZugabeVO, Rn. 181.

54 KLOSTERFELDE/JAEGER-LENZ, in: Handbuch des Wettbewerbsrechts, § 52, Rn. 25; SEYDEL, Zugabeverordnung und Rabattgesetz, § 1 ZugabeVO, Rn. 180; BORCK, Wegweiser durch die ZugabeVO, S. 60 weist daraufhin, dass der Ausnahmekatalog zwar abschließend gedacht war, eine analoge Anwendung trotzdem in Betracht komme; Baumbach/HEFERMEHL, Wettbewerbsrecht, § 1 ZugabeVO, Rn. 62 schließt eine analoge Anwendung zumindest dann nicht aus, wenn sie sich im Rahmen der gesetzlichen Wertung hält.

§ 1 UWG weitgehend als überflüssig angesehen werden kann[55], geben Anlass, die wettbewerbstheoretische Sinnfälligkeit des Zugabeverbots als solches zu analysieren. Die Notwendigkeit einer solchen Untersuchung wird zudem durch Stimmen in der Literatur verstärkt, die die Berechtigung des Zugabeverbots ohnehin bezweifeln[56]. Zunehmend wird auch geltend gemacht, das Zugabeverbot stoße von Seiten des Durchschnittsbürgers eher auf Unverständnis, da der mündige Bürger mit Zugaben umgehen könne und eine Liberalisierung in diesem Bereich seinem Interesse dienen würde[57]. Die folgende Analyse richtet sich an den Argumenten aus, die 1932 zum Erlaß der ZugabeVO geführt haben.

I. Gefahr der unsachlichen Beeinflussung des Kunden

1. Vorwurf

In den amtlichen „Erläuterungen zur Verordnung des Reichspräsidenten zum Schutze der Wirtschaft vom 9. März 1932“[58] werden die gegen die Zugabenwerbung vorgebrachten Bedenken als gerechtfertigt angesehen. Einer dieser Bedenken war, dass die Zugabenwerbung den Blick des Käufers von der anzukaufenden Ware fortziehe und sie auf einen für den Kauf ganz unwesentlichen Nebenvorgang – die Zugabe – lenke[59]. Diese Argumentation wird noch heute von Rechtsprechung und Literatur fortgeführt und dementsprechend bemerkt, dass der Kunde weniger auf Güte und Preis der Hauptleistung achte und diese nicht mit denen der Mitbewerber vergleiche. Vielmehr lasse sich der Kunde, weil er dem in der Zugabe liegenden Vorteil ausschlaggebende Bedeutung beimesse, durch unsachliche Momente zum Kauf bestimmen[60]. Durch den Anreiz, den die Zugabe wegen des Anscheins der Unentgeltlichkeit ausübe, könne

55 Vgl.: 2. Kapitel, C, S. 122 f.

56 Deutlich: KÖHLER, in: Festschrift für Hoppmann, S. 283 ff.; EMMERICH, Recht des unlauteren Wettbewerbs, § 12, 2; eher andeutend: SOSNITZA, Wettbewerbsbeschränkungen durch die Rechtsprechung, S. 139; MESTMÄCKER, Der verwaltete Wettbewerb, S. 62; SEYDEL, Zugabeverordnung und Rabattgesetz, Allg. Vorb., Rn. 2

57 Vgl.: KNÖPFLE, NJW 1993, 246; KNOPS, GRUR 1995, 649 (656 f.).

58 A.a.O. S. 125 Fn. 1.

59 Amtliche Erläuterungen, a.a.O. S. 125 Fn. 1; S. 334.

60 Baumbach/HEFERMEHL, Wettbewerbsrecht, ZugabeVO Allg., Rn. 6; BORCK, WRP 1996, 965 (972); V.GAMM, Wettbewerbsrecht, 2. Hb., § 59 Rn. 4; HEERMANN, Handelsüblichkeit von Zugaben, S. 79; vgl. auch: BGHZ 11, 260 (264) – Kunststoff-Figuren I; BGHZ 11, 274 (279) – Orbis-Reisemarken.

der Käufer zu unwirtschaftlichen Ausgaben und zu einer Anschaffung über Bedarf verleitet werden. Erschwerend komme ein korrumpierendes Element hinzu, sofern ein Dritter für einen anderen das Geschäft abschließt; dieser werde nur zu leicht dazu verleitet, Waren des Unternehmens zu bevorzugen, das ihm persönliche Vorteile verspricht[61].

2. Retrospektive

Die Gefahr der unsachlichen Beeinflussung des Kunden wurde bereits im Rahmen der Beurteilung der akzessorischen Wertreklame anhand von § 1 UWG umfassend gewürdigt. Die Tragfähigkeit dieses Arguments konnte nicht bestätigt werden[62]. Die Abgabe des preiswerten koppelnden Guts nur in Verbindung mit einem brancheneigenen Gut bedeutet lediglich eine Minderung des Kaufpreises. Angesichts des Leitbilds eines durchschnittlich informierten, mündigen und verständigen Durchschnittsverbrauchers ist folglich davon auszugehen, dass der Kunde nachteilhafte Geschäfte erkennt und sich dementsprechend nicht durch ein Werbeverbot bevormunden lassen muss. Eine Beeinträchtigung von Abnehmerinteressen ist dementsprechend nicht ersichtlich[63]. Insofern kann im Wesentlichen auf die bereits erfolgten Ausführungen verwiesen werden. Zu überprüfen ist lediglich, ob angesichts der Unterschiede zwischen der Zugabenwerbung und sonstigen Erscheinungsformen der akzessorischen Wertreklame ein abstrakter Gefährdungstatbestand erforderlich ist.

3. Berücksichtigung der Besonderheiten der Zugabenwerbung

Eine Besonderheit der Zugabenwerbung besteht in der Abgabe der Zugabe ohne besondere Berechnung. Hinsichtlich der nach § 1 UWG zu beurteilenden Erscheinungsformen der akzessorischen Wertreklame bewirkt hingegen allein die Preiswürdigkeit der koppelnden Ware die Zugehörigkeit zum Begriff der akzessorischen Wertreklame. Daher ist zu prüfen, ob sich der Kunde durch eine Zugabe in einem höheren Maße unsachlich beeinflussen lässt als durch die Preisgünstigkeit eines koppelnden Guts, wie etwa bei der Werbung mit gekoppelten Vorspannangeboten.

Zugaben werden begriffsnotwendig ohne besondere Berechnung oder zu einem Scheinentgelt abgegeben. Dementsprechend kommen als Zugabe sinn-

61 Baumbach/HEFERMEHL, Wettbewerbsrecht, ZugabeVO Allg., Rn. 6; BORCK, WRP 1996, 965 (972); ähnlich, Amtliche Erläuterungen, a.a.O. S. 125 Fn. 1, S. 334.

62 2. Kapitel, B. II. 2, S. 88 ff.

63 2. Kapitel, B. II. 2b, S. 92 ff.

vollerweise nur Handelsgüter in Betracht, die keinen erheblichen Wert aufweisen. Verwendet der Anbieter hingegen hochwertige Handelsgüter, so widerspricht dies insofern seiner ökonomischen Vernunft, als er den Hauptzweck seines Unternehmens – die Gewinnerzielung – dauerhaft nicht verwirklichen kann[64]. Die Gewährung von hochwertigen Handelsgütern als Zugabe kann dementsprechend nur als kurzfristige Werbeaktion oder mittelfristig als gezieltes Mittel zur Verdrängung von Mitbewerbern in Betracht kommen. Beide Konstellationen können aus Abnehmerschutzaspekten vernachlässigt werden. In der ersten Konstellation kann der Abnehmer allenfalls von dem preisgünstigen Angebot profitieren, wohingegen die zweite Konstellation gegebenenfalls aus Mitbewerberschutzaspekten Bedeutung erlangen kann.

Die typische Zugabenwerbung erfolgt dementsprechend unter Verwendung von geringwertigen Handelsgütern. Dies bedeutet wiederum, dass Zugaben zur Absatzförderung von höherwertigen Gebrauchsgegenständen weitgehend wirkungslos sind, weil der Wertunterschied zwischen Hauptgut und Zugabe zu groß ist, als dass die Zugabe einen merkbaren Einfluss auf die Kaufentscheidung ausüben könnte. Folglich kann die Zugabe als Werbemittel lediglich zur Bewerbung von Gegenständen des täglichen Bedarfs effektiv sein. Hinsichtlich solcher Handelsgütern kann jedoch erwartet werden, dass dem Kunden die durchschnittlich geforderten Einzelpreise zumindest annähernd bekannt sind; ansonsten müsste jedes – grundsätzlich zulässige – Sonderangebot, das den Kunden zum Kauf eines weiteren Handelsguts beim Werbenden veranlasst, aufgrund der Gefahr einer unsachlichen Beeinflussung verboten werden[65].

Offeriert ein Unternehmen dementsprechend ein Handelsgut des täglichen Bedarfs zusammen mit einer Zugabe, ohne den Preis dieses Guts zu erhöhen, kann von einer unsachlichen Beeinflussung trotzdem nicht gesprochen werden. Das Gesamtangebot ist zweifellos günstig. Eine unsachliche Beeinflussung käme nur in Betracht, wenn der Anbieter den Preis des Hauptguts erhöhen würde. Da die Zugabe begriffsnotwendig ohne besondere Berechnung abgegeben und nicht etwa ein Gesamtpreis gebildet wird, kann der Abnehmer die

64 SCHERER, Privatrechtliche Grenzen der Verbraucherwerbung, S. 232.

65 Zur Frage, wann aus einem grundsätzlich zulässigen Sonderangebot ein unzulässiges Lockvogelangebot wird, vgl. die Entscheidungen: BGH GRUR 1970, 33 – Lockvogel; BGH GRUR 1974, 344 – Intermarkt I; BGH GRUR 1978, 649 – Elbe-Markt; BGH GRUR 1978, 652 – mini-Preis; BGH GRUR 1979, 116 – Der Superhit; BGH GRUR 1983, 582 – Tonbandgerät; BGH GRUR 1983, 650 – Kamera; BGH GRUR 1987, 52 – Tomatenmark; BGH GRUR 1987, 371 – Kabinettwein; BGH GRUR 1989, 609 – Fotoapparate; BGH GRUR 1992, 858 – Clementinen.

Preiserhöhung des Hauptguts ohne große Schwierigkeiten registrieren[66]. Der Abnehmer kann frei entscheiden, ob er beim Anbieter der Zugabe einen erhöhten Kaufpreis für das Hauptgut entrichtet und die Zugabe ohne besondere Berechnung erhält, oder ob er bei einem Konkurrenten das Hauptgut zum Durchschnittspreis erwirbt und den Zugabeartikel extra bezahlt. Ist dem Abnehmer eine solche Abwägungsentscheidung möglich, kann die Annahme einer für die Zugabenwerbung typischen unsachlichen Beeinflussung nicht mehr sein als Unterstellung.

Für das Argument der unsachlichen Beeinflussung ergeben sich demzufolge im Bereich der Zugaben keine Besonderheiten. Zur Vermeidung einer unsachlichen Beeinflussung des Kunden ist es nicht erforderlich, das Zugabeverbot als abstrakten Gefährdungstatbestand aufrecht zu erhalten. An diesem Ergebnis ändert auch der Vorwurf nichts, der Zugabenwerbung hafte ein korruptes Element an[67]. Die Intention des Käufers hinsichtlich der späteren Verwendung des Zubehörartikels kann sicherlich nicht in den Verantwortungsbereich des Anbieters gestellt werden, solange der Tatbestand der Bestechung von Angestellten nach § 12 UWG nicht erfüllt ist[68].

II. Verschleierungs- bzw. Irreführungsgefahr

1. Befürchtungen

Die Besorgnis, die Zugabengewährung bewirke beim Käufer den Anschein eines Geschenkes, während tatsächlich der in Rechnung gestellte Preis der Hauptware um die Kosten der Zugabe erhöht sein kann, spielte in der amtlichen Begründung der ZugabeVO eine entscheidende Rolle. Dort heißt es: „Mit dem Zugabewesen ist die Unklarheit über den Wert der Hauptware und der Nebenleistungen unvermeidlich verbunden[69].“ Dieser Aspekt wird noch heute im Schrifttum als Daseinsberechtigung der ZugabeVO angeführt[70]: Durch die

66 KÖHLER, in: Festschrift für Hoppmann, S. 283 (290). SCHERER, Privatrechtliche Grenzen der Verbraucherwerbung, S. 231.

67 Vgl. vor allem: BORCK, WRP 1996, 965 (971 f.).

68 Zu § 12 UWG vgl.: HEISEKE, WRP 1969, 362 ff.; PFEIFFER, in: Festschrift für v.Gamm, S. 129 ff.; RASCH, Die Bekämpfung des Bestechungsunwesens, passim; Baumbach/HEFERMEHL, Wettbewerbsrecht, § 12 UWG.

69 Amtliche Erläuterung, a.a.O. S. 125 Fn. 1, S. 335.

70 Vgl.: Baumbach/HEFERMEHL, Wettbewerbsrecht, ZugabeVO Allg., Rn. 7; BORCK, Wegweiser durch die ZugabeVO, S. 21; GÖTTING Entwicklung des Zugaberechts, S. 6; HOFMANN, in: Festschrift für Bartholomeyczik, S. 161 (175); KAMIN, WRP 1956, 214 (216); WIRTH, BB 1962, 356; DOEPNER, GRUR 1976,

Unklarheit über den Wert der Haupt- und der Nebenware werde es dem Käufer unmöglich, die wirklichen Preise zu erkennen. Seine Preisvorstellungen würden verwirrt und seine Urteilsfähigkeit getrübt, da ein direkter Preisvergleich in Bezug auf die Hauptware nicht möglich sei. Als Konsequenz hieraus werde die Konkurrenzfunktion der Preise beseitigt; demzufolge trete an die Stelle des Qualitätswettbewerbs der Wettbewerb mit Zugaben[71]. Die Gefahr der Preisverschleierung ist auch von der Rechtsprechung regelmäßig – zumeist ohne nähere Erläuterung – als vom Zweck der ZugabeVO umfasst angesehen worden[72], so dass dieses Argument weiterhin einen Stützpfeiler der ZugabeVO darstellt.

2. Reminiszenz

Bereits im Rahmen der Beurteilung der akzessorischen Wertreklame anhand von § 1 UWG konnte eine Irreführung der Kunden unter Umständen festgestellt werden. Dies ist namentlich der Fall, wenn der Anbieter durch besondere Herausstellungen beim Abnehmer den Eindruck der Preiswürdigkeit erweckt, dieser Eindruck unzutreffend ist und der Anbieter Informationen unterdrückt, die geeignet sind, diesen unzutreffenden Eindruck zu beseitigen[73]. Als solche Informationen kommen beispielsweise die Angabe der Einzelpreise beim verdeckten Koppelungsangebot, der Hinweis auf die Exklusivität bei einer Preisgarantie oder der deutliche Hinweis auf die Kosten des Netzkartenvertrages bei der Werbung mit kostenlosen Mobiltelefonen in Betracht. Da Zugaben ebenfalls eine Erscheinungsform der akzessorischen Wertreklame darstellen, soll an dieser Stelle nicht das Irreführungsargument als solches angezweifelt werden[74]. Im Vordergrund der Untersuchung soll vielmehr die Frage

16 (21). Kritisch hingegen: HEERMANN, Handelsüblichkeit von Zugaben, S. 94 ff.; KÖHLER, in: Festschrift für Hoppmann, S. 283 (289); SOSNITZA, Wettbewerbsbeschränkungen durch die Rechtsprechung, S. 127 ff.; SCHERER, Privatrechtliche Grenzen der Verbraucherwerbung, S. 230 f.; EMMERICH, Recht des unlauteren Wettbewerbs, § 12, 2.

71 Baumbach/HEFERMEHL, Wettbewerbsrecht, ZugabeVO Allg., Rn. 7; GÖTTING Entwicklung des Zugaberechts, S. 6.

72 Vgl.: BGHZ 11, 260 (264) – Kunststoff-Figuren; BGHZ 11, 274 (279) – Orbis-Reisemarken; OLG Celle, GRUR 1967, 149; OLG Karlsruhe, WRP 1958, 188; LG Berlin, GRUR 1988, 154 (155) – One for Two III; etwas aufschlussreicher hingegen schon OLG Hamburg, WRP 1969, 247.

73 Vgl.: 2. Kapitel, B. II. 4c, S. 104.

74 Anders hingegen: SCHERER, Privatrechtliche Grenzen der Verbraucherwerbung, S. 231, die bei ihrer Untersuchung zu dem Ergebnis gelangt, dass die Gefahr einer Irreführung über die Preiswürdigkeit oder die Gefahr einer Preisverschleierung bei Zugaben grundsätzlich nicht besteht.

stehen, ob es erforderlich ist, § 1 I ZugabeVO als abstraktes Irreführungsverbot aufrecht zu erhalten.

3. Erhöhtes Gefahrenpotential bei der Zugabenwerbung

Von zentraler Bedeutung ist, ob im Bereich der Zugabenwerbung – verglichen mit sonstigen Erscheinungsformen der akzessorischen Wertreklame – eine erhöhte Irreführungsgefahr besteht. Ausschließlich dann ließe sich das abstrakte Irreführungsverbot des § 1 I ZugabeVO, das wesentlich gravierender in die unternehmerische Gestaltungsfreiheit eingreift als § 1 UWG, rechtfertigen. Gegenüber der Prämisse der erhöhten Irreführungsgefahr bestehen jedoch Bedenken. Anzuzweifeln ist insbesondere die Unterstellung, der Kunde gehe bei der Zugabenwerbung von einem Geschenk aus, nur weil ihm die Zugabe ohne besondere Berechnung gewährt werde.

Sicherlich hat im heutigen Wirtschaftsleben niemand etwas zu verschenken[75]. Das bedeutet jedoch nicht zwangsläufig, dass die für die Zugabe aufgewendeten Kosten in den Preis der Hauptleistung einkalkuliert sein müssen. Eine solche Betrachtungsweise beruht auf der Vorstellung, ein Kaufmann müsse mit dem Verkauf jedes einzelnen Handelsguts einen Gewinn erzielen oder zumindest den anteilig anfallenden Kostendeckungsbeitrag erwirtschaften[76]. Allgemein ist aber anerkannt, dass das preispolitische Ziel eines Unternehmens nicht darin bestehen kann, für jedes einzelne Handelsgut den größtmöglichen Gewinn zu erzielen, sondern allein darin, mit dem Absatz des gesamten Sortiments ein möglichst günstiges Betriebsergebnis zu erreichen[77]. In der Regel geschieht dies durch die sog. Mischkalkulation. Die Preiserhöhung der

75 KÖHLER, in: Festschrift für Hoppmann, S. 283 (289); NORDEMANN, Wettbewerbs- und Markenrecht, Rn. 505; Baumbach/HEFERMEHL, Wettbewerbsrecht, ZugabeVO Allg., Rn. 7; HEERMANN, Handelsüblichkeit von Zugaben, S. 97.

76 Vgl.: HEERMANN, Handelsüblichkeit von Zugaben, S. 97, der bei der ZugabeVO Schutzzwecküberlegungen anstellt, um den Begriff der „Handelsüblichkeit" nach § 1 II lit.d ZugabeVO näher bestimmen zu können; vgl. auch: LINDACHER, Lockvogel- und Sonderangebote, S. 5.

77 BGH GRUR 1984, 204 (206) – Verkauf unter Einstandspreis II unter Verweis auf SCHOLZ, WRP 1983, 373 (375); LEHMANN, GRUR Int. 1977, 135 (137); HEERMANN, Handelsüblichkeit von Zugaben, S. 97; vgl. auch: KLÜNDER, Wirkt das Rabattgesetz wettbewerbsbeschränkend?, S. 36, der diesen Aspekt für die wettbewerbsrechtliche Rechtfertigung des RabattG fruchtbar macht; ähnlich: LINDACHER, Lockvogel- und Sonderangebote, S. 5, der sogar darauf hinweist, dass das Prinzip der Mischkalkulation im Ansatz auf der praktischen Schwierigkeit oder gar Unmöglichkeit einer Stückkalkulation auf Selbstkostenbasis sowie der unterschiedlichen Kostentragungsfähigkeit der einzelnen Artikel beruht.

Hauptware um die Kosten der Nebenware ist lediglich ein mögliches Mittel, ein sinnvolles Betriebsergebnis zu erreichen, keineswegs aber die einzige und zwingende Möglichkeit.

Wählt ein Unternehmer diese Möglichkeit, so korrespondiert damit nicht zwangsläufig ein Irrtum des Kunden. Einerseits ist dem Kunden in aller Regel bewusst ist, dass er vom Anbieter nichts geschenkt bekommt[78] und andererseits wird ihm generell zugemutet, komplexe Gesamtangebote – ohne Aufschlüsselung der einzelnen Kalkulationsposten – zu vergleichen[79]. Im Gegensatz zu sonstigen Erscheinungsformen der akzessorischen Wertreklame ist es dem Kunden gerade im Bereich der Zugaben sogar besonders leicht möglich, diesen Eindruck zu entkräften, weil Preisschwankungen bei der Hauptware durch die Nichtberechnung der Zugabe sofort erkennbar sind[80]. Bietet ein die Zugabe gewährender Unternehmer seine Hauptleistung tatsächlich teurer an als seine Mitbewerber, so erkennt der Käufer sehr leicht, was er per saldo für die Zugabe bezahlen wird[81]. Eine Irreführungsgefahr besteht demnach lediglich dann, wenn der Kunde den Wert der Zugabe trotzdem wesentlich zu hoch einschätzt[82]. Diese Gefahr ist jedoch nicht speziell dem Bereich der Zugaben zuzuordnen, sie haftet vielmehr allen Erscheinungsformen der akzessorischen Wertreklame in der gleichen Weise an.

Vor diesem Hintergrund ist es nicht einleuchtend, ausschließlich den Bereich der Zugaben mittels eines abstrakten Irreführungsverbots zu regeln. Vielmehr ist es angebracht, die Zugabe nach den gleichen Kriterien zu beurteilen wie die sonstigen Erscheinungsformen der akzessorischen Wertrekla-

78 Auf den psychologischen Kaufzwang Bezug nehmend: HAMMER, Die unentgeltliche Verteilung von Originalware, S. 92; REIMER, GRUR Int. 1958, 159 (168); SOSNITZA, Wettbewerbsbeschränkungen durch die Rechtsprechung, S. 34.

79 So verweist HEERMANN, WRP 1999, 130 (137) auf Sondermodelle bei Kraftfahrzeugen mit diversen Extras wie Radio, Klimaanlage etc., Küchen mit verschiedenen Einbaugeräten und Fertighäuser mit unterschiedlichen Ausstattungen.

80 KÖHLER, in: Festschrift für Hoppmann, S. 283 (290); SCHERER, Privatrechtliche Grenzen der Verbraucherwerbung, S. 231 stellt diesbezüglich in den Vordergrund, dass es sich bei den Hauptwaren zumeist um Waren des täglichen Bedarfs handelt und deswegen ein Preisvergleich leicht möglich ist.

81 Ähnlich auch der Entwurf zur Aufhebung der Zugabeverordnung (BT-Drucks. 12/6723 vom 1.2.1994) wo es heißt: „Die Verbraucher sind heute im Übrigen so sehr mit dem Marktgeschehen vertraut und über die sich bietenden Einkaufsmöglichkeiten unterrichtet, dass eine Beeinträchtigung ihrer Interessen bei einer Zulassung von Zugaben nicht ernsthaft zu befürchten ist"; vgl. dazu auch: KRETSCHMER, GRUR 1994, 272 f.

82 KÖHLER, in: Festschrift für Hoppmann, S. 283 (290).

me[83]. Demgemäß ist die Zugabenwerbung gem. §§ 1, 3 UWG zu untersagen, wenn

- der Anbieter durch besondere Herausstellungen beim Abnehmer den Eindruck der Preiswürdigkeit des Angebots hervorruft,
- dieser Eindruck unzutreffend ist und
- der Anbieter Informationen unterdrückt, die geeignet sind, diesen unzutreffenden Eindruck zu beseitigen.

III. Gefahr eines Brancheneinbruchs

Das Zugabeverbot wird zudem durch die Gefahr einer Schädigung von Geschäftszweigen, die sich branchenmäßig mit den als Zugabe gewährten Gütern befassen, gerechtfertigt[84]. Dies sei keine normale Folge des Wettbewerbs, weil die gewährten Zugaben erfahrungsgemäß nicht zum Geschäftszweig des Verkäufers gehören und demgemäß keine wettbewerbsimmanente Verdrängungswirkung vorliegen könne. Der Schutz des Fachhandels, der die als Zugaben gewährten Güter normalerweise anbiete, sei aber aus wirtschaftspolitischer Sicht geboten, da an der Erhaltung eines leistungsfähigen Fachhandels, der den Kunden sachgemäß beraten kann, ein berechtigtes Interesse der Allgemeinheit bestehe. Derjenige, der branchenfremde Waren als Zugaben gewähre, sei dem Kunden zumeist kein zuverlässiger Berater[85].

Diese Argumentation ist durch ein überkommenes Branchendenken geprägt. In der Tatsache, dass ein Unternehmer branchenfremde Waren in sein Sortiment aufnimmt und sich zu den Mitbewerbern auf fremden Märkten in Konkurrenz begibt – sei es auch in Form einer Zugabengewährung – kann für sich genommen nichts Verwerfliches gesehen werden. In der heutigen, von Diversifikationszwängen geprägten Wettbewerbsordnung muss es jedem Unternehmer gestattet sein, alle Waren bzw. Leistungen anzubieten, von deren Verkauf er sich einen Gewinn verspricht. Diese unternehmerische Freiheit würde sich in ihr Gegenteil verkehren, falls man ein wettbewerbsrechtlich geschütztes Interesse des Fachhandels anerkennen würde, mit dem Verkauf der anderswo als Zugabe gewährten Waren – frei von Konkurrenz – einen Gewinn zu erzielen.

83 Vgl.: 2. Kapitel, B. II. 4c, S. 104.

84 BGHZ 11, 274 (279) – Orbis-Reisemarken; Baumbach/HEFERMEHL, Wettbewerbsrecht, ZugabeVO Allg., Rn. 8; KÖHLER/Piper, ZugabeVO Einf., Rn. 2; PAUL, GRUR 1999, 34 (38); anklingend auch in den amtlichen Erläuterungen, a.a.O. S. 125 Fn. 1, S. 335.

85 Baumbach/HEFERMEHL, Wettbewerbsrecht, ZugabeVO Allg., Rn. 8.

Bei genauer Betrachtung kann die Gewährung von Zugaben durchaus als Ausdruck besonderer Preiswürdigkeit angesehen werden. Ein günstiger Preis ist in der geltenden Wirtschaftsordnung ohne das Hinzutreten weiterer Umstände aber nicht zu beanstanden[86]. Der Preis ist geradezu das klassische Mittel des erwünschten Leistungswettbewerbs; seine Festsetzung liegt grundsätzlich in der Entscheidungsfreiheit des einzelnen Unternehmers[87]. Ein Interesse des Fachhandels an einem Zugabeverbot kann demnach nicht als schutzwürdig angesehen werden[88].

An dieser Beurteilung ändert sich lediglich dann etwas, wenn ein Unternehmen die Zugabenwerbung systematisch einsetzt und Unternehmen, die die als Zugaben gewährten Güter branchenmäßig vertreiben, quasi „ausgetrocknet" werden. Gegen diese Gefahr der Zugabenwerbung hat eine Schutzvorrichtung Abhilfe zu schaffen. Insoweit kann aber auf die Resultate zurückgegriffen werden, die anhand von § 1 UWG für die Beurteilung der akzessorischen Wertreklame herausgearbeitet wurden[89]. Demzufolge ist die Zugabenwerbung zu untersagen, wenn

- sie systematisch betrieben wird,
- der Verkaufspreis des Gesamtangebots niedriger ist als die Summe der Einstandspreise und
- dadurch die ernsthafte Gefahr einer Verdrängung von Mitbewerbern auf dem Markt des koppelnden Guts begründet wird.

Einer weitergehenden Einschränkung der Zugabenwerbung aufgrund der Gefahr eines Brancheneinbruchs bedarf es dagegen nicht. Daran kann auch ein vermeintliches Interesse der Allgemeinheit an einer fachkundigen Beratung nichts ändern. Die als Zugaben gewährten Waren bzw. Leistungen sind zumeist von geringem Wert; ansonsten könnte ein Unternehmen diese Güter – zumindest mittelfristig – nicht ohne besondere Berechnung zu einer Hauptware dazugeben, ohne deutliche finanzielle Einbußen hinzunehmen. Hinsichtlich gering-

86 Vgl.: BGH GRUR 1960, 331 – Schleuderpreise; GRUR 1966, 214 (217) – Einführungsangebot; GRUR 1966, 617 (620) – Saxophon; GRUR 1979, 321 (322) – Verkauf unter Einstandspreis I; GRUR 1984, 204 (206) – Verkauf unter Einstandspreis II.

87 BVerfGE 21, 292 (296) – Warenhaus-Rabatt; BGH GRUR 1984, 204 (206) – Verkauf unter Einstandspreis II; GÖTTING, Entwicklung des Zugaberechts, S. 92; HOTH, GRUR 1978, 147 (149); LEHMANN, GRUR Int. 1977, 135 (144); DERS., GRUR 1984, 313; WEBER, WRP 1991, 205 (207).

88 Ebenso: KÖHLER, in: Festschrift für Hoppmann, S. 283 (291); HEERMANN, WRP 1999, 130 (137).

89 Vgl.: 2. Kapitel, B. III. 3, S. 119 ff.

wertiger Gegenstände besteht von Seiten der Allgemeinheit in der Regel überhaupt kein Bedürfnis nach fachkundiger Beratung. Man wird vielmehr erfreut sein, Zubehörartikel ohne weiteren Transaktionsaufwand mit der Hauptware zusammen erwerben zu können. Insofern entspricht die Zugabengewährung sogar dem wahren Interesse des Konsumenten.

IV. Gefahr der Übersteigerung des Zugabewettbewerbs

Als wesentlichen Grund für den Erlass der ZugabeVO sah man die Gefahr der Übersteigerung des Zugabewesens[90]. So müsse wegen der hohen Anziehungskraft der Zugabenwerbung damit gerechnet werden, dass nach und nach auch Unternehmen, die bisher auf diese Art der Werbung verzichtet haben, gezwungenermaßen zur Zugabenwerbung übergehen, um sich der Konkurrenz erwehren zu können. Die Unternehmen würden gewissermaßen in den Sog der Zugabenwerbung gezogen. Sie würden nicht mehr in hohem Maße auf die Qualität ihrer Produkte achten, sondern vielmehr versuchen, das Publikum gleichermaßen mit Zugaben einzufangen. Dies führe zu einer Verschlechterung der Wettbewerbssituation, weil die Aktionsparameter Preis und Leistung in den Hintergrund gedrängt werden würden[91].

Dieses Szenario einer Hypertrophie ist aus heutiger Sicht überaus zweifelhaft. Die ZugabeVO wurde während der Weltwirtschaftskrise, also in einer Ausnahmesituation erlassen, in der das Anschwellen des Zugabewettbewerbs als letzte Möglichkeit des Einzelhandels angesehen werden konnte, überhaupt noch Waren abzusetzen. Heute geht es jedoch weniger um das Problem, Waren überhaupt abzusetzen, sondern darum, einen bestehenden Bedarf der Marktgegenseite auf das eigene Produkt zu lenken. Insofern dürfte es unwahrscheinlich sein, dass die Aufhebung des Zugabeverbots zu einer auch nur annähernd ähnlichen Situation wie damals führen würde[92]. Vielmehr ist davon auszugehen, dass die Unternehmen im Umgang mit den wettbewerblichen Freiräumen, die aus dem Wegfall des Zugabeverbots resultieren, nicht wieder in eine Hypertro-

90 Amtliche Erläuterungen, a.a.O. S. 125 Fn. 1, S. 335.

91 Amtliche Erläuterungen, a.a.O. S. 125 Fn. 1, S. 335; vgl. auch: HEFERMEHL, GRUR 1974, 542 (545); sowie SACK, WRP 1975, 65 (70), der betont, dass bei Koppelungsgeschäften und damit auch bei der Zugabengewährung wegen der Nachahmungsgefahr ein Leistungswettbewerb nur noch im Bereich der Nebenware erhalten bleibe.

92 A.A. offenbar KISSELER, WRP 1975, 129 (130), DERS., Das deutsche Wettbewerbsrecht im Binnenmarkt, S. 25 (41 ff.), der tatsächlich betont, dass die ZugabeVO als wesentlicher Bestandteil der Wettbewerbsordnung unbestritten sei und inzwischen auch international immer mehr Anerkennung finde.

phie verfallen [93]. Gestützt wird diese Überlegung, wenn man bedenkt, dass zum Zeitpunkt des Erlasses der ZugabeVO die Preise für die Hauptwaren weitgehend gebunden waren[94]. In dieser Situation blieb den Händlern lediglich die Möglichkeit, auf die Zugabenwerbung zurückzugreifen, sofern ein Preiswettbewerb betrieben werden sollte. Seit der Aufhebung der Preisbindung für Markenartikel durch die 2. GWB-Novelle von 1973 ist die Preisbindung zweiter Hand gem. §§ 14, 15 GWB nur noch für Verlagserzeugnisse zulässig[95]; ansonsten sind die Hersteller gem. § 23 GWB auf unverbindliche Preisempfehlungen beschränkt. Das Entfallen der Preisbindung hat den Händlern die erneute Betreibung eines effektiven Preiswettbewerbs erlaubt. Daher ist eine Zugabenwerbung im Übermaß – vergleichbar mit der Situation während der Weltwirtschaftskrise – nicht zu befürchten.

Des Weiteren bedingt eine Verstärkung des Zugabewettbewerbs nicht zwangsläufig Preissteigerungen und Qualitätsminderungen[96]. Ein Blick über die Landesgrenze ist diesbezüglich lohnend. So verzichtet beispielsweise die Schweiz auf ein Zugabeverbot, ohne dass Missstände der oben beschriebenen Art bekannt geworden wären[97]. Da jede Werbung infolge von Nachahmungen nach einer gewissen Zeit an Reiz und Überzeugungskraft verliert[98], ist dies

93 So auch die im Gesetzesentwurf der Fraktionen der Bundesregierung zur Aufhebung der Zugabeverordnung (BT-Drucks. 12/6723 vom 1.2.1994, S. 5) zum Ausdruck kommende Auffassung.

94 KÖHLER, in: Festschrift für Hoppmann, S, 283 (292). Eine weitere negative Wirkung der Preisbindung ist der preistreibende Effekt, der wettbewerbsaktive Händler daran hindert, Preisvorteile an den Abnehmer weiterzugeben, vgl.: KLOSTERFELDE/METZLAFF, in: Langen/Bunte, Kartellrecht, Band I, § 15 GWB (a.F.), Rn. 45; EMMERICH, in: Immenga/Mestmäcker, GWB, Art. 15 (a.F.), Rn. 8a; DERS., Kartellrecht, § 13, 2.

95 Vgl. zur Preisbindung im Allgemeinen: EMMERICH, in: Immenga/Mestmäcker, § 15, Rn. 55 ff.; BRÜHL, Das kartellrechtliche Preis- und Konditionenbindungsverbot (§ 15 GWB), passim; KÖNIG, Vertikale Preis- und Konditionenbindung nach deutschem und EWG-Kartellrecht, passim; KRASSER, Der Schutz von Preis- und Vertriebsbindungen gegenüber Aussenseitern, passim.

96 Vgl. auch: HEERMANN, Handelsüblichkeit von Zugaben, S. 123; KÖHLER, in: Festschrift für Hoppmann, S. 283 (292); GÖTTING, Entwicklung des Zugaberechts, S. 111.

97 KOPPENSTEINER, Wettbewerbsrecht, § 25, Rn. 3; andeutungsweise: Baumbach/HEFERMEHL, Wettbewerbsrecht, ZugabeVO Allg., Rn. 21; Art. 3 lit.g des schweizerischen UWG verbietet Zugaben demgemäß nur dann, wenn der Konsument über den tatsächlichen Wert des Angebots getäuscht wird.

98 HEERMANN, WRP 1999, 130 (138); SOSNITZA, Wettbewerbsbeschränkungen durch die Rechtsprechung, S. 68; EICHMANN, in: Festschrift für Eugen Ulmer, S. 287 (291); vgl. auch: BGH GRUR 1959, 277 (279) – Künstlerpostkarten mit

auch nicht verwunderlich. Zudem ist es gerade im Bereich der Zugabenwerbung unwahrscheinlich, dass die Abnehmer dauerhaft eine Qualitätsverschlechterung bzw. Preiserhöhung der Hauptwaren akzeptieren würden. Zugaben werden ohne besondere Berechnung abgegeben. Anders als beispielsweise bei verdeckten Koppelungsangeboten können Preiserhöhung bei der Hauptware sofort registriert werden[99]. Der Verbraucher in seiner Rolle als „Schiedsrichter" des Wettbewerbs wird mit seiner Kaufentscheidung deutlich machen, ob eine zunehmende Zugabenwerbung seinen Wünschen entspricht. Ist dies nicht der Fall, so wird die Marktforschung diese Tendenz zweifellos ausfindig machen, woraufhin die Unternehmen wieder auf andere Werbemethoden umsteigen werden[100]. Ein Unternehmen, das sich „nur" auf die Zugabenwerbung beschränkt und die Parameter Preis und Qualität der Hauptleistung negligiert, wird – zumindest mittelfristig – am Markt nicht bestehen können. Daher ist die Befürchtung, es käme infolge einer Verstärkung des Zugabewettbewerbs zwangsläufig zu Qualitätsverschlechterungen und zu Preissteigerungen, nicht berechtigt.

V. Zwischenergebnis

Die Ausführungen zur wettbewerbstheoretischen Sinnfälligkeit der ZugabeVO haben gezeigt, dass die gegen die Zugabenwerbung vorgebrachten Bedenken weitgehend obsolet sind. Für die abnehmerbezogenen Argumente der Gefahr der unsachlichen Beeinflussung und der Verschleierungs- bzw. Irreführungsgefahr gilt dies in gleichem Maße wie für die wirtschaftspolitisch geprägten Argumente der Gefahr eines Brancheneinbruchs und der Gefahr der Übersteigerung des Zugabewettbewerbs. Die wettbewerbsbeschränkende Wirkung, die vom Zugabeverbot in Gestalt des abstrakten Gefährdungstatbestands ausgeht, findet daher in der seit dem Erlass der ZugabeVO vollkommen veränderten wettbewerbspolitischen Landschaft keine Rechtfertigung. Den Gefahren der Zugabewerbung kann in ausreichender Weise mit Hilfe der §§ 1, 3 UWG begegnet werden.

Anm. BUßMANN, wonach der bei der Nachahmung durch Mitbewerber eintretende Verlust an werblicher Kraft zu berücksichtigen sei.

99 SCHERER, Privatrechtliche Grenzen der Verbraucherwerbung, S. 231; KÖHLER, in: Festschrift für Hoppmann, S. 283 (290).

100 Vgl. auch: LEHMANN, Die Werbung mit Geschenken, S. 161, der betont, dass im Gegensatz zur bäuerlichen Agrarwirtschaft, in der der Konsument seine Wünsche direkt dem Produzenten mitteilte, die heutige Marktwirtschaft dadurch gekennzeichnet ist, dass der Produzent mit Hilfe der Marktanalyse und der Motivationsforschung die Bedürfnisse seiner künftigen Kunden selbst aufspürt.

D. DAS ZUGABEVERBOT UND DIE GRUNDFREIHEITEN

Die Schlussfolgerung, dass den Argumenten zur Rechtfertigung des Zugabeverbots in der heutigen Wettbewerbsordnung weitgehend der Boden entzogen ist, wirft im europarechtlichen Zusammenhang die Frage nach der Vereinbarkeit der ZugabeVO mit der Warenverkehrs- bzw. Dienstleistungsfreiheit auf. Wie bereits festgestellt, kann das Verbot akzessorischer Wertreklame aufgrund nationaler Bestimmungen i.S.d. „Keck“-Doktrin sowohl eine produktbezogene Regelung als auch eine Verkaufsmodalität, die nicht aus dem Anwendungsbereich des Art. 28 EGV ausgenommen ist, darstellen[101]. Die Qualifizierung als „Maßnahme gleicher Wirkung“ bedeutet aber, dass die infrage kommende nationale Regelung – sofern sie nicht gegen die Warenverkehrsfreiheit gem. Art. 28 EGV verstoßen will – einem gemeinschaftsrechtlich anerkannten Ziel in verhältnismäßiger Weise dienen muss[102]. Gleiches gilt, wenn die ZugabeVO im konkreten Fall eine Beschränkung der Dienstleistungsfreiheit gem. Art. 49 EGV darstellt[103].

I. Die Entscheidung „Oosthoek`s Uitgeversmaatschappij BV“

Der EuGH konnte sich bereits im Jahre 1982 zur Vereinbarkeit eines nationalen Zugabeverbots mit der Warenverkehrsfreiheit äußern. In der Entscheidung „Oosthoek`s Uitgeversmaatschappij BV“[104] stand die niederländische Regelung der Zugabenwerbung zur Beurteilung. Nach Art. 2 der Wet Beperking

101 2. Kapitel, B. II. 1d, S. 80 ff.; vgl. auch: RÜFFLER, Österreichisches und europäisches Wirtschaftsprivatrecht, Teil 6/2, S. 508; anders hingegen: JUTTA KEßLER, Das System der Warenverkehrsfreiheit im Gemeinschaftsrecht, S. 241.

102 EuGH Slg. 1979, 649 (662) Ziff. 8 – Cassis de Dijon; EuGH Slg. 1980, 3841 (3853 f.) Ziff. 11 – Fietje; EuGH Slg. 1981, 527 (536) Ziff. 12 – Kelderman; EuGH Slg. 1981, 3019 (3034) Ziff. 21 – Kommission/Italien; EuGH Slg. 1982, 3961 (3972) Ziff. 12 – Rau; EuGH Slg. 1984, 2793 (2806) Ziff. 15 f. – Kommission/Italien; EuGH Slg. 1995, I-1141 (1179) Ziff. 45 – Alpine Investments; EuGH Slg. 1995, I-4165 (4198) Ziff. 39 – Gebhard.

103 In der Entscheidung BGH WRP 1999, 424 – Bonusmeilen hatte der BGH die Vereinbarkeit des deutschen Zugabeverbots mit der Dienstleistungsfreiheit zu überprüfen. Im Ergebnis konnte es der BGH jedoch offen lassen, ob das deutsche Zugabeverbot als eine durch zwingende Gründe der Lauterkeit des Handelsverkehrs und des Verbraucherschutzes gerechtfertigte Einschränkung der Dienstleistungsfreiheit angesehen werden kann, weil bei dem beanstandeten System eine *konkrete Irreführung* der angesprochenen Verkehrskreise festgestellt werden konnte.

104 EuGH Slg. 1982, 4575 – Oosthoek`s Uitgeversmaatschappij.

Cadeaustelsel[105] ist es verboten, Waren als Zugaben im Rahmen der Ausübung einer gewerblichen Tätigkeit anzubieten. Von diesem Verbot bestehen zahlreiche Ausnahmen: Unter anderem ist es gem. Art. 4 III des Gesetzes zulässig, Waren als Zugabe anzubieten, deren Verbrauch oder Gebrauch in einem Zusammenhang mit dem verkauften Erzeugnis steht und die eine deutlich sichtbare und dauerhafte Reklameaufschrift tragen. Der Wert dieser Waren darf jedoch 4% des Verkaufspreises der Ware oder Waren nicht übersteigen, zu denen sie als Zugabe gewährt werden. Der EuGH sah in diesem Verbot zwar eine Beeinträchtigung der Warenverkehrsfreiheit; diese Beeinträchtigung sei allerdings durch Erfordernisse des Verbraucherschutzes und der Lauterkeit des Handelsverkehrs gerechtfertigt. Das Angebot von Zugaben als Mittel der Absatzförderung könne bei den Verbrauchern einen Irrtum über die tatsächlichen Preise der Erzeugnisse bewirken und die Bedingungen eines auf Leistung beruhenden Wettbewerbs verfälschen. Dem könne das Zugabeverbot in geeigneter Weise abhelfen[106]. Angesichts der Ausnahme vom Zugabeverbot im Falle eines Verwendungszusammenhangs überschreite die Regelung zudem nicht das zur Erreichung der Ziele des Verbraucherschutzes und der Lauterkeit des Handelsverkehrs erforderliche Maß[107].

II. Bewertung

Mit der Entscheidung „Oosthoek's Uitgeversmaatschappij BV" ist nicht zwingend die Konsequenz verbunden, dass auch das deutsche Zugabeverbot als gerechtfertigte Einschränkung der Warenverkehrs- bzw. Dienstleistungsfreiheit anzusehen ist. An dieser Stelle sollen einige Punkte aufgezeigt werden, die die präjudizielle Wirkung der „Oosthoek"-Entscheidung infrage stellen.

Zunächst ist darauf hinzuweisen, dass sich aus den Entscheidungsgründen nicht ergibt, weshalb zum Schutze des Verbrauchers die Regelung des Zugabewesens gerade mittels eines *abstrakten Irreführungsverbots* erforderlich sein soll. Verwunderlich ist dies allerdings nicht: Einerseits gehen die schriftlichen Erklärungen der Mitgliedstaaten, die sich für eine Restriktion des Zugabewesens entschieden haben, selbstverständlich von der Notwendigkeit eines abstrakten Gefährdungstatbestandes aus[108]. Andererseits hat das im Ausgangsverfahren beklagte Unternehmen zwar moniert, dass die konkrete Regelung nicht

105 Gesetz über die Beschränkung des Zugabewesens von 1977 – Staatsblad 1977, Nr. 659.

106 EuGH a.a.O., S. 4588 Ziff. 18 – Oosthoek's Uitgeversmaatschappij.

107 EuGH a.a.O., S. 4588 f. Ziff. 20 – Oosthoek's Uitgeversmaatschappij.

108 Vgl. die Erklärungen der niederländischen, belgischen, deutschen sowie der dänischen Regierung (EuGH a.a.O., S. 4580 ff – Oosthoek's Uitgeversmaatschappij).

den „wohlverstandenen Interessen des Verbrauchers“ diene, auf die Möglichkeit eines konkreten Irreführungsverbots hat es aber nicht hingewiesen[109]. Daher wurde die Überlegung, dass der Verbraucher vor den Gefahren der Zugabenwerbung ebenso gut mit Hilfe eines konkreten Irreführungsverbots geschützt werden kann und ein abstraktes Verbot dementsprechend eine unverhältnismäßige Einschränkung der Warenverkehrsfreiheit ist, vom EuGH nicht angestellt.

Auf die Unterscheidung von abstrakten und konkreten Irreführungsverboten wird in diesem Zusammenhang deswegen in solcher Deutlichkeit hingewiesen, da in der Zwischenzeit einige Entscheidungen des EuGH ergangen sind, in denen dieser abstrakten Irreführungsverboten die Europarechtskonformität vor dem Hintergrund der Warenverkehrsfreiheit abgesprochen hat. In der Entscheidung „GB-Inno“[110] hatte der EuGH beispielsweise die Zulässigkeit von in Luxemburg verbreiteten Werbeschriften einer belgischen Supermarktkette zu beurteilen, in denen für die Dauer einer zeitlich begrenzten Sonderaktion mit Preissenkungen geworben wurde und die herabgesetzten Preise den früher verlangten gegenüber gestellt worden waren. Nach belgischem Recht war diese Form der Werbung erlaubt, nach luxemburgischem Recht hingegen verboten. Für das nationale Verbot der Preisgegenüberstellung wurde vorgebracht, der Verbraucher sei normalerweise nicht in der Lage, die Richtigkeit des früheren Vergleichspreises zu überprüfen. Die Angabe des früheren Preises übe daher einen übermäßigen Druck auf den Verbraucher aus[111]. Der EuGH ist dieser Argumentation nicht gefolgt, vorwiegend, weil durch das abstrakte Verbot der Preisgegenüberstellung den Verbrauchern der Zugang zu wichtigen Informationen verwehrt werde[112]. Weitere Entscheidungen, in denen der EuGH abstrakte Irreführungsverbote mit der Warenverkehrsfreiheit in einem unauflösbaren Konflikt sah, sind „Yves Rocher“[113] und „Sarpp“[114], wobei in letzterer

109 Erklärung der Firma Oosthoek (EuGH a.a.O., S. 4578 f. – Oosthoek`s Uitgeversmaatschappij).

110 EuGH Slg. 1990, I-667; hierzu: KISSELER, in: Harmonisierung des Rechts gegen den unlauteren Wettbewerb in der EG, S. 25 (39 f.); SCHRICKER, Recht der Werbung in Europa, S. 117; DAUSES, EuZW 1995, 425 (426).

111 EuGH Slg. 1990 I-667 (687) Ziff. 11 – GB-Inno-BM.

112 EuGH a.a.O., S. 689 Ziff. 18-21 – GB-Inno-BM.

113 EuGH Slg. 1993, I-2384 = WRP 1993, 615 mit Anm. SCHRICKER; es ging dabei um eine Werbekampagne der deutschen Yves Rocher GmbH. Für den Versandhandel französischer Kosmetika wurde in einem Werbeprospekt mit blickfangmäßig hervorgehobenen Eigenpreisvergleichen geworben. Diese Werbung, die auf einer einheitlichen Konzeption der Muttergesellschaft für die verschiedenen Mitgliedstaaten beruhte, war nach deutschem Recht wegen § 6e UWG verboten.

Entscheidung explizit verdeutlicht wurde, dass ein Verbot, das bestimmte Angaben von vornherein – per se – verbieten will, eine unverhältnismäßige Maßnahme zur Erreichung des Zieles des Verbraucherschutz sei[115].

Keineswegs außer Acht gelassen werden sollte zudem die Tatsache, dass der EuGH der Ausnahme vom niederländischen Zugabeverbot im Falle eines Verwendungszusammenhangs erheblich Bedeutung beigemessen hat[116]. Die mitgliedschaftlichen Regelungen des Zugabewesens, insbesondere bezüglich der Ausnahmen vom Zugabeverbot, sind jedoch sehr facettenreich[117], weswegen die Begründung der „Oosthoek"-Entscheidung nicht ohne weiteres auf das deutsche Zugabeverbot übertragen werden kann. Da beispielsweise der Ausnahmetatbestand des § 1 II lit.d ZugabeVO äußerst restriktiv gehandhabt wird[118] und dementsprechend sicherlich einen geringeren Anwendungsbereich hat als das vergleichbare Merkmal des Verwendungszusammenhangs in der Wet Beperking Cadeaustelsel, könnte durchaus eine abweichende Entscheidung zum deutschen Zugabeverbot ergehen, ohne dass sich der EuGH in Widerspruch zu seiner bisherigen Rechtsprechung setzen müsste.

Die aufgeführten Punkte zeigen, dass die Entscheidung „Oosthoek`s Uitgeversmaatschappij BV"[119] die Frage, ob das deutsche Zugabeverbot in seiner konkreten Ausprägung eine unverhältnismäßige Beschränkung der Warenverkehrs- bzw. Dienstleistungsfreiheit darstellt, nicht präjudiziert. Will man dementsprechend die Europarechtskonformität der ZugabeVO einschätzen, stehen zwei Aspekte im Vordergrund. Zum einen ist dies die Tatbestandsauslegung der Rechtsprechung, die dem Zugabeverbot durch die weite Auslegung des Zugabebegriffs und die restriktive Auslegung der Ausnahmen einen weiten Anwendungsbereich zukommen lässt. Zum anderen ist die Analyse der wettbewerbstheoretischen Sinnfälligkeit des Zugabeverbots in Erinnerung zu rufen, nach der die gegen das Zugabeverbot angeführten Argumente die Erforderlichkeit eines abstrakten Gefährdungstatbestand nicht rechtfertigen können[120]. Angesichts dieser beiden Aspekte ist sehr zweifelhaft, ob das deutsche Zugabeverbot die Ziele des Verbraucherschutzes und der Lauterkeit des Handelsver-

114 EuGH Slg. 1990, I-4695; hierzu auch RÜFFLER, Österreichisches und europäisches Wirtschaftsprivatrecht, Teil 6/2, S. 333.

115 EuGH Slg. 1990, I-4695 (4723 f.) Ziff. 31 f. – Sarpp.

116 EuGH a.a.O., S. 4588 f. Ziff. 19-21 – Oosthoek`s Uitgeversmaatschappij.

117 Vgl. hierzu die Zusammenstellung bei: Baumbach/HEFERMEHL, Wettbewerbsrecht, Rn. 21.

118 Vgl.: 3. Kapitel, B. II. 2, S. 131.

119 EuGH a.a.O. – Oosthoek`s Uitgeversmaatschappij.

120 3. Kapitel, C. V, S. 147.

kehrs in erforderlicher Weise verwirklicht und dementsprechend mit der Warenverkehrs- bzw. Dienstleistungsfreiheit in Einklang steht.

E. Resümee

Die voranstehenden Ausführungen verdeutlichen, dass die ZugabeVO die Unternehmen eines wichtigen wettbewerblichen Aktionsparameters beraubt und außerdem den Abnehmern die Chance nimmt, infolge der Zugabengewährung in den Genuss geldwerter Vorteile zu gelangen. Diese Beschränkung der wirtschaftlichen Freiheit auf beiden Marktseiten kann mit wettbewerbsrechtlichen Argumenten nicht gerechtfertigt werden. Die ZugabeVO stellt demnach ein Relikt vergangener Zeit dar, das in der heutigen Wettbewerbsordnung keinen Platz findet. Zudem bestehen erhebliche Bedenken an der Europarechtskonformität der ZugabeVO. Deshalb ist rechtspolitisch die Forderung nach der Aufhebung der ZugabeVO zu erheben. Die Radikalität dieser Forderung lässt sich dadurch erklären, dass eine wettbewerbsfreundliche Tatbestandsauslegung angesichts der Ausgestaltung des § 1 I ZugabeVO als Formaltatbestand nur bedingt zu einer Belebung des Wettbewerbs führen könnte[121].

Mit der Zugabenwerbung sind typischerweise keine Gefahren verbunden, die nicht auch bei anderen Erscheinungsformen der akzessorischen Wertreklame angesiedelt wären. Folglich kann den Gefahren der Zugabenwerbung in ebenso wirksamer Weise mit Hilfe der §§ 1, 3 UWG begegnet werden. Dem Primat der Wettbewerbsfreiheit folgend sind damit lediglich die Missbräuche der Zugabenwerbung zu unterbinden. Entsprechend den Grundsätzen, die für die lauterkeitsrechtliche Beurteilung der akzessorischen Wertreklame erarbeitet wurden, kann die Zugabenwerbung sowohl aus Aspekten des Abnehmerschutzes als auch aus Aspekten des Mitbewerberschutzes untersagt werden.

Eine Verletzung von Abnehmerinteressen ist bei der verschleiernden- bzw. irreführenden Zugabenwerbung zu befürchten. Die Zugabenwerbung ist aus diesem Grunde zu untersagen, wenn der Anbieter durch besondere Herausstellungen beim Abnehmer den Eindruck der Preiswürdigkeit des Angebots hervorruft, dieser Eindruck unzutreffend ist und der Anbieter Informationen unterdrückt, die geeignet sind, diesen unzutreffenden Eindruck zu beseitigen. Zur Verhinderung einer aus Sicht der Mitbewerber missbräuchlichen Zugabenwerbung wird nicht etwa auf die Bestimmungen des GWB verwiesen, weil die Zugabenwerbung angesichts der Tatsache, dass sie beim „beschenkten" Käufer zu einer suboptimalen Bedarfsdeckung führen und dies bei der Mitbewerberbehinderung ausgenutzt werden kann, den Bereich des Sittlich-Rechtlichen

121 Vgl.: 3. Kapitel, B. III., S. 133 ff.

nicht ganz verlässt[122]. Die Zugabenwerbung ist vielmehr nach § 1 UWG zu untersagen, wenn sie systematisch betrieben wird, der Verkaufspreis des Gesamtangebots niedriger ist als die Summe der Einstandspreise und dadurch die ernsthafte Gefahr einer Verdrängung von Mitbewerbern auf dem Markt des koppelnden Guts begründet wird.

122 Vgl.: SCHRICKER, GRUR Int. 1994, 586 (591).

4. KAPITEL: BESCHRÄNKUNG DER WERBUNG MIT PREIS-NACHLÄSSEN DURCH DAS RABATTG

A. GESCHICHTLICHER HINTERGRUND UND WANDEL DES GESETZES-ZWECKS

Nach dem Erlass der ZugabeVO im Jahre 1932 zeigte sich, dass von weiten Teilen der Wirtschaft anstelle der verbotenen Zugabenwerbung zur Werbung mit Preisnachlässen bzw. Rabatten übergegangen wurde[1]. Durch die Rabatte, die den Rahmen einer wirtschaftlich vertretbaren Geschäftsführung überstiegen und volkswirtschaftlich bedenkliche Ausmaße annahmen, wurde die Existenzfähigkeit zahlreicher kleiner und mittlerer Einzelhandelsbetriebe bedroht[2]. Da sich laut Gesetzgeber die §§ 1, 3 UWG zur Bekämpfung der aufgetretenen Auswüchse als nicht ausreichend erwiesen, entschloss er sich zu einer gesetzlichen Regelung in Gestalt des RabattG. Intendiert wurde vor allem, die ausartenden Entwicklungen auf dem Gebiet des Preisnachlasses im Einzelhandel zu beseitigen[3]. Ferner sollte die Nachlassgewährung auf den erzieherischen Grundgedanken „kein Preisnachlass ohne Gegenleistung"[4] zurückgeführt werden. Seinen Niederschlag findet dieses Bestreben des Gesetzgebers in folgender Textpassage:

> „Grundsätzlich ist gegen den Preisnachlaß als Wettbewerbsmittel nichts einzuwenden, solange er sich innerhalb einer vernünftigen und gesunden kaufmännischen Preisrechnung bewegt. Die vorgeschlagene gesetzliche Regelung beschränkt sich daher auf die Bekämpfung der verschiedenen Auswüchse[5]."

Betrachtet man hingegen die Rechtsprechung zur Auslegung der Tatbestandsmerkmale des RabattG, so fällt auf, dass der vom Gesetzgeber ursprüng-

1 Nach § 1 II lit.b ZugabeVO gilt das Zugabeverbot nicht, „wenn die Zugabe in einem bestimmten oder auf bestimmte Art zu berechnenden Geldbetrage besteht".

2 Amtliche Begründung zum Gesetz über Preisnachlässe (Rabattgesetz) vom 25. November 1933 (RGBl. I S. 1011), Rechtsanzeiger Nr. 184 vom 5. Dezember 1933, abgedruckt bei V.GODIN, Wettbewerbsrecht, S. 397.

3 Amtliche Begründung, a.a.O. S. 155 Fn. 2, S. 397.

4 Amtliche Begründung, a.a.O. S. 155 Fn. 2, S. 398. Erstaunlicherweise wird die Tatsache, dass die Rabattgewährung für das Unternehmen zu einer Steigerung des Umsatzes führen kann, nicht als Gegenleistung anerkannt.

5 Amtliche Begründung, a.a.O. S. 155 Fn. 2, S. 398.

lich angestrebte Schutzzweck kaum mehr eine Rolle zu spielen scheint[6]. Die Rechtsprechung hat insofern eine Akzentverschiebung vorgenommen, als nunmehr in einer ständig wiederkehrenden Formel explizit auf Verbraucherinteressen Bezug genommen wird[7]:

> „Das Rabattgesetz will verhindern, daß Unternehmer die Rabattgewährung dazu mißbrauchen, durch übermäßige Nachlässe Käufer anzulocken, eine hierdurch bedingte überhöhte Preisgestaltung zu verschleiern und auf diese Weise zum Nachteil der Mitbewerber und letztlich der *Verbraucher* den Preiswettbewerb zu verzerren[8]."

Auf diese Weise wurde dem RabattG ein verbraucherschützender Charakter verliehen[9]. Das RabattG selbst blieb – abgesehen von geringfügigen Änderungen – in seinen tatbestandlichen Ausprägungen im Wesentlichen unverändert. Lediglich das diskriminierende Verbot der Gewährung von Barzahlungsrabatten für Warenhäuser in § 6 RabattG wurde vom BVerfG für nichtig erklärt[10]. Ein Versuch der Bundesregierung, im Jahre 1993 eine Aufhebung des RabattG zu erreichen[11], scheiterte am erbitterten Widerstand des Einzelhandels und dessen Vertreter in Politik und Wissenschaft[12].

6 SCHÜTZ, EuZW 1993, 409 (410); SOSNITZA, Wettbewerbsbeschränkungen durch die Rechtsprechung, S. 142 f.

7 In der amtlichen Begründung, a.a.O. S. 155 Fn. 2, S. 398 hat der Verbraucher lediglich im Zusammenhang mit dem Begriff der Sonderpreise eine Rolle gespielt. Es heißt dort: „(...) auch in den Kreisen der Abnehmer und Verbraucher hat sich im Laufe der Jahre ein immer stärker werdender Widerstand geltend gemacht, weil die unterschiedliche Behandlung der Kunden mit dem Grundsatz gleicher Preisstellung nicht vereinbar ist".

8 BGH WRP 1995, 605 (607) – 2 für 1-Vorteil; vgl. auch: BGH GRUR 1975, 203 (204) – Buchbeteiligungszertifikate; BGH GRUR 1977, 264 (265) – Miniaturgolf; BGH GRUR 1991, 936 (937) – Goldene Kundenkarte; BGH GRUR 1993, 63 – Bonusring; BGH WRP 1995, 102 (103) – Fahrtkostenerstattung.

9 Dieser nachträgliche Begründungsversuch wird teilweise abgelehnt, vgl.: SCHRICKER, GRUR 1977, 646 (647); EMMERICH, FLF 1995, 70 (72); SOSNITZA, Wettbewerbsbeschränkungen durch die Rechtsprechung; SCHERER, Privatrechtliche Grenzen der Verbraucherwerbung, S. 138.

10 BVerfGE GRUR 1967, 605 ff. – Warenhaus-Rabatt.

11 Vgl. die Entwürfe der Bundesregierung für ein Gesetz zur Aufhebung des Rabattgesetzes (BT-Drucks. 12/6722 und 12/7271).

12 Zur Aufhebungsdebatte vgl.: EMMERICH, Recht des unlauteren Wettbewerbs, § 6, 2a; DERS., FLF 1995, 70 (72); PIPER, WRP 1994, 433 ff.; STERZINGER, Dere-

B. Gesetzliche Regelung

Nach der gesetzlichen Regelung des § 1 I RabattG dürfen im geschäftlichen Verkehr zu Zwecken des Wettbewerbs bei der Veräußerung von Waren des täglichen Bedarfs im Einzelverkauf an den letzten Verbraucher oder bei der Ausführung von gewerblichen Leistungen für den letzten Verbraucher Preisnachlässe nur nach Maßgabe der weiteren Bestimmungen des RabattG angekündigt oder gewährt werden. § 1 I RabattG beinhaltet somit ein grundsätzliches Verbot der Ankündigung oder Gewährung von Preisnachlässen. Um die Tragweite des Rabattverbots aufzuzeigen, soll im Folgenden ein kursorischer Überblick über den Begriff des Preisnachlasses, die wichtigsten einschränkenden Tatbestandsmerkmale des § 1 I RabattG sowie über die gesetzlich geregelten Ausnahmen vom Rabattverbot (§§ 2 ff. RabattG) gegeben werden.

I. Das Vorliegen eines Preisnachlasses

Eine Zuwiderhandlung gegen das RabattG setzt nach § 1 I RabattG die Ankündigung oder Gewährung eines Preisnachlasses voraus. Das Vorliegen eines *Preisnachlasses* ergibt sich gem. § 1 II RabattG aus der Gegenüberstellung des vom Unternehmer angekündigten oder allgemein geforderten Preises – sog. Ausgangs- oder Normalpreis – und des im Einzelfall ermäßigten Ausnahmepreises. Konkreter Preisnachlass ist die Differenz zwischen Ausgangs- und Ausnahmepreis. Diese Differenz kann sowohl in einem bestimmten Prozentsatz als auch in einem feststehenden Betrag zum Ausdruck kommen. Gerade die Abgrenzung eines verbotenen Preisnachlasses von einer erlaubten Preisherabsetzung kann im Einzelfall zu erheblichen Schwierigkeiten führen[13]. Ausschlaggebend für diese Abgrenzung ist nach der Rechtsprechung die Auffassung der Verbraucher, an die sich der Unternehmer wendet[14]. Für die Ermittlung der relevanten Verbraucherauffassung ist wiederum eine wirtschaftliche

gulierung im UWG und seinen Nebengesetzen, S. 199; KRETSCHMER, GRUR 1994, 272; BASEDOW, ZEuP 1994, 201 (203); MÖSCHEL, Rabattgesetz und Deregulierung, S. 11.

13 Vgl.: Köhler/PIPER, Einf. RabattG, Rn. 5; Baumbach/HEFERMEHL, Wettbewerbsrecht, RabattG Allg., Rn. 8; WEBER, WRP 1991, 205 (207); HOTH, GRUR 1977, 233; P.ULMER, GRUR Int. 1983, 611 (617).

14 BGH GRUR 1961, 367 (368) – Schlepper; BGH GRUR 1966, 382 (384) – Jubiläum; BGH GRUR 1978, 182 (184) – Kinder-Freifahrt; BGH GRUR 1985, 983 (984 f.) – Kraftfahrzeug-Rabatt mit Anm. LINDACHER; Baumbach/HEFERMEHL, Wettbewerbsrecht, § 1 RabattG, Rn. 19; Seydel, Zugabeverordnung und Rabattgesetz, § 1 RabattG, Rn. 52; kritisch hingegen: BURKERT, GRUR 1989, 869 (874).

Betrachtungsweise maßgebend[15]. Den Preisnachlässen sind nach der gesetzlichen Regelung des § 1 II RabattG die sog. *Sonderpreise* gleichgestellt. Sonderpreise sind dadurch gekennzeichnet, dass sie dem Begünstigten wegen seiner Zugehörigkeit zu bestimmten Verbraucherkreisen, Berufen, Vereinen oder Gesellschaften eingeräumt werden.

II. Einschränkende Tatbestandsmerkmale

1. „Letzter Verbraucher"

Die Ankündigung oder Gewährung eines Preisnachlasses bei der Veräußerung von Waren oder der Erbringung von gewerblichen Leistungen ist lediglich gegenüber dem „letzten Verbraucher" verboten. Durch dieses Tatbestandsmerkmal werden Geschäftsbeziehungen zwischen Hersteller, Großhändler, Importeur und Einzelhändler aus dem Anwendungsbereich des RabattG ausgenommen. Die einschränkende Funktion verliert allerdings infolge der Auslegung durch die Rechtsprechung erheblich an Bedeutung, da der Begriff nicht entsprechend den insoweit wortgleichen Vorschriften der §§ 6a, 6b UWG ausgelegt wird, sondern erheblich weiter[16]. In den Schutzbereich des RabattG fällt folglich nicht nur der reine Konsument, sondern auch ein Gewerbetreibender, soweit er Waren zur Deckung seines persönlichen Bedarfs erwirbt oder die erworbenen Waren der gewerbsmäßigen Verwendung in seinem Unternehmen zuführen will[17]. Demnach wird lediglich derjenige Gewerbetreibende, der die Ware weiter umsetzt, nicht als letzter Verbraucher angesehen.

15 BGH GRUR 1960, 495 (498) – WIR-Rabatt; BGH WRP 1990, 286 (287) – Bonusring; BGH GRUR 1991, 936 (937) – Goldene Kundenkarte; BGH WRP 1993, 243 (244) – Versandhandelspreis I; BGH GRUR1994, 389 – Versandhandelspreis II; kritisch: AHRENS, GRUR 1991, 500 (502); BORCK, WRP 1989, 699 (701); HOTH, GRUR 1977, 233 (234 ff.).

16 Nach BGH WRP 1974, 623 – Werbegeschenke und BGH WRP 1992, 482 (483) – Ortspreis wird dies mit der Systematik des RabattG begründet, welches in § 9 Nr. 1 RabattG die Gewährung von Sondernachlässen oder Sonderpreisen an Personen, die die Ware oder Leistung in ihrer beruflichen oder gewerblichen Tätigkeit verwerten, zulässt, sofern der Nachlass seiner Art und Höhe nach orts- oder handelsüblich ist. Hätte der Gesetzgeber diese Personen nicht ebenfalls als letzte Verbraucher ansehen wollen, hätte es der Ausnahmevorschrift des § 9 Nr. 1 RabattG nicht bedurft; kritisch: SOSNITZA, Wettbewerbsbeschränkungen durch die Rechtsprechung, S. 155 f.

17 BGH GRUR 1969, 362 (363) – Rabatt für branchenfremde Wiederverkäufer; BGH GRUR 1975, 320 (321) – Werbegeschenke; BGH GRUR 1977, 264 (266) – Miniaturgolf; BGH WRP 1992, 482 (484) – Ortspreis.

2. *Der Terminus des „täglichen Bedarfs"*

Ein weiteres Merkmal, mit dem der Gesetzgeber unzweifelhaft den Anwendungsbereich des RabattG restringieren wollte, ist das Erfordernis, dass es sich um Waren oder Leistungen des „täglichen Bedarfs" handeln muss. Der BGH hat sich in einer Reihe von Entscheidungen zu einer weiten Auslegung dieses Begriffs bekannt, um den gesetzgeberischen Zweck des RabattG überall dort zur Geltung zu bringen, wo der Markt miteinander konkurrierende Waren von objektiv feststellbarem Wert anbietet[18]. Im Einzelfall nimmt der BGH eine negative Abgrenzung vor; folglich werden neben Luxusgegenständen nur solche Waren oder Leistungen als nicht zum täglichen Bedarf gehörend angesehen, bei denen der Abnehmerkreis sehr klein ist und für die nur selten ein Bedarf auftritt[19]. Positiv lässt sich der Begriff des täglichen Bedarfs dahingehend umschreiben, dass alle Güter, an denen in der Bevölkerung – sei es auch nur innerhalb einer bestimmten Teilgruppe – jederzeit ein Bedarf auftreten kann, als Waren oder Leistungen des täglichen Bedarfs anzusehen sind[20].

3. *„Einzelverkauf"*

Die Ankündigung oder Gewährung eines Preisnachlasses muss im „Einzelverkauf" erfolgen. Demzufolge werden Geschäfte, die wegen ihres Umfangs oder sonstiger Besonderheiten im Einzelhandel praktisch nicht getätigt werden, vom Rabattverbot nicht tangiert[21]. Des Weiteren können durch den Begriff des Einzelverkaufs nur entgeltliche Geschäfte erfasst werden, weswegen Gratis-

18 SEYDEL, Zugabeverordnung und Rabattgesetz, § 1 RabattG, Rn. 31 mit Verweis auf BGH GRUR 1971, 516 (517) – Brockhaus-Enzyklopädie; BGH GRUR 1977, 264 (265) – Miniaturgolf; BGH GRUR 1985, 983 (984) – Kraftfahrzeugrabatt.

19 Vgl.: BGH GRUR 1960, 558 (561) – Kraftfahrzeuge; BGH GRUR 1961, 367 – Schlepper; BGH GRUR 1967, 433 – Möbel; BGH GRUR 1971, 516 (517) – Brockhaus-Enzyklopädie; BGH GRUR 1977, 264 (265) – Miniaturgolf.

20 Baumbach/HEFERMEHL, Wettbewerbsrecht, § 1 RabattG, Rn. 3; E.Ulmer/REIMER, Unlauterer Wettbewerb, Band III, Nr. 1105; HOTH/GLOY, Zugabe und Rabatt, § 1 RabattG, Rn. 8; REIMER/KRIEGER, Zugabe- und Rabattrecht, § 1 RabattG, Rn. 8; Köhler/PIPER, § 1 RabattG, Rn. 3.

21 Köhler/PIPER, § 1 RabattG, Rn. 9; TETZNER, Rabattgesetz, § 1, Rn. 51; HOTH/GLOY, Zugabe und Rabatt, § 1 RabattG, Rn. 19; a.A. Baumbach/HEFERMEHL, Wettbewerbsrecht, § 1 RabattG, Rn. 8; SEYDEL, Zugabeverordnung und Rabattgesetz, § 1 RabattG, Rn. 41, die durch den Begriff des Einzelverkaufs lediglich klargestellt wissen wollen, dass jeder gewerbsmäßige Verkauf an den letzten Verbraucher ohne Rücksicht auf die Handelsstufe vom RabattG erfasst wird, eine weitere Bedeutung aber ablehnen.

verteilungen[22] und Tauschgeschäfte[23] – abgesehen von der Inzahlunggabe von Gegenständen – rabattrechtlich unbedenklich sind.

III. Allgemeine, nach der gesetzlichen Regelung zulässige Rabatte

Soweit die Voraussetzungen des § 1 I RabattG vorliegen, statuiert das Gesetz ein generelles Verbot der Ankündigung und Gewährung von Preisnachlässen. Für die in den §§ 2 ff. RabattG aufgezählten allgemeinen Rabatte gilt dieses Verbot jedoch nicht.

Nach § 2 RabattG dürfen *Barzahlungsnachlässe* in einer Höhe von 3% gewährt werden, wenn die Gegenleistung unverzüglich nach Lieferung der Ware oder Bewirkung der gewerblichen Leistung durch Barzahlung oder in einer der Barzahlung gleichkommenden Weise, insbesondere durch Hingabe eines Schecks bzw. durch Überweisung, erfolgt. Dieser Rabatt soll ein Entgelt dafür sein, dass der Kunde den Kaufpreis sofort bezahlt. Gem. § 4 RabattG muss der Nachlassbetrag jedoch sofort vom Preis abgezogen oder in Form von Gutscheinen ausgegeben werden. *Mengenrabatte* gem. §§ 7, 8 RabattG unterliegen hingegen nicht den Schranken des § 2 RabattG. Die Grenze ihres zulässigen Umfangs wird vielmehr durch die Handelsüblichkeit bestimmt[24]. Liegen die Voraussetzungen eines zulässigen Mengenrabatts vor, so kann der Mengennachlass gem. § 7 II RabattG entweder durch Hingabe einer bestimmten Menge der verkauften Ware oder durch einen Preisnachlass gewährt werden. Schließlich erklärt § 9 RabattG *Sondernachlässe* bzw. *Sonderpreise* für Gewerbetreibende, gewerbliche Verwerter sowie für Großabnehmer und Betriebsangehörige unter bestimmten Voraussetzungen für zulässig.

22 RG GRUR 1938, 207 (210) – Persil-Werbepakete; BGH GRUR 1965, 488 – Kleenex; BGH GRUR 1993, 774 (775) – Hotelgutschein; Baumbach/HEFERMEHL, Wettbewerbsrecht, § 1 RabattG, Rn. 8; HOTH/GLOY, Zugabe und Rabatt, § 1 RabattG, Rn. 21; Köhler/PIPER, § 1 RabattG, Rn. 11.

23 Köhler/PIPER, § 1 RabattG, Rn. 12; HOTH/GLOY, Zugabe und Rabatt, § 1 RabattG, Rn. 21; a.A. hingegen: NORDEMANN, Wettbewerbs- und Markenrecht, Rn. 495; Baumbach/HEFERMEHL, Wettbewerbsrecht, § 1 RabattG, Rn. 8; MICHEL/WEBER/GRIES, § 1 RabattG, Rn. 5.

24 Zum Begriff der Handelsüblichkeit, der – entsprechend § 1 II lit.d ZugabeVO – erfüllt ist, wenn sich der Preisnachlass nach allgemeiner Auffassung der beteiligten Verkehrskreise im Rahmen wirtschaftlich vernünftiger kaufmännischer Gepflogenheiten hält, vgl.: BGH GRUR 1978, 185 (186) – Taschenrechnerpackung.

IV. Bewertung des Rabattverbots und seiner Auslegung

Zur Wirkung des RabattG wird teilweise stereotyp bemerkt, es greife nicht in die Preisgestaltungsfreiheit der Unternehmer ein. Die Unternehmer würden schließlich nur an ihre eigenen Ausgangspreise gebunden, weswegen das Rabattverbot letztendlich keine Beschränkung des Preiswettbewerbs bedeuten könne[25]. Zumindest in dieser Allgemeinheit kann dem nicht zugestimmt werden. Es wird schlichtweg übersehen, dass das RabattG den Unternehmern fast vollständig die Möglichkeit der Differenzierung und Individualisierung von Preisen nimmt. Diese Variante, Preiswettbewerb zu betreiben, ist der Preisgestaltungsfreiheit[26] ebenso zuzurechnen wie die freie Bildung der Ausgangspreise. Das RabattG bewirkt indes, dass ein Unternehmer nur in sehr engen Grenzen von den einmal angekündigten oder allgemein geforderten Preisen abweichen kann und seine Preise gleich allgemein ändern muss, um im Einzelfall preislich reagieren zu können. Dadurch verliert der Unternehmer erheblich an Flexibilität und demzufolge einen Aktionsparameter des sog. vorstoßenden Wettbewerbs, der in geltenden freien Wirtschaftsordnung als grundsätzlich geschützt anerkannt wird[27].

Dem Primat der Wettbewerbsfreiheit folgend, müsste folglich eine Deregulierung im Sinne einer liberaleren Auslegung der Tatbestandsmerkmale vorgeschlagen werden. Einen Ansatzpunkt für solche Überlegungen liefern vor allem die Begriffe des „täglichen Bedarfs" sowie des „letzten Verbrauchers"[28]. So kann es bezüglich des Ersteren nur verwundern, dass nach der derzeitigen

25 Baumbach/HEFERMEHL, Wettbewerbsrecht, RabattG Allg., Rn. 8; KISSELER, WRP 1994, 1 (10); DERS. WRP 1975, 129; DERS., in: Harmonisierung des Rechts gegen den unlauteren Wettbewerb, S. 25 (42); KLOSTERFELDE/JAEGER-LENZ, in: Handbuch des Wettbewerbsrechts, § 52, Rn. 50; SEYDEL, Zugabeverordnung und Rabattgesetz, RabattG, Rn. 8.

26 Vgl. hierzu insbesondere: KÖHLER/Piper, § 1 UWG, Rn. 172; NORDEMANN, Wettbewerbs- und Markenrecht, Rn. 244; STEINHÖFEL, GRUR 1998, 27 (30); GÖTTING, Entwicklung des Zugaberechts, S. 92; LEHMANN, GRUR 1984, 313; V.GAMM, Wettbewerbsrecht, 1. Hb., § 28, Rn.7; GLOY, in: Festschrift für Gaedertz, S. 209.

27 SCHÜTZ, EuZW 1993, 409 (410) mit Verweis auf BGH NJW 1975, 788 – Aluminium-Halbzeug; BGH NJW 1987, 1821 – Baumarktstatistik; EuGH NJW 1976, 470 – Zuckermarkt; MÖSCHEL, Rabattgesetz und Deregulierung, S. 22 beklagt insbesondere die Wettbewerbsbeschränkungen im Dienstleistungssektor.

28 So konzentriert SOSNITZA, Wettbewerbsbeschränkungen durch die Rechtsprechung, S. 140 ff. seine Untersuchung über die Ursachen der wettbewerbsbeschränkenden Wirkung des RabattG vor allem auf diese beiden Merkmale.

Rechtsprechungspraxis Gegenstände wie Orientteppiche[29], Personenkraftwagen der Mittelklasse[30], landwirtschaftliche Schlepper[31] und sogar Minigolfanlagen[32] als Waren des täglichen Bedarfs eingeordnet werden. Eine derart weite Auslegung stößt angesichts der wettbewerbsbeschränkenden Wirkung des RabattG auf Befremden. Vorschläge einer alternativen Tatbestandsauslegung sind insbesondere auf P.Ulmer zurückzuführen. Der Begriff der „Waren des täglichen Bedarfs" soll seiner Auffassung zufolge nur solche Erzeugnisse erfassen, für die aus der Sicht der jeweiligen Verbraucher ein laufender Kaufbedarf besteht[33]. Vom BGH wurde dieser Vorschlag jedoch explizit abgelehnt, weil die geforderte Eingrenzung des Tatbestands dem Geist des RabattG nicht hinreichend Rechnung trage[34]. Hingegen überrascht hinsichtlich der Auslegung des Merkmals des „letzten Verbrauchers", dass nicht etwa Bezug auf die insoweit wortgleichen Vorschriften der §§ 6a, 6b UWG vorgenommen wird und dementsprechend Wiederverkäufer aus dem Anwendungsbereich ausgenommen werden, soweit sie Waren – auch ohne den Willen der Weiterveräußerung – für ihren Gewerbebetrieb erwerben[35]. Stattdessen wird der Begriff des „letzten Verbrauchers" in § 1 I RabattG möglichst weit ausgelegt, so dass die Rabattwerbung regelmäßig auch gegenüber Gewerbetreibenden untersagt ist, falls diese die erworbenen Waren nicht veräußern[36]. Eine Rechtsprechungsänderung bei der Auslegung dieser Tatbestandsmerkmale könnte zumindest partiell zu einer Belebung des Preiswettbewerbs führen.

Jedoch ist auch hier – wie bereits im Bereich des Zugabeverbots – darauf hinzuweisen, dass der Rechtsprechung durch die Ausgestaltung des Rabattverbots im Sinne eines abstrakten Gefährdungstatbestandes eindeutige Grenzen gesetzt sind. Die Gerichte können selbst bei einer Rabattwerbung, die für die Kunden mit keinerlei Nachteilen verbunden ist, von einem Verbot der betreffenden Werbemaßnahme nicht absehen, sofern die Tatbestandsmerkmale des § 1 RabattG erfüllt sind und keiner der Ausnahmetatbestände der

29 KG, WRP 1977, 712.

30 BGH GRUR 1985, 983 (984) – Kraftfahrzeug-Rabatt.

31 BGH GRUR 1961, 367 – Scnlepper.

32 BGH GRUR 1977, 264 – Miniaturgolf.

33 P.ULMER, in: Festschrift für Hefermehl zum 65. Geburtstag, S. 201 (217 ff.).

34 BGH GRUR 1977, 264 (265) – Miniaturgolf.

35 Vgl. in Bezug auf § 6a UWG: BGH GRUR 1978, 173 – Metro; BAUER, GRUR 1974, 476 (477); GOLL, NJW 1975, 1822 (1823); SCHULZE ZUR WIESCHE, WRP 1975, 636 (640); FEZER, BB 1976, 705 (715).

36 Vgl.: BGH GRUR 1969, 362 (363) – Rabatt für branchenfremde Wiederverkäufer; BGH GRUR 1975, 320 (321) – Werbegeschenke; BGH GRUR 1977, 264 (266) – Miniaturgolf; BGH WRP 1992, 482 (484) – Ortspreis.

§§ 2 ff. RabattG eingreift. Im Rahmen dieser Arbeit soll deswegen die Möglichkeit, die wettbewerbsbeschränkende Wirkung des RabattG mit Hilfe einer restriktiven Tatbestandsauslegung des § 1 RabattG zu beseitigen, nicht vertieft werden. Vielmehr konzentriert sich die Untersuchung auf die Frage, inwieweit das RabattG als solches in der heutigen Wirtschaftsordnung eine Rechtfertigung finden kann. Eine umfassende Revision der Restriktionen der Wertreklame zieht eine derartige Fragestellung ohnehin nach sich.

C. Wettbewerbstheoretische Sinnfälligkeit des RabattG

Die Frage nach der wettbewerbstheoretischen Sinnfälligkeit des RabattG hat sich an dessen Schutzzweck auszurichten. Mittlerweile sieht man – in Abkehr der Intention des historischen Gesetzgebers – den Sinn und Zweck des RabattG darin, die Unternehmen an ihre Normalpreise zu binden, um damit

- einer Verschleierung überhöhter Preisgestaltungen,
- einem Anlocken der Käufer durch übermäßige Nachlässe sowie
- einer Verzerrung des Preiswettbewerbs zum Nachteil der Mitbewerber

vorzubeugen[37]. Obgleich diese Schutzzwecke inhaltlich verwandt und teilweise deckungsgleich sind[38], sollen sie im Folgenden getrennt untersucht werden. Das Ergebnis dieser Untersuchung soll schließlich Aufschluss darüber geben, ob sich die wettbewerbsbeschränkende Wirkung des RabattG vor dem Hintergrund der Gegebenheiten der heutigen Wirtschaftsordnung rechtfertigen lässt.

I. Verschleierung überhöhter Preisgestaltungen

Das RabattG soll einer Verschleierung überhöhter Preisgestaltungen entgegenwirken. Im Kern geht es darum, die Käufer vor einer Irreführung zu bewahren. Eine Irreführung der Käufer durch die Werbung mit Preisnachlässen kann in zweifacher Hinsicht in Betracht kommen: einerseits durch überhöhte Ausgangspreise und andererseits durch die Ausnahmepreise selbst. Die Gefahren eines Rabattwettbewerbs sollen demgemäß differenziert beleuchtet werden.

37 Nachweise auf S. 156, Fn. 8.

38 Ebenfalls P.ULMER, GRUR Int. 1983, 611 (617), der diese Ziele sämtlich auf die Formel „das RabattG diene dazu, den Unternehmer an seine Normalpreise zu binden, während er in der Bildung dieser Normalpreise keinen Beschränkungen mehr unterliege“ bringen will.

1. Irreführung durch überhöhte Ausgangspreise

a) Vorspiegeln eines künstlich hohen Preisniveaus

Der Vorwurf, ein frei zugelassener Rabattwettbewerb führe zu einer Irreführung durch überhöhte Ausgangspreise, wäre berechtigt, wenn die Ausgangspreise ein künstlich hohes Preisniveau vorspiegeln würden[39]. Praktisch gesehen kann eine solche Irreführungsgefahr nur vorliegen, wenn die Ausgangspreise allgemein überhöht sind, d.h. der Unternehmer die Preise nicht ernstlich durchsetzen will, sondern von vornherein eine allgemeine Rabattgewährung einkalkuliert. In diesem Fall spricht man von einer Werbung mit Mondpreisen. Weicht der Unternehmer hingegen nicht allgemein, sondern nur in Einzelfällen von seinen Ausgangspreisen ab, so kann der Ausgangspreis nicht irreführend sein, da er tatsächlich gefordert wird. Ob ein Unternehmer mit Mondpreisen wirbt, ist Tatfrage und keineswegs zwingend[40]. Gleichwohl kann die partielle Ausübung dieser unlauteren Werbeform infolge einer Freigabe der Rabattwerbung nicht ausgeschlossen werden[41].

Allein die Gefahr der Mondpreiswerbung durch ein Rabattverbot unterbinden zu wollen, erscheint nicht adäquat aufgrund der Überlegung, dass ein überhöhter, nicht ernsthaft geforderter Ausgangspreis bei vielen Käufern nicht zwingend zu dem Eindruck einer besonderen Bevorzugung führt. Begründen lässt sich dies damit, dass dem Käufer keineswegs der Gedanke naheliegt, derjenige, der die höchsten Ausgangspreise hat, gewähre auch die höchsten Rabatte und biete damit die niedrigsten Endpreise an[42]. Für einen durchschnittlich informierten, aufmerksamen und verständigen Durchschnittsverbraucher, der

39 Vgl.: SACK, Rechts- und wirtschaftspolitische Argumente, S. 7; Baumbach/HEFERMEHL, Wettbewerbsrecht, RabattG Allg., Rn. 8; Köhler/PIPER, Einf. RabattG, Rn. 4; PIPER, WRP 1994, 433 (434); KLÜNDER, Wirkt das Rabattgesetz wettbewerbsbeschränkend?, S. 19.

40 So nennt KLÜNDER, Wirkt das Rabattgesetz wettbewerbsbeschränkend?, S. 18 durchaus Möglichkeiten, die gegen einen Zwang zum kompensierenden Höherkalkulieren sprechen, so etwa das Fallen externer oder interner Kosten beim Unternehmer.

41 KISSELER, in: Harmonisierung des Rechts gegen den unlauteren Wettbewerb, S. 43; DERS., WRP 1994, 1 (11); DERS., WRP 1975, 127 (131); SACK, Rechts- und wirtschaftspolitische Argumente, S. 7, weisen bekräftigend darauf hin, dass sich bei einer anzunehmenden Umsatzrendite von ca. 1-2% attraktive Rabatte in einer Höhe von 5-10% nur gewähren lassen, wenn die Ausgangspreise der dem mit dem Rabatt verkauften Produkte entsprechend hoch angesetzt worden sind.

42 Vgl. bereits: ASSMANN, in: Scholz, Herausforderungen des Rechts, S. 158 (163).

nicht nur die Ausgangspreise, sondern auch die Endpreise der Konkurrenten vergleicht, dürften hohe Ausgangspreise eher abschreckend wirken. Eine andere Beurteilung wäre lediglich angebracht, falls alle Unternehmer zu einer Mondpreiswerbung übergingen, da der Kunde in diesem Fall die überhöhte Ausgangspreisbildung nicht durchschauen könnte. Ökonomisch gesehen ist jedoch nicht ersichtlich, weshalb Unternehmer auf Dauer mit einer solchen Absatzstrategie erfolgreich sein und daher an ihr festhalten sollten[43].

Die Gefahr einer Irreführung durch überhöhte Ausgangspreise ist demnach nicht gravierend genug, um ein generelles Verbot der Rabattwerbung zu rechtfertigen. Der missbräuchlichen Rabattwerbung mit Mondpreisen kann mit Hilfe des allgemeinen Irreführungsverbots gem. § 3 UWG begegnet werden[44]. Nahegelegt wird dies durch eine Parallele zu einer ähnlichen Werbeform – der Werbung mit Eigenpreisvergleichen[45]. Diese war durch § 6e UWG ebenfalls mittels eines abstrakten Gefährdungstatbestandes untersagt, ehe sich der Gesetzgeber entschloss, diese Bestimmung – auch infolge der EuGH-Entscheidung „Yves Rocher"[46] – aufzuheben[47]. Nunmehr kann ein Verbot von Eigenpreisvergleichen lediglich aus § 3 UWG resultieren, dessen tatbestandliche Voraussetzungen insbesondere erfüllt sind, wenn der höhere Preis vom Werbenden entweder überhaupt nicht oder nicht ernsthaft gefordert wird[48]. Ei-

43 So auch der Gesetzentwurf der Bundesregierung zur Aufhebung des Rabattgesetzes und der Verordnung zur Durchführung des Rabattgesetzes, BT-Drucks 12/6722, S. 3; vgl. auch: MÖSCHEL, Rabattgesetz und Deregulierung, S. 26; vorsichtig hinsichtlich einer Übergangsphase: DICHTL/BRINKMANN/HARDOCK, Beilage 12 zu Heft 35/1995 des BB, S. 12.

44 Mondpreisempfehlungen bei Markenwaren sind zudem gem. § 81 I Nr.1 i.V.m. §§ 22 I, 23 III Nr.2 GWB bußgeldbewährt. Missbräuchliche unverbindliche Preisempfehlungen kann die Kartellbehörde gemäß § 23 III Nr.2 GWB für unzulässig erklären und neue, gleichartige Empfehlungen verbieten, wenn die Empfehlung geeignet ist, den Verbraucher über den von der Mehrheit der Empfehlungsempfänger geforderten Preis zu täuschen.

45 Zur Irreführungsgefahr dieser Werbeform vgl.: ZUMSCHLINGE, Das Verbot der Werbung mit Preisgegenüberstellungen, S. 74; BECKER, Die Aufhebung des Verbotes der Werbung mit Preisgegenüberstellungen, passim.

46 EuGH Slg. 1993, I-2384 = GRUR 1993, 747 mit Anm. BORNKAMM. Der EuGH bejahte für § 6e II Nr.1, 2 UWG einen Verstoß gegen Art. 28 EGV insoweit, als er jede blickfangmäßige Werbung mit Preisgegenüberstellungen unabhängig ihres Wahrheitsgehalts verbot.

47 Art. 1 Nr. 1 UWG-ÄndG vom 23.7.1994 (BGBl. I 1738 ff.); vgl. auch: MARTIN-EHLERS, Die Irreführungsverbote des UWG im Spannungsfeld des freien europäischen Warenverkehrs, S. 20.

48 BGH GRUR 1975, 78 (79) – Preisgegenüberstellung I; vgl. auch: BGH GRUR 1979, 781 (782) – Radikal gesenkte Preise; BGH GRUR 1984, 212 (213) – Un-

ner Übertragung dieser Grundsätze auf die Rabattwerbung mit Mondpreisen stehen keine einleuchtenden Gründe entgegen. Insbesondere der Hinweis auf Abgrenzungsprobleme und Beweisschwierigkeiten im Rahmen des § 3 UWG kann nicht überzeugen[49]. Die logische Konsequenz einer solchen Argumentation wäre ein Plädoyer für eine generelle Regelung des Wettbewerbsrechts mittels abstrakter Gefährdungstatbestände, da nur diese geeignet sind, über Beweis- und Abgrenzungsschwierigkeiten hinwegzuhelfen. Bei dieser Vorgehensweise würden aber zahlreiche Werbeformen, die wettbewerbsrechtlich vollkommen unbedenklich, sogar erwünscht sind, verboten. Das Dilemma der sachgerechten Ausgrenzung schädlicher Werbeformen wäre nicht beseitigt, sondern würde sich nur verlagern, und zwar pro Regulierung und contra Wettbewerb[50].

b) Vergleich mit der Entwicklung in Österreich

Die Besorgnis einer Zunahme von überhöhten Ausgangspreisen bei einer Freigabe des Rabattwettbewerbs kann auch angesichts der Entwicklung in Österreich entkräftet werden. Dort fand man 1992 die Kraft, sich von den „Fesseln des RabattG"[51] zu lösen[52]. Seitdem gelten dort für Rabattankündigungen und Rabattverhalten die allgemeinen Grenzen der Generalklauseln der §§1, 2 öUWG. Tatsache ist, dass in der Folgezeit keineswegs die negativen Wirkungen eingetreten sind, die von den Verteidigern des RabattG immer wieder her-

echter Einzelpreis; OLG Stuttgart, WRP 1996, 469 (437); Baumbach/HEFERMEHL, Wettbewerbsrecht, § 3 UWG, Rn. 296 f.; Köhler/PIPER, § 3 UWG, Rn. 273.

49 So aber: DOEPNER, GRUR 1976, 16 (21); MICHEL/WEBER/GRIES, Einl. RabattG, Rn. 5; vgl. auch: SACK, Rechts- und wirtschaftspolitische Argumente, S. 8, der im Falle einer Aufhebung des RabattG das Irreführungsverbot bereits dann eingreifen lassen will, wenn eine Rabattgewährung oder Rabattankündigung geeignet ist, bei einem nicht unerheblichen Teil der Kunden den unzutreffenden Eindruck besonderer Preiswürdigkeit zu erwecken, obwohl der tatsächlich geforderte Endpreis unter den marktüblichen Preisen liegt.

50 Eine Deregulierung des Wettbewerbsrechts herbeirufend: SCHRICKER, GRUR Int. 1994, 597 (588); EMMERICH, Recht des unlauteren Wettbewerbs, § 2, 6; DERS., FLF 1995, 70 (72); DERS., in: Festschrift für Gernhuber, S. 857 f.

51 EMMERICH, Recht des unlauteren Wettbewerbs, § 6, 2a.

52 Ersatzlose Aufhebung des RabattG sowie auch der ZugabeVO durch das Wettbewerbsderegulierungsgesetz (öBGBl. 147/1992); vgl. auch: HENNING-BODEWIG, GRUR Int. 1994, 809 (813) zur Entwicklung in Luxemburg.

aufbeschworen werden[53]. Ganz im Gegenteil: Viele Unternehmen bevorzugen es nach wie vor, mit einem allgemein preisgünstigen Sortiment, statt mit Rabatten, zu werben, etwa wie in dem von Schricker[54] angeführten Beispiel: *„Besser als Rabatt – Wir garantieren Preise, die den Kunden jeden Rabatt vergessen lassen."* Die Mentalität der Verbraucher und die Marktstruktur in Österreich im Vergleich zu Deutschland sind mit Sicherheit nicht so unterschiedlich, dass sich eine Übertragung dieser Entwicklung verbieten würde. Vielmehr sollten die zahlreichen Beziehungen der beiden Staaten einerseits und die mittlerweile sieben Jahre andauernde positive Entwicklung seit der Aufhebung des RabattG in Österreich andererseits dazu ermuntern, auch in Deutschland einen Schritt in Richtung Deregulierung zu gehen.

2. Irreführung durch die Ausnahmepreise

Eine Aufhebung des Rabattverbots und damit eine Verschärfung des Rabattwettbewerbs könnte eine Irreführung der Verbraucher durch die Ausnahmepreise des Anbieters nach sich ziehen[55]. Voraussetzung einer derartigen Täuschung ist die Prämisse, dass derjenige, der auf einen bestimmten Ausgangspreis einen Rabatt gewährt, einen höheren Umsatz erzielt als jemand, der von vornherein den reduzierten Endpreis angibt. So soll beispielsweise eine Rabattwerbung, bei der auf ein Handelsgut im Wert von 100 DM ein Preisnachlass von 20% gewährt wird, einen höheren Werbeeffekt haben als eine Werbung mit einem direkten Hinweis auf das preisgünstige Angebot in Höhe von 80 DM[56]. Die Überprüfung dieser Prämisse bedarf einer differenzierten Betrachtungsweise. Zu unterscheiden ist zwischen der *Ankündigung* und der *Gewährung* von Rabatten.

53 EMMERICH, Recht des unlauteren Wettbewerbs, § 6, 2; MÖSCHEL, Rabattgesetz und Deregulierung, S. 29; STERZINGER, Deregulierung im UWG und seinen Nebengesetzen, S. 201 mit Verweis auf DICHTL, WiSt 1995, 256 f., der die Konsequenzen einer Aufhebung des RabattG aus betriebswirtschaftlicher Sicht betrachtet.

54 SCHRICKER, GRUR Int. 1994, 586 (591).

55 SACK, Rechts- und wirtschaftspolitische Argumente, S. 7; SCHÜTZ, EuZW 1993, 409 (411); Baumbach/HEFERMEHL, Wettbewerbsrecht, RabattG Allg., Rn. 8 f.; KISSELER, in: Harmonisierung des Rechts gegen den unlauteren Wettbewerb in der EG?, S. 43; KLÜNDER, Wirkt das Rabattgesetz wettbewerbsbeschränkend?, S. 20; DOEPNER, GRUR 1976, 16 (19).

56 Vgl.: DÖRINKEL, GRUR 1960, 7 f.; SCHÖNHERR, in: Festschrift für Hefermehl zum 65. Geburtstag, S. 163 (171); GAUGLER, Die Rabattgewährung im Einzelhandel, S. 9 f.; SACK, Rechts- und wirtschaftspolitische Argumente, S. 7.

a) Ankündigung von Rabatten

Wird die Rabattgewährung werbewirksam angekündigt, hat jeder Käufer die Möglichkeit, diese wahrzunehmen. Bereits vor der Kontaktaufnahme mit dem Unternehmer besteht die Möglichkeit, den Ausgangspreis des Unternehmers mit dessen Endpreis einerseits sowie den Endpreis des Unternehmers mit denen der Konkurrenten andererseits zu vergleichen. Wirtschaftlich gesehen führt die Ankündigung von allgemein gewährten Rabatten zu einem neuen Normalpreis. Eine Irreführung der Käufer ist deswegen nahezu ausgeschlossen. Im Allgemeinen kann der Käufer die Ankündigung einer Preissenkung richtig einschätzen, d.h. er ist sich im klaren darüber, dass über die Vorteilhaftigkeit eines Kaufs nicht ein hoher Rabatt, sondern einzig und allein der tatsächlich zu zahlende Preis Aufschluss geben kann[57]. Ein allgemeines Verbot der Ankündigung von Rabatten kann demgemäß nicht mit einer Irreführungsgefahr gerechtfertigt werden.

b) Individuelle Gewährung von Rabatten

Bei individuell gewährten Rabatten ist die Gefahr einer Fehlvorstellung dergestalt, der Ausnahmepreis sei im Vergleich zu Konkurrenzangeboten besonders günstig, als nicht unerheblich einzustufen. Dies liegt darin begründet, dass der „Überrumpelungseffekt" größer ist, der Kunde demgemäß einen Preisvergleich mit anderen Wettbewerbern nicht vornehmen kann, ohne die Verhandlungen mit dem Anbieter abzubrechen. Naturgemäß kann sich eine Fehlvorstellung nur ergeben, wenn der Kunde die Ausgangspreise nicht wahrnimmt oder nicht rechnen kann. Zwar ist nicht zwangsläufig davon auszugehen, dass dem Kunden gerade bei geringwertigen Gegenständen die Ausgangspreise jeweils geläufig sind. In diesem Bereich überwiegt aber ohnehin das Bedürfnis eines zügigen Einkaufs ohne zeitaufwendige Preisnachlassverhandlungen[58]. Als effektives Werbemittel kommt die individuelle Rabattgewährung daher lediglich im Bereich wertvoller Güter in Betracht. Bei diesen Gütern ist der Kunde allerdings zumeist schon vor Beginn der Verkaufsverhandlungen über die preisliche Situation informiert[59]. Trotzdem kann das Entstehen einer

57 Vgl. den Gesetzentwurf der Bundesregierung, a.a.O. S. 165 Fn. 43, S. 3.

58 P.ULMER, in: Festschrift für Hefermehl zum 65. Geburtstag, S. 201 (215) mit Verweis auf absatzwirtschaftliche Untersuchungen; ähnlich: SACK, Rechts- und wirtschaftspolitische Argumente, S. 23.

59 Vgl.: DICHTL/BRINKMANN/HARDOCK, Beilage 12 zu Heft 35/1995 des BB, S. 10 unter Hinweis auf das Vordringen des Markenartikelkonzepts und die Institutionen der Stiftung Warentest und der Verbraucherverbände.

Fehlvorstellung über die Preiswürdigkeit des Angebots bei bestimmten Verbraucherkreisen nicht ausgeschlossen werden. Im Zeitalter der Verbraucheraufklärung und des mündigen Verbrauchers sollte diese Gruppe jedoch nicht als maßgebend betrachtet werden. Einem Großteil der Käufer wird vielmehr die ausgeprägte Fähigkeit und Bereitschaft zuzusprechen sein, sich kritisch am Markt zu orientieren, insbesondere bezüglich der Preisgünstigkeit des Angebots unter Einschluss der Rabattgewährung. Gestützt wird diese These durch die Überlegung, dass der Kunde bei der Rabattwerbung – anders als bei sonstigen Erscheinungsformen der akzessorischen Wertreklame – den Geldwert der Vergünstigung ohne weiteres erfassen und mit den Angeboten der Mitbewerber vergleichen kann[60]. Zudem werden heutzutage bereits vielfach Preisnachlässe gewährt, die über das gesetzlich erlaubte Maß hinausgehen[61]. Die Verbraucher würden demzufolge nicht unerwartet von einem plötzlich eintretenden Rabattwettbewerb überrascht[62]. Würde man das Gegenteil annehmen, so wäre es kaum zu verstehen, dass sich ausgerechnet der Verbraucherbeirat[63] und die Arbeitsgemeinschaft der Verbraucherverbände[64] für eine Aufhebung des Rabattverbots ausgesprochen haben.

60 Baumbach/HEFERMEHL, Wettbewerbsrecht, RabattG Allg., Rn. 8; SCHÜTZ, EuZW 1993, 409 (411); SCHERER, Privatrechtliche Grenzen der Verbraucherwerbung, S. 237; KLÜNDER, Wirkt das Rabattgsetz wettbewerbsbeschränkend?, S. 25.

61 Vgl. den Gesetzentwurf der Bundesregierung, a.a.O. S. 165 Fn. 43, S. 4; DICHTL, WiSt, 1995, 256 (258); MÖSCHEL, Rabattgesetz und Deregulierung, S. 21; KOENIGS, NJW 1961, 1041 (1044); STERZINGER, Deregulierung im UWG und seinen Nebengesetzen, S. 193; ASSMANN, in Scholz, Herausforderungen des Rechts, S. 158.

62 SCHRICKER, GRUR Int. 1994, 586 (590) verweist diesbezüglich auf eine vom AgV in Auftrag gegebene Umfrage, nach der 40% aller westdeutschen Verbraucher bereits Erfahrungen mit dem Aushandeln von 3% übersteigenden Rabatten haben. Insofern würde die Streichung des Rabattverbots lediglich zu einer gewünschte Gleichbehandlung führen.

63 Empfehlungen des Verbraucherbeirats an die Bundesregierung vom 4. April 1974, abgedruckt in: WRP 1974, 327, vor allem mit der Intention, es dem Verbraucher zu ermöglichen, Preissenkungen auszulösen und zu nutzen.

64 VpK, Nr. 16 April 1994, S. 1, wo sich der AgV nachdrücklich für eine Aufhebung des Rabattgesetzes einsetzt und die Gegenargumente des Handels als „scheinheilig" bezeichnet; vgl. weiter: VpK, Nr. 49, 7. Dezember 1993, S. 2.

3. Zwischenergebnis

Eine Freigabe des Rabattwettbewerbs führt weder zwangsläufig zu einer Irreführung über das Ausgangspreisniveau noch über die Günstigkeit des Ausnahmepreises selbst. Etwaige Fehlvorstellungen können angesichts des Leitbildes eines durchschnittlich informierten, aufmerksamen und verständigen Durchschnittsverbrauchers nicht als maßgeblich betrachtet werden. Das bestehende abstrakte Rabattverbot kann demgemäß nicht mit einer Irreführungsgefahr der Käufer gerechtfertigt werden. Aufgrund einer Irreführungsgefahr ist ein Verbot der Rabattwerbung – entsprechend den Grundsätzen zur wettbewerbsrechtlichen Beurteilung der Mondpreiswerbung – vielmehr nur gerechtfertigt, wenn

- der Ausgangspreis des Handelsguts vom Werbenden bewusst überhöht angesetzt worden ist,
- ohne dass dieser die Absicht hatte, den Ausgangspreis ernsthaft zu fordern.

4. Die PAngV als Ausdruck von Preiswahrheit und Markttransparenz

Im Zusammenhang mit einer Irreführungsgefahr ist auch auf die Bedenken einzugehen, dass durch eine Freigabe der Rabattwerbung die Regelungen der PAngV obsolet würden, weil die ausgezeichneten Preise nur noch Verhandlungspreise wären[65]. Nach § 1 I PAngV hat, „wer Letztverbrauchern gewerbs- oder geschäftsmäßig oder regelmäßig in sonstiger Weise Waren oder Leistungen anbietet oder als Anbieter von Waren oder Leistungen gegenüber Letztverbrauchern“ wirbt, „die Preise anzugeben, die einschließlich der Umsatzsteuer und sonstiger Preisbestandteile unabhängig von einer Rabattgewährung zu zahlen sind (Endpreise).“

Sicherlich kann sich der Verbraucher im Falle einer Aufhebung des RabattG nicht generell auf die Verbindlichkeit der Preisauszeichnung im Sinne einer starren Obergrenze verlassen. Da die PAngV für Markttransparenz, Preiswahrheit und Vergleichbarkeit der Preise sorgen soll, ist fraglich, ob eine derartige Aufweichung hingenommen werden kann[66]. Angesichts des massen-

65 So: KISSELER, in: Harmonisierung des Rechts gegen den unlauteren Wettbewerb, S. 25 (42); SACK, Rechts- und wirtschaftspolitische Argumente, S. 6; DOEPNER, GRUR 1976, 16 (20); Zentrale zur Bekämpfung des unlauteren Wettbewerbs, WRP 1993, 725 (726 f.); PIPER, WRP 1994, 433 (434).

66 BGH GRUR 1981, 140 (141) – Flughafengebühr; BGH GRUR 1981, 289 – Kilopreise I; BGH GRUR 1991, 685 (686) – Zirka-Preisangabe; BGH GRUR 1991,

haften Güterumsatzes bei geringwertigen Waren ist das Interesse an Preistransparenz in diesem Bereich besonders hoch einzustufen, weil der Verbraucher hier nur wenig Zeit für einen Preisvergleich aufwenden möchte; dies gilt in besonderem Maße bei der individuellen Gewährung von Rabatten. Schließlich ist kaum zu erwarten, dass ein Kunde an der Kasse in Rabattverhandlungen einzutreten versucht, während andere Kunden in der Warteschlange geduldig warten und sich ihrerseits auf eine Chance freuen, Rabatte auszuhandeln[67]. Deswegen werden die Unternehmer bei geringwertigen Gegenständen der Rabattwerbung kein allzu großes Gewicht beimessen. Zumindest in diesem Bereich würde die PAngV infolge einer Aufhebung des RabattG ihre Funktion behalten.

Anders verhält es sich hinsichtlich wertvoller Gegenstände. Hier ist sicherlich mit einer Verschärfung des Rabattwettbewerbs zu rechnen[68]. Die Rabattwerbung dürfte sich in diesem Bereich als effektiver Aktionsparameter erweisen, weil der Verbraucher wertvolle Handelsgüter regelmäßig preisbewusst einkauft und bei der Suche nach der günstigsten Einkaufsquelle viel Zeit und Mühe aufzuwenden bereit ist. Überflüssig wird die PAngV aber auch in diesem Bereich nicht; ihr wird lediglich eine andere Bedeutung zukommen. Nach wie vor sind die Unternehmer formal zur Angabe der Normalpreise verpflichtet, sofern sie nicht gem. § 8 PAngV ordnungswidrig handeln wollen. Selbst wenn ein Unternehmer den Preis als Folge einer bestehenden Rabattfreiheit nach unten korrigieren kann, so versetzt die Preisangabe den Verbraucher dennoch in die Lage, Vergleiche zwischen den verschiedenen Anbietern anzustellen. Dem Verbraucher kann es dann nur zum Vorteil gereichen, wenn er die Ware günstiger erhält, als ihm dies auf den ersten Blick erscheint[69]. Nach wie vor würde die PAngV eine wichtige Orientierungshilfe des Kunden darstellen.

Die mit einer Aufhebung des RabattG verbundene Aufweichung der PAngV ist angesichts der mit der Deregulierung verbundenen Vorteile hinzunehmen. Aus Sicht der Anbieter würde die Liberalisierung des Rabattwettbe-

847 (848) – Kilopreise II; BGH GRUR 1992, 856 (857) – Kilopreise IV; BGH WRP 1995, 392 (393) – Dollar-Preisangaben.

67 SACK, Rechts- und wirtschaftspolitische Argumente, S. 23; MÖSCHEL, Rabattgesetz und Deregulierung, S. 21 weist diesbezüglich darauf hin, dass die Transaktionskosten für den Einsatz eines solchen Wettbewerbsparameters zu hoch seien.

68 P.ULMER, in: Festschrift für Hefermehl zum 65. Geburtstag, S. 201 (215); MÖSCHEL, Rabattgesetz und Deregulierung, S. 20 f.; SACK, Rechts- und wirtschaftspolitische Argumente, S. 23.

69 JOHANNSON, Rabattgesetz und Einzelhandel, S. 67; ähnlich: ASSMANN, in: Scholz, Herausforderungen des Rechts, S. 158 (163).

werbs einen Zuwachs an Preisflexibilität bedeuten, wohingegen derzeit Preisänderungen nach unten nur als generelle Preisherabsetzungen möglich sind. Diese mangelnde Flexibilität in der Preisbildung impliziert eine für die Käufer sehr nachteilhafte Preisstabilisierung auf überhöhtem Niveau[70]. Besonders deutlich wird diese Preisstabilisierung in Marktbereichen, in denen die Hersteller unverbindliche Preisempfehlungen abgeben. In diesen Bereichen besitzen die Händler oftmals keine eigenen Preislisten, sondern verwenden diejenigen der Hersteller, die diese – zumeist verbunden mit Werbeprospekten – den Händlern zur Kundeninformation zur Verfügung stellen[71]. Eine eigene Preisbildung der Händler, die in irgendeiner Weise Bezug auf die unverbindliche Preisempfehlung des Händlers nimmt, läuft damit Gefahr, als unzulässiger Preisnachlass eingestuft zu werden. Vorsichtige Händler werden es folglich bei der unverbindlichen Preisempfehlung des Herstellers belassen und damit ungewollt ein überhöhtes Preisniveau bewirken[72]. Mit einer Aufhebung des RabattG kann dieser Entwicklung entgegengewirkt werden. Die Folge einer Aufweichung der PAngV im Bereich wertvoller Gegenstände kann demgegenüber nicht entscheidend ins Gewicht fallen.

II. Anlocken der Käufer durch übermäßige Nachlässe

Ein weiterer Zweck, der dem Rabattgesetz durch die Rechtsprechung zugewiesen wird, ist der Schutz der Käufer vor einem übertriebenen Anlocken durch übermäßige Nachlässe[73]. Dieses Argument wird von Seiten der Literatur weiter präzisiert:

70 ASSMANN, in: Scholz, Herausforderungen des Rechts, S. 158 (160); BASEDOW, ZEuP 1994, 201 (202), der dies mit einem anschaulichen Rechenbeispiel belegt; ebenso: Gesetzentwurf der Bundesregierung, a.a.O. S. 165 Fn. 43, S. 3; KOENIGS, NJW 1961, 1041 (1044); P.ULMER, in: Festschrift für Hefermehl, S. 201 (211); DERS., GRUR Int. 1983, 611 (617); DICHTL, WiSt 1995, 256 (257); SCHRICKER, GRUR Int. 1994, 586 (590); STERZINGER, Deregulierung im UWG und seinen Nebengesetzen, S. 203; MÖSCHEL, Rabattgesetz und Deregulierung, S. 20; a.A.: SACK, Rechts- und wirtschaftspolitische Argumente, S. 17 ff.; DOEPNER, GRUR 1976, 16 (19).

71 ASSMANN, in: Scholz, Herausforderungen des Rechts, S. 158 (160).

72 So verweist ASSMANN, in Scholz, Herausforderungen des Rechts, S. 158 (161) auf Testkäufer, die im Auftrag u.a. des V.A.G-Händlerbeirats und der Zentralvereinigung des Kfz.-Gewerbes Händler aufsuchten, um ihnen einen Verstoß gegen das RabattG nachzuweisen.

73 BGH WRP 1995, 605 (607) – 2 für 1-Vorteil; vgl. auch: BGH GRUR 1975, 203 (204) – Buchbeteiligungszertifikate; BGH GRUR 1977, 264 (265) – Miniaturgolf;

„Da das Verbraucherpublikum der Werbung im allgemeinen nicht seine volle Aufmerksamkeit schenkt, vielmehr nur flüchtig und oberflächlich die Werbung für die meisten Artikel des täglichen Bedarfs überfliegt, wird bei einer Hervorhebung des Preisnachlasses insbesondere dann, wenn der tatsächlich geforderte Preis in der Werbung nicht in Erscheinung tritt, durch die attraktive, werbepsychologisch gefährliche Werbekraft, die von den hohen Rabatten ausgeht, von einem Vergleich von Qualität und Preis abgelenkt und in unsachlicher Weise zum *Kauf* angereizt[74]."

Nicht deutlich wird dabei, ob mit einem Verbot der Rabattwerbung dem Anreiz zum Kauf des ermäßigten Guts oder dem Anreiz zum Kauf von Gütern aus dem Restsortiment vorgebeugt werden soll. Folglich ist zwischen diesen beiden Effekten zu differenzieren.

1. Anreiz zum Kauf des ermäßigten Guts

Der von Rechtsprechung und Literatur als gefährlich eingeschätzte Kaufanreiz scheint sich zumindest vordergründig auf das reduzierte Handelsgut zu beziehen. Die Begründung dieses Schutzzwecks erinnert an die Bedenken, die gegen die akzessorischen Wertreklame im Rahmen des § 1 UWG aufgrund einer unsachlichen Beeinflussung der Kunden vorgebracht werden. Ein Verbot der akzessorischen Wertreklame aufgrund einer unsachlichen Beeinflussung ist jedoch nicht gerechtfertigt[75]. Eine Beeinträchtigung von Abnehmerinteressen kann kaum auftreten, weil angesichts des Leitbildes eines mündigen und verständigen Durchschnittsverbrauchers davon auszugehen ist, dass dieser nachteilhafte Geschäfte erkennt und sich dementsprechend durch ein Werbeverbot nicht bevormunden lassen muss.

Bei der Rabattwerbung als Unterfall der akzessorischen Wertreklame besteht die Besonderheit, dass die gewährte Vergünstigung – der Rabatt – den Preis für den Kaufgegenstand unmittelbar verringert. Demgemäß wird die Ra-

BGH GRUR 1991, 936 (937) – Goldene Kundenkarte; BGH GRUR 1993, 63 – Bonusring; BGH WRP 1995, 102 (103) – Fahrtkostenerstattung.

74 DOEPNER, 1976, 16 (19); ähnlich: BGH GRUR 1961, 367 (368) – Schlepper; Baumbach/HEFERMEHL, Wettbewerbsrecht, RabattG Allg., Rn. 5; SCHÖNHERR, in: Festschrift für Hefermehl zum 65. Geburtstag, S. 163 (170 f.); WIRTH, MA 1953, 109 (114); KLÜNDER, Wirkt das Rabattgesetz wettbewerbsbeschränkend?, S. 25; SACK, Rechts- und wirtschaftspolitische Argumente, S. 14.

75 2. Kapitel, B. II. 2, S. 88 ff.

battwerbung gemeinhin als Variante des Preiswettbewerbs anerkannt[76]. Eine Kaufentscheidung, die durch einen herabgesetzten Preis in Form eines Preisnachlasses beeinflusst wird, ist rational nachvollziehbar und demgemäß in einem Wettbewerb konkurrierender Anbieter als Ausprägung des Preiswettbewerbs wünschenswert. Insofern kann nicht einleuchten, weshalb dem Verbraucher aus einer derartigen Beeinflussung ein Nachteil resultieren und damit eine Beeinträchtigung schützenswerter Interessen drohen sollte. Anders verhält es sich nur, wenn die Kaufentscheidung von überhöhten Ausgangspreisen beeinflusst wurde. Sollte der Anlockeffekt aufgrund überhöhter Ausgangspreise, die nie ernsthaft gefordert wurden, verursacht worden sein und deswegen zu einer irrationalen Kaufentscheidung führen, ist die Rabattwerbung aber ohnehin entsprechend den Grundsätzen der irreführenden Mondpreiswerbung zu untersagen[77].

2. Anreiz zum Kauf von Gütern des Restsortiments

Eine weitere Bedeutung, die man dem Vorwurf des übertriebenen Anlockens im Rahmen der Rabattwerbung zuweisen könnte, ist ein unerwünschter Lenkeffekt auf das Restsortiment des Anbieters. Dieser Werbeeffekt kann naturgemäß nur bei einer Rabattankündigung, nicht aber bei der individuellen Rabattgewährung eintreten, da der Kunde bei letzterer die Geschäftsräume des Anbieters in Unkenntnis der Rabattgewährung betritt[78].

76 MÖSCHEL, Rabattgesetz und Deregulierung, S. 18; Baumbach/HEFERMEHL, Wettbewerbsrecht, § 1 RabattG, Rn. 4; SCHÜTZ, EuZW 1993, 409 (410); EMMERICH, Recht des unlauteren Wettbewerbs, § 6, 2a; SOSNITZA, Wettbewerbsbeschränkungen durch die Rechtsprechung, S. 140; DICHTL, WiSt 1995, 256; SCHRICKER, GRUR 1977, 646; ASSMANN, in: Scholz, Herausforderungen des Rechts, S. 158 (159); JOHANNSON, Rabattgesetz und Einzelhandel, S. 69.

77 Vgl.: 4. Kapitel, C. I. 3, S. 170 f., sowie die zur Werbung mit Einzelpreisvergleichen ergangenen Entscheidungen: BGH GRUR 1975, 78 (79) – Preisgegenüberstellung I; BGH GRUR 1979, 781 (782) – Radikal gesenkte Preise; BGH GRUR 1984, 212 (213) – Unechter Einzelpreis.

78 Nur vor diesem Hintergrund ist es wohl zu verstehen, wenn in den Vorschlägen des DIHT für eine Reform des deutschen Unlauterkeitsrechts, S. 53, gefordert wird, zwischen einer erlaubten Gewährung und einer verbotenen Ankündigung von Rabatten zu unterscheiden. Gegen eine solche Differenzierung spricht aber, dass der Kaufmann dann nicht mehr ankündigen könnte, was zu tun ihm erlaubt ist (vgl.: PIPER, Rabattgesetzaufhebungsgesetz, 1994, 433 (434)). Ein ähnlicher Gedanke findet sich in § 9a I Z 1öUWG wieder, nach dem in Österreich das Gewähren von Zugaben – im Gegensatz zur Rechtslage nach der alten österreichischen ZugabeVO – erlaubt ist, wohingegen das öffentliche Ankündigen von Zu-

Wie jedoch die Werbung mit Sonderangeboten zeigt, ist der Lenkeffekt ein dem Wettbewerbsrecht keineswegs fremdes Phänomen. Ein Sonderangebot erweckt beim Käufer unter Umständen den Anschein, dass auch die nicht reduzierten Waren günstiger als diejenigen der Konkurrenten des Anbieters sind[79]. Folglich bezweckt die Werbung mit Sonderangeboten, den Kundenstrom in die Verkaufsräume zu leiten, verbunden mit der Hoffnung, der Kunde werde aus Zeitmangel und Trägheit möglichst andere Artikel zusätzlich erwerben[80]. Gleichwohl sind einfache Sonderangebote gem. § 7 II UWG aus dem Kreis der Sonderveranstaltungen ausgenommen und demnach zulässig, sofern sie sich auf einzelne nach Güte und Preis gekennzeichnete Waren beschränken und die Angebote sich in den regelmäßigen Geschäftsbetrieb des Unternehmens einfügen[81]. Aufgrund der parallelen Wirkung einer Rabattankündigung und eines einfachen Sonderangebots hinsichtlich des Lenkeffekts wäre es verfehlt, aus dem übertriebenen Anlocken zum Kauf von Gütern des Restsortiments ein Verbot der Rabattankündigung abzuleiten.

Gleichgültig, ob der Preisnachlass zum Kauf des beworbenen Guts selbst anregt oder einen Lenkeffekt auf das Restsortiment des Anbieters ausübt, bedarf es demnach keiner Regelung im Sinne des Rabattverbots, um die Kunden vor nachteilhaften Geschäften zu schützen.

gaben nach wie vor untersagt ist, vgl. hierzu auch: KOPPENSTEINER, Wettbewerbsrecht, § 25 I.

79 LINDACHER, Lockvogel- und Sonderangebote, S. 9; JETZER, Lockvogelwerbung, S. 91; V.GAMM, Wettbewerbsrecht, 1. Hb. § 28, Rn. 5; DERS., Unlauterer Wettbewerb, § 1 UWG, Rn. 186.; Baumbach/HEFERMEHL, Wettbewerbsrecht, § 1 UWG, Rn. 258; Köhler/PIPER, § 1 UWG, Rn. 149; mit Bezug auf die Entwicklung des Rechts der Sonderangebote/Sonderveranstaltungen andeutungsweise: KAMIN/WILKE, Die Verkaufsveranstaltung im Handel, Rn. 1; ähnlich: TETZNER, Sonderveranstaltungen und Sonderangebote, Einl., Rn. 1.

80 SACK, Rechts- und wirtschaftspolitische Argumente, S. 15; DERS., WRP 1989, 693; LINDACHER, Lockvogel- und Sonderangebote, S. 5; LINDEMANN., Markttransparenz und Preispolitik, S. 75; ähnlich auch: Baumbach/HEFERMEHL, Wettbewerbsrecht, § 1 UWG, Rn. 258.

81 Realisieren sich die oben genannten Gefahren jedoch bei einem nicht unerheblichen Teil der angesprochenen Verkehrskreise, so liegt unabhängig von den Voraussetzungen des § 7 II UWG ein nach § 3 UWG zu untersagendes Lockvogelangebot vor, vgl. die Entscheidungen: BGH GRUR 1987, 52 – Tomatenmark; BGH GRUR 1989, 609 – Fotoapparate; BGH GRUR 1992, 858 – Clementinen; BGH GRUR 1970, 33 – Lockvogel; BGH GRUR 1974, 344 – Intermarkt I; BGH GRUR 1978, 649 – Elbe-Markt.

III. Verzerrung des Preiswettbewerbs zum Nachteil der Mitbewerber

1. Interpretation

Die Erforderlichkeit des RabattG wird schließlich mit Aspekten des Mitbewerberschutzes begründet. Demnach sollen wirtschaftlich nicht vertretbare Preisnachlässe verhindert werden, um einer Verzerrung des Preiswettbewerbs entgegenwirken zu können[82]. Was unter einer Verzerrung des Preiswettbewerbs genau zu verstehen ist, bleibt zunächst unklar. Offensichtlich kann die Prävention einer Verzerrung des Wettbewerbs nicht als Ausprägung eines unmittelbaren Mittelstandsschutzes verstanden werden. Zwar war der Mittelstandsschutz maßgebend für den Erlass des RabattG[83]. Er ist jedoch im Laufe der Zeit weitgehend obsolet geworden und wird kaum mehr zur wettbewerbstheoretischen Rechtfertigung des RabattG herangezogen[84]. Sieht man die Gefahr einer Verzerrung des Preiswettbewerbs in Zusammenhang mit der Gefahr von wirtschaftlich nicht vertretbaren Nachlässen, so wird allerdings deutlich, dass es unter Mitbewerberschutzaspekten um die Eliminierung eines ruinösen Rabattwettbewerbs geht. Inwiefern ist aber ein ruinöser Rabattwettbewerb infolge einer Aufhebung des RabattG zu befürchten? Offenbar ist mit der Besorgnis eines ruinösen Rabattwettbewerbs die Vorstellung verbunden, eine Aufhebung des Rabattgesetzes könne bestimmten Unternehmen einen Wettbewerbsparameter an die Hand geben, den andere nicht in der gleichen Weise ausspielen können und deswegen Gefahr laufen, vom Markt verdrängt zu werden. So weist Sack[85] darauf hin, dass Großdistributionsformen des Einzelhandels gegenüber kleinen und mittleren Unternehmen bei der Rabattgewährung diverse Vorteile haben. Folglich wird dem RabattG zumindest durch die Hintertür ein Mittelstandsschutz oktroyiert; dem ist nachzugehen.

82 BGH GRUR 1975, 203 (204) – Buchbeteiligungszertifikate; BGH GRUR 1977, 264 (265) – Miniaturgolf; BGH GRUR 1991, 936 (937) – Goldene Kundenkarte; BGH GRUR 1993, 63 – Bonusring; BGH WRP 1995, 102 (103) – Fahrtkostenerstattung; BGH WRP 1995, 605 (607) – 2 für 1-Vorteil.

83 Amtliche Begründung a.a.O. S. 155 Fn. 2, S. 397.

84 Vgl.: JOHANNSON, Rabattgesetz und Einzelhandel, S. 18; HOTH, GRUR 1977, 233 (241); DOEPNER, GRUR 1976, 16 (18); ASSMANN, in: Scholz, Herausforderungen des Rechts, S. 158 (159).

85 SACK, Rechts- und wirtschaftspolitische Argumente, S. 15; DERS., EWS 1994, 181 (185); ebenfalls: KOENIGS, NJW 1961, 1041 (1044).

2. Gefahr durch Gesamtumsatzrabatte

Ein wettbewerblicher Aktionsparameter, der aus praktischen Gründen großen, nicht aber kleinen und mittleren Unternehmen zur Verfügung steht, ist die Gewährung von Gesamtumsatzrabatten[86]. Bei dieser Form der Rabattwerbung wird der Preisnachlass erst ab einem bestimmten Umsatzvolumen gewährt. Eine mögliche Variante besteht darin, den Rabattsatz nach Umsatzvolumina zu staffeln. Solche Umsatzrabatte seien geeignet – so die Befürworter des RabattG – eine Sogwirkung zu Gunsten von Unternehmen mit einem breiten Sortiment, also zu Gunsten von Kaufhäusern und sonstigen Großdistributionsformen des Einzelhandels, auszulösen[87].

Es besteht kein Zweifel, dass Großunternehmen als Folge einer Aufhebung des RabattG teilweise zum Wettbewerb mit Gesamtumsatzrabatten übergehen werden, da gerade bei ihnen eine enorme Kundenfluktuation vorherrscht. Zudem handelt es sich bei Gesamtumsatzrabatten um eine Werbeform, deren wirkungsvoller Einsatz von einer Mindestgröße des betreibenden Unternehmens abhängt. Kleinen und mittleren Unternehmen ist diese Werbeform hingegen selbst durch strategische Zusammenschlüsse nicht möglich, weil durch das Verbot von Gesamtumsatzrabattkartellen nach § 1 GWB[88] und durch

86 Von SACK, Rechts- und wirtschaftspolitische Argumente, S. 15; DERS., EWS 1994, 181 (185) werden zwar weiterhin Vorteile bei der Lockvogelwerbung mit Rabatten aufgrund eines Verbundeffektes sowie Größenvorteile bei der Werbung geltend gemacht. Dabei handelt es sich jedoch um keine Besonderheiten der Rabattwerbung, weswegen eine nähere Erörterung unterbleiben kann.

87 SACK, Rechts- und wirtschaftspolitische Argumente, S. 15, mit Verweis auf unveröffentlichte Stellungnahmen zum Referenten- bzw. Regierungsentwurf eines Gesetzes zur Aufhebung des RabattG der Bundesarbeitsgemeinschaft der Mittel- und Großbetriebe des Einzelhandels e.V. (BAG) sowie des Hauptverbandes des Deutschen Einzelhandels (HDE). Vorsichtig hinsichtlich der Sogwirkung: HOPPMANN, Behinderungsmißbrauch, S. 28, der die Wettbewerbswidrigkeit von GUR darin sieht, dass eine Marktspaltung in „kartelltreue“ und „nicht-kartelltreue“ Abnehmer erfolgt.

88 Die Zulässigkeit der Gesamtumsatzrabattkartelle (GUR-Kartelle) war nach § 3 GWB a.F. lange umstritten. Weil man der Auffassung war, dass durch GUR-Kartelle die angeblichen Vorteile großer Lieferanten im Rabattwettbewerb ausgeglichen und kleine und mittlere Lieferanten geschützt würden, haben die Gerichte diese Kartelle zunächst als zulässig angesehen, vgl.: KG, WuW/E OLG 317; KG, WuW/E OLG 831; KG, WuW/E OLG 891. Inzwischen werden die GUR-Kartelle allgemein als unzulässig angesehen, vgl.: BGHZ 84, 118; BGH WuW/E BGH 2130; KG, WuW/E OLG 2481; BKartA, WuW/E BKartA 1616, BKartA, WuW/E BKartA 1741; EMMERICH, ZHR 139 (1975), 476 (521); IMMENGA, in: Immenga/Mestmäcker, GWB, § 3, Rn. 181 ff.; Mit der 6. Kartellnovelle von 1998 wurde

Art. 81 EGV[89] insoweit Grenzen gesetzt sind. Gleichwohl ist die Gefahr einer Verzerrung des Wettbewerbs infolge von Gesamtumsatzrabatten eher unwahrscheinlich. So hat beispielsweise die Nichtigerklärung des Barrabattverbots für Warenhäuser durch das BVerfG[90] keineswegs zur Folge gehabt, dass die in § 6 RabattG genannten Unternehmen allgemein oder auch nur in nennenswertem Umfang zur Rabattgewährung übergegangen sind[91]. Außerdem stellen gerade andere Kundenbindungsprogramme, wie etwa Servicevereinbarungen, after-sales-service oder Kundenclubs, für kleine und mittlere Unternehmen eine erhebliche Bedrohunge dar. Ihnen wird seitens der werbetreibenden Unternehmen sogar eine größere Bedeutung als der Rabattgewährung zugemessen [92]. Die Werbung mit Gesamtumsatzrabatten wäre deswegen nur eine von mehreren Möglichkeiten, Kunden langfristig an das eigene Unternehmen zu binden. Daher kann ein exzessiver Einsatz dieser Werbeform als unwahrscheinlich angesehen werden.

Kleine und mittlere Unternehmen können sich durchaus mit anderen Mitteln einer vermeintlich überlegenen Konkurrenz erwehren. Aufgrund ihrer überschaubaren Betriebsgröße, der Kundennähe sowie der leichten Erreichbarkeit der zur Entscheidung befugten Personen und der daraus resultierenden Beweglichkeit der Unternehmensführung ist es ihnen in besonderem Maße möglich, flexibel auf die Rabattwünsche des Verbrauchers einzugehen[93]. So dürfte die Rabattwerbung in Gestalt der individuellen Gewährung ein Wettbewerbsparameter sein, der kleinen und mittleren Unternehmen, nicht aber den

schließlich die Ausnahmebestimmung des § 3 GWB a.F. gestrichen, womit sich die Zulässigkeit der GUR-Kartelle endgültig erledigt hat.

89 Eine Freistellungsmöglichkeit gem. Art. 81 III EGV besteht nicht, vgl.: BGHZ 84, 118 ff.; WENIG, in: von der Groeben/Thiesing/Ehlermann, Art. 85 EGV (a.Z.) – Fallgruppen Rn. 29 f; IMMENGA, in: Immenga/Mestmäcker, GWB, § 3 Rn. 186.

90 BVerfG GRUR 1967, 605 ff. – Warenhaus-Rabatt.

91 P. ULMER, in: Festschrift für Hefermehl zum 65. Geburtstag, S. 201 (214).

92 STERZINGER, Deregulierung im UWG und seinen Nebengesetzen, S. 195. Dementsprechend wird in dem Beschluss des 9. Ausschusses zum Entwurf eines Gesetzes über die Deregulierung des Rabattgesetzes, BT-Drucks. 12/7715, S. 7 darauf hingewiesen, dass gerade bei den Großbetriebsformen des Handels angesichts eines durchschnittlichen Betriebsergebnisses mit etwa 1% vom Umsatz vor Abzug der Steuern einer Rabattierung enge Grenzen gesetzt seien.

93 P.ULMER, in: Festschrift für Hefermehl zum 65. Geburtstag, S. 201 (214); DICHTL/BRINKMANN/HARDOCK, Beilage 12 zu Heft 35/1995 des BB, S. 15; MÖSCHEL, Rabattgesetz und Deregulierung, S. 34; vgl. ebenfalls den Gesetzentwurf der Bundesregierung zur Aufhebung des Rabattgesetzes und der Verordnung zur Durchführung des Rabattgesetzes, BT-Drucks. 12/6722, S. 3, bei dem man sich offensichtlich auf die Überlegungen P. ULMERS stützte.

Großdistributionsformen zur Verfügung steht. Eine Verzerrung des Wettbewerbs in Form einer Existenzgefährdung kleiner und mittlerer Unternehmen kann demnach nicht als logische Folge einer Aufhebung des Rabattverbots prognostiziert werden. Deswegen ist überaus fraglich, ob dieser Aspekt für die Beibehaltung des RabattG angeführt werden kann, zumal auch das bestehende Rabattverbot eine Konzentration im Einzelhandel nicht vermeiden, sondern höchstens verzögern konnte[94].

Andere Gründe, die eine Beibehaltung des Rabattgesetzes wegen Verletzung von Mitbewerberinteressen erfordern würden, sind nicht ersichtlich[95]. Das Rabattverbot kann dementsprechend nicht damit gerechtfertigt werden, dass die Zulassung der Rabattwerbung zwangsläufig zu einer Verzerrung des Preiswettbewerbs führen würde. Es ist jedoch der Tatsache Rechnung zu tragen, dass bei einer Verschärfung gewisser Formen des Rabattwettbewerbs eine Existenzbedrohung kleiner und mittlerer Unternehmer nicht gänzlich ausgeschlossen werden kann. Als gefährlich sind Gesamtumsatzrabatte einzuordnen, sofern sie von marktbeherrschenden oder marktstarken Unternehmen systematisch und gezielt zur Verdrängung von Konkurrenten eingesetzt werden. Gegen diese Gefahr bieten jedoch die Bestimmungen der §§ 19 IV, 20 I, IV GWB ausreichenden Schutz[96]. Bei der Beurteilung aggressiver Rabattpraktiken dürfte vor allem § 20 IV S. 1 GWB eine entscheidende Rolle spielen. Danach dürfen Unternehmen mit gegenüber kleinen und mittleren Wettbewerbern überlegener Marktmacht ihre Marktmacht nicht dazu ausnutzen, solche Wettbewerber unmittelbar oder mittelbar zu behindern.

D. DAS RABATTVERBOT UNTER DEM EUROPARECHTLICHEN BLICKWINKEL

Neben den Feststellungen, dass das Rabattverbot die am Wettbewerb beteiligten Unternehmen der Möglichkeit eines flexiblen Preiswettbewerbs beraubt

94 MÖSCHEL, Rabattgesetz und Deregulierung, S. 33; SACK, Rechts- und wirtschaftspolitische Argumente, S. 16; DICHTL/BRINKMANN/HARDOCK, Beilage 12 zu Heft 35/1995 des BB, S. 15.

95 Im Ergebnis gleich, jedoch ohne nähere Begründung: ASSMANN, in: Scholz, Herausforderungen des Rechts, S. 158 (164).

96 Vgl. zur kartellrechtlichen Beurteilung von Gesamtumsatzrabatten: KG, WuW/E OLG 2403 (2047 ff.) – Fertigfutter; Sondergutachten der Monopolkommission, Band 7, S. 117 f.; LÜBBERT, in: Handbuch des Kartellrechts, § 27, Rn. 27; MÖSCHEL, in: Immenga/Mestmäcker, GWB, § 22, Rn. 126 ff.; MARKERT, in: Immenga/Mestmäcker, GWB, § 26 (a.F.) Rn. 251 ff; hinsichtlich der Wettbewerbsregeln des EGV vgl.: DE BRONNET, in: Handbuch des Kartellrechts, § 22, Rn. 88 ff.

und eine wettbewerbstheoretische Rechtfertigung des Gesetzes aufgrund der Verbraucher- und Mitbewerberinteressen äußerst fraglich ist, kann die Daseinsberechtigung des RabattG auch vor dem Hintergrund primärrechtlicher Vorgaben des Europarechts, insbesondere der Warenverkehrs- und der Dienstleistungsfreiheit[97], angezweifelt werden. Eine Beurteilung der Vereinbarkeit des RabattG mit diesen Grundfreiheiten liegt auch deswegen nahe, weil Deutschland mittlerweile der einzige Mitgliedstaat der europäischen Gemeinschaft mit einem Rabattgesetz ist[98].

I. Einordnung der Rabattwerbung in die „Keck"-Rechtsprechung

Teilweise wird die Notwendigkeit, das RabattG auf seine Vereinbarkeit mit der Warenverkehrsfreiheit zu überprüfen, mit einem knappen Hinweis auf die Entscheidung „Keck und Mithouard"[99] des EuGH bestritten[100]. Auch der BGH scheint diese Auffassung zu favorisieren. In der Entscheidung „2 für 1-Vorteil"[101] wird apodiktisch festgestellt:

> „Die Frage, ob und inwieweit beim Verkauf von Waren an den Letztverbraucher Rabatte gewährt werden dürfen, bezieht sich lediglich auf die Art und Weise des Verkaufs und richtet sich – ohne jede rechtliche oder tatsächliche Diskriminierung von Erzeugnissen aus anderen Mitgliedstaaten – nach den für alle Wettbewerber geltenden Vorschriften des Rabattgesetzes. Daran, daß Art. 30 EGV (a.Z.) nach

97 SCHÜTZ, EuZW 1993, 409 (412); BASEDOW, ZEuP 1994, 201 (204); ZÖLLER, GRUR 1993, 953 (955), tendieren sogar dazu, einen Verstoß gegen Art. 3 lit.g., 10 II, 81 I EGV zu befürworten und gelangen demgemäß zu dem Ergebnis der Nichtigkeit des RabattG nach Art. 81 II EGV. Bezweifelt wird dies von SACK, EWS 1994, 181 (185) mit einem Verweis auf EuGH ZIP 1993, 1898 ff. – Meng, wonach die bloße Tatsache, dass ein Rabattverbot dieselbe Wirkung haben kann wie ein nach Art. 81 EGV verbotenes Rabattkartell, nicht genüge, um einen Verstoß gegen Art 3 lit.g, Art 10 II, Art. 81 I EGV zu begründen.

98 Vgl.: Baumbach/HEFERMEHL, Wettbewerbsrecht, RabattG Allg., Rn. 14; EMMERICH, Recht des unlauteren Wettbewerbs, § 6, 2; MÖSCHEL, Rabattgesetz und Deregulierung, S. 17.

99 EuGH Slg. 1993, I-6097 Ziff. 15 = GRUR 1994, 196 mit Anm. BORNKAMM.

100 Köhler/PIPER, § 1 RabattG, Rn. 14; PIPER, WRP 1994, 433 (434 f.); TETZNER, Zugabeverordnung und Rabattgesetz, Allg. Vorb., Rn. 23; mit eingehender Begründung: SACK, EWS 1994, 181 ff.

101 BGH WRP 1995, 605.

der neueren Rechtsprechung des Gerichtshofes der Europäischen Gemeinschaften hier nicht eingreift, besteht kein Zweifel[102]."

An anderer Stelle wurde bereits dargelegt, dass das Verbot der Werbung mittels akzessorischer Wertreklame sowohl eine „produktbezogene Regelung" als auch eine „Verkaufsmodalität", die wegen einer tatsächlichen Diskriminierung ausländischer Anbieter ebenfalls eine „Maßnahme gleicher Wirkung" darstellt, angesehen werden kann[103]. Bei der Rabattwerbung, die der akzessorischen Wertreklame zuzuordnen ist[104], besteht im Gegensatz zu einigen der bisher behandelten Erscheinungsformen die Besonderheit, dass begriffsnotwendig eine Ware mit einer Preisermäßigung und nicht etwa mit einer anderen Ware beworben wird[105]. Ein Verbot der Rabattwerbung führt deswegen niemals zu einer Umgestaltungspflicht des Anbieters. Eine Einordnung des Rabattverbots als produktbezogene Regelung scheidet demnach aus. Das deutsche Rabattverbot als Verkaufsmodalität kann aber eine erhebliche Erschwerung einer für den Binnenmarkt archetypischen gemeinschaftsweiten Werbeaktion mittels Preisnachlässen bedeuten. Angesichts der verschiedenen Währungen in den Mitgliedstaaten der europäischen Gemeinschaft mag dies zwar bislang keine praktische Bedeutung gehabt haben[106]. Spätestens seit der Einführung des Euro als gesetzliches Zahlungsmittel kann die Werbung mit Preisnachlässen aber sinnvollerweise gemeinschaftsweit durchgeführt werden. Daher kann auf die bereits vorgenommene Prüfung der akzessorischen Wertreklame anhand von § 1 UWG verwiesen werden, wonach gemeinschaftsweite Werbestrategien in den Schutzbereich des Art. 28 EGV fallen, wenn der Anbieter durch nationale Werbevorschriften gezwungen wird, seine Aktionsparameter von einem zum

102 BGH WRP 1995, 605 (607) – 2 für 1-Vorteil.

103 2. Kapitel, B. II. 1. d, S. 80 ff.

104 Vgl. auch: Köhler/PIPER, Einf. RabattG, Rn. 4; LEHMANN, Werbung mit Geschenken, S. 15; MERZ, Die Vorfeldthese, S. 98; SACK, EWS 181 (182); a.A. hingegen: KLÜNDER, Wirkt das Rabattgesetz wettbewerbsbeschränkend?, S. 28 mit der formaljuristischen Begründung, dass die der Wertreklame innewohnende „Bestechung" bei der Nachlasswerbung nicht zu befürchten sei, weil sich der Nachlass im Endpreis niederschlage, also nur die Hauptleistung „Preis" beeinflusse.

105 So aber: gekoppelte Vorspannangebote, verdeckte Koppelungsangebote, Werbe- und Verkaufshilfen sowie bestimmte Formen der Zugabenwerbung.

106 Diese Auffassung vertritt auch SACK, Rechts- und wirtschaftspolitische Argumente, S. 20 ff. vehement. Er beschränkt sich jedoch darauf, die Bedeutung des Rabattwettbewerbs in grenznahen Bereichen, der Rabattgewährung im grenzüberschreitenden Versandhandel sowie der Miles & More Programme der Fluggesellschaften herunterzuspielen.

anderen Mitgliedstaat zu variieren[107]. Gleichermaßen kann das Rabattgesetz eine Beschränkung der Dienstleistungsfreiheit darstellen.

II. Rechtfertigung durch im Allgemeinwohl liegende Interessen

Wenn und soweit sich das deutsche Rabattverbot bei der Vermarktung von importierten Waren oder grenzüberschreitenden Dienstleistungen aus anderen Mitgliedstaaten als Beschränkung der Warenverkehrs- bzw. Dienstleistungsfreiheit erweist, stellt sich die Frage, ob diese Beschränkung durch im Allgemeinwohl liegende Interessen, insbesondere durch zwingende Erfordernisse der Lauterkeit des Handelsverkehrs und des Verbraucherschutzes[108] gerechtfertigt sein kann.

Das RabattG soll unter anderem einer Verzerrung des Preiswettbewerbs entgegenwirken[109]. Im genuinen Kern geht es bei diesem Schutzzweck darum, kleine und mittlere Unternehmen vor einem ruinösen Rabattwettbewerb durch Großdistributionsformen des Einzelhandels zu bewahren[110]. Gerade im Hinblick auf Gesamtumsatzrabatte kann die Gefahr einer Sogwirkung zu Gunsten großer Unternehmen nicht gänzlich abgestritten werden. Der EuGH hat sich bisher nicht über eine Einbeziehung des Mittelstandsschutzes in die zwingenden Erfordernisse der *Lauterkeit des Handelsverkehrs* geäußert[111]. Allerdings ist dies auch nicht zu erwarten. Deutlich wird dies nicht zuletzt daran, dass der EuGH in seiner Rechtsprechung auch die Ausnahmebestimmung des Art. 30 EGV auf Interessen nichtwirtschaftlicher Art begrenzt hat[112].

Teilweise wird darauf verwiesen, dass der Mittelstandsschutz jedenfalls als zu den gemeinschaftsrechtlichen Programmen zugehörig angesehen werden

107 Vgl.: 2. Kapitel, B. II. 1. d, S. 80 ff.

108 EuGH Slg. 1979, 649 (662) Ziff. 8 – Cassis de Dijon.

109 BGH GRUR 1975, 203 (204) – Buchbeteiligungszertifikate; BGH GRUR 1977, 264 (265) – Miniaturgolf; BGH GRUR 1991, 936 (937) – Goldene Kundenkarte; BGH GRUR 1993, 63 – Bonusring; BGH WRP 1995, 102 (103) – Fahrtkostenerstattung; BGH GRUR 1995, 605 (607) – 2 für 1-Vorteil.

110 Vgl.: bereits: 4. Kapitel, C. III. 2, S. 177.

111 JUTTA KEßLER, Das System der Warenverkehrsfreiheit im Gemeinschaftsrecht, S. 241; REESE, Grenzüberschreitende Werbung in der europäischen Gemeinschaft, S. 186.

112 EuGH Slg. 1961, 695 (698) – Kommission/Italien; EuGH Slg. 1984, 2727 – Campus Oil; EuGH Slg. 1985, 305 – Cullet; vgl. auch: MÜLLER-GRAFF, in: von der Groeben/Thiesing/Ehlermann, Art. 30 EGV, Rn. 226.

könne[113]. Eine Rechtfertigung der Beschränkung der Warenverkehrs- bzw. Dienstleistungsfreiheit würde aber die Verhältnismäßigkeit dieser Zielverwirklichung voraussetzen. Der Mittelstandsschutz wird durch das RabattG jedoch in unverhältnismäßiger Weise verwirklicht. Wie bereits dargestellt, führt eine Aufhebung des RabattG nicht zwangsläufig zu einem exzessiven Rabattwettbewerb von Großunternehmen[114]. Ganz im Gegenteil: Das RabattG beraubt die am Wirtschaftsleben beteiligten Unternehmen unabhängig von ihrer Größe eines wichtigen Parameters des Preiswettbewerbs. Dies legt die Vermutung nahe, dass einem Missbrauch der Rabattwerbung – insbesondere durch Gesamtumsatzrabatte marktbeherrschender und marktstarker Unternehmen – in wirksamer Weise mit den Mitteln des Kartellrechts, vor allem der §§ 19 IV, 20 I, IV GWB, begegnet werden kann. Vor diesem Hintergrund ist das Rabattgesetz nicht erforderlich, um den Mittelstand vor den Gefahren eines exzessiven Rabattwettbewerbs durch große Unternehmen zu schützen.

Die Beeinträchtigung der Warenverkehrs- bzw. Dienstleistungsfreiheit könnte durch Interessen des *Verbraucherschutzes* gerechtfertigt sein. Gelingen kann diese Rechtfertigung jedoch nur, wenn die betreffende Regelung zwingenden Erfordernissen gerecht wird; bloße zweckmäßige Möglichkeiten genügen keineswegs[115]. Es wurde bereits dargelegt, dass die Verbraucherschaft eines Schutzes durch abstrakte Gefährdungstatbestände nicht bedarf[116]. Im Hinblick auf ein übertriebenes Anlocken ist der Schutz des Verbrauchers überflüssig: Wird der Kunde zum Kauf des ermäßigten Handelsguts angelockt, so äußert sich darin lediglich eine rationale Kaufentscheidung. Bewirkt die Werbung mit Preisnachlässen hingegen einen Lenkeffekt auf das Restsortiment, handelt es sich lediglich um eine wettbewerbsimmanente Wirkung. Etwaigen Irreführ-

113 SACK, EWS 1994, 181 (185); DERS., BB 1994, 225 (234); vgl. auch den 53. Bericht der Bundesregierung über die Integration der Bundesrepublik in die EU, BR-Drucks. 245/94 vom 22.3.1994, S. 20; JUTTA KEẞLER, Das System der Warenverkehrsfreiheit im Gemeinschaftsrecht, S. 243 betrachtet eine Bestätigung durch den EuGH für unwahrscheinlich, da ansonsten die Gefahr einer wettbewerbsfeindlichen Verfestigung bestehender Marktstrukturen bestehe.

114 4. Kapitel, C. III. 2, S. 177 ff.

115 MÜLLER-GRAFF, in: von der Groeben/Thiesing/Ehlermann, Art. 30 EGV (a.Z.), Rn. 217.

116 Ebenso: ASSMANN, in: Scholz, Herausforderungen des Rechts, S. 158 (165); BASEDOW, ZEuP, 1994, 201 (202); JUTTA KEẞLER, Das System der Warenverkehrsfreiheit im Gemeinschaftsrecht, S. 242; KOENIGS, NJW 1961, 1041 (1044); SCHÜTZ, EuZW 1993, 409 (413); SOSNITZA, Wettbewerbsbeschränkungen durch die Rechtsprechung, S. 155; ZÖLLER, GRUR 1993, 953 (955); vgl. auch: Kommission der europäischen Gemeinschaften, 88/0189, mit Gründen versehene Stellungnahme der Kommission vom 3.6.1993.

rungsgefahren durch eine preisverschleiernde Rabattwerbung können wirksam mit Hilfe des § 3 UWG begegnet werden, sofern der Ausgangspreis des Handelsguts vom Werbenden bewusst überhöht angesetzt worden ist, ohne dass dieser die Absicht hatte, den Ausgangspreis ernsthaft zu fordern[117]. Betrachtet man das RabattG gleichwohl als zweckmäßiges Instrument zur Bekämpfung gewisser Gefahren für den Verbraucher, so ist es zur Erreichung dieser Ziele nicht erforderlich und stellt folglich eine unverhältnismäßige Einschränkung der Warenverkehrs- bzw. Dienstleistungsfreiheit dar.

E. Ergebnis

Das RabattG beinhaltet in seiner derzeitigen Fassung erhebliche Wettbewerbsbeschränkungen, die wettbewerbstheoretisch nicht sinnfällig sind. Zudem besteht ein nicht zu Gunsten des RabattG aufzulösender Konflikt mit den gemeinschaftsrechtlichen Grundfreiheiten. Die Fälle grenzüberschreitender Rabattwerbung dürften jedoch mangels Produktbezugs des Rabattverbots keine gravierenden Deregulierungsmaßnahmen erforderlich machen[118]. Die Notwendigkeit einer Liberalisierung ergibt sich vielmehr daraus, dass weder der durch die Rechtsprechung oktroyierte Verbraucherschutz noch der obsolet gewordene Mittelstandsschutz es erfordern, den am Wettbewerb beteiligten Unternehmen den wichtigen Aktionsparameter der Rabattwerbung vorzuenthalten[119]. Angesichts dieser Tatsachen ist das RabattG weit davon entfernt, das zum Funktionieren einer marktwirtschaftlich geprägten Wirtschaftsordnung erforderliche Gleichgewicht zwischen Lauterkeitsschutz und Freiheitsschutz sachgerecht auszubalancieren.

Folglich ist die Aufhebung des RabattG zu fordern. Für den Preiswettbewerb würde diese Maßnahme der Deregulierung einen erheblichen Impuls auslösen und dementsprechend eine Reduzierung des Preisniveaus bedeuten. Etwaige, durch eine missbräuchliche Rabattwerbung entstehende Gefahren können mit den allgemeinen Mitteln des Wettbewerbs- und Kartellrechts wirk-

117 4. Kapitel, C. I. 3, S. 170.

118 In Betracht kommen vor allem der Rabattwettbewerb in grenznahen Bereichen, der Rabattwettbewerb im grenzüberschreitenden Versandhandel sowie Miles & More Programme der Fluggesellschaften, vgl.: SACK, Rechts- und wirtschaftspolitische Argumente, S. 20 ff.; DERS., IPRax 1991, 386 ff.; SCHRICKER, GRUR 1977, 646 ff.; SOSNITZA, Wettbewerbsbeschränkungen durch die Rechtsprechung, S. 159 ff.

119 So bemerkt MÖSCHEL, Rabattgesetz und Deregulierung, S. 15: „Paternalistisches Denken und strukturkonservierender Mittelstandsschutz müssen in einer wettbewerblich geordneten Wirtschaft notwendige Fremdkörper bleiben".

sam unterbunden werden. Dementsprechend kann eine irreführende Rabattwerbung gem. § 3 UWG untersagt werden, wenn der Ausgangspreis vom Werbenden bewusst überhöht angesetzt worden ist, ohne dass dieser die Absicht hatte, den Ausgangspreis ernsthaft zu fordern.

Aus Mitbewerberschutzaspekten besteht in gewissem Umfang die Gefahr einer Verdrängung kleiner und mittlerer Unternehmen durch Gesamtumsatzrabatte. Aus strukturpolitischen Gesichtspunkten ist dieser Gefahr Rechnung zu tragen. § 1 UWG kann diesbezüglich jedoch keine Rolle spielen. Zum einen lässt sich die Berücksichtigung strukturpolitischer Gesichtspunkte äußerst schwer mit dem Wesen des UWG als Sonderdeliktsrecht, das Verhaltensregeln für alle Marktbeteiligten aufstellt, vereinbaren[120]. Zum anderen haftet dem Preisnachlass – anders als der Zugabenwerbung – wegen seiner unmittelbaren preismindernden Wirkung nicht im Geringsten der Makel des Unlauteren an[121]. Der systematische Einsatz aggressiver Rabattpraktiken von marktmächtigen bzw. marktstarken Unternehmen kann aufgrund der §§ 19 IV, 20 I, IV GWB untersagt werden.

120 Vgl. bereits: 2. Kapitel. B. III. 3c, S. 116 ff. Zur Natur des UWG als Sonderdeliktsrecht vgl.: BGH GRUR 1982, 495 (497) – Domgarten-Brand; REICHOLD, AcP 193 (1993), 204 (221); KÖHLER/Piper, Einf., Rn. 27.

121 So bemerkt bereits Baumbach/HEFERMEHL, RabattG Allg., Rn. 8, dass der Bereich des Sittlich-Rechtlichen bei Rabattverstößen in der Regel nicht berührt wird; zurückhaltender: DICHTL/BRINKMANN/HARDOCK, Beilage 12 zu Heft 35/1995 des BB, S. 10; vgl. auch: MÖSCHEL, Rabattgesetz und Deregulierung, S. 47, der betont, dass sich eine undifferenzierte Einordnung des Rabattrechts in das umfangreiche Gebiet der Wertreklame verbiete.

5. KAPITEL: LAUTERKEITSRECHLICHE ANALYSE DER ABSTRAKTEN WERTREKLAME

A. ERSCHEINUNGSFORMEN DER ABSTRAKTEN WERTREKLAME

I. Unentgeltliche Abgabe von Waren zu Werbezwecken

Verschenkt ein Unternehmen Waren in Originalpackungen oder in eigens für die Verteilung hergestellten Probepackungen, so handelt es sich aus der Sicht des Beschenkten zunächst um ein verblüffendes Verhalten. Herrscht doch in der wettbewerbsrechtlichen Literatur die Auffassung vor: „Der anständige Kaufmann hat nichts zu verschenken[1].“ Bei Waren, deren Marktpositionierung unmittelbar bevorsteht, kann es jedoch aus kaufmännischen Gründen sinnvoll sein, eine Gratisverteilung durchzuführen. Der Umworbene erhält dadurch die Möglichkeit, die Ware über einen bestimmten Zeitraum zu gebrauchen. Auf diese Weise können Verwendungsmöglichkeiten, Qualität, Wirtschaftlichkeit und sonstige Eigenschaften der Ware besonders deutlich unter Beweis gestellt werden[2].

In der höchstrichterlichen Rechtsprechung hat die wettbewerbsrechtliche Beurteilung der unentgeltlichen Abgabe von Waren zu Werbezwecken verschiedene Entwicklungen durchlaufen. Das RG beurteilte die unentgeltliche Abgabe von Waren zu Werbezwecken zunächst großzügig[3]. Eine Kehrtwen-

1 Vgl.: HAMMER, Die unentgeltlich Verteilung von Originalware, S. 92; SOSNITZA, Wettbewerbsbeschränkungen durch die Rechtsprechung, S. 34; LEHMANN, Die Verteilung von kostenlosen Presseerzeugnissen, S. 75; REIMER, GRUR Int. 1958, 159 (168); K.KRÜGER, Die Systematik des Wettbewerbsrecht, S. 100; SCHÜNEMANN, Wettbewerbsrecht, S. 71; polemisch: EMMERICH, in: Festschrift für Gernhuber, S. 857 (866).

2 Vgl.: 1. Kapitel, C. II. 2, S. 40 ff.

3 Vgl.: RG GRUR 1930, 1204 – Lose; vgl. weiterhin: RG JW 1930, 1687 – Schiller-Ausgabe; RG MuW 1931, 571 (572) – Fernsprachunterricht; KG, JW 1931, 3131. Bei der Entscheidung RG JW 1928, 2364 – Brehms Tierleben stand dem Gericht das Verschenken eines vollständigen Exemplars der Ausgabe von „Brehms Tierleben“ in 24 Bänden zur Beurteilung. Es wurde allerdings ein Verstoß gegen § 3 UWG wegen einer irreführenden Verwendung der Bezeichnung „Gratis“ gerügt, so dass das Gericht zur Sittenwidrigkeit nach § 1 UWG keine Stellung nahm.

dung erfolgte durch die Entscheidung „Diamantine“[4] im Jahre 1936. Unter dem nachhaltigen Eindruck der zuvor erlassenen ZugabeVO und des RabattG[5] wurde die Sittenwidrigkeit des Verteilens von Gutscheinen zum Gratisbezug einer Dose Schuhcreme vorwiegend mit wirtschaftspolitischen Erwägungen begründet. Die Werbemaßnahme bewirke, dass deren Kosten beim Warenumsatz mit einkalkuliert würden, wodurch letztlich die Allgemeinheit mit den Werbeaufwendungen belastet werde[6]. Das Wettbewerbsrecht schütze die Allgemeinheit jedoch vor Auswüchsen des Wettbewerbs, weswegen Werbemaßnahmen vernünftigen betriebswirtschaftlichen und kaufmännischen Überlegungen entsprechen müssten; dies sei bei einem Verschenken von Schuhcreme nicht der Fall[7].

Der BGH ist der Rechtsprechung des RG zunächst gefolgt. In der Entscheidung „SUWA“[8] wird insbesondere darauf hingewiesen, dass die Zulassung massenhafter Gratisverteilungen kapitalkräftige Unternehmen zu einer Nachahmung und damit dazu verleiten könne, noch schwerwiegendere Aktionen durchzuführen[9]. Dadurch würde Mitbewerbern, die finanziell zu solchen Aktionen nicht in der Lage sind, infolge der Marktverstopfung die Möglichkeit genommen, sich am Wirtschaftsleben zu beteiligen[10]. Eine solche Situation widerspreche den Grundsätzen des freien Leistungswettbewerbs[11]. Von dieser wirtschaftspolitisch motivierten Sichtweise ist der BGH erst in der Entscheidung „Kleenex“[12] abgerückt. Dort hatte er eine Werbeaktion zu beurteilen, bei der Gutscheine für 100 Stück Allzwecktücher aus Zellstoff an jeden vierten Haushalt in Wiesbaden verteilt wurden. Diese Massenverteilung von Originalware berge die Gefahr,

4 RG GRUR 1936, 810; diese Tendenz fortführend: RG GRUR 1938, 207 – Persil; RG GRUR 1938, 840 – Eierbrikett; RG GRUR 1939, 862 – Lockenwickler; KG, GRUR 1939, 314 (315 f.) – Melitta-Filter.

5 LEHMANN, Die Werbung mit Geschenken, S. 99 ff.; KÖHLER, in: Großkommentar, § 1 UWG, D 37; STERZINGER, Deregulierung im UWG und seinen Nebengesetzen, S. 103; V.GAMM, Wettbewerbsrecht, 1. Hb., § 26, Rn. 10; E.Ulmer/REIMER, Unlauterer Wettbewerb, Band III, Nr. 803.

6 RG GRUR 1936, 810 (812) – Diamantine.

7 RG a.a.O. – Diamantine.

8 BGH GRUR 1957, 365.

9 BGH a.a.O., S. 367 – SUWA.

10 BGH a.a.O., S. 367 – SUWA.

11 BGH a.a.O., S. 367 – SUWA.

12 BGH GRUR 1965, 489.

„daß der Kunde sich an den Gebrauch oder Verbrauch dieser speziellen Warensorte oder -marke gewöhnt und auch nach Beendigung der unentgeltlichen Verteilung davon absieht, die Angebote der Mitbewerber unbeeinflußt auf Güte und Preiswürdigkeit zu überprüfen, sie mit den Angeboten der Mitbewerber zu vergleichen und danach seine Wahl zu treffen. Diese Gefahr ist umso erheblicher, je größer die dem einzelnen Beschenkten zur Verfügung gestellte Menge oder Stückzahl ist. Diese Form der Werbung widerspricht damit im Ansatzpunkt dem im Allgemeininteresse zu beachtenden Grundsatz des Leistungswettbewerbs[13]."

Im konkreten Fall konnte der BGH allerdings keinen Verstoß gegen § 1 UWG erblicken, weil die Tücher innerhalb der Verbraucherschaft bis dahin wenig verbreitet waren. Zum Zweck der Erprobung sei sogar eine breite und langfristig angelegte Verteilung zulässig, sofern dadurch neue Käuferschichten gewonnen werden sollen[14]. Das Kriterium des Erprobungszwecks hat auch in späteren Entscheidungen maßgeblich die Zulässigkeit der zur Beurteilung stehenden Werbeaktionen beeinflusst[15]. So kann man den Erprobungszweck als archimedischen Punkt der wettbewerbsrechtlichen Zulässigkeit der unentgeltlichen Abgabe zu Werbezwecken ansehen. Die Rechtsprechung ist insbesondere geneigt, einen Erprobungszweck anzunehmen, wenn die Werbeaktion durch eigens hergestellte Probepackungen erfolgt oder neuartige Waren beworben werden sollen.

II. Werbegeschenke

Werbegeschenke dienen entweder dazu, Geschäftsbeziehungen anzubahnen, oder sie sollen im Rahmen bestehender Geschäftsbeziehungen als Aufmerksamkeit und Dank verstanden werden[16]. Die Rechtsprechung ordnet Werbegeschenke in den Bereich der Wertreklame ein[17]. Somit sind Werbegeschenke zwar nicht ohne weiteres sittenwidrig, an ihre Zulässigkeit werden jedoch strenge Anforderungen gestellt[18]. Aus praktischer Sicht hat dies zur Folge, dass

13 BGH a.a.O., S. 491 – Kleenex.

14 BGH a.a.O., S. 493 – Kleenex.

15 Vgl.: BGH GRUR 1975, 26 (27) – Colgate; BGH GRUR 1969, 295 – Goldener Oktober; OLG Hamm, WRP 1966, 107; OLG München, WRP 1978, 401; OLG München, WRP 1979, 892; OLG Frankfurt, WRP 1981, 27.

16 KEHL, Wettbewerbsrecht, S. 124; BURMANN, Recht der Wertreklame, 310 II, S. 3.

17 BGH WRP 1992, 644 (645) – Glücksball-Festival.

18 BGH a.a.O., S. 645 – Glücksball-Festival.

Werbegeschenke im Rahmen einer Aufmerksamkeitswerbung bleiben müssen. Überschreiten sie – unter Berücksichtigung der bestehenden Geschäftsbeziehung – diesen Rahmen, werden sie als unsachliches Mittel, das mit den Grundsätzen des Leistungswettbewerbs nicht vereinbar sei, untersagt[19]. Ein großzügigerer Maßstab wird lediglich bei besonderen Anlässen – etwa Weihnachten, Ostern, Jubiläum – angelegt[20].

III. Unentgeltliche Leistungserbringung

Die werblichen Möglichkeiten der unentgeltlichen Leistungserbringung sind äußerst facettenreich, wobei die kostenlose Kundenbeförderung die lebhafteste Diskussion hinsichtlich der lauterkeitsrechtlichen Zulässigkeit hervorgerufen hat. Der BGH hatte sich mit dieser Werbeform in der Entscheidung „Lichdi-Center"[21] auseinander zu setzen. Ein außerhalb der Stadt gelegenes Selbstbedienungswarenhaus, das mit öffentlichen Verkehrsmitteln von mehreren Orten erreichbar war, hatte in Zeitungen angekündigt, außerplanmäßige verbilligte Fahrten zu seinen Verkaufsräumen zu organisieren. Eine solche Werbeaktion soll aufgrund eines psychologischen Kaufzwangs gegen § 1 UWG verstoßen[22]. Der BGH führt diesbezüglich aus:

> „Die Wettbewerbswidrigkeit des sog. psychologischen Kaufzwangs beruht auf der Einflußnahme auf die Willensentscheidung des Umworbenen mit außerhalb der Sache liegenden Mitteln, Umständen und Auswirkungen in einen solchen Ausmaß,

19 BGH a.a.O., S. 645 – Glücksball-Festival; vgl. auch: BGH GRUR 1959, 31 – Feuerzeug; BGH GRUR 1968, 649 (651) – Recroni-Ascher; BGH GRUR 1995, 165 – Kosmetikset; KLOSTERFELDE/JAEGER-LENZ, in: Handbuch des Wettbewerbsrechts, § 50, Rn. 98; EMMERICH, Recht des unlauteren Wettbewerbs, § 13, 1b; Baumbach/HEFERMEHL, Wettbewerbsrecht, § 1 UWG, Rn. 95; NORDEMANN, Wettbewerbs- und Markenrecht, Rn. 209.

20 Baumbach/HEFERMEHL, Wettbewerbsrecht, § 1 UWG, Rn. 95; KLOSTERFELDE/JAEGER-LENZ, in: Handbuch des Wettbewerbsrechts, § 50, Rn. 90; KEHL, Wettbewerbsrecht, S. 124; E.Ulmer/REIMER, Unlauterer Wettbewerb, Band III, Nr. 811.

21 BGH GRUR 1971, 322.

22 Vgl. dazu auch: BGH GRUR 1972, 603 – Kunden-Einzelbeförderung; OLG München, NJW 1955, 1681 (1682); OLG Karlsruhe, GRUR 1961, 300; OLG Oldenburg, BB 1966, 1284; ein Verstoß gegen § 1 I ZugabeVO annehmend: LG Aschaffenburg, WRP 1968, 379; ein Beispiel noch zulässiger kostenloser Kundenbeförderung findet sich in: OLG Düsseldorf, WRP 1968, 226 (227).

daß der Umworbene aufgrund dessen zumindest anstandshalber nicht umhin kann, auf das Angebot einzugehen[23]."

Der Vorwurf der Wettbewerbswidrigkeit der kostenlosen Kundenbeförderung könne allerdings entfallen, wenn die Beförderung dem Ausgleich von Standortnachteilen diene und die Anonymität des Kunden während der Fahrt gewahrt bleibe[24]. Auch andere Formen kostenloser Serviceleistungen werden mit dem psychologischen Kaufzwang in Verbindung gebracht: So wurde beispielsweise die Werbeaktion des Herstellers eines Haartönungsmittels für eine unentgeltliche erste Tönung, die jeweils von einem Friseur vorgenommen werden sollte, untersagt, weil der Kunde die kostenlose Dienstleistung nicht entgegennehmen könne, ohne aus einem Gefühl der Peinlichkeit heraus weitere Erzeugnisse des Herstellers zu erwerben oder weitere Dienstleistungen des Friseurs in Anspruch zu nehmen[25].

Hinsichtlich der wettbewerbsrechtlichen Beurteilung der unentgeltlichen Leistungserbringung ist zudem das übertriebenen Anlockens von zentraler Bedeutung. Ein unzulässiges übertriebenes Anlocken nimmt die Rechtsprechung an, wenn ein Unternehmen seinen Kunden im Falle einer Kontaktaufnahme übermäßige Vorteile in Aussicht stellt und dadurch die Gefahr begründet wird, dass die Kunden von einem Vergleich der konkurrierenden Angebote nach Preis und Qualität abgehalten und demgemäß unsachlich in ihren Entscheidungen beeinflusst werden[26]. Aus diesem Grund wurde die Mitnahmemöglichkeit einer Begleitperson auf eine Besichtigungsreise zu Ferienhäusern in Spa-

23 BGH a.a.O. – Lichdi-Center.

24 BGH a.a.O., S. 323 – Lichdi-Center; BGH GRUR 1972, 364 (365) – Mehrwert-Fahrten; BGH GRUR 1984, 463 (464) – Mitmacher-Tour; zustimmend: v.GAMM, Wettbewerbsrecht, 1. Hb., § 26, Rn. 46; PIPER, GRUR 1993, 276 (281); a.A. jedoch K.KRÜGER, Die Systematik des Wettbewerbsrechts, S. 115, der das Interesse des Ausgleichs von Standortnachteilen nicht anerkennen will, da auch die lauterste Motivation nicht in der Lage sei, das Vorliegen eines psychologischen Kaufzwangs zu kompensieren; vgl. auch: BECKERS, WRP 1981, 182 (187) in Bezug auf die Wahrung der Anonymität bei Werbefahrten.

25 BGH WRP 1998, 162 (163) – Erstcoloration; vgl. zudem: BGH GRUR 1971, 162 (163) – Diagnose-Zentrum.

26 BGH GRUR 1973, 418 (419) – Das goldene A; BGH GRUR 1973, 591 (593) – Schatzjagd; BGH GRUR 1974, 156 (157) – Geld-Gewinnspiel; BGH GRUR 1974, 345 (346) – Geballtes Bunt; BGH WRP 1976, 100 (101) – Mars; BGH GRUR 1989, 366 (367) – Wirtschaftsmagazin; BGH GRUR 1992, 181 (182) – Tankbeleg mit McDonalds-Gutschein; BGH GRUR 1992, 621 (622) – Glücksball-Festival.

nien untersagt[27]. Die Mitnahmemöglichkeit übe auf den Umworbenen einen so starken Anreiz zur Teilnahme aus, dass der Werbende auf diese Weise einen ungerechtfertigten Vorsprung vor seinen Mitbewerbern erhalte[28]. Ein unzulässiges übertriebenes Anlocken wurde ebenfalls in der kostenlosen Fahrzeuginspektion im Wert von 10-18 DM[29], in der kostenlosen Überprüfung der Wasserdichtigkeit von Uhren[30], in der kostenlosen Reinigung von Schmuck[31] sowie in der Einladung zu einem „unmöglichen Frühstück“ in ein schwedisches Möbelhaus[32] erblickt.

B. Überprüfung der Unlauterkeitskriterien

Im Folgenden sollen die von der Rechtsprechung gegen die Zulässigkeit der abstrakten Wertreklame angeführten Unlauterkeitskriterien auf ihre Stichhaltigkeit untersucht werden. Die mit diesen Kriterien zum Ausdruck gebrachten Interessen werden den hinter ihnen stehenden Schutzsubjekten zugeordnet. Demnach gliedert sich die weitere Untersuchung in die Verletzung von Abnehmerinteressen, die Verletzung von Mitbewerberinteressen sowie die Verletzung von Interessen der Allgemeinheit.

I. Verletzung von Abnehmerinteressen

Aspekte des Abnehmerschutzes verbergen sich hinter den Schlagworten des übertriebenen Anlockens und des psychologischen Kaufzwangs. Vorwiegend bei der Beurteilung der unentgeltlichen Leistungserbringung sind diese Merkmale angesiedelt[33]. Auffallend ist, dass die einschlägigen Entscheidungen[34]

27 BGH GRUR 1972, 367 – Besichtigungsreisen I.

28 BGH a.a.O., S. 368 – Besichtigungsreisen I.

29 BGH GRUR 1971, 162 – Diagnose-Zentrum.

30 OLG München, NJW-RR 1987, 625.

31 OLG München, GRUR 1988, 770 – Tank-Schmutztest.

32 OLG Hamburg, WRP 1983, 163 – Midsommar-Fest.

33 Vgl.: 5. Kapitel, A. III, S. 190.

34 Vgl.: BGH GRUR 1971, 162 – Diagnose-Zentrum; BGH GRUR 1971, 322 – Lichdi-Center; BGH GRUR 1972, 364 – Mehrwert-Fahrten; BGH GRUR 1972, 367 – Besichtigungsreisen I; BGH GRUR 1972, 603 – Kunden-Einzelbeförderung; BGH GRUR 1984, 463 – Mitmacher-Tour; BGH WRP 1998, 162 – Erstcoloration; OLG München, NJW-RR 1987, 625; OLG München, GRUR 1988, 770 – Tank-Schmutztest; OLG Hamburg, WRP 1983, 163 – Midsommar-Fest.

teilweise die beliebige Austauschbarkeit dieser Kriterien vermuten lassen[35], obwohl die Ausgangspunkte beider Kriterien unterschiedlich sind. Das übertriebene Anlocken betrifft die Beeinträchtigung der Freiheit der Willensbildung, während beim psychologischen Kaufzwang die Beeinträchtigung der Freiheit der Willensentschließung in Rede steht. Eine sachgemäße, lauterkeitsrechtliche Beurteilung einer Werbemaßnahme kann jedoch nur erfolgen, wenn der Kern der infrage kommenden Kriterien herausgearbeitet und ihre Anwendbarkeit auf den betreffenden Sachverhalt überprüft wird. Hinsichtlich des Beurteilungsmaßstabs der weiteren Untersuchung kann auf die Ergebnisse des 2. Kapitels zurückgegriffen werden. Maßgebend ist daher das Leitbild eines durchschnittlich informierten, aufmerksamen und verständigen Durchschnittsverbrauchers im Sinne der Rechtsprechung des EuGH[36].

1. Übertriebenes Anlocken

a) Typisierung

Die durch ein aleatorisches Element gekennzeichneten Werbeformen der Gratisverlosung und Preisausschreiben[37] stellten die ersten Anwendungsfelder des übertriebenen Anlockens dar. Erscheinungsformen der abstrakten Wertreklame sollen aufgrund eines übertriebenen Anlockens sittenwidrig sein, wenn die angesprochenen Verkehrskreise in einem solchen Maße unsachlich beeinflusst werden, dass sie sich dem Angebot des Werbenden zuwenden, ohne sich um Preis und Qualität zu kümmern oder Angebote der Konkurrenten in die Auswahl mit einzubeziehen[38]. Offensichtlich liegt dieser Formel die Konzepti-

35 Vor allem: BGH a.a.O. – Diagnose-Zentrum, in der der BGH die Feststellung des Instanzgerichts, es läge ein psychologischer Kaufzwang vor, schlichtweg unberücksichtigt lässt, da ihm wohl die Prüfung des übertriebenen Anlockens angenehmer erschien.

36 Vgl.: 2. Kapitel, B. II. 1. a, S. 74 ff.

37 Vgl. dazu: HEIL, WRP 1989, 647 (650 f.); VIEREGGE/STROTHMANN, in: Festschrift für Quack, S. 139 (147 ff.); Baumbach/HEFERMEHL, Wettbewerbsrecht, § 1 UWG, Rn. 164 ff; GERSTENBERG, in: Amann/Jaspers, RWW, Kapitel 3.1.

38 Vgl.: BGH GRUR 1971, 162 (163) – Diagnose-Zentrum; BGH GRUR 1972, 603 (605) – Kunden-Einzelbeförderung; BGH GRUR 1972, 367 (369) – Besichtigungsreisen I; BGH GRUR 1973, 418 (419) – Das goldene A; BGH GRUR 1973, 591 (593) – Schatzjagd; BGH GRUR 1974, 156 (157) – Geld-Gewinnspiel; BGH GRUR 1974, 345 (346 f.) – Geballtes Bunt; BGH GRUR 1984, 463 (464) – Mitmacher-Tour; BGH GRUR 1989, 757 – McBacon; BGH NJW-RR 1993, 1066 (1067) – Hotelgutschein; BGH GRUR 1998, 735 (736) – Rubbelaktion; OLG

on der Rechtsprechung vom Grundsatz des Leistungswettbewerbs zu Grunde. Der Widerspruch der Konzeption vom Grundsatz des Leistungswettbewerbs mit den Gegebenheiten der heutigen Werbewirklichkeit konnte bereits festgestellt werden[39].

Zur Präzisierung der Wirkung des übertriebenen Anlockens ist ein Augenmerk auf die Ausführungen in der Literatur zu richten. Instruktiv ist insbesondere die Umschreibung von Hoth[40]:

> „Anlocken heißt zur Annäherung verleiten. Anlockende Werbung dient dem Ziel, die Werbeadressaten dazu anzureizen, sich in das Geschäftslokal des werbenden Unternehmens zu begeben, wo sie – mit einem Waren oder Leistungsangebot konfrontiert – durch weitere werbliche Maßnahmen (...) zum Geschäftsabschluß bestimmt werden sollen."

Anlockende Werbemaßnahmen sollen also nicht unmittelbar auf den Kaufentschluss des Kunden einwirken. Sie sollen vielmehr erst die Voraussetzungen für eine derartige Beeinflussung durch Herbeiführen einer vorvertraglichen Kontaktaufnahme schaffen. Dieser Kontakt kann aber nur zu Stande kommen, wenn das Interesse des Umworbenen geweckt wird, den ersten Schritt zu tun[41]. Das Kriterium des übertriebenen Anlockens betrifft folglich Maßnahmen im Vorfeld des Geschäftsabschlusses. Für ein übertriebenes Anlocken bei der abstrakten Wertreklame ist deswegen kennzeichnend, dass der Umworbene durch die in Aussicht gestellte Vergünstigung in die Geschäftsräume des Werbenden gelockt wird, so dass sich die Aussichten auf einen Geschäftsabschluss erhöhen.

Anlockende Werbung ist jedoch wettbewerbseigen[42]. Der Wettbewerb wäre ohne sie eines seiner belebendsten Elemente beraubt. Hinsichtlich der wettbewerbsrechtlichen Beurteilung der abstrakten Wertreklame spiegelt sich dieses Verständnis darin wider, dass eine Untersagung erst bei einem *Übermaß* erfol-

München, GRUR 1988, 770 (771) – Tank-Schmutztest; OLG München, GRUR 1992, 181 (182) – McDonalds-Gutschein.

39 Vgl.: 2. Kapitel, B. I. 2. b, S. 68.

40 HOTH, GRUR 1974, 547 (549).

41 HOTH, GRUR 1974, 547 (549); DERS., GRUR 1978, 147 (148); vgl. auch: BÜLOW, BB 1974, 768 (769); KUNZ, Das allgemeine Übermaßverbot, S. 131; Baumbach/HEFERMEHL, Wettbewerbsrecht, § 1 UWG, Rn. 90.

42 RINCK, in: Festschrift für das OLG Celle, S. 151 (153); KUNZ, Das allgemeine Übermaßverbot, S. 131; LEHMANN, Die Werbung mit Geschenken, S. 157; Baumbach/HEFERMEHL, Wettbewerbsrecht, § 1 UWG, Rn. 90.

gen soll[43]. Die exakte Feststellung dieses Übermaßes stellt den Rechtsanwender indes vor ein Dilemma. Einigkeit besteht noch weitgehend darüber, dass es auf eine Gesamtwürdigung des Einzelfalles – zu denken ist vor allem an Anlass, Zweck und Wert der Zuwendung sowie an die Person des Anbieters und des Empfängers – ankommt. Die Akzentuierung der verschiedenen Umstände fällt jedoch zumeist unterschiedlich aus, so dass entweder der Wert der Vergünstigung[44] oder das dadurch vermittelte Maß der Verstrickung beim Kunden[45] in den Vordergrund gerückt wird.

b) Schutzbedürftigkeit des Abnehmers

Das diffizile Problem der Bestimmung des Übermaßes wäre irrelevant, wenn die Interessen der Abnehmer ein Verbot der abstrakten Wertreklame aufgrund eines übertriebenen Anlockens nicht erfordern würden. Die Annahme der Schutzbedürftigkeit des Abnehmers durch die Rechtsprechung beruht auf der Antizipation eines bestimmten Verhaltens: Der Abnehmer soll so auf die Vergünstigung fixiert sein, dass er nur deshalb einen Geschäftsabschluss vornimmt[46]. Keineswegs ist zu leugnen, dass die Möglichkeit, eine Vergünstigung im Vorfeld des Geschäftsabschlusses zu erhalten – wie auch jede andere erfolgreiche Werbung – geeignet sein kann, den Kunden bei der späteren Kaufentscheidung zu beeinflussen. Damit korrespondiert allerdings nicht zwingend ein relevanter Nachteil des Abnehmers.

Durch die Untersagung der abstrakten Wertreklame aufgrund eines übertriebenen Anlockens wird dem Abnehmer die Fähigkeit abgesprochen, zwischen der gewährten Vergünstigung einerseits und dem vom Anbieter ange-

43 EMMERICH, in: Festschrift für Piper, S. 171 (176); HOTH, GRUR 1974, 547 (549); DERS., GRUR 1978, 147 (149); Baumbach/HEFERMEHL, Wettbewerbsrecht, § 1 UWG, Rn. 90; KUNZ, Das allgemeine Übermaßverbot, S.131; in Bezug auf die Wertreklame allgemein: BECHER, NJW 1966, 1289 (1294); LEHMANN, Die Werbung mit Geschenken, S. 158.

44 BGH GRUR 1962, 461 (465) – Werbeveranstaltung mit Filmvorführung; BGH GRUR 1967, 254 (255) – Waschkugel; BGH GRUR 1971, 162 (163) – Diagnose-Zentrum; BGH GRUR 1972, 367 (368) – Besichtigungsreisen I; BGH WRP 1992, 644 (646) – Glücksball-Festival; ebenfalls in diese Richtung tendierend: HAMMER, Die unentgeltliche Verteilung von Originalware, S. 91.; HEIL, WRP 1989, 647 (650).

45 BGH GRUR 1998, 735 (736) – Rubbelaktion; BGH NJW-RR 1993, 1066 (1068) – Hotelgutschein; ausführlich: KUNZ, Das allgemeine Übermaßverbot, S. 181; ähnlich: Baumbach/HEFERMEHL, Wettbewerbsrecht, § 1 UWG, Rn. 90.

46 SOSNITZA, Wettbewerbsbeschränkungen durch die Rechtsprechung, S. 47.

strebten entgeltlichen Geschäft andererseits zu differenzieren. Bezüglich der unentgeltlichen Leistungserbringung würde die Unterstellung dieser Unfähigkeit bedeuten, dass der Abnehmer durch die erlangte Vergünstigung – etwa die Mitnahmemöglichkeit einer Begleitperson zu einem Verkaufsgespräch[47], die kostenlose Überprüfung der Wasserdichtigkeit einer Uhr[48], die kostenlose Reinigung von Schmuck[49] oder die Einladung zu einem Frühstück in ein Möbelhaus[50] – zu einem Vertragsschluss verleitet wird, dem er sich nur schwer entziehen kann. Dieser Paternalismus entzieht dem Abnehmer die Möglichkeit, in den Genuss der durch die abstrakte Wertreklame vermittelten geldwerten Vergünstigungen zu gelangen.

Zudem verhindert die Annahme eines übertriebenen Anlockens die Senkung von Transaktionskosten. Transaktionskosten entstehen dem Abnehmer sowohl durch die Feststellung des Bedarfs am Abschluss eines entgeltlichen Rechtsgeschäfts als auch durch die Suche nach dem subjektiv günstigsten Anbieter. Die Entgegennahme der unentgeltlichen Leistung versetzt den Abnehmer in die Lage, ohne finanziellen Aufwand den generellen Bedarf an einem Rechtsgeschäft festzustellen. Bestes Beispiel hierfür ist die kostenlose Fahrzeugüberprüfung einer Kfz-Werkstatt auf Brems-, Spur- und Motormängel[51]. Die unentgeltliche Leistungserbringung erspart dem Abnehmer zusätzlich die Beschaffung von der Beurteilung der Leistungsfähigkeit des Anbieters dienenden Informationen[52]. Durch das Werben mit der abstrakten Wertreklame hat der Anbieter bereits eine Leistungsprobe erbracht. Dieser Umstand bewirkt die Senkung von Transaktionskosten hinsichtlich der Wahl des Anbieters.

Die Möglichkeit, in den Genuss geldwerter Vergünstigungen zu gelangen, und die Berücksichtigung der Transaktionskosten als positive Eigenschaften der abstrakten Wertreklame sind der Entscheidung des Abnehmers für ein bestimmtes Angebot immanent[53]. Daher kann die Untersagung der abstrakten Wertreklame aufgrund eines übertriebenen Anlockens nur gerechtfertigt sein,

47 BGH GRUR 1972, 367 – Besichtigungsreisen I.

48 OLG München, NJW-RR 1987, 625.

49 OLG München, GRUR 1988, 770.

50 OLG Hamburg, WRP 1983, 163 – Midsommar-Fest.

51 Vgl. dazu die Entscheidung BGH GRUR 1971, 162 – Diagnose-Zentrum.

52 Vgl. bereits: 1. Kapitel, C. II. 2, S. 40 ff.

53 Dementsprechend wird teilweise darauf verwiesen, dass die Nichtberücksichtigung der Transaktionskosten bei der Entscheidung für einen bestimmten Anbieter nicht gerade Ausdruck wirtschaftlicher Vernunft sei, vgl. EMMERICH, in: Festschrift für Piper, S. 171 (180); SOSNITZA, Wettbewerbsbeschränkungen durch die Rechtsprechung, S. 48; BURKERT, Zulässigkeit von Koppelungsgeschäften, S. 213; andeutungsweise: SCHÜNEMANN, Wettbewerbsrecht, S. 70.

wenn der Abnehmer vor schwerwiegenden Nachteilen geschützt werden müsste. Solche schwerwiegenden Nachteile sind allerdings nicht ersichtlich. Dem Abnehmer ist es durchaus zuzutrauen, die kostenlose Leistung zu bewerten und diese Bewertung in die Beurteilung des Gesamtangebots des jeweiligen Wettbewerbers einzuordnen. Keineswegs ist zu befürchten, dass der Abnehmer blind vor Freude über die empfangene geldwerte Leistung das vom Werbenden erstrebte Rechtsgeschäft abschließt, ohne sich um die Vorteilhaftigkeit der weiteren Vertragsbeziehung zu sorgen. Sofern eine solche Annahme wettbewerbsrechtlich maßgebend sein soll, müsste sie empirisch auf dem Gebiet der Werbepsychologie belegt werden[54]. Dies ist bislang nicht erfolgt. Die Ausführungen der Rechtsprechung[55] erschöpfen sich vielmehr in unbewiesenen Unterstellungen über ein angebliches Konsumentenverhalten. Nicht ohne Berechtigung charakterisiert Lehmann das übertriebene Anlocken als „Leerformel und Schlagwort in der Hand des Richters“[56]. Der Eigenverantwortlichkeit des Verbrauchers – ganz zu schweigen von der Geschäftserfahrung des Wiederverkäufers – wird jedenfalls nicht hinreichend Rechnung getragen. Zumindest aus Aspekten des Abnehmerschutzes kann das übertriebene Anlocken nicht zur Begründung der Sittenwidrigkeit herangezogen werden. Inwieweit ein übertriebenes Anlocken aus Aspekten des Mitbewerberschutzes Bedeutung erlangen kann, ist an anderer Stelle zu untersuchen[57].

54 SOSNITZA, Wettbewerbsbeschränkungen durch die Rechtsprechung, S. 49.

55 Vgl.: BGH GRUR 1971, 162 (163) – Diagnose-Zentrum; BGH GRUR 1972, 603 (605) – Kunden-Einzelbeförderung; BGH GRUR 1972, 367 (369) – Besichtigungsreisen I; BGH GRUR 1973, 418 (419) – Das goldene A; BGH GRUR 1973, 591 (593) – Schatzjagd; BGH GRUR 1974, 156 (157) – Geld-Gewinnspiel; BGH GRUR 1974, 345 (346 f.) – Geballtes Bunt; BGH GRUR 1984, 463 (464) – Mitmacher-Tour; BGH GRUR 1989, 757 – McBacon; BGH NJW-RR 1993, 1066 (1067) – Hotelgutschein; BGH GRUR 1998, 735 (736) – Rubbelaktion; OLG München, GRUR 1988, 770 (771) – Tank-Schmutztest; OLG München, GRUR 1992, 181 (182) – McDonalds-Gutschein

56 LEHMANN, Die Werbung mit Geschenken, S. 158.

57 5. Kapitel, B. II, S. 202 ff.

2. Psychologischer Kaufzwang

a) Lauterkeitsrechtlicher Vorwurf

Der psychologischen Kaufzwang[58] erlangt vorwiegend im Bereich der unentgeltlichen Leistungserbringung Bedeutung. Kennzeichnend für die Annahme eines psychologischen Kaufzwangs ist ein Sachverhalt, in dem der Umworbene durch eine Werbeaktion in eine Zwangslage gebracht wird, in der er es als unanständig oder peinlich empfindet, nichts zu kaufen[59]. Bei der abstrakten Wertreklame wird der Umworbene durch die Gewährung der Vergünstigung in diese Lage gebracht. Diese Situation ist Borck zufolge gefährlich, weil der Kunde durch die Werbemaßnahme in einen inneren Konflikt getrieben werde, in dem er gegen seinen eigentlichen Willen etwas kaufen oder die ihm entgegengebrachte Erwartungshaltung des Werbenden enttäuschen müsse[60]. Wer sich in einer solchen Konfliktsituation dafür entscheide, nicht gewollte Dinge zu erstehen, folge zwar seinem eigenen Willen, sei aber bei der Willensentschließung nicht frei[61]. Die Beeinflussung des Willens ist freilich ein wettbewerbsimmanenter Aktionsparameter[62]. Jeder gute Unternehmer muss um die

58 Die Entstehung dieses Begriffs geht auf ein Gutachten der Handelskammer Leipzig aus dem Jahre 1929 zurück, abgedruckt in: GRUR 1929, 889 f., in dem ohne nähere Begründung festgestellt wurde, dass ausspielungsähnliche Veranstaltungen wegen psychologischen Kaufzwangs gegen das Anstandsgefühl des ehrbaren Kaufmanns verstoßen.

59 Vgl.: BGH GRUR 1971, 322 – Lichdi-Center; BGH GRUR 1972, 603 (604) – Kunden-Einzelbeförderung; BGH GRUR 1989, 757 – McBacon; BGH GRUR 1992, 644 (645) – Glücksball-Festival; BGH WRP 1998, 162 (163) – Erstcoloration; BGH GRUR 1998, 735 (736) – Rubbelaktion; Baumbach/HEFERMEHL, Wettbewerbsrecht, § 1 UWG, Rn. 89; Köhler/PIPER, § 1 UWG, Rn. 41; EMMERICH, Recht des unlauteren Wettbewerbs, § 13, 2; BURKERT, Zulässigkeit von Koppelungsgeschäften, S. 393; RÜFFLER, Österreichisches und europäisches Wirtschaftsprivatrecht, Teil 6/2, S. 416; KOPPENSTEINER, Wettbewerbsrecht, § 33, Rn. 18; E.Ulmer/REIMER, Unlauterer Wettbewerb, Band III, Nr. 807.

60 BORCK, in: Festschrift für Gaedertz, S. 61 (64).

61 BORCK, in Festschrift für Gaedertz, S. 61 (64); BÜLOW, Der psychologische Kaufzwang, S. 13; DERS., GRUR 1971, 64 (66); HEIL, WRP 1989, 647.

62 Baumbach/HEFERMEHL, Wettbewerbsrecht, § 1 UWG, Rn. 89; vgl. auch: E.Ulmer/REIMER, Unlauterer Wettbewerb, Band III, Nr. 808; SOSNITZA, Wettbewerbsbeschränkungen durch die Rechtsprechung, S. 34; BÜLOW, GRUR 1971, 64 (66); GAEDERTZ, WRP 1970, 287; PAEFGEN, WRP 1990, 84.; RÖDDING, DB 1969, 1877; V.GAMM, Unlauterer Wettbewerb, § 1 UWG, Rn. 143; sehr deutlich: LEHMANN, Die Werbung mit Geschenken, S. 153.

Entstehung eines Verpflichtungsgefühls seiner Kunden bemüht sein. Die Konsequenz für die Anwendung des psychologischen Kaufzwangs ist, dass sich die Sittenwidrigkeit letztendlich aus der Art und Weise der Beeinflussung ergeben muss. Nach der Rechtsprechung ist dies die Einflussnahme mit „außerhalb der Sache liegenden Umständen“[63].

b) Berücksichtigung der marktwirtschaftlichen Risikobereiche

Es ist fraglich, ob in den von der Rechtsprechung beurteilten Konstellationen tatsächlich eine relevante Beeinflussung der Willensentschließungsfreiheit vorlag. Beruht die Annahme eines psychologischen Kaufzwangs doch auf recht komplexen Verhaltensmustern, hinsichtlich deren Beurteilung der Richter nicht ohne weiteres als sachkundig angesehen werden kann. In den wissenschaftlichen Disziplinen, die sich mit solchen Vorgängen beschäftigen – Werbepsychologie und Konsumentenforschung – existieren jedenfalls keine Untersuchungen, die einen Zusammenhang zwischen den betreffenden Werbeformen und einer konkreten Kaufentscheidung belegen könnten[64]. Die Notwendigkeit einer Revision der bisherigen Rechtsprechungspraxis, die die Voraussetzungen des psychologischen Kaufzwangs schon darin erfüllt sieht, dass der Kunde seine Kaufentscheidung aus Anstand und Dankbarkeit trifft[65], ist deswegen angezeigt.

Hinsichtlich des psychologischen Kaufzwangs steht die Realisierung des Abnehmerschutzes im Vordergrund[66]. Es soll die Willensentschließungsfreiheit

63 BGH GRUR 1972, 603 (604) – Kunden-Einzelbeförderung; BGH GRUR 1971, 322 – Lichdi-Center; BGH GRUR 1989, 757 – McBacon; BGH GRUR 1998, 735 (736) – Rubbelaktion; vgl. auch: BÜLOW, GRUR 1971, 64 (66), der deutlich macht, dass die Sittenwidrigkeit des psychologischen Kaufzwangs auf einem Verstoß gegen die Grundsätze des Leistungswettbewerbs beruht.

64 SCHRICKER, GRUR Int. 1994, 586 (588); SOSNITZA, Wettbewerbsbeschränkungen durch die Rechtsprechung, S. 30; LEHMANN, Die Werbung mit Geschenken, S. 157.

65 BGH GRUR 1971, 322 – Lichdi-Center; BGH GRUR 1972, 603 (604) – Kunden-Einzelbeförderung; BGH GRUR 1989, 757 – McBacon; BGH GRUR 1992, 644 (645) – Glücksball-Festival; BGH WRP 1998, 162 (163) – Erstcoloration; BGH GRUR 1998, 735 (736) – Rubbelaktion.

66 SCHRICKER, RabelsZ 40 (1976), 535 (550). Belegt wird dies durch die eindeutige Zuordnung zu der Oberfallgruppe Kundenfang bzw. Verletzung von Abnehmerinteressen, vgl.: Baumbach/HEFERMEHL, Wettbewerbsrecht, § 1 UWG, Rn. 89; Köhler/PIPER, § 1 UWG, Rn. 41; EMMERICH, Recht des unlauteren Wettbewerbs, § 13, 2; KOPPENSTEINER, Wettbewerbsrecht, § 33, Rn. 14; SOSNITZA, Wettbewerbsbeschränkungen durch die Rechtsprechung, S. 22.

der Abnehmer geschützt werden. Die Willensentschließungsfreiheit kann indes nicht isoliert von der mit ihr korrespondierenden Eigenverantwortlichkeit betrachtet werden. Diese bedingt, dass jeder Marktteilnehmer ein gewisses wirtschaftliches Risiko zu tragen hat. In der heutigen, marktwirtschaftlich geprägten Wettbewerbsordnung stellt das Risiko einer fehlerhaften Kaufentscheidung lediglich die Kehrseite der Auswahlfreiheit dar; dieses Risiko hat grundsätzlich der Abnehmer selbst zu tragen. Die derzeitige Rechtsprechung zum psychologischen Kaufzwang befreit den Kunden in unangemessener Weise von diesem Risiko. Unangemessen deswegen, weil die Schutzbedürftigkeit des Kunden in Situationen, in denen ein psychologischer Kaufzwang angenommen wird, ohnehin herabgesetzt ist.

Dies lässt sich durch folgende Überlegung verdeutlichen: Wird die geldwerte Vergünstigung gewährt, bevor der Kunde die Verkaufsräume betritt, kann sich der Kunde auf die Konfrontation mit dem Verkaufspersonal einstellen oder von einem Betreten der Geschäftsräume absehen[67]. Gewährt der Anbieter die geldwerte Vergünstigung hingegen erst in den eigenen Geschäftsräumen, so erfolgt die Beeinflussung durch den Werbenden nicht überraschend, weil der Kunde selbst die Kontaktaufnahme mit dem Werbenden betrieben hat. Trifft der Kunde in dieser Situation dennoch eine Kaufentscheidung aus Anstand, Dankbarkeit oder Peinlichkeit, so ist dies seinem eigenen Risikobereich zuzuordnen. Die abstrakte Wertreklame kann daher nicht allein deswegen untersagt werden, weil die bewirkte Kaufentscheidung auf den genannten Beweggründen beruht[68]. Eine solche Sichtweise schränkt den marktwirtschaftlichen Risikobereich des Kunden zu Lasten der werbefreudigen Unternehmer ein.

c) Rekurs auf das Verbot der belästigenden Werbung

Letztendlich kann kein Zweifel an der Sittenwidrigkeit solcher Werbeformen bestehen, die den Kunden derart psychisch unter Druck setzen, dass dieser einem nahezu unentrinnbaren Kaufzwang unterliegt. Konstitutiv für einen Untersagungstatbestand muss dabei die konkrete Art und Weise der Einflussnah-

67 RÖDDING, DB 1969, 1877 (1878); SOSNITZA, Wettbewerbsbeschränkungen durch die Rechtsprechung, S. 34; REESE, Grenzüberschreitende Werbung in der europäischen Gemeinschaft, S. 201 f; RÜFFLER, Österreichisches und europäisches Wirtschaftsprivatrecht, Teil 6/2, S. 418; ähnlich: K.KRÜGER, Die Systematik des Wettbewerbsrechts, S. 115.

68 So aber die auf S. 198, Fn. 59 ausgewiesene Rechtsprechung und Literatur.

me auf den Umworbenen sein[69]. Allein die Tatsache der Gewährung einer abstrakten Vergünstigung ist sicherlich nicht ausreichend. Eine solche Sichtweise würde an die Konzeption der Rechtsprechung zu den Grundsätzen des Leistungswettbewerbs anknüpfen; die Untauglichkeit dieser Konzeption wurde bereits herausgearbeitet[70]. Anknüpfungspunkt eines Verbotstatbestands kann vielmehr nur die Verhaltensweise des Werbenden nach der Gewährung der Vergünstigung sein. Der Umworbene ist dementsprechend von Kaufentscheidungen zu entlasten, die er trifft, weil der Werbende die Situation während oder nach der Gewährung der Vergünstigung zu einer Beeinflussung ausnutzt. Dies ergibt sich schon daraus, dass Werbeaktionen, die psychischen Druck auf den Kunden ausüben, lauterkeitsrechtlich nicht akzeptiert werden können.

Auch das Verbot der belästigenden Werbung bezweckt, den Kunden vor psychischen Zwangssituationen zu bewahren. Eine Werbung verstößt demnach unter dem Topos „Anreißen" gegen die guten Sitten, wenn sie derart aufdringlich ist, dass dem Umworbenen eine ruhige, sachliche Prüfung unmöglich gemacht wird und die Gefahr besteht, dass der Umworbene sich nur deshalb zu einem Vertragsabschluss bereit findet, weil er der Belästigung ein Ende bereiten will[71]. Neben den möglichen Überrumpelungsfolgen wird demzufolge vor allem die Belästigung des Umworbenen an sich pönalisiert. Dieser Grundsatz lässt sich auf die abstrakte Wertreklame übertragen. Zu bedenken ist allerdings, dass sich der Umworbene im Falle der abstrakten Wertreklame nach der Gewährung der Vergünstigung bereits in einer sehr anfälligen Situation befindet. Daher würde es zu weit gehen, im Einzelfall den Nachweis eines Zusammenhangs zwischen der Belästigung und der konkreten Kaufentscheidung zu fordern. Maßgebliche Bedeutung kann vielmehr nur dem Verhalten des Werbenden zukommen. Auf diese Weise wird der Gefahr vorgebeugt, dem Umworbenen bestimmte, unbewiesene Verhaltensmuster zu unterstellen. Die abstrakte Wertreklame ist zu untersagen, wenn

– dem Umworbenen geldwerte Vergünstigungen zugewendet werden und

69 Andeutungsweise, aber vage: LEHMANN, Die Werbung mit Geschenken, S. 154 f.; K.KRÜGER, Die Systematik des Wettbewerbsrechts, S. 115; BURKERT, Die Zulässigkeit von Koppelungsgeschäften, S. 392; SOSNITZA, Wettbewerbsbeschränkungen durch die Rechtsprechung, S. 38.

70 2. Kapitel, B. I. 2, S. 65 ff.

71 Baumbach/HEFERMEHL, Wettbewerbsrecht, § 1 UWG, Rn. 57; KÖHLER/Piper, § 1 UWG, Rn. 17; SPECKMANN, Die Wettbewerbssache, S. 98; EMMERICH, Recht des unlauteren Wettbewerbs, § 11, 2; SCHÜNEMANN, Wettbewerbsrecht, S. 57; HEFERMEHL, GRUR 1980, 622; enger: SCHERER, Privatrechtliche Grenzen der Verbraucherwerbung, S. 132 f; KOPPENSTEINER, WBl 1995, 1 (6).

- der Werbende den Umworbenen in dieser anfälligen Situation weitergehend beeinflusst,
- um ihn mit der Intention eines Vertragsschlusses zu belästigen.

d) Verdeutlichung anhand der kostenlosen Kundenbeförderung

Zur Verdeutlichung soll die voranstehende Formel auf die kostenlose Kundenbeförderung als wichtigste Erscheinungsform der unentgeltlichen Leistungserbringung angewandt werden. Angesichts der Tatsache, dass dem Kunden lediglich ein vorteilhafter Service erbracht wird, verstößt die kostenlose Kundenbeförderung grundsätzlich nicht gegen die guten Sitten. Findet während oder unmittelbar nach der Fahrt eine weitergehende Beeinflussung des Kunden – etwa durch gezieltes, persönliches Ansprechen – statt, so kann diese Maßnahme gem. § 1 UWG untersagt werden. Ein wichtiger Anhaltspunkt ist diesbezüglich das von der Rechtsprechung verwendete Kriterium der Anonymität. Soweit die Anonymität des Kunden gewahrt bleibt, wird die kostenlose Kundenbeförderung als wettbewerbskonform betrachtet[72]. Dies ist zutreffend. Die Anonymität bewahrt den Umworbenen vor einer weitergehenden Beeinflussung durch den Werbenden. Bedeutungslos für die lauterkeitsrechtliche Beurteilung ist hingegen die Frage, ob der Anbieter mit seiner Werbemaßnahme Standortnachteile ausgleichen will[73]. Der Umstand, dass der Anbieter mit der kostenlosen Kundenbeförderung Standortnachteile ausgleichen will, kann an einer Beeinflussung der Willensentschließungsfreiheit des Kunden nichts ändern.

II. Verletzung von Mitbewerberinteressen

1. Inhaltliche Ausgestaltung des Schutzes

Der von der Rechtsprechung intendierte Mitbewerberschutz bei der Bewertung der abstrakten Wertreklame ist untrennbar mit dem Kriterium des übertriebenen Anlockens verbunden. Im Gegensatz zur akzessorischen Wert-

72 Vgl.: BGH GRUR 1971, 322 (323) – Lichdi-Center; BGH GRUR 1972, 364 (365) – Mehrwert-Fahrten.

73 Gegen die Berücksichtigung dieses Kriteriums haben sich – jedoch aus anderen Gründen – zuvor bereits K.KRÜGER, Die Systematik des Wettbewerbsrechts, S. 115 sowie BURKERT, Die Zulässigkeit von Koppelungsgeschäften, S. 393 ausgesprochen.

reklame, bei der vordergründig auf den Schutz der Abnehmer rekurriert wird[74], kommt dies in den betreffenden Entscheidungen explizit zum Ausdruck. So wird beispielsweise in dem Angebot der kostenlosen Mitnahme einer Begleitperson zu einer Grundstücksbesichtigung nach Spanien ein übertriebenes Anlocken erblickt, das

> „aus der Sicht des Umworbenen einen so starken Anreiz zur Teilnahme an den Besichtigungsreisen bildet, daß hierdurch seine Entschließungsfreiheit in unsachlicher Weise beeinflußt wird und die Beklagte weiterhin sich auf diese Weise einen nicht gerechtfertigten Vorsprung vor ihren *Mitbewerbern* verschafft[75]".

Die Mitbewerber sollen dementsprechend durch die Beeinflussung des Kunden mit der außerhalb der Kaufsache liegenden Vergünstigung schon in der Ausgangssituation der Bemühungen um den Kunden benachteiligt sein. Offenbar sieht die Rechtsprechung dies als Widerspruch zu dem Interesse der Mitbewerber, vor einem verstärkten Abzug ihrer Kunden geschützt zu werden[76]. Da aber das Interesse an der Erhaltung des Kundenstammes bzw. an der Gewinnung neuer Kunden als solches in der heutigen Wettbewerbsordnung grundsätzlich nicht anerkennenswert ist[77], kann es der Rechtsprechung nur darum gehen, die Umleitung von Kundenströmen mit bestimmten Mitteln zu unterbinden. Im Bereich der abstrakten Wertreklame wird offensichtlich die Gewährung der Vergünstigung als ein solches Mittel betrachtet. Ob ein hieraus

74 Vgl. die Stimmen aus der Literatur, die der Rspr. diesbezüglich Etikettenschwindel vorwerfen: SCHERER, Privatrechtliche Grenzen der Verbraucherwerbung, S. 169; TETZNER, JZ 1977, 29; GÖTTING, Entwicklung des Zugaberechts, S. 115.

75 BGH GRUR 1972, 367, 368 – Besichtigungsreisen I; der Mitbewerberschutz klingt ferner deutlich an in: BGH GRUR 1972, 603 (605) – Kunden-Einzelbeförderung; BGH GRUR 1984, 463 (464) – Mitmacher-Tour.

76 BGH a.a.O., S. 464 – Mitmacher-Tour. In diesem Fall einer unentgeltlichen Kundenbeförderung schied die Annahme eines psychologischen Kaufzwangs aus, weil die Anonymität der Kunden gewahrt blieb. Unter dem Aspekt des übertriebenen Anlockens soll aber das gezielte Abholen von Kunden aus der Innenstadt und die Beförderung zu den außerhalb gelegenen Verkaufsräumen wettbewerbswidrig sein.

77 BGH GRUR 1952, 582 – Sprechstunden; BGH GRUR 1963, 197 (200) – Zahnprothesen-Pflegemittel; BGH GRUR 1964, 214 (216) – Milchfahrer; BGH GRUR 1967, 36 – Rollkostenzuschüsse; BGH GRUR 1967, 104 – Stubenhändler; BGH GRUR 1970, 182 (183) – Bierfahrer; BGH GRUR 1986, 547 (548) – Handzettelwerbung; Baumbach/HEFERMEHL, Wettbewerbsrecht, Allg., Rn. 21; KÖHLER/Piper, § 1 UWG, Rn. 87; E.Ulmer/REIMER, Unlauterer Wettbewerb, Band III, Nr. 382; SCHNIEDERS, Allgemeininteressen im Wettbewerbsrecht, S. 42.

bedingter Verlust von Kunden als wettbewerbsimmanente Verdrängungswirkung lauterkeitsrechtlich zu akzeptieren ist, wird im Folgenden zu prüfen sein.

2. *Wettbewerbsfremdheit der Verdrängung*

Die meisten Konstellationen, in denen eine Beeinträchtigung von Mitbewerberinteressen diskutiert wird, sind dadurch gekennzeichnet, dass die Behinderung nicht unmittelbar, sondern über den Umweg der Kaufentscheidung des Abnehmers erfolgt. Aus diesem Grund wird dem Abnehmer in der heutigen Wettbewerbsordnung die „Schiedsrichterrolle" zugewiesen[78]. Diese Zuweisung impliziert, dass eine Werbeform nicht als wettbewerbsfremd stigmatisiert werden kann, sofern sie den Interessen des Abnehmers gerecht wird und ihn demzufolge – ohne Irreführung oder Nötigung – zu einem Vertragsschluss animiert. Insoweit ist auf die Ausführungen zur „Verletzung von Abnehmerinteressen" Bezug zu nehmen[79]. Die Bedenken, die der abstrakten Wertreklame mit Hilfe der Schlagworte übertriebenes Anlocken und psychologischer Kaufzwang entgegengebracht werden, ließen sich in der Untersuchung nicht bestätigen. Ganz im Gegenteil: Die abstrakte Wertreklame ist ein ideales Werbemittel, um dem Abnehmer eine Überprüfung der Ware bzw. Leistung hinsichtlich Qualität, Verwendungsmöglichkeit, Wirtschaftlichkeit und sonstiger Eigenschaften zu ermöglichen. Auf diese Weise kann der Abnehmer bei der Suche nach dem leistungsfähigsten Anbieter Transaktionskosten senken[80]. Folglich ist eine durch abstrakte Wertreklame bewirkte Kaufentscheidung wettbewerbsimmanent und stellt insofern keine unzulässige Mitbewerberbehinderung dar.

3. *Widerspruch mit den Erkenntnissen der Wettbewerbstheorie*

Soweit die Rechtsprechung Bedenken gegen die abstrakte Wertreklame aufgrund einer individuellen Behinderung von Mitbewerbern äußert, scheint sich dahinter tendenziell eine Skepsis gegenüber neuartigen Werbeformen zu verbergen. Dies manifestiert sich darin, dass im Zusammenhang mit einer etwaigen Mitbewerberbehinderung regelmäßig von einer allgemeinen Nachahmung durch die Konkurrenz und damit einer dem Allgemeininteresse zuwi-

78 Vgl.: Baumbach/HEFERMEHL, Wettbewerbsrecht, Einl. UWG, Rn. 98; vgl. dazu auch: SCHERER, Privatrechtliche Grenzen der Verbraucherwerbung, S. 35; LOEWENHEIM, GRUR 1975, 99 (104); MARKERT, in: Immenga/Mestmäcker, GWB, § 26 (a.F.), Rn. 207.

79 Vgl.: 5. Kapitel, B. I, S. 192 ff.

80 Vgl. bereits: 1. Kapitel, C. 2, S. 40 ff.

derlaufenden Wettbewerbsübersteigerung die Rede ist[81]. Hierzu sei vorweg angemerkt, dass sich die Rechtsprechung durch diese Sichtweise mit der Funktion der heutigen Wettbewerbsordnung in Widerspruch setzt. Der Wettbewerb wird heute überwiegend als evolutionärer Prozess, bestehend aus einer Abfolge von Vorstößen besonders aktiver Pionierunternehmer und rapide folgender, nachahmender Aktionen anderer Unternehmen, beschrieben[82]. Aus dieser Erkenntnis heraus ist es folgerichtig, wenn beispielsweise Nachahmungshandlungen – mögen sie auf den ersten Blick auch anstößig wirken – außerhalb der geschützten Sonderbereiche grundsätzlich erlaubt[83] und als notwendige Voraussetzung eines funktionierenden Wettbewerbs sogar erwünscht sind[84]. Ein Vorstoß eines Unternehmens wird heutzutage nicht mehr ausschließlich durch Produktinnovationen, sondern gleichfalls durch ausgeklügelte Werbestrategien bewirkt[85]. Selbstverständlich animiert eine erfolgreiche Werbestrategie Konkurrenzunternehmen in gewissem Umfang zur Nachahmung. Vermittelt die erfolgreiche Werbestrategie der Abnehmerschaft aber zusätzliche Vorteile materieller Art, so muss dies in der heutigen Wettbewerbsordnung umso erwünschter sein. Hieraus die Unzulässigkeit einer Werbestrategie wegen einer Beeinträchtigung von Mitbewerberinteressen herleiten zu wollen, würde die Ergebnisse der Wettbewerbstheorie in ihr Gegenteil verkehren.

Folglich werden durch die abstrakte Wertreklame grundsätzlich keine individuellen Mitbewerberinteressen verletzt. Eine andere Beurteilung kann ledig-

81 BGH GRUR 1972, 367 (369) – Besichtigungsreisen I; BGH WM 1976, 278 (279 f.) – Besichtigungsreisen III; BGH GRUR 1972, 603 (606) – Kunden-Einzelbeförderung; BGH GRUR 1984, 463 (465) – Mitmacher-Tour; BGH NJW-RR 1993, 1066 (1068) – Hotelgutschein.

82 PASCHKE/KERSTEN, in: Frankfurter Kommentar, § 22 GWB (a.F.), Rn. 118; EMMERICH, in: Festschrift für Piper, S. 171 (181); COX/HÜBENER, in: Handbuch des Wettbewerbs, S. 1 (6); HOPPMANN, Definition des Wettbewerbs, S. 41 ff.; HERDZINA, Wettbewerbspolitik, S. 27 ff.; SOSNITZA, Wettbewerbsbeschränkungen durch die Rechtsprechung, S. 52 f.

83 BGH GRUR 1964, 621 (624) – Klemmbausteine I; BGH GRUR 1967, 315 (317) – skai-cubana; BGH GRUR 1977, 666 (667) – Einbauleuchten; Baumbach/HEFERMEHL, Wettbewerbsrecht, § 1 UWG, Rn. 439; Köhler/PIPER, § 1 UWG, Rn. 260.

84 BEATER, Nachahmen im Wettbewerb, S. 4; EMMERICH, Recht des unlauteren Wettbewerbs, § 10, 1; COX/HÜBENER, Handbuch des Wettbewerbs, S. 1 (6); MÖSCHEL, Pressekonzentration und Wettbewerbsgesetz, S. 142; KOPPENSTEINER, WBl 1995, 1 (3); SCHÜTZ, WRP 1993, 168.

85 EMMERICH, Kartellrecht, 6. Auflage, S. 13; DERS., in: Festschrift für Piper, S. 171 (182); vgl. auch: ARNDT, in: Handbuch des Wettbewerbs, S. 49 (63 ff.); I.SCHMIDT, Wettbewerbspolitik und Kartellrecht, S. 64 f.

lich geboten sein, wenn die abstrakte Wertreklame in einer missbräuchlichen Art und Weise zur Behinderung von Konkurrenten eingesetzt wird. Zu denken ist etwa daran, dass ein Unternehmer vor den Geschäftsräumen seines Konkurrenten Verschenkaktionen vornimmt oder diesen Ort als Ausgangspunkt eines kostenlosen Kundentransports wählt. Hinter einer solchen Verhaltensweise dürfte regelmäßig nicht die Bemühung um die Gewinnung neuer Kunden, sondern die bewusste Schädigung des Konkurrenten stehen. Für das Vorliegen eines solchen Missbrauchs lässt sich allerdings kein allgemeiner Verbotstatbestand aufstellen; es sind vielmehr in besonderem Maße die Umstände des Einzelfalls ausschlaggebend.

III. Verletzung von Interessen der Allgemeinheit

§ 1 UWG schützt neben Abnehmer- und Mitbewerberinteressen auch das Interesse der Allgemeinheit an der Aufrechterhaltung der Institution Wettbewerb[86]. Diese Erkenntnis, die der Rechtsprechung und Wissenschaft zur Zeit der Entstehung des UWG gänzlich fremd war, ging mit dem Wandel des Verständnisses über die Konkretisierung der Generalklausel von einer sittlichmoralischen zu einer sozialen Betrachtungsweise einher. Die Sittenwidrigkeit einer Wettbewerbshandlung aufgrund einer Verletzung von Allgemeininteressen soll sich nicht nur aus einer Kollektivierung von Interessen der Abnehmer oder Mitbewerber ergeben, sondern aus den sich ergebenden Marktfolgen einer Wettbewerbshandlung[87]. Daher wird weithin auch von der marktbezogenen

86 BAUDENBACHER, GRUR 1981, 19 (20); Baumbach/HEFERMEHL, Wettbewerbsrecht, § 1 UWG, Rn. 832; KÖHLER/Piper, § 1 UWG, Rn. 183; KÖHLER, in: Großkommentar, § 1 UWG, D 1; MESTMÄCKER, Der verwaltete Wettbewerb, S. 59 f.; DERS., Medienkonzentration und Meinungsvielfalt, S. 135 ff.; SAMBUC, Folgenerwägungen im Richterrecht, S. 60 ff.; DERS., GRUR 1981, 796 ff.; JUNGK, Die Ausübung wirtschaftlicher Macht als unlauterer Wettbewerb, S. 74 ff.; LINDOW, Marktstörung als UWG-Tatbestand, S. 120; SCHNIEDERS, Allgemeininteressen im Wettbewerbsrecht, S. 310; REICHOLD, AcP 193 (1993), 204 (216); MÖSCHEL, Pressekonzentration und Wettbewerbsgesetz, S. 131; P.ULMER, GRUR 1977, 565 (577 f.); SCHRICKER, GRUR 1974, 579 (580); SCHERER, WRP 1996, 174; BAUDENBACHER, GRUR 1981, 19 (20); ablehnend hingegen: KNÖPFLE, Die marktbezogene Unlauterkeit, S. 154 ff.; KRAFT, in: Festschrift für Bartholomeyczik, S. 223 (224 f.); DERS., GRUR 1980, 966; MERZ, Die Vorfeldthese, S. 206 ff.

87 BAUDENBACHER, GRUR 1981, 19 (20); MESTMÄCKER, Der verwaltete Wettbewerb, S. 59; DERS., Medienkonzentration und Meinungsvielfalt, S. 136; Baumbach/HEFERMEHL, Wettbewerbsrecht, § 1 UWG, Rn. 832; GÖTTING, Entwicklung des Zugaberechts, S. 104.

Unlauterkeit gesprochen[88]. Für die weitere Untersuchung wird dieser Terminus aufgegriffen.

In der Literatur wird die Kennzeichnung der marktbezogenen Unlauterkeit vorwiegend in der Berücksichtigung von Marktmacht gesehen[89]. Erklärt wird dies mit der Ambivalenz wettbewerblicher Verhaltensweisen: Während die Werbeaktion eines marktmächtigen Unternehmens zu einer Marktverdrängung einer erheblichen Anzahl von Konkurrenten führen könne, bedeute die gleiche Maßnahme eines Newcomers unter Umständen eine Belebung des Wettbewerbs[90]. Gegen das Axiom der wirtschaftspolitischen Neutralität des UWG soll mit dieser Sichtweise nicht verstoßen werden[91]; schließlich würden mit einer Marktmachtdifferenzierung keine Sonderregeln für marktmächtige oder marktstarke Unternehmen aufgestellt. Vielmehr solle nur dem Umstand Rechnung getragen werden, dass die Möglichkeit, bestimmte, den Wettbewerbsbestand

88 Der Begriff der „marktbezogenen Unlauterkeit" wurde von BURMANN, WRP 1967, 385 ff. geprägt und später von RAISER, GRUR Int. 1973, 443 ff. übernommen. Nach der als herrschend anzusehenden Fallgruppenbildung von Baumbach/HEFERMEHL, Wettbewerbsrecht, Einl. UWG, Rn. 160 ff. bildet der Begriff der „Marktstörung" die Oberfallgruppe für all jene Unlauterkeitskriterien, die Fälle erfassen, bei denen ein Unternehmen nicht leistungsgerechte Mittel einsetzt, die geeignet sind, den Wettbewerb auf einem bestimmten Markt durch Beeinträchtigung der Freiheit von Angebot und Nachfrage zu verfälschen, so dass sich die bessere Leistung auf dem Markt nicht mehr durchsetzen kann und der Bestand des Wettbewerbs gefährdet wird.

89 Vgl.: KÖHLER, in: Großkommentar, § 1 UWG, D 26; BAUMBACH/Hefermehl, Wettbewerbsrecht, § 1 UWG, Rn. 833; MESTMÄCKER, Der verwaltete Wettbewerb, S. 59; BAUDENBACHER, GRUR 1981, 19 (22); SAMBUC, GRUR 1981, 796 ff.; JUNGK, Die Ausübung wirtschaftlicher Macht als unlauterer Wettbewerb, S. 23 betont, dass die Marktmacht lediglich als Indiz einer Gefährdung des Bestands des Wettbewerbs anzusehen ist; zur Vorfeldthese vgl.: P.ULMER, AfP 1975, 870 (885 f.); DERS., GRUR 1977, 565 (577 ff.); DERS., Schranken zulässigen Wettbewerbs marktbeherrschender Unternehmen, S. 103 f.

90 KÖHLER, in: Großkommentar, § 1 UWG, D 13; ähnlich: MERZ, Die Vorfeldthese, S. 250; vgl. auch HEFERMEHL, GRUR Int. 1973, 507 (512): „Die Feststellung, ob eine Wettbewerbshandlung den Bestand des Wettbewerbs gefährdet, hängt deshalb von der Marktmacht eines Unternehmens ab"; LINDACHER, Lockvogel- und Sonderangebote, S. 39 will aus dieser Tatsache das Gegenteil, also ein Verbot der Marktmachtdifferenzierung, ableiten.

91 Ablehnend: MERZ, Die Vorfeldthese, S. 293; KNÖPFLE, Die marktbezogene Unlauterkeit, S. 154 ff.; HIRTZ, GRUR 1980, 93 (96); KRAFT, in: Festschrift für Bartholomeyczik, S. 223 (239); SCHÜNEMANN, in: Großkommentar, Einl. UWG, D 103 f.; TYLLAK, Wettbewerb und Behinderung, S. 274 ff.

gefährdende Maßnahmen zu ergreifen, faktisch nur Unternehmen mit einer gewissen Marktmacht offen stehe[92].

Soweit die Rechtsprechung auf Interessen der Allgemeinheit rekurriert, kann dies gewissermaßen als erfolgsqualifizierte Unlauterkeit bezeichnet werden[93]. Der Unwert einer Wettbewerbshandlung wird nicht im Verhalten selbst gesehen, sondern ergibt sich erst aus einer Gesamtbetrachtung von Verhalten und Erfolg. Deutlich wird diese Vorgehensweise bei der lauterkeitsrechtlichen Beurteilung der unentgeltlichen Abgabe von Waren zu Werbezwecken. Regelmäßig wird betont, gegen das Verschenken von Originalwaren sei grundsätzlich nichts einzuwenden[94]. Treten jedoch gewisse marktbezogene Wirkungen ein – Gefahr eines Gewöhnungseffekts[95] bzw. Marktverstopfung durch Bedarfsdeckung[96] –, so soll die Berücksichtigung von Allgemeininteressen einen Unterlassungsanspruch rechtfertigen. Die Rechtsprechung sieht diese Marktfolgen jedoch nicht in Abhängigkeit von der Marktstärke des werbenden Unternehmens. Ein Grund hierfür mag in der Schwierigkeit der Feststellung einer marktbeherrschenden oder marktstarken Stellung in einem zivilgerichtlichen Verfahren liegen[97]. Zur Begründung einer marktfolgenrelevanten Verhaltensweise wird stattdessen die Gefahr einer Nachahmung durch Konkurrenten und damit die Übersteigerung der betreffenden Werbeform argumentativ zu Hilfe genommen[98].

92 KÖHLER, in: Großkommentar, § 1 UWG, D 26; ähnlich: SCHERER, WRP 1996, 174 (181); MERZ, Die Vorfeldthese, S. 248; JUNGK, Die Ausübung wirtschaftlicher Macht als unlauterer Wettbewerb, S. 38.

93 P.ULMER, GRUR Int. 1977, 565 (577); KOPPENSTEINER, Wettbewerbsrecht, § 32, Rn. 53; KRAFT, GRUR 1980, 966.

94 BGH GRUR 1969, 295 (297) – Goldener Oktober; BGH GRUR 1975, 26 (27 f.) – Colgate; BGH GRUR 1979, 157 (158) – Kindergarten-Malwettbewerb; BGH GRUR 1991, 616 (617) – Motorboot-Fachzeitschrift; BGH NJW-RR 1993, 1066 (1067) – Hotelgutschein; BGH WRP 1998, 162 – Erstcoloration.

95 BGH GRUR 1965, 489 (491) – Kleenex; BGH GRUR 1969, 295 (297) – Goldener Oktober; BGH GRUR 1975, 26 (29) – Colgate.

96 BGH GRUR 1957, 365 (367) – SUWA; BGH GUR 1969, 295 (297) – Goldener Oktober; BGH GRUR 1975, 26 (29) – Colgate.

97 Anders als in dem durch die Offizialmaxime beherrschten kartellrechtlichen Verfahren, bieten die für das UWG geltenden zivilrechtlichen Verfahrensgrundsätze keine ausreichende Gewähr dafür, dass das umfangreiche Material, das als Grundlage sachgerechter strukturpolitischer Entscheidungen notwendig ist, tatsächlich vorgelegt wird, vgl.: KNÖPFLE, Die marktbezogene Unlauterkeit, S. 147; einschränkend: BAUDENBACHER, GRUR 1981, 19 (27 f.).

98 BGH GRUR 1965, 489 (491) – Kleenex; BGH GRUR 1972, 364 (366) – Mehrwert-Fahrten; BGH GRUR 1972, 367 (369) – Besichtigungsreisen I; BGH GRUR

Angesichts der Divergenzen von Literatur und Rechtsprechung hinsichtlich der Präzisierung der marktbezogenen Unlauterkeit soll in der weiteren Untersuchung zunächst geklärt werden, inwieweit Marktstärkebetrachtungen bei der Auslegung des § 1 UWG statthaft sind. Einzugehen ist diesbezüglich auf das Verhältnis von GWB und marktbezogener Unlauterkeit, da das GWB der Auslegung des § 1 UWG Grenzen ziehen kann[99]. Anschließend ist die Konzeption der Rechtsprechung, die mit Hilfe des Kriteriums der Nachahmungsgefahr eine erfolgsqualifizierte Unlauterkeit konstruiert, zu analysieren. Zuletzt werden die von der Rechtsprechung befürchteten Marktwirkungen der abstrakte Wertreklame – Gefahr eines Gewöhnungseffekts und Marktverstopfung durch Bedarfsdeckung – untersucht.

1. Schnittfeld von marktbezogener Unlauterkeit und GWB

Das UWG und das GWB haben gleichermaßen die Institution des Wettbewerbs als Schutzgut und sind somit Teile einer einheitlichen Wettbewerbsordnung[100]. Divergend ist lediglich die Schutzrichtung: Während das UWG die Freiheit des Wettbewerbs gegen unlautere Verhaltensweisen schützt, versucht das GWB, den Schutz des Wettbewerbs gegen Beschränkungen zu verwirklichen[101]. Für das Verhältnis zwischen UWG und GWB sollte der Erkenntnis-

1972, 603 (606) – Kunden-Einzelbeförderung; BGH GRUR 1975, 26 (29) – Colgate.

99 KÖHLER, in: Großkommentar, § 1 UWG, D 13; SCHERER, WRP 1996, 174 (178 f.); P.ULMER, GRUR 1977, 565 (579); E.Ulmer/REIMER, Unlauterer Wettbewerb, Band III, Nr. 40.; EMMERICH, Recht des unlauteren Wettbewerbs, § 5, 9; RAISER, GRUR Int. 1977, 443 (446); MERZ, Die Vorfeldthese, S. 234; GÖTTING, Die Entwicklung des Zugaberechts, S. 100; MESTMÄCKER, Medienkonzentration und Meinungsvielfalt, S. 137; zurückhaltend: JUNGK, Die Ausübung wirtschaftlicher Macht als unlauterer Wettbewerb, S. 63 ff; SCHNIEDERS, Allgemeininteressen im Wettbewerbsrecht, S. 50.

100 Vgl.: KÖHLER, in: Großkommentar, § 1 UWG, D 1; Baumbach/HEFERMEHL, Wettbewerbsrecht, Einl. UWG, Rn. 52; MESTMÄCKER, Der verwaltete Wettbewerb, S. 78; SCHERER, WRP 1996, 174 (178); EMMERICH, Recht des unlauteren Wettbewerbs, § 5, 9; BAUDENBACHER, ZHR 144 (1980), 145 (169); GÖTTING, Entwicklung des Zugaberechts, S. 98; MERZ, Die Vorfeldthese, S. 199; LINDACHER, Lockvogel- und Sonderangebote, S. 38; REICHOLD, AcP 193 (1993), 204 (206 f.); anders hingegen KNÖPFLE, Die Marktbezogene Unlauterkeit, S. 154, der die Annahme einer Gesamtordnung des Wettbewerbs durch GWB und UWG bezweifelt, weil § 1 UWG kein konkretes Wettbewerbsverhältnis voraussetze.

101 Dabei wird gelegentlich das antinomische Spannungsverhältnis beider Gesetze betont, wonach sich die weite Auslegung des einen Gesetzes jeweils zum Nachteil des anderen Gesetzes auswirke, vgl.: P.ULMER, GRUR 1977, 565 (578); Baum-

stand der modernen Wettbewerbstheorie nicht aus den Augen verloren werden. Danach darf die Aufgabe des Wettbewerbs nicht im Hervorbringen bestimmter Marktergebnisse oder generell in der Erhaltung gefestigter Marktstrukturen gesehen werden[102]. Der Wettbewerb ist vielmehr als Prozess zu verstehen, der aus der Inanspruchnahme wirtschaftlicher Handlungsfreiheit entsteht und daher in seinem Inhalt und seinen Wirkungen nicht vorher festgelegt werden kann[103].

a) Präventivschutz im Vorfeld der GWB-Tatbestände

In Anbetracht des obigen Verständnisses vom Wettbewerbsprozess stößt vor allem die mit dem Schlagwort „Vorfeldthese" umschriebene Lehre[104] auf Bedenken. Diese Auffassung will die Lücken des Beschränkungsrechts mittels der Fallgruppe marktbezogene Unlauterkeit schließen und damit einen umfassenden Wettbewerbsschutz durch GWB und UWG sicherstellen. Der intendierte Schutz soll dadurch erreicht werden, dass Vermachtungstendenzen bereits im Vorfeld einer marktbeherrschenden Stellung über § 1 UWG bekämpft werden. Anwendungsfeld dieser These sind Werbeformen, die sich mangels eines Leistungsbezugs einerseits und einer sittlichen Indifferenz andererseits in einer „grauen" Zone zwischen erwünschtem und zulässigem Wettbewerb be-

bach/HEFERMEHL, Wettbewerbsrecht, Allg. Rn. 87., § 1 UWG, Rn. 833; SCHERER, WRP 1996, 174 (178 f.); MERZ, Die Vorfeldthese, S. 192 ff.

102 Teilweise wird dies von der Rechtsprechung anerkannt, vgl.: BGH GRUR 1990, 40 (45) – Annoncen-Avis; BGH GRUR 1991, 616 (617) – Motorboot-Fachzeitschrift; BGH NJW-RR 1993, 1066 (1068) – Hotelgutschein. Unmittelbare Schlussfolgerungen für die Auslegung des § 1 UWG zieht REICHOLD, AcP 193 (1993), 204 (239): „Das Lauterkeitsrecht will als Sonderdeliktsrecht aber nicht Marktergebnisse, sondern Markthandeln steuern, das nur bei Gefährdung von Marktfreiheiten der Verbraucher oder Mitbewerber untersagt werden kann".

103 KÖHLER, in: Großkommentar, § 1 UWG, D 1; anders hingegen das „workable-competition-Konzept", in dem postuliert wird, dass ein bestimmtes Marktverhalten eines Unternehmens in einer bestimmten Marktstruktur ein bestimmtes Marktergebnis zur Folge haben müsse, vgl.: HERDZINA, Wettbewerbspolitik, 68 f.

104 Hierzu vor allem: P.ULMER, AfP 1975, 870 (885 f.); DERS., GRUR 1977, 565 (577 ff.); DERS., Schranken zulässigen Wettbewerbs marktbeherrschender Unternehmen, S. 103 f.; vgl. auch: BAUDENBACHER, ZHR 144 (1980), 145 (166 ff.); RAISER, GRUR Int. 1973, 443 (445 f.); eine ausführliche Auseinandersetzung mit dieser Lehre findet sich bei MERZ, Die Vorfeldthese, S. 31 ff.

finden[105]. Als eine solche Werbeform wird vorwiegend das Verschenken von Originalware angesehen[106].

Sofern die Vorfeldthese eine eigenständige Bedeutung haben will, setzt sie stillschweigend voraus, dass Wettbewerbshandlungen eines mit einer gewissen wirtschaftlichen Macht ausgestatteten Unternehmens, das die Marktmachtschwelle des GWB jedoch noch nicht erreicht hat, den Vermachtungsprozess vorantreiben werden. Diese Prämisse spiegelt vor, präzise Aussagen über die Funktionsbedingungen des Wettbewerbs und damit konkrete Prognosen über die zu erwartenden Marktergebnisse treffen zu können[107]. Wie aber die moderne Wettbewerbstheorie zeigt, ist dies nicht möglich. Der Wettbewerb ist ein dynamischer Prozess, dessen Marktergebnisse nur schwer oder überhaupt nicht prognostizierbar sind[108]. Im GWB ist aus diesem Grund normativ festgelegt, welche Handlungen als wettbewerbsgefährdend anzusehen sind. Der Gesetzgeber hat auf diese Weise von seiner Einschätzungsprärogative Gebrauch gemacht. Weil das Recht der Wettbewerbsbeschränkungen einen wesentlichen Bestandteil des geltenden Wirtschaftssystems darstellt, das wiederum als Referenzsystem eines freien Wettbewerbs die Auslegung der Generalklausel des § 1 UWG determiniert[109], sind die im GWB enthaltenen Wertungen bei der Fallgruppe marktbezogene Unlauterkeit zu berücksichtigen. Vor diesem Hintergrund wäre die Vorfeldthese nur haltbar, wenn sie den Wertungen des GWB nicht widersprechen würde.

Wettbewerbsmaßnahmen können sich je nach Marktstärke des agierenden Unternehmens positiv oder negativ auswirken. Mit der Bezugnahme auf die Marktmacht versucht das Beschränkungsrecht in den Bestimmungen der §§ 19 ff. GWB dieser Ambivalenz wettbewerblichen Verhaltens gerecht zu werden. Nach der Grundwertung des GWB soll eine Einschränkung der unternehmeri-

105 P.ULMER, AfP 1975, 870 (886); DERS., GRUR 1977, 565 (577); DERS., Schranken zulässigen Wettbewerbs marktbeherrschender Unternehmen, S. 64 f., 103 f.; DERS., in: Festgabe für Kummer, S. 565 (578).

106 P.ULMER, GRUR 1977, 565 (568) nennt als weitere Werbeformen die branchenfremden Vorspannangebote, das Anzapfen im Stufenwettbewerb sowie die kostenlose Verteilung von Anzeigenblättern mit redaktionellem Teil.

107 SCHERER, WRP 1996, 175 (180).

108 V.HAYEK, Der Wettbewerb als Entdeckungsverfahren, S. 14 ff.; DERS., Die Verfassung der Freiheit, S. 30 ff.; HOPPMANN, Marktmacht und Wettbewerb, S. 9; SCHÜNEMANN, in: Großkommentar, Einl., A 16 ff., D 108; KRAFT, GRUR 1980, 966 (968); MERZ, Die Vorfeldthese, S. 230.

109 EMMERICH, Recht des unlauteren Wettbewerbs, § 5, 8; KOPPENSTEINER, Wettbewerbsrecht, § 33, Rn. 29; SCHÜNEMANN, in: Großkommentar, Einl., D 45; vgl. auch: MÖSCHEL, Pressekonzentration und Wettbewerbsgesetz, S. 144.

schen Handlungsfreiheit im Interesse anderer Unternehmen und vor allem der Wahlfreiheit der Marktgegenseite nur erfolgen, wenn die Schwelle einer bestimmten Marktmacht erreicht ist; erst ab diesem Punkt ist die Gefahr einer Wettbewerbsbeschränkung auf einem bestimmten Markt hinreichend wahrscheinlich[110]. Da sich die Missbrauchsaufsicht aber nur auf ganz bestimmte, abgrenzbare Verhaltensweisen konzentriert, kann dem GWB nicht die Wertung entnommen werden, das Entstehen von Marktmacht generell verhindern zu wollen[111]. Folglich entfalten die GWB-Tatbestände bei der Auslegung des § 1 UWG eine Sperrwirkung dahingehend, dass Wettbewerbsmaßnahmen von Unternehmen, denen lediglich eine gewisse Vermachtungstendenz innewohnt, nicht allein aufgrund der Vermachtungstendenz untersagt werden können[112].

Indem die Vorfeldthese Wettbewerbshandlungen nach § 1 UWG aufgrund ihrer Vermachtungstendenz untersagen will, obwohl die Marktmachtschwelle der §§ 19 ff. noch nicht erreicht ist und besondere Unlauterkeitsmomente nicht gegeben sind, verstößt sie gegen die aufgezeigte Sperrwirkung der GWB-Tatbestände. Die Vorfeldthese ist demzufolge abzulehnen[113]. Sie widerspricht den Wertungen des GWB, das die Entstehung von Marktmacht nicht generell verhindern will, sondern eine Missbrauchsaufsicht für eng umgrenzte Verhaltensweisen statuiert. Die abstrakte Wertreklame kann demzufolge nicht schon deswegen unter dem Aspekt marktbezogene Unlauterkeit als sittenwidrig eingestuft werden, weil der betreffenden Werbeaktion eine Vermachtungstendenz immanent ist.

110 Vgl. auch: KNÖPFLE, Die marktbezogene Unlauterkeit, S. 34 f. mit der weitreichenden Schlussfolgerung, dass die Fallgruppe „marktbezogene Unlauterkeit" generell abzulehnen sei.

111 MESTMÄCKER, Medienkonzentration und Meinungsvielfalt, S. 160; RUPPELT, in: Langen/Bunte, Kartellrecht, Band I, § 22 GWB (a.F.), Rn. 2; PASCHKE/KERSTEN, in: Frankfurter Kommentar, § 22 GWB (a.F.), Rn. 31; GÖTTING, Entwicklung des Zugaberechts, S. 102.

112 Vgl.: KRAFT, GRUR 1980, 966 (967); KÖHLER, in: Großkommentar, § 1 UWG, D 13; auf die einzelnen Bestimmungen des GWB Bezug nehmend: GÖTTING, Die Entwicklung des Zugaberechts, S. 102 f.

113 Ebenso: KNÖPFLE, Die marktbezogene Unlauterkeit, S. 22; MERZ, Die Vorfeldthese, S. 291 ff.; EMMERICH, Recht des unlauteren Wettbewerbs, § 6, 1d; SCHERER, WRP 1996, 174 (180); KÖHLER, in: Großkommentar, § 1 UWG, D 13; KOPPENSTEINER, Wettbewerbsrecht, § 32, Rn. 29; MESTMÄCKER, Der verwaltete Wettbewerb, S. 143 ff.; DERS., Medienkonzentration und Meinungsvielfalt, S. 159 ff.; GÖTTING, Die Entwicklung des Zugaberechts, S. 102.

b) Lauterkeitsrecht als Sonderdeliktsrecht

Die Frage, ob die Marktmacht des werbenden Unternehmens als qualifizierendes Merkmal des § 1 UWG herangezogen werden kann, wird indes nicht allein durch das Beschränkungsrecht determiniert. Der Sinn und Zweck des Lauterkeitsrechts ist ebenfalls von Bedeutung. Da das UWG die Freiheit des Wettbewerbs gegen unlautere Verhaltensweisen schützen will, stellt es in seiner Natur als Sonderdeliktsrecht Verhaltensregeln innerhalb der Wettbewerbsordnung auf[114]. Diese Verhaltensregeln haben für alle Marktteilnehmer gleichermaßen zu gelten. Zutreffend betont Schricker: „Das Recht des unlauteren Wettbewerbs knüpft an die Modalitäten der Wettbewerbshandlung an, nicht an die Struktur ihrer Betriebe. Der Maßstab der Unlauterkeit ist für Kleine und Große, Alteingesessene und Newcomer prinzipiell gleich[115]." Mit diesem Ausgangspunkt ist es unvereinbar, wenn die Marktmacht bzw. Marktstärke als Aufgreifkriterium der marktbezogenen Unlauterkeit anerkannt wird[116]. Marktmachtaspekte können lauterkeitsrechtlich lediglich insofern Bedeutung erlangen, als sich aus der Marktstärke des werbetreibenden Unternehmens Rückschlüsse auf die Marktfolgen ergeben können. Für die Rechtsprechung sind damit keine unmittelbaren Folgen verbunden. Sie umgeht mit ihrer Konstruktion der erfolgsqualifizierten Unlauterkeit die Bezugnahme auf Marktmachtaspekte. Stattdessen behilft sie sich mit der Nachahmungsgefahr. In der weiteren Untersuchung soll dieses Kriterium im Vordergrund stehen.

2. Erfolgsqualifizierte Unlauterkeit qua Nachahmungsgefahr

Dreh- und Angelpunkt der Rechtsprechung zur marktbezogenen Unlauterkeit ist die Erwägung, die betreffende Werbeform werde – offensichtlich wegen ihres Erfolgs – von den Konkurrenten des Initiators übernommen. Deutlich wird dies in der folgenden Textpassage:

114 Zur Natur des UWG als Sonderdeliktsrecht: BGH GRUR 1982, 495 (497) – Domgarten-Brand; REICHOLD, AcP 193 (1993), 204 (221); KÖHLER/Piper, Einf., Rn. 27.

115 SCHRICKER, RabelsZ 40 (1976), 535 (541); insoweit übereinstimmend: KNÖPFLE, Die marktbezogene Unlauterkeit, S. 38; REICHOLD, AcP 193 (1993), 204 (230); MESTMÄCKER, Der verwaltete Wettbewerb, S. 77; MERZ, Die Vorfeldthese, S. 248; KRAFT, in: Festschrift für Bartholomeyczik, S. 223 (231); GÖTTING, Die Entwicklung des Zugaberechts, S. 100 ff.

116 So aber: KÖHLER, in: Großkommentar, § 1 UWG, D 26; P.ULMER, GRUR 1977, 565 (578 ff.); BAUDENBACHER, GRUR 1981, 19 (22); SAMBUC, GRUR 1981, 796 ff.; MÖSCHEL, Pressekonzentration und Wettbewerbsgesetz, S. 148.

„Eine Werbemaßnahme kann daher nicht allein deswegen als wettbewerbswidrig angesehen werden, weil ihre Anwendung zu einer Sättigung des Marktes und zur Verdrängung der Mitbewerber vom Markt führt. Dies schließt jedoch nicht aus, bei einer Werbemaßnahme, die nach dem Werturteil der Allgemeinheit bei einer Anwendung in Einzelfällen wegen der geringfügigen Auswirkungen vielleicht noch hingenommen und deshalb nicht als wettbewerbswidrig erachtet würde, im Rahmen der nach § 1 UWG immer gebotenen Gesamtwürdigung zu berücksichtigen, daß die Werbemaßnahme die ernstliche Gefahr einer erheblichen Schädigung der Interessen der Allgemeinheit oder einer erheblichen Behinderung der Mitbewerber begründet, falls damit zu rechnen ist, daß sie Nachahmer findet. (...) Sofern nicht die notwendigen Beurteilungsgrundlagen überhaupt fehlen und aus diesem Grunde eine Berücksichtigung der künftigen Entwicklung entfallen muß, ist deswegen aufgrund der bei der Entscheidung zu überblickenden Sachlage zu prüfen, ob die ernstliche Gefahr besteht, daß die Werbemaßnahme im Fall ihrer Zulassung auch von anderen Mitbewerbern durchgeführt und dann zu einer gemeinschädigenden Störung des Wettbewerbs führen würde[117]."

Begründet wird die Notwendigkeit der Berücksichtigung der Nachahmungsgefahr demnach einerseits mit der vorzunehmenden Gesamtwürdigung bei der Beurteilung von Werbemaßnahmen, andererseits damit, dass gleiches Recht für alle Mitbewerber zu gelten habe[118]. Aus letzterem Aspekt heraus könne „nicht ein und dieselbe Art der Werbung, dem sie zuerst aufgreifenden Wettbewerber – unter Hintanstellung der Frage nach ihren Auswirkungen bei allgemeiner Befolgung – gestattet, den später zu ihr übergehenden Mitbewerbern aber wegen der dann festzustellenden Folgen untersagt werden[119]". Die Berechtigung dieser beiden Argumente soll separat untersucht werden.

117 BGH GRUR 1965, 489 (491) – Kleenex; auf die Nachahmungsgefahr und eine damit bedingte „Übersteigerung des Wettbewerbs" wird ebenfalls Bezug genommen in den Entscheidungen BGH GRUR 1972, 364 (366) – Mehrwert-Fahrten; BGH GRUR 1972, 367 (369) – Besichtigungsreisen I; BGH GRUR 1972, 603 (606) – Kunden-Einzelbeförderung; BGH GRUR 1975, 26 (29) – Colgate; vgl. auch die Entscheidungen hinsichtlich anderer Werbeformen: BGH GRUR 1960, 431 (432) – Kraftfahrzeugnummernschilder; BGH GRUR 1967, 430 (431) – Grabsteinaufträge I; BGH GRUR 1970, 523 (524) – Telefonwerbung; BGH GRUR 1973, 210 (212) – Telex-Werbung; BGH GRUR 1973, 591 (593) – Schatzjagd; BGH GRUR 1990, 371 (372) – Preiskampf; BGH GRUR 1992, 622 (624) – Verdeckte Laienwerbung.

118 BGH GRUR a.a.O., S. 491 – Kleenex.

119 BGH GRUR a.a.O., S. 491 – Kleenex.

a) Gesamtwürdigung contra Erfolgszurechnung

Soweit die Rechtsprechung die Berücksichtigung der Nachahmungsgefahr auf die nach § 1 UWG vorzunehmende Gesamtwürdigung des Einzelfalls stützen will, zeigt sich darin die Zweischneidigkeit einer solchen Betrachtungsweise: Zwar hat die Beurteilung einer Wettbewerbshandlung aufgrund aller in Betracht kommenden Umstände zu erfolgen[120]. Prüfungsgegenstand der wettbewerbsrechtlichen Beurteilung ist jedoch nur die entsprechende Handlung und ihre unmittelbaren Folgen[121]. Die Geltendmachung mittelbarer Folgen kann hingegen nur rechtmäßig erfolgen, wenn für die Zurechnung dieser Handlungen ein Rechtsgrund existiert.

Insbesondere Sosnitza[122] hat sich mit dem Problem der Zurechnung fremden Verhaltens im Wettbewerbsrecht auseinander gesetzt und die inhaltliche Nähe des Lauterkeitsrechts zum Deliktsrecht fruchtbar gemacht[123]. Aus dem Deliktsrecht ergibt sich Folgendes: Der Zurechnung fremden Verhaltens ist eine Grenze zu ziehen, wenn der geltend gemachte Schaden nach Art und Entstehungsweise nicht unter den Schutzzweck der Norm fällt. Zurechenbar sind demnach nur diejenigen Schäden, die aus dem Bereich der Gefahren stammen, zu deren Abwendung die verletzte Norm erlassen wurde[124]. Die Übertragung dieses zivilrechtlichen Grundsatzes auf die lauterkeitsrechtliche Zurechnung bedeutet, dass der Umstand einer Nachahmung durch Konkurrenten nur dann zu einer Untersagung der Werbeaktion führen kann, wenn § 1 UWG gerade vor Gefahren schützen will, die durch eine Nachahmung erwachsen. Legt man eine wett-

120 Baumbach/HEFERMEHL, Wettbewerbsrecht, Einl. UWG, Rn. 106; SCHÜNEMANN, in: Großkommentar, Einl. UWG, D 114; V.GAMM, Wettbewerbsrecht, 1. Hb., Kap. 18, Rn. 16; SCHÜTZ, WRP 1993, 168 (169); SOSNITZA, Wettbewerbsbeschränkungen durch die Rechtsprechung, S. 72; GLOY, in: Handbuch des Wettbewerbsrechts, § 14, Rn. 9.

121 DÖLL, BB 1965, 173 (174); LEHMANN, Die Werbung mit Geschenken, S. 172; GÖTTING, Entwicklung des Zugaberechts, S. 110 verweisen darauf, dass nachfolgende, auf einer unternehmerischen Entscheidung eines Dritten basierende Wettbewerbshandlungen den Charakter der Ersthandlung nicht verändern können.

122 SOSNITZA, Wettbewerbsbeschränkungen durch die Rechtsprechung, S. 69 ff.; anklingend, jedoch zu pauschal bei: LEHMANN, Die Werbung mit Geschenken, S. 172.

123 Das Lauterkeitsrecht wird gemeinhin als Sonderdeliktsrecht verstanden, vgl.: BGH GRUR 1982, 495 (497) – Domgarten-Brand; REICHOLD, AcP 193 (1993), 204 (221); KÖHLER/Piper, Einf., Rn. 27.

124 HEINRICHS, in: PALANDT, Bürgerliches Gesetzbuch, vor § 249 BGB, Rn. 62; GRUNSKY, in: Münchener Kommentar, vor § 249 BGB, Rn. 44; MERTENS, in: Soergel/Siebert, Bürgerliches Gesetzbuch, vor § 249, Rn. 123.

bewerbsbezogene Auslegung des § 1 UWG zu Grunde, so spiegeln sich in der Generalklausel die Funktionsbedingungen eines freien Wettbewerbs wider, wie sie in den Gesetzmäßigkeiten der geltenden Rechts- und Wirtschaftsordnung zum Ausdruck kommen[125]. In diesem System freien Wettbewerbs ist das Nachahmen durch Konkurrenten als ureigenste, notwendige Funktionsvoraussetzung des Wettbewerbs grundsätzlich erwünscht[126]. § 1 UWG gebietet daher keinen generellen Schutz vor den Gefahren einer Nachahmung durch Konkurrenten.

Das vieldeutige Postulat der Gesamtwürdigung der maßgebenden Umstände kann folglich nicht dahingehend interpretiert werden, dass im Rahmen der lauterkeitsrechtlichen Beurteilung einer Werbemaßnahme die Erwägung einer Nachahmung durch Konkurrenten einfließen muss. Einer Gesamtwürdigung aller maßgebenden Umstände des Einzelfalls kann vielmehr durch die Berücksichtigung der unmittelbaren Folge einer Wettbewerbshandlung ausreichend Rechnung getragen werden[127]. Ein „Mehr" an Zurechnung lässt sich dem Zweck des § 1 UWG nicht entnehmen.

b) Lauterkeitsrechtliches Gleichbehandlungsgebot

Die Rechtsprechung begründet die Berücksichtigungsfähigkeit der Nachahmungsgefahr zudem mit dem Gleichbehandlungsgebot. Da gleiches Recht für alle Wettbewerber zu gelten habe, könne es nicht richtig sein, dem Initiator eine Werbeaktion zu gestatten, während sie dessen Nachfolgern – sofern eine Übersteigerung der Werbeform erreicht ist – untersagt werden müsse[128]. Obwohl ein möglichst frühes Eingreifen gegen tendenziell unerwünschte Werbeformen sicherlich zur Effektivität des Lauterkeitsrechts beiträgt, kann dieses

125 SCHÜNEMANN, in: Großkommentar, Einl., D 46; EMMERICH, Recht des unlauteren Wettbewerbs, § 5, 9; DERS., in: Festschrift für Gernhuber, S. 857 (869 ff.).

126 MÖSCHEL, Pressekonzentration und Wettbewerbsgesetz, S. 141 f.; SCHÜTZ, WRP 1993, 168; BEATER, Nachahmen im Wettbewerb, S. 4; EMMERICH, Recht des unlauteren Wettbewerbs, § 10, 1; SOSNITZA, Wettbewerbsbeschränkungen durch die Rechtsprechung, S. 70; COX/HÜBENER, Handbuch des Wettbewerbs, S. 1 (6); Baumbach/HEFERMEHL, Wettbewerbsrecht, § 1 UWG, Rn. 438; SCHÜNEMANN, in: Großkommentar, Einl. UWG, D 111; SCHMIDT-DIEMETZ/ECK, in: Handbuch des Wettbewerbs, § 43, Rn. 2.

127 Ablehnend hinsichtlich einer weiten Zurechnung zudem: KNÖPFLE, Die marktbezogene Unlauterkeit, S. 58; SOSNITZA, Wettbewerbsbeschränkungen durch die Rechtsprechung, S. 69 ff.; SCHÜNEMANN, in: Großkommentar, Einl. UWG, D 112; KÖHLER, in: Großkommentar, § 1 UWG, D 31; ähnlich: DÖLL, BB 1965, 173 (176).

128 BGH GRUR 1965, 489 (491) – Kleenex.

Ziel nicht ohne Rücksicht auf die Methodik der Rechtsgewinnung verfolgt werden. Die zentrale Frage lautet daher: Widerspricht es dem lauterkeitsrechtlichen Gleichbehandlungsgebot, eine tendenziell missbilligte, ab einem gewissen Umfang als schädlich eingestufte Werbeform erst den Nachahmern zu untersagen?

Zur Feststellung einer Ungleichbehandlung durch ein gerichtliches Verbot sollen als Vergleichspaar einerseits der Initiator der Werbeaktion und andererseits die nachahmenden Konkurrenten herangezogen werden. Eine Vergleichbarkeit besteht insofern, als beide an der Verwendung der betreffenden Werbeaktion interessiert sind. Die Ungleichbehandlung ist naheliegend: In der Anfangssituation ist dem Initiator die Durchführung der Werbeaktion gestattet. Anschließend erfolgt die Untersagung aufgrund der Gefahr einer Nachahmung und der damit verbundenen Übersteigerung der Werbeform[129]. Die Werbung ist ab diesem Zeitpunkt zwar niemandem mehr gestattet, auch nicht dem Initiator. Der Initiator konnte die Werbung – insgesamt gesehen – jedoch als einziger betreiben. Fraglich ist, ob eine sachliche Rechtfertigung für diese Ungleichbehandlung besteht. Dies ist zu bejahen. Ein lebendiger, funktionierender Wettbewerb zeichnet sich durch die Existenz von Pionierunternehmen aus. Es ist wettbewerbsimmanent, dass diese Pionierunternehmen einen Vorsprung vor den Konkurrenten erhalten, die sich auf die Nachahmung beschränken[130]. Heutzutage wird ein Vorstoß eines Unternehmens nicht mehr ausschließlich durch Produktinnovationen bewirkt, sondern zunehmend durch ausgeklügelte Werbestrategien[131]. Folglich ist der Vorsprung des Werbeinitiators ebenso wettbewerbsimmanent wie der eines Pionierunternehmers. Demnach besteht eine sachliche Rechtfertigung dafür, dass dem Initiator etwas gestattet wird, das den Nachahmern verwehrt bleibt. Es widerspricht demnach nicht dem lauterkeitsrechtlichen Gleichbehandlungsgebot, eine tendenziell missbilligte, ab einem bestimmten Umfang schädliche Werbeform erst den Nachahmern zu untersagen.

129 Vgl. beispielsweise: BGH GRUR 1965, 489 (491) – Kleenex; BGH GRUR 1972, 364 (366) – Mehrwert-Fahrten; BGH GRUR 1972, 367 (369) – Besichtigungsreisen I; BGH GRUR 1972, 603 (606) – Kunden-Einzelbeförderung; BGH GRUR 1975, 26 (29).

130 Zum Gedanken des „Vorsprungs“ im Wettbewerbsrecht, vgl. BORCK, WRP 1989, 145 ff.

131 EMMERICH, Kartellrecht, 6. Auflage, S. 13; DERS., in: Festschrift für Piper, S. 171 (182); ARNDT, in: Handbuch des Wettbewerbs, S. 49 (63 ff.); I.SCHMIDT, Wettbewerbspolitik und Kartellrecht, S. 64 f.

c) Zwischenergebnis

Die Rechtsprechung begründet die Berücksichtigungsfähigkeit einer Nachahmungsgefahr mit der Gesamtwürdigung bei der Beurteilung von Werbemaßnahmen und dem lauterkeitsrechtlichen Gleichbehandlungsgebot. Beide Argumente können indes nicht überzeugen. Folglich kann mit Hilfe der Nachahmungsgefahr keine quantitative Marktfolgenbetrachtung erreicht werden. Demnach verbleibt nur eine Möglichkeit, die abstrakte Wertreklame mit Hilfe der Fallgruppe marktbezogene Unlauterkeit zu untersagen: Die marktbezogenen Wirkungen müssen unmittelbar durch die zur Beurteilung stehende Werbeaktion eintreten. In Betracht kommende marktbezogene Wirkungen sind der Rechtsprechung zufolge die Gefahr eines Gewöhnungseffekts und die Marktverstopfung durch Bedarfsdeckung. Beide Wirkungen stehen in unmittelbarem Zusammenhang mit der wettbewerbsrechtlichen Beurteilung der unentgeltlichen Abgabe von Waren zu Werbezwecken.

3. Marktbezogene Wirkungen der abstrakten Wertreklame

a) Gefahr eines Gewöhnungseffekts

Der Rechtsprechung zufolge soll die unentgeltliche Abgabe von Waren zu Werbezwecken aufgrund der Gefahr eines Gewöhnungseffekts strenger zu beurteilen sein als die „klassische" Werbung. In der Entscheidung „Kleenex"[132] kommt dies durch folgende Textpassage zum Ausdruck:

> „denn indem die Originalware den Bedarf des Beschenkten mindestens für einen begrenzten Zeitraum deckt, birgt ihre unentgeltliche Verteilung die Gefahr, daß der Kunde sich an den Gebrauch oder Verbrauch dieser speziellen Warensorte oder –marke *gewöhnt* und auch nach Beendigung der unentgeltlichen Verteilung davon absieht, die Angebote der Mitbewerber unbeeinflußt auf ihre Güte und Preiswürdigkeit zu überprüfen, (...)[133]".

Dem Verschenken von Originalware wird dementsprechend eine wettbewerbsfremde Gewöhnungswirkung zugeschrieben, die bei der „klassischen" Werbung so nicht vorkommen soll. Die Differenzierung der genannten Werbeformen ist jedoch nicht unproblematisch. Es leuchtet zunächst nicht ein, wes-

132 BGH GRUR 1965, 489.

133 BGH a.a.O., S. 491 – Kleenex.

halb die Gewöhnung der Abnehmer ein Effekt sein soll, der die abstrakte Wertreklame prinzipiell von der „klassischen“ Werbung unterscheidet. Die Rechtsprechung verkennt offenbar, dass es das Bestreben jedweder Art von Werbung ist, eine Gewöhnung der Abnehmer an das beworbene Produkt zu bewirken. Das Bestreben, die Kunden an das eigene Produkt zu gewöhnen, ist folglich keine Besonderheit des Verschenkens von Originalware[134]. Zudem fehlt hinsichtlich des Gewöhnungseffekt ein empirischer Nachweis darüber, dass nach Beendigung der Verschenkaktion keine Waren der Konkurrenten in künftige Kaufentscheidungen einbezogen werden[135]. Zweifel an der Beweisbarkeit eines solchen Zusammenhangs bestehen schon deswegen, weil in der heutigen, durch innovative Werbeideen geprägten Absatzwirtschaft weniger das Gewohnte, sondern vielmehr das Neue und Andersartige besonderen Anklang findet[136]. So verwundert es nicht, dass in neueren Entscheidungen hinsichtlich eines Gewöhnungseffekt die Differenzierung zwischen abstrakter Wertreklame und „klassischer“ Werbung nicht mehr auftaucht. Die Gewöhnung der Abnehmer ist demnach als legitimes Werbeziel anzuerkennen, d.h. die Gefahr eines Gewöhnungseffekts kann nicht zur Sittenwidrigkeit der abstrakten Wertreklame führen.

b) Marktverstopfung durch Bedarfsdeckung

Möglicherweise könnte eine Marktverstopfung durch Bedarfsdeckung der wettbewerbsrechtlichen Zulässigkeit der unentgeltlichen Abgabe von Waren zu Werbezwecken entgegenstehen. So soll die abstrakte Wertreklame der Rechtsprechung zufolge nicht toleriert werden, sobald den Mitbewerbern für eine geraume Zeit die Möglichkeit genommen werde, an dem grundsätzlich offen stehenden, nunmehr durch die den Erprobungszweck überschreitende Verschenkaktion gesättigten Wettbewerb teilzunehmen[137]. Die Vorgehensweise der Rechtsprechung ist eindeutig: Sofern die unentgeltliche Abgabe von Waren zu

134 Vgl. auch: KNÖPFLE, Die marktbezogene Unlauterkeit, S. 80; RAISER, GRUR Int. 1973, 443 (445); BECHER, NJW 1966, 1289 (1291); KÖHLER, in: Großkommentar, § 1 UWG, D 47; HAMMER, Die unentgeltliche Verteilung von Originalware, S. 100.

135 Dieser Zusammenhang dürfte jedoch in der Entscheidung OLG München, BB 1966, 513 – Säuglingsnahrung gegeben sein. Dort wurde Säuglingsnahrung an Krankenhäuser mit der Intention verabreicht, eine Gewöhnung der jungen Mütter an das Produkt herbeizuführen.

136 So schon: LEHMANN, Die Werbung mit Geschenken, S. 167.

137 BGH GRUR 1975, 26 (29) – Colgate; vgl. auch: BGH GRUR 1957, 365 (367) – SUWA; BGH GRUR 1969, 295 (297) – Goldener Oktober.

Werbezecken den Erprobungszweck überschreitet, ist von einer wettbewerbsbestandsgefährdenen, die Absatzwege der Konkurrenten abschneidenden Marktverstopfung auszugehen[138].

Grundsätzlich kann diesem Standpunkt beigepflichtet werden. Als Marktverhaltensrecht hat das Lauterkeitsrecht nicht nur bei „Regelverletzungen“ einzugreifen, sondern auch, wenn das Stattfinden eines funktionierenden Wettbewerbs generell vereitelt wird. Insoweit zeigt sich lediglich die freiheitsschützende Dimension des Lauterkeitsrechts[139]. Gewisse Einschränkungen der Absatzmöglichkeiten sind allerdings als wettbewerbsimmanente Erscheinungen hinzunehmen. In der durch Massenkonsum gekennzeichneten Gesellschaft wird die Kaufentscheidung des Konsumenten nicht nur durch den jeweils für den nächsten Zeitraum anfallenden Bedarf an Waren beeinflusst, sondern ist oftmals von Determinanten abhängig, die der Konsument weitgehend selbständig bestimmt. Selbst eine umfassende Verschenkaktion bringt den Markt demnach nicht vollständig zum Erliegen. Zu weitgehend ist indes die Auffassung von Knöpfle, der aus der Tatsache, dass sich wettbewerbliche Anstrengungen nicht nur durch Verkauf, sondern auch durch Planung und Produktion auszeichnen und diese Faktoren durch die unentgeltliche Vergabe von Originalware in keinster Weise berührt werden, das Kriterium der Marktverstopfung prinzipiell in Zweifel ziehen will[140]. Es wird dabei übersehen, dass selbst der kurzzeitige Wegfall von Absatzgebieten fatale Auswirkungen auf die Wettbewerbsposition des betroffenen Unternehmens haben kann.

Soweit die Rechtsprechung die unentgeltliche Abgabe von Waren zu Werbezwecken a priori nur mittels extra angefertigter Probepackungen, nicht jedoch mittels Originalware gestattet[141], kann dem ebenfalls nicht gefolgt werden. Dem industriellen Fertigungsprozess werden auf diese Weise Vorgaben gemacht, die von ihrer Unzweckmäßigkeit ganz abgesehen, hohe Kosten erzeugen. Zumeist stößt die Werbung mit kleinen Probepackungen auch nicht auf die erwartete Akzeptanz und wird oftmals als lästig empfunden. Der intendierte

138 Vgl. auch: KNÖPFLE, Die marktbezogene Unlauterkeit, S. 79; GÖTTING, Entwicklung des Zugaberechts, S. 95; RÖDDING, DB 1969, 1877 (1822). Zu weitgehend ist die Interpretation von EMMERICH, Recht des unlauteren Wettbewerbs, § 19, 1, der von einer Versperrung des Marktzutritts spricht.

139 Vgl. hierzu auch: 5. Kapitel, B. III. 1, 209.

140 KNÖPFLE, Die marktbezogene Unlauterkeit, S. 79.

141 Vgl.: 5. Kapitel, A. I, S. 187 ff.; BGH a.a.O., S. 490 – Kleenex; BGH GRUR 1969, 295 (297) – Goldener Oktober; Baumbach/HEFERMEHL, Wettbewerbsrecht, § 1 UWG, Rn. 856; RINCK, in: Festschrift für OLG Celle, S. 151 (154); KLOSTERFELDE/JAEGER-LENZ, in: Handbuch des Wettbewerbsrechts, § 50, Rn. 90.

Werbezweck wird auf diese Weise vereitelt, was nicht zuletzt daran liegt, dass sich eine ordnungsgemäße Erprobung mit kleinen Packungen nicht vornehmen lässt, wenn es nötig ist, die betreffende Ware über einen langen Zeitraum zu testen. Als wettbewerbswidrig kann die unentgeltliche Abgabe von Waren zu Werbezwecken demnach erst angesehen werden, wenn sie maßlos betrieben wird. Damit die Flexibilität der Einzelfallbetrachtung nicht unnötig eingeschränkt wird, soll an dieser Stelle darauf verzichtet werden, einen Verbotstatbestand aufzustellen. Vielmehr ist an dieser Stelle dezidiert auf das Erfordernis einer Abwägung hinzuweisen, in die die schützenswerten Interessen der Marktteilnehmer bei der Anwendung des Unlauterkeitsmerkmals Marktverstopfung durch Bedarfsdeckung einzustellen sind[142]. Als archimedischer Punkt dieser Interessenabwägung hat sich in der Vergangenheit der Erprobungszweck erwiesen[143]. An dieser Sichtweise wird sich auch in der Zukunft nichts ändern.

IV. Fazit

Die von Rechtsprechung[144] und Literatur[145] gegen die Zulässigkeit der abstrakten Wertreklame vorgebrachten Bedenken haben sich überwiegend als nicht überzeugend erwiesen. So kann ein übertriebenes Anlocken generell nicht zur Sittenwidrigkeit der abstrakten Wertreklame führen. Die Untersagung einer Werbeform aufgrund dieses Unlauterkeitsmerkmals bevormundet den Abneh-

142 Zur Methodik der Interessenabwägung allgemein: HEFERMEHL, in: Festschrift für GRUR, S. 897 (911 ff.); KRAFT, Interessenabwägung und gute Sitten im Wettbewerbsrecht, S. 93 ff.; OHLY, Richterrecht und Generalklausel, S. 225; KOPPENSTEINER, Wettbewerbsrecht, § 32, Rn. 25 f.; SACK, WRP 1985, 1 (4 ff.); LEHMANN, Die Werbung mit Geschenken, S. 189 ff.; MÖSCHEL, Pressekonzentration und Wettbewerbsgesetz, S. 143 f.; KÖHLER, in: Großkommentar, § 1 UWG, D 34.

143 BGH GRUR 1965, 489 (493) – Kleenex; BGH GRUR 1975, 26 (27) – Colgate; BGH GRUR 1969, 295 – Goldener Oktober; OLG Hamm, WRP 1966, 107; OLG München, WRP 1978, 401; OLG München, WRP 1979, 892; OLG Frankfurt, WRP 1981, 27.

144 Vgl. vor allem: BGH GRUR 1957, 365 – SUWA; BGH GRUR 1965, 489 – Kleenex; BGH GRUR 1971, 162 – Diagnose-Zentrum; BGH GRUR 1971, 322 – Lichdi-Center; BGH GRUR 1972, 367 – Besichtigungsreisen; BGH GRUR 1972, 603 – Kunden-Einzelbeförderung; BGH GRUR 1975, 26 – Colgate; BGH WRP 1998, 162 – Erstcoloration.

145 Vgl. insbesondere: Baumbach/HEFERMEHL, Wettbewerbsrecht, § 1 UWG, Rn. 93 ff.; NORDEMANN, Wettbewerbs- und Markenrecht, Rn. 207 ff.; V.GAMM, Unlauterer Wettbewerb, § 1 UWG, Rn. 162; DERS., WRP 1974, 1 ff KÖHLER/Piper, § 1 UWG, Rn. 197; KLOSTERFELDE/JAEGER-LENZ; in: Handbuch des Wettbewerbsrechts, § 50, Rn. 75 ff.; BÜLOW, GRUR 1971, 64 ff.

mer in seinem Handeln und nimmt ihm die Möglichkeit, in den Genuss geldwerter Vergünstigungen zu gelangen. Auch der psychologischen Kaufzwang, mit dessen Hilfe Werbemethoden unterbunden werden sollen, die den Abnehmer in eine Situation manövrieren, in der dieser es als unanständig oder peinlich empfindet, nichts zu kaufen, ist zumindest in dieser Ausprägung nicht überzeugend. Den marktwirtschaftlichen Risikobereichen wird auf diese Weise nicht ausreichend Rechnung getragen. Unter dem Aspekt der Beeinflussung der freien Willensentschließung sind lediglich Werbeformen zu untersagen, die den Kunden derart psychisch unter Druck setzen, dass dieser einem nahezu unentrinnbaren Kaufzwang ausgesetzt ist. Die abstrakte Wertreklame ist demnach sittenwidrig, wenn dem Umworbenen geldwerte Vergünstigungen zugewendet werden und der Werbende den Umworbenen in dieser anfälligen Situation weitergehend beeinflusst, um ihn mit der Intention eines Vertragsschlusses zu belästigen.

Mit der abstrakten Wertreklame ist typischerweise keine zu einem Verstoß gegen § 1 UWG führende Mitbewerberbehinderung verbunden. Hingegen kann sich die Sittenwidrigkeit aus den marktbezogenen Wirkungen der abstrakten Wertreklame ergeben. Als Aufgreifkriterium dieser sog. marktbezogenen Unlauterkeit kann die Marktmacht bzw. Marktstärke des betreffenden Unternehmens jedoch nicht herangezogen werden, da dies der Natur des Lauterkeitsrechts als für alle Marktbeteiligten gleichermaßen geltendes Verhaltensrecht widersprechen würde. Gleichfalls ist die Konstruktion der Rechtsprechung einer erfolgsqualifizierten Unlauterkeit unter Zuhilfenahme des Kriteriums der Nachahmungsgefahr abzulehnen. Für die Berücksichtigung mittelbarer Folgen einer Wettbewerbshandlung existiert kein Zurechnungsgrund. Die marktbezogenen Wirkungen der Fallgruppe marktbezogene Unlauterkeit müssen sich daher aus der zur Beurteilung stehenden Werbemaßnahme selbst ergeben. Demzufolge kann die abstrakte Wertreklame untersagt werden, wenn sie zu einer den Bestand des Wettbewerbs gefährdenden Marktverstopfung durch Bedarfsdeckung führt.

Für die einzelnen Erscheinungsformen der abstrakten Wertreklame bedeutet dies: Die unentgeltliche Abgabe von Waren zu Werbezwecken ist grundsätzlich zulässig, auch wenn Originalwaren abgegeben werden. Eine Marktverstopfung durch Bedarfsdeckung kann jedoch zur Annahme der Sittenwidrigkeit gem. § 1 UWG führen, insbesondere bei einer Überschreitung des Probezwecks. Bei der Gewährung von Werbegeschenken sind keine marktbezogenen Wirkungen zu befürchten[146]. Eine Untersagung kommt lediglich in Betracht,

146 Vgl. auch LEHMANN, Die Werbung mit Geschenken, S. 167: „Das Argument der Bedarfsdeckung und Marktverstopfung dürfte wohl kaum im Zusammenhang mit nicht reflexiven Werbegeschenken Relevanz erlangen, da durch die Vergabe von Werbezuwendungen aus fremder Produktion, die keine Warenproben oder Origi-

wenn der Gewährung des Geschenks eine psychische Beeinflussung folgt[147]. Ebenfalls grundsätzlich zulässig ist die unentgeltliche Leistungserbringung. Ihr massiver Einsatz kann allerdings zu einer Marktverstopfung durch Bedarfsdekkung führen. Eine unzulässige psychische Beeinflussung des Kunden ist zumindest im Einzelfall nicht auszuschließen.

C. EXKURS: STÄNDIGER GRATISVERTRIEB VON PRESSEERZEUGNISSEN

Der Gratisvertrieb von Presseerzeugnissen beschäftigt die Rechtsprechung seit über 40 Jahren[148]. Die gesonderte Darstellung in Form eines Exkurses begründet sich damit, dass das Pressewesen eine sonst kaum anzutreffende Doppelmarktstellung innehat. Es existieren zwei getrennte Absatzmärkte: Leser- und Anzeigenmarkt. Zwischen beiden Märkten bestehen gleichwohl zahlreiche Interdependenzen[149]. Die Einnahmen aus dem Anzeigenmarkt dienen dazu, die Vertriebskosten abzudecken oder Gewinn zu erzielen. Die Höhe der Einnahmen aus dem Vertrieb selbst ist abhängig von der Verbreitung des Presseerzeugnisses, welche wiederum durch die Qualität der redaktionellen Leistung und den Preis bestimmt wird. Eine Steigerung der redaktionellen Qualität oder eine Preissenkung kann daher über eine Ausweitung des Lesermarktes die Ein-

nalwaren sind, keine wettbewerbsrelevante Bedarfsdeckung oder eine Marktverstopfung eintreten kann".

147 Mehr auf den Wert des Geschenks abstellend: Baumbach/HEFERMEHL, Wettbewerbsrecht, § 1 UWG, Rn. 95: „Doch muß die Gabe stets maßvoll sein. Hält sie sich wertmäßig nicht mehr im Rahmen des Üblichen, so verliert sie ihren Charakter als Erinnerungsgabe und kann daher einen wettbewerbsfremden psychologischen Kaufzwang auslösen".

148 Vgl.: BGH GRUR 1956, 223 – Freiburger Wochenbericht; BGH GRUR 1957, 600 – Westfalen-Blatt I; BGH GRUR 1969, 287 – Stuttgarter Wochenblatt I; BGH GRUR 1971, 477 – Stuttgarter Wochenblatt II; BGH NJW 1971, 237 – Ärztekammer; BGHZ 56, 327 – Feld und Wald I; BGH GRUR 1977, 608 – Feld und Wald II; BGH WRP 1977, 400 – WAZ-Anzeiger; BGH WRP 1980, 394 – Wochenmarkt; BGH GRUR 1982, 53 – Bäckerfachzeitschrift; BGH WRP 1985, 330 – Bliestal-Spiegel; BGH GRUR 1990, 44 – Annoncen-Avis; BGH GRUR 1991, 616 – Motorboot-Fachzeitschrift; BGH NJW 1992, 1817 – Amtsanzeiger; BGH WRP 1996, 889 – Stumme Verkäufer; OLG Karlsruhe, WRP 1996, 118 – Wieslocher Woche; OLG Karlsruhe, WRP 1998, 525 – Zeitung zum Sonntag.

149 KNÖPFLE, Die marktbezogene Unlauterkeit, S. 70; Baumbach/HEFERMEHL, Wettbewerbsrecht, § 1 UWG, Rn. 862; SACHON, Wettbewerbsrechtliche Probleme des Vertriebs von Freistücken, S. 84 f.; DERS., WRP 1980, 659 (660); MERZ, Die Vorfeldthese, S. 127; AHRENS, WRP 1999, 123; BRANDNER, GRUR 1996, 531 (532); GLOY, GRUR 1996, 585; KÖHLER, WRP 1998, 455.; MESTMÄCKER, Medienkonzentration und Meinungsvielfalt, S. 112 f.

nahmen aus dem Anzeigengeschäft erhöhen, wodurch die Mehrkosten für Herstellung und Vertrieb abgedeckt werden können. Eine Minderung der Einnahmen aus dem Anzeigengeschäft kann dazu führen, dass mangels Investitionsvolumen die redaktionelle Qualität und somit die Auflagenzahl sinkt. Der Wettbewerb auf dem Anzeigenmarkt und auf dem Lesermarkt stehen mithin in einem Reaktionsverbund[150].

Aus unternehmerischer Sicht kann es vor diesem Hintergrund sinnvoll sein, Werbeaktivitäten in beide Richtungen zu entfalten. Demgemäß existieren sowohl Presseerzeugnisse, die sich ausschließlich aus dem Erlös des Anzeigenmarkts, als auch solche, die sich ausschließlich aus dem Erlös des Lesermarkts finanzieren. Für den jeweils anderen Markt wird eine geldwerte Vergünstigung vergeben, die es rechtfertigen könnte, die Grundsätze zur wettbewerbsrechtlichen Beurteilung der abstrakten Wertreklame anzuwenden. Angesichts des Kriteriums der Marktverstopfung durch Bedarfsdeckung wären dem flächendeckenden Gratisvertrieb damit enge Grenzen gesetzt. Inwieweit die von Rechtsprechung[151] und Literatur[152] teilweise vorgenommene Übertragung zu Recht erfolgt, wird im Folgenden anhand derjenigen Presseerzeugnisse darzustellen sein, mit denen sich die Gerichte vornehmlich zu beschäftigen hatten. Zudem wird die Ausstrahlungswirkung der institutionellen Pressefreiheit gem. Art. 5 I S. 2 GG von Bedeutung für die wettbewerbsrechtliche Zulässigkeit des ständigen Gratisvertriebs von Presseerzeugnissen sein.

150 BGHZ 76, 55 (74) – Elbe-Wochenblatt; KÖHLER, in: Großkommentar, § 1 UWG, D 50; DERS., WRP 1998, 455 (456); KÖHLER/Piper, § 1 UWG, Rn. 200; Baumbach/HEFERMEHL, Wettbewerbsrecht, § 1 UWG, Rn. 862; DENSE, Die rechtliche Problematik der Anzeigenblätter, S. 88; LEHMANN, Die Verteilung von kostenlosen Presseerzeugnissen, S. 75 (77); AHRENS, in: Handbuch des Wettbewerbsrechts, § 59, Rn. 5.

151 Vgl. vor allem: BGH GRUR 1977, 608 – Feld und Wald II; Bezug nehmend auf den Umstand, dass eine geldwerte journalistische Leistung verschenkt werde: BGH GRUR 1969, 287 (288) – Stuttgarter Wochenblatt I; aus der neueren Zeit: BGH WRP 1996, 889 (891) – Stumme Verkäufer.

152 Vgl. insbesondere: V.GAMM, Unlauterer Wettbewerb, § 1 UWG, Rn. 171: „Die Grundsätze zur Wertreklame finden Anwendung, soweit die Gratisverteilung der Werbung dient, sein es unmittelbar – Werbung entgeltlicher Bezieher (etwa durch vorübergehende Gratisbelieferung in einem den Probezweck überschreitenden Umfang, auch im sog. Wechselversand) oder Werbung von Inserenten (durch Gratisverteilung erhöhte Auflage und Verbreitung, insbesondere bei bestimmten Zielgruppen) – oder auch nur mittelbar (etwa Zeitschrift eines an sich auf anderen tätigen Konzerns, um seine Produkte, Forschung u.s.w. vorzustellen)".

I. Rechtsprechung zum ständigen Gratisvertrieb von Presseerzeugnissen

1. Fachzeitschriften

Trotz der Doppelmarktstellung des Pressewesens hat die Rechtsprechung im Bereich der Fachzeitschriften, also solcher Zeitschriften, die sich an einen nach fachlichen Kriterien abgrenzbaren Personenkreis richten[153], zunächst die Grundsätze zur wettbewerbsrechtlichen Beurteilung der unentgeltlichen Abgabe von Waren zu Werbezwecken unkritisch übernommen. In der Entscheidung „Feld und Wald II“[154] aus dem Jahre 1977 beurteilte der BGH die kostenlose Verteilung eines erheblichen Teils (40 %) einer sonst entgeltlich vertriebenen Auflage an bestimmte Empfängergruppen als sittenwidrig. Es wird ausdrücklich eine Parallele zur unentgeltlichen Abgabe von Waren zu Werbezwecken gezogen und dementsprechend festgestellt, dass

> „die ständige Gratislieferung eines erheblichen Teils einer Auflage einer im übrigen nur entgeltlich zu beziehenden Fachzeitschrift an bestimmte Empfängergruppen als Mittel des Wettbewerbs gegen § 1 UWG verstößt, sofern nicht im Einzelfall besondere Gründe eine solche Wettbewerbsmethode ausnahmsweise als zulässig erscheinen lassen[155].“

In der Entscheidung „Bäckerfachzeitschrift“[156] hat der BGH dieses Regel-Ausnahme-Verhältnis expressis verbis umgekehrt. Nunmehr wird betont, dass an der bis dahin vertretenen Auffassung, nach der die ständige Gratisverteilung von Fachzeitschriften gegen § 1 UWG verstoße, sofern nicht im Einzelfall besondere Gründe eine solche Werbemaßnahme ausnahmsweise als zulässig erscheinen lassen, insoweit nicht mehr festgehalten werde, als die Zulässigkeit als Ausnahmefall bezeichnet wird[157]. Vielmehr seien alle den Einzelfall bildenden Umstände zur Prüfung, ob die angegriffene Maßnahme tatbestandlich den

153 SACHON, Wettbewerbsrechtliche Probleme des Vertriebs von Freistücken, S. 33. Mit den Fachzeitschriften nicht verwechselt werden dürfen hingegen die sog. Verbandszeitschriften, bei denen die Abgeltung über einen Mitgliedsbeitrag erfolgt, vgl.: BGH GRUR 1971, 168 (171) – Ärztekammer; BGHZ 56, 327, 333 – Feld und Wald I.

154 BGH GRUR 1977, 608 – mit Anm. HOTH.

155 BGH GRUR 1977, 608 (611) – Feld und Wald II; kritisch: SACHON, WRP 1980, 659; OCHS, WRP 1977, 454; KAKIES, AfP 1977, 297.

156 BGH GRUR 1982, 53 (55).

157 BGH a.a.O., S. 55 – Bäckerfachzeitschrift.

Begriff des Verstoßes gegen die guten Sitten erfüllt, heranzuziehen[158]. Folglich wird zumindest im Bereich der Fachzeitschriften das System der Finanzierung durch Gratisverteilung nicht von vornherein als wettbewerbswidrig betrachtet. Ein Verbot unentgeltlich vertriebener Fachzeitschriften soll deswegen nur statthaft sein, wenn eine konkrete Gefahr für den Bestand des Wettbewerbs auf dem Pressemarkt vorliegt[159].

2. *Anzeigenblätter*

Anzeigenblättern können in zwei unterschiedlichen Formen am Markt auftreten: Offertenblätter zeichnen sich dadurch aus, dass sie im Wesentlichen nur aus Anzeigen bestehen[160], wohingegen „echte" Anzeigenblätter neben dem Anzeigenteil einen redaktionellen Teil enthalten[161], der jedoch in Qualität und Umfang stark variieren kann.

Die unentgeltliche Verteilung von *Offertenblättern* wurde bereits vor der Entscheidung „Bäckerfachzeitschrift" als grundsätzlich zulässig angesehen[162]. Dies läßt sich damit begründen, dass Offertenblätter nicht mit herkömmlichen Tageszeitungen im Wettbewerb stehen und ihnen somit auch keine Leser entziehen können[163]. Bei den *„echten" Anzeigenblättern* hängt die wettbewerbs-

158 BGH a.a.O., S. 55 – Bäckerfachzeitschrift.

159 BGH a.a.O., S. 55 – Bäckerfachzeitschrift; vgl. auch schon: OLG Hamburg, GRUR 1974, 400 (401) – Monatszeitschrift; Bestätigung dieses Grundsatzes 10 Jahre später in der Entscheidung BGH GRUR 1991, 616 - Motorboot-Fachzeitschrift.

160 Baumbach/HEFERMEHL, Wettbewerbsrecht, § 1 UWG, Rn. 864; IKAS, WRP 1997, 392 (394); KÖHLER/Piper, § 1 UWG, Rn. 201; DENSE, Die rechtliche Problematik der Anzeigenblätter, S. 8; KÖHLER, in: Großkommentar, § 1 UWG, D 52.

161 BGH GRUR 1985, 881 (882) – Bliestal-Spiegel; Baumbach/HEFERMEHL, Wettbewerbsrecht, § 1 UWG, Rn. 865; DENSE, Die rechtliche Problematik der Anzeigenblätter, S. 9.

162 BGH GRUR 1956, 223 (225) – Freiburger Wochenbericht; BGH GRUR 1969, 287 (288) – Stuttgarter Wochenblatt I; OLG Hamm, GRUR 1985, 63 (64) – Sonntag in Lippe; OLG Naumburg, WRP 1995, 61 (62) – Amts- und Informationsblätter.

163 BGH a.a.O., S. 225 – Freiburger Wochenbericht; Baumbach/HEFERMEHL, Wettbewerbsrecht, § 1 UWG, Rn. 864. Ebenfalls als zulässig werden die sog. „neuen" Offertenblätter, die entgeltlich vertrieben werden und kostenlos Anzeigen abdrukken, beurteilt, vgl.: BGH GRUR 1990, 44 – Annoncen-Avis; vgl. dazu auch: EMMERICH, Recht des unlauteren Wettbewerbs, § 19, 2d; RATH-GLAWATZ, Das Recht der Anzeige, S. 283.

rechtliche Beurteilung maßgeblich davon ab, ob das Blatt geeignet ist, den angesprochenen Verkehrskreisen als Ersatz für eine Tageszeitung zu dienen, und ob die ernstliche Gefahr besteht, dass deshalb die Tagespresse als Institution in ihrem verfassungsrechtlich garantierten Bestand bedroht ist[164]. Im Gegensatz zu bloßen Offertenblättern werde bei den „echten" Anzeigenblättern mit dem redaktionellen Teil eine geldwerte Leistung verschenkt[165], wodurch die Empfänger zur Beachtung des Blattes angeregt und das Blatt als Werbeträger für die Anzeigenkunden interessant werde. Dies könne nicht hingenommen werden, weil die konkurrierenden Zeitungen ihre Anziehungskraft als Insertionsorgan durch journalistische Leistungen steigern müssten, während sich die Anzeigenblätter durch die kostenlose Verteilung diesem Leistungswettbewerb entzögen[166]. Dadurch könnten die Tageszeitungen in ihrer Auflage und ihrem Anzeigengeschäft geschädigt werden[167]. Der Schutz der Tageszeitungen sei aber verfassungsrechtlich geboten. Zwar komme auch der Herausgeber des Anzeigenblattes in den Genuss der Pressefreiheit, dessen Interesse müsse aber zurücktreten, weil die Verteilung eines Anzeigenblattes weniger zur Bildung der öffentlichen Meinung beitrage, sondern in erster Linie dem Interesse der Gewinnerzielung diene[168].

164 BGH a.a.O. – Freiburger Wochenbericht; BGH a.a.O. – Stuttgarter Wochenblatt I; BGH GRUR 1971, 477 – Stuttgarter Wochenblatt II; BGH GRUR 1985, 881 (883) – Bliestal-Spiegel; BGH GRUR 1992, 191 (193) – Amtsanzeiger; OLG Frankfurt, GRUR 1980, 318 – Freitagsanzeiger; OLG Hamm, GRUR 1985, 63 (64) – Sonntag in Lippe.

165 BGH a.a.O., S. 288 – Stuttgarter Wochenblatt I; anders hierzu aber jetzt OLG Karlsruhe, WRP 1996, 118 (119) – Wieslocher Woche.

166 BGH a.a.O., S. 289 – Stuttgarter Wochenblatt I.

167 BGH a.a.O., S. 288 – Stuttgarter Wochenblatt I begnügt sich insoweit sogar mit einer Verschlechterung der Wettbewerbssituation; BGH GRUR 1971, 477 (478) – Stuttgarter Wochenblatt II; OLG Karlsruhe, WRP 1996, 118 (119) – Wieslocher Woche. In OLG Hamm, GRUR 1985, 63 (64) – Sonntag in Lippe wird hingegen betont, dass die Herausgabe eines redaktionell gestalteten Anzeigenblattes unter Umständen sogar die im Bereich des Pressewesens erwünschte Wettbewerbslage begünstigen könne.

168 BGH a.a.O., S. 290 – Stuttgarter Wochenblatt I; BGH GRUR 1985, 881 – Bliestal-Spiegel; OLG Karlsruhe, WRP 1996, 118 (120) – Wieslocher Woche.

3. Tagespresse

Die Tagespresse ist durch eine aktuelle und kontinuierliche Berichterstattung über das allgemeine Tagesgeschehen gekennzeichnet[169]. Ein tägliches Erscheinen ist – wenngleich auch typisch – nicht zwingend erforderlich, so dass selbst Sonntagszeitungen der Tagespresse zuzuordnen sind[170]. Der Rechtsprechung standen ursprünglich nur Sachverhalte zur Beurteilung, in denen eine *vorübergehende* Verteilung erfolgte. In der Entscheidung „Westfalen-Blatt"[171] wendete der BGH die Grundsätze zur Beurteilung der unentgeltlichen Abgabe von Waren zu Werbezwecken an, mit der Folge, dass die Gratisverteilung der Tageszeitung von einem Erprobungszweck gedeckt sein musste[172].

Einen mit dem *dauerhaften* kostenlosen Vertrieb einer Tageszeitung vergleichbaren Sachverhalt hatte der BGH erstmals in der Entscheidung „Stumme Verkäufer"[173] zu beurteilen. In Berlin wurde eine Sonntagszeitung unter anderem über ungesicherte Verkaufshilfen vertrieben, die eine flächendeckende Verteilung der Zeitung gerade am Sonntag gewährleisten sollen. 50-60% der Zeitungen wurden ohne Entgelt entnommen. Der BGH hat die Duldung der kostenlosen Entnahme dem unentgeltlichen Vertrieb gleichgestellt und methodologisch die Grundsätze zur wettbewerbsrechtlichen Beurteilung der abstrakten Wertreklame rezipiert:

> „Eine solche Abgabe ist mit einer zulässigen Wertreklame nicht mehr vereinbar. Sie führt in nicht unerheblichem Umfang dazu, daß Kaufinteressenten zwischen verschiedenen Zeitungsangeboten nicht mehr nach Sachkriterien auswählen, sondern sich dort bedienen, wo ihnen eine kostenlose Erwerbsmöglichkeit winkt. Außerdem führt eine solche Gratisverteilung zu einer Gefahr für den Bestand des Leistungswettbewerbs. Das kann aber wegen der Anlockwirkung, die die in Rede stehende (Gratis-) Abgabe auf die Kunden ausübt und wegen des unsachlichen

169 Vgl.: BULLINGER in Löffler, Presserecht, Einl., Rn. 15; SACHON, Wettbewerbsrechtliche Probleme des Vertriebs von Freistücken, S. 26; IKAS, WRP 1997, 392 (393).

170 IKAS, WRP 1997, 392 (393).

171 BGH GRUR 1957, 600 (601) mit Anm. HEYDT.

172 Eine zeitliche Höchstgrenze lässt sich hinsichtlich des Erprobungszwecks nicht festlegen. Erwähnenswert ist jedoch der Abschnitt IV der Wettbewerbsrichtlinien des Bundesverbandes deutscher Zeitungsverleger, in dem eine Höchstgrenze von 2 Wochen festgelegt ist. An dieser Grenze orientiert sich in der Regel auch die Rechtsprechung, wie etwa in der Entscheidung OLG Hamm, WRP 1979, 144.

173 BGH WRP 1996, 889.

Gewöhnungseffekts, den eine solche Abgabe auf den Kunden ausübt sowie wegen der Gefahr der Nachahmung durch Wettbewerber nicht hingenommen werden[174]."

Dieser Beurteilung steht eine neuere Entscheidung des OLG Karlsruhe[175] diametral entgegen. In Freiburg und Umgebung wurde eine Sonntagszeitung von journalistisch ansprechender Qualität flächendeckend in einer Auflage von 120.000 Stück kostenlos verteilt. Gegen diese Verbreitung wehrte sich ein Verlag, der überregional zwei große Sonntagszeitungen entgeltlich vertreibt. Das OLG Karlsruhe betrachtete den Vertrieb als wettbewerbskonform. Der Wettbewerb lebe von neuen Ideen. Folglich könne das Wettbewerbsrecht nicht die Aufgabe haben, das Bestehende zu konservieren und traditionelle Wettbewerbsstrukturen zu erhalten[176]. Um einen Fall der kritisch zu beurteilenden Wertreklame handele es sich schon deswegen nicht, weil der kostenlose Vertrieb auf Dauer geschehen soll, der Leser demzufolge nicht zum späteren Bezug gegen Bezahlung veranlasst werden soll[177]. Eine andere Beurteilung ergebe sich auch nicht aus Art. 5 I S. 2 GG, wonach eine Gefahr für den Bestand des Pressewesens es rechtfertigen könnte, den kostenlosen Vertrieb einer Zeitung zu untersagen[178]. Dies sei nur möglich, wenn aus der Sicht der Allgemeinheit schwere Störungen des Pressemarktes und damit der Funktion der Presse zu befürchten sind. Aufgrund allgemeiner Überlegungen denkbare abstrakte Gefährdungen für den Pressemarkt seien für eine solche Untersagung nicht genügend, da sich das Wettbewerbsrecht ansonsten als unangemessener Bestandsschutz für die bereits bestehenden Zeitungen auswirke[179].

4. Fazit

Das System des Gratisvertriebs wird bei Fachzeitschriften sowie bei solchen Anzeigenblättern, deren redaktioneller Teil einen bescheidenen Umfang nicht überschreitet, als zulässiges Absatzkonzept anerkannt, nicht jedoch bei Anzeigenblättern mit einem normalen redaktionellem Teil, sofern dieser geeignet erscheint, eine entgeltlich vertriebene Zeitung zu substituieren[180]. Begründet

174 BGH a.a.O., S. 891 – Stumme Verkäufer.

175 OLG Karlsruhe, WRP 1998, 525 – Zeitung zum Sonntag; ähnlich jetzt auch: OLG Bremen, WRP 1999, 1052 – Kreisblatt am Sonntag.

176 OLG Karlsruhe, a.a.O., S. 527 – Zeitung zum Sonntag.

177 OLG Karlsruhe, a.a.O., S. 527 – Zeitung zum Sonntag.

178 OLG Karlsruhe, a.a.O., S. 528 – Zeitung zum Sonntag.

179 OLG Karlsruhe, a.a.O., S. 529 – Zeitung zum Sonntag.

180 BGH GRUR 1956, 223 (225) – Freiburger Wochenbericht; BGH GRUR 1969, 287 (288) – Stuttgarter Wochenblatt I; OLG Hamm, GRUR 1985, 63 (64) –

wird dies damit, dass die Tagespresse als Institution in ihrem verfassungsrechtlich garantierten Bestand bedroht sei[181]. Die wettbewerbsrechtliche Zulässigkeit des dauerhaften Vertriebs einer Tageszeitung bedarf angesichts der sich widersprechenden Urteile des BGH[182] und des OLG Karlsruhe[183] weiterhin der gerichtlichen Klärung[184]. Während der BGH – in einem zugegebenermaßen eigentümlichen Sachverhalt – die Grundsätze zur wettbewerbsrechtlichen Beurteilung der abstrakten Wertreklame unreflektiert übernimmt, sieht das OLG Karlsruhe den Gratisvertrieb einer Zeitung als ein in sich geschlossenes und wirtschaftlich sinnvolles Absatzsystem an[185].

II. Bewertung des ständigen Gratisvertriebs von Presseerzeugnissen

Die bestehende Rechtsprechungspraxis zum Gratisvertrieb von Presseerzeugnissen ist im Folgenden auf ihre Sinnfälligkeit zu untersuchen. Eine Differenzierung zwischen den einzelnen Presseerzeugnissen soll nicht vorgenommen werden. Es hat sich ohnehin herauskristallisiert, dass eine Untersagung des Gratisvertriebs von Presseerzeugnissen nur in Betracht gezogen wird, wenn diese einen redaktionellen Teil vorweisen können, der geeignet erscheint, eine entgeltlich vertriebene Zeitung zu substituieren. Die Sittenwidrigkeit des ständigen Gratisvertriebs wird auf folgende, in der weiteren Untersuchung näher zu beleuchtende Gesichtspunkte gestützt:

Sonntag in Lippe; OLG Naumburg, WRP 1995, 61 (62) – Amts- und Informationsblätter.

181 BGH a.a.O. – Freiburger Wochenbericht; BGH a.a.O. – Stuttgarter Wochenblatt I; BGH GRUR 1971, 477 – Stuttgarter Wochenblatt II; BGH GRUR 1985, 881 (883) – Bliestal-Spiegel; BGH GRUR 1992, 191 (193) – Amtsanzeiger.

182 BGH a.a.O. – Stumme Verkäufer.

183 OLG Karlsruhe, a.a.O. – Zeitung zum Sonntag.

184 Dem OLG Karlsruhe wird vorgeworfen, den BGH bei der Begründung des Urteils „Stumme Verkäufer“ falsch verstanden zu haben, wenn es in WRP 1998, 525 (527 f.) ausführt: „das in der Entscheidung weiter verwendete Argument des BGH, dass die kostenlose Abgabe einer Zeitung nur ausnahmsweise wettbewerbsrechtlich zulässig sein könne,“ beruhe „ersichtlich auf einer versehentlichen Abweichung von der gegenteiligen gefestigten Rechtsprechung des BGH, dass die Feststellung der Wettbewerbswidrigkeit der kostenlosen Abgabe von Zeitungen unter umfassender Würdigung aller maßgebenden Umstände zu treffen ist.“ Übersehen wird dabei, dass diese gefestigte Rechtsprechung nur für den Bereich der Fachzeitschriften und Anzeigenblätter gilt und für eine Rechtsprechungsänderung in guter Tradition sicherlich nähere Ausführungen gemacht worden wären.

185 OLG Karlsruhe, WRP 1998, 525 (528) – Zeitung zum Sonntag mit Verweis auf KÜBLER, in: Festschrift für Löffler, S. 169 (177).

– die inhaltliche Nähe zur abstrakten Wertreklame mit dem unter die Oberfallgruppe marktbezogene Unlauterkeit fallenden Unlauterkeitsmerkmal Marktverstopfung durch Bedarfsdeckung[186] und
– die Gefahr für den Bestand eines funktionsfähigen Pressewesens infolge eines „Aussterbens“ qualitativ hochwertiger Presseerzeugnisse[187].

1. Terminologische Nähe zur abstrakten Wertreklame

Formal betrachtet wird beim Gratisvertrieb eines Presseerzeugnisses eine geldwerte journalistische Leistung an den Leser verschenkt[188]. Diese Überlegung könnte eine Übernahme der Grundsätze zur wettbewerbsrechtlichen Beurteilung der abstrakten Wertreklame, insbesondere der unentgeltlichen Abgabe von Waren zu Werbezwecken, nahelegen. Die Übertragung dieser Grundsätze beruht jedoch auf der Prämisse, dass die abstrakte Wertreklame und der ständige Gratisvertrieb von Presseerzeugnissen hinsichtlich des Merkmals der Unentgeltlichkeit als vergleichbare Werbeformen eingestuft werden können. Der Überzeugungskraft dieser Prämisse könnten indes die Eigengesetzlichkeiten des Pressewesens entgegenstehen.

Der Gegenstand der unternehmerischen Betätigung des Herausgebers des unentgeltlich vertriebenen Presseerzeugnisses liegt darin, dem Bedürfnis der Anzeigenkunden nach einer möglichst weiten Verbreitung gerecht zu werden. Zu der Annahme, es werde eine journalistische Leistung verschenkt, gelangt man nur unter Vornahme einer strikten Trennung zwischen Anzeigen- und Lesermarkt. Dieser Betrachtungsweise stehen sowohl die historisch gewachsene Struktur des Pressewesens, wonach deren Finanzierung auf den beiden Säulen der Vertriebserlöse und der Anzeigenerlöse beruht, als auch die zahlreichen Interdependenzen beider Märkte entgegen[189]. Auch bei Presseerzeugnissen, die

186 Vgl.: BGH GRUR 1977, 608 – Feld und Wald II; BGH GRUR 1969, 287 (288) – Stuttgarter Wochenblatt I; BGH WRP 1996, 889 (891) – Stumme Verkäufer; V.GAMM, Unlauterer Wettbewerb, § 1 UWG, Rn. 171.

187 In diesem Sinne: TEPLITZKY, GRUR 1999, 108 ff.; AHRENS, WRP 1999, 123 (124); Baumbach/HEFERMEHL, Wettbewerbsrecht, § 1 UWG, Rn. 865.

188 BGH a.a.O., S. 288 – Stuttgarter Wochenblatt I; Baumbach/HEFERMEHL, Wettbewerbsrecht, § 1 UWG, Rn. 865; V.GAMM, Unlauterer Wettbewerb, § 1 UWG, Rn. 172. KÜBLER, in: Festschrift für Löffler, S. 169 (172); ähnlich: PETERSEN: WRP 1979, 428; kritisch bereits: SACHON, WRP 1980, 659 (663) sowie von Seiten der Rspr.: OLG Karlsruhe, WRP 1996, 118 (119) – Wieslocher Woche.

189 Zum Phänomen des Reaktionsverbundes zwischen Anzeigen- und Lesermarkt, vgl.: KÖHLER, in: Großkommentar, § 1 UWG, D 50; DERS., WRP 1998, 455 (456); Baumbach/HEFERMEHL, Wettbewerbsrecht, § 1 UWG, Rn. 862; DENSE,

der Leser entgeltlich erwerben muss, reichen die Vertriebserlöse nicht annähernd aus, um die Kosten der Herstellung dieser journalistischen Leistung zu decken[190]. Ausgehend von einer funktionalen Betrachtung wird bei diesen Erzeugnissen die redaktionelle Leistung in dem Umfang unentgeltlich abgegeben, in dem die Kosten der Herstellung des redaktionellen Teils durch die Anzeigenerlöse mitfinanziert werden[191]. Eine strikte Trennung zwischen entgeltlich und unentgeltlich vertriebenen Zeitungen ist daher wenig sinnvoll. Die Unentgeltlichkeit erweist sich im Bereich des Pressewesens als fließendes, zur wettbewerbsrechtlichen Beurteilung untaugliches Kriterium.

Die Zuordnung des ständigen Gratisvertriebs von Presseerzeugnissen zur abstrakten Wertreklame ist letztlich aufgrund folgender Überlegung abzulehnen: Während der Kunde die Ware bei der abstrakten Wertreklame käuflich erwerben soll und nur ausnahmsweise kostenlos beliefert wird, verfolgt der Herausgeber des Presseerzeugnisses mit der Gratislieferung ein in sich schlüssiges Vertriebskonzept[192]. Der dauerhafte Gratisvertrieb eines Presseerzeugnisses ist demzufolge nicht als *zeitlich befristete* Maßnahme darauf angelegt, den Leser als neuen Kunden zu gewinnen. Im Vergleich zur abstrakten Wertreklame handelt es sich folglich um ein „aliud“[193], das vielmehr mit privaten TV-Programmen vergleichbar ist, die im Gegensatz zu staatlichen Fernsehanstalten

Die rechtliche Problematik der Anzeigenblätter, S. 88; LEHMANN, Die Verteilung von kostenlosen Presseerzeugnissen, S. 75 (77); AHRENS, in: Handbuch des Wettbewerbsrechts, § 59, Rn. 5

190 MÖSCHEL, Pressekonzentration und Wettbewerbsgesetz, S. 84 spricht davon, dass das Anzeigengeschäft im Durchschnitt mit über 2/3 zu den Erlösen einer Zeitung beiträgt; von ähnlichen Zahlen geht auch MESTMÄCKER, Medienkonzentration und Meinungsvielfalt, S. 114 aus, wenn er bemerkt, dass der bei 70% liegende Anteil der Anzeigenerlöse als zu hoch empfunden wird.

191 KÖHLER, WRP 1998, 455 (457); SACHON, WRP 1980, 659 (664); MESTMÄCKER, Medienkonzentration und Meinungsvielfalt, S. 140 ff; KNÖPFLE, Die marktbezogene Unlauterkeit, S. 70.

192 BGH a.a.O., S. 55 – Bäckerfachzeitschrift; OLG Karlsruhe, WRP 1998, 525 (528) – Zeitung zum Sonntag; KÜBLER, in: Festschrift für Löffler, S. 169 (177); KÖHLER, WRP 1998, 455 (457); KLOSTERFELDE/JAEGER-LENZ, in: Handbuch des Wettbewerbsrechts, § 50, Rn. 104; AHRENS, WRP 1999, 123; SCHÜNEMANN, Wettbewerbsrecht, S. 126; KÖHLER, in: Großkommentar, § 1 UWG, D 55; SCHRICKER, GRUR 1980, 194 (195).

193 Anerkannt wird dies von: BGH a.a.O., S. 55 – Bäckerfachzeitschrift; OLG Karlsruhe, WRP 1996, 118 (119) – Wieslocher Woche; KÖHLER, WRP 1998, 455 (457); DERS., in: Großkommentar, § 1 UWG, D 55; SACHON, WRP 1980, 659 (663); REICHOLD, AcP 193 (1993), 204 (237); MESTMÄCKER, Medienkonzentration und Meinungsvielfalt, S. 142; DERS., Der verwaltete Wettbewerb, S. 66; EMMERICH, Recht des unlauteren Wettbewerbs, § 19, 2a.

ihre Sendungen nicht mit Gebühren, sondern ausschließlich mit Werbeeinnahmen finanzieren.

Der ständige Gratisvertrieb von Presseerzeugnissen lässt sich aus diesem Grund nicht der abstrakten Wertreklame zuordnen, sondern ist vielmehr als eigenständige Absatzstrategie anzusehen, bei der das Unlauterkeitsmerkmal Marktverstopfung durch Bedarfsdeckung keine Berücksichtigung finden kann[194].

2. Gefahr für den Bestand eines funktionsfähigen Pressewesens

Weist eine unentgeltlich vertriebene Zeitung einen redaktionellen Teil von ansprechender Qualität auf, so kann dies dazu führen, dass bestimmte Leserkreise von einem Erwerb entgeltlich vertriebener Zeitungen absehen. Für herkömmliche Presseerzeugnisse entsteht eine neuartige Konkurrenzsituation, die auf dem sehr wettbewerbsintensiven Pressemarkt mit einem Ausscheiden enden kann. Eine Untersagung des ständigen Gratisvertriebs von Presseerzeugnissen soll dementsprechend gerechtfertigt sein, wenn die konkrete Gefahr besteht, dass die Zulassung unentgeltlich vertriebener Presseerzeugnisse zu einer aus der Sicht der Allgemeinheit schweren Störung des Pressemarktes und damit der Funktion der Presse führt[195]. Inwieweit diese Vorgaben aus verfassungsrechtlicher und wettbewerbsrechtlicher Sicht zutreffend sind, soll im Folgenden analysiert werden.

a) Verfassungsrechtliche Vorgaben

Zentraler Punkt der verfassungsrechtlichen Vorgaben ist der in Art. 5 I S. 2 GG verankerte institutionelle Schutz der Pressefreiheit[196]. Diese

194 Lediglich die vorübergehende Gratisverteilung eines ansonsten entgeltlich vertriebenen Presseerzeugnisses zu Werbezwecken kann der Terminologie der abstrakten Wertreklame zugeordnet werden, so dass deren Verteilung nur dann zulässig ist, sofern der Erprobungszweck noch nicht überschritten ist. Zur Zulässigkeit vgl.: V.STROBL-ALBEG, in: Löffler, Presserecht, BT Gewinnspiele, Rn. 167 ff.; KÖHLER, in: Großkommentar, § 1 UWG, D 69.

195 OLG Karlsruhe, WRP 1998, 525 (529) – Zeitung zum Sonntag; vgl. bereits: BGH GRUR 1956, 223 – Freiburger Wochenbericht; BGH GRUR 1969, 287 (288) – Stuttgarter Wochenblatt; BGH GRUR 1971, 477 (478) – Stuttgarter Wochenblatt II; BGH GRUR 1985, 881 (882) – Bliestal-Spiegel; BGH GRUR 1992, 191 (193) – Amtsanzeiger.

196 Vgl. hierzu: BVerfGE 10, 118 (121); BVerfGE 20, 162 (174 f.); SCHMIDT-BLEIBTREU/KLEIN, Kommentar zu Grundgesetz, Art. 5, Rn. 7; BULLINGER, in:

über einen reinen Individualschutz hinausgehende verfassungsrechtliche Garantie ist auch im Rahmen des § 1 UWG, der als wettbewerbsrechtliche Generalklausel Einbruchstelle für die Wertungen des GG ist, zu berücksichtigen[197]. Der Schutz der Pressefreiheit als Institution kann bei der wettbewerbsrechtlichen Beurteilung im Ergebnis gleichwohl nur dann maßgebend sein, wenn der Bestandsschutz herkömmlicher Presseerzeugnisse höher zu bewerten ist als das Schutzinteresse des Herausgebers des unentgeltlich vertriebenen Presseerzeugnisses. Dies ist indes fraglich, weil sich auch der Herausgeber des unentgeltlich vertriebenen Presseerzeugnisses zumindest auf den individualschützenden Charakter der Pressefreiheit berufen kann[198].

Dessen ungeachtet wird vor dem Hintergrund des Art. 5 I S. 2 GG auf den höheren Rang entgeltlich vertriebener Presseerzeugnisse gegenüber unentgeltlich vertriebenen Konkurrenzblättern hingewiesen[199]. Stützpunkt dieser Auffassung ist die verfassungsrechtlich geschützte Aufgabe der Presse, umfassende Informationen zu ermöglichen, die Vielfalt der bestehenden Meinungen widerzuspiegeln und selbst Meinungen zu bilden und zu vertreten[200]. Diese Aufgabe könne nur erfüllt werden, wenn die publizistische Funktion der Pressefreiheit leserorientiert sei und der Herausgeber per Rückkoppelung auf die Kaufentscheidung bzw. Kaufverweigerung des Lesers reagieren könne[201]. Dem könne ein unentgeltlich vertriebenes Presseerzeugnis nicht gerecht werden. Zwar be-

Löffler, Presserecht, Einl., Rn. 3; DERS., in: Isensee/Kirchhof, Handbuch des Staatsrechts, Band VI, § 142, Rn. 13; JARASS/Pieroth, Art. 5 GG, Rn. 18; HELLGE, Die privatrechtlichen Schranken der Pressefreiheit, S. 61 ff.

197 Vgl.: BVerfGE 7, 198 (204 f.) – Lüth; BGH GRUR 1969, 287 (290) – Stuttgarter Wochenblatt I; BGH GRUR 1990, 44 (45) – Annoncen-Avis; BGH WRP 1996, 889 (891) – Stumme Verkäufer; MESTMÄCKER, Medienkonzentration und Meinungsvielfalt, S. 149 ff.; Baumbach/HEFERMEHL, Wettbewerbsrecht, § 1 UWG, Rn. 859; SCHÜNEMANN, Wettbewerbsrecht, S. 127; ASSMANN/BRINKMANN, NJW 1982, 312 (313); KÜBLER, in: Festschrift für Löffler, S. 169 (179); LEHMANN, GRUR 1977, 21 (25); SACHON, WRP 1982, 183 (187); SCHWADE, WRP 1985, 249.

198 DEGENHARDT, in: Bonner Kommentar, Art. 5 GG, Rn. 473; GLOY, GRUR 1996, 585; EMMERICH, Recht des unlauteren Wettbewerbs, § 19, 2; KÖHLER, in: Großkommentar, § 1 UWG, D 55; SACHON, Wettbewerbsrechtliche Probleme des Vertriebs von Freistücken, S. 204; LEHMANN, Die Verteilung von kostenlosen Presseerzeugnissen, S. 75 (82); DENSE, Die rechtliche Problematik der Anzeigenblätter, S. 80 ff.

199 TEPLITZKY, GRUR 1999, 108 (110); AHRENS, WRP 1999, 123 (124); Baumbach/HEFERMEHL, Wettbewerbsrecht, § 1 UWG, Rn. 865.

200 BVerfGE 52, 283 (296).

201 TEPLITZKY, GRUR 1999, 108 (111).

stehe ein Rückkoppelungseffekt zwischen Herausgeber und Anzeigenkunden. Die Anzeigenkunden hätten auch ein Interesse an einer hohen Resonanz des Presseerzeugnisses und damit an dessen inhaltlicher Gestaltung, jedoch nur deswegen, um eine möglichst weite Verbreitung ihrer Anzeigen sicherzustellen. Das Ziel einer weiten Verbreitung lasse sich aber weniger durch hochwertige journalistische Leistungen, sondern vielmehr durch eine Übereinstimmung mit dem Massengeschmack erreichen. Ein möglicher Rückkoppelungseffekt bei unentgeltlich vertriebenen Presseerzeugnissen stehe folglich nur selten in Zusammenhang mit der journalistischen Qualität[202].

Gegen diese Wertung, dem herkömmlichen, leserorientierten Pressewesen einen höheren Rang einzuräumen als unentgeltlich vertriebenen Presseerzeugnissen, wird geltend gemacht, sie laufe im Ergebnis auf eine unzulässige Qualitätskontrolle zwischen „hochwertigen“ und „minderwertigen“ Presseerzeugnissen hinaus[203]. Das Pressewesen würde so durch den Richter, der seine persönliche Überzeugung von redaktioneller Qualität zum Maßstab aller Dinge macht, bevormundet und damit letztendlich einer Meinungskontrolle unterstellt[204]. An dieser Stelle gilt es jedoch, die Rechtsprechung des BVerfG zur Pressefreiheit zu berücksichtigen. So wird in der Entscheidung Soraya[205] ausgeführt:

> „Die Pressefreiheit ist nicht auf die „seriöse“ Presse beschränkt. Daraus folgt jedoch nicht, daß der Schutz des Grundrechts jedem Presseorgan in jedem rechtlichen Zusammenhang und für jeden Inhalt seiner Äußerungen in gleicher Weise zuteil werden müßte. Bei der Abwägung zwischen der Pressefreiheit und anderen verfassungsrechtlich geschützten Rechtsgütern kann berücksichtigt werden, ob die Presse im konkreten Fall eine Angelegenheit von öffentlichem Interesse ernsthaft und sachbezogen erörtert, damit den Informationsanspruch des Publikums erfüllt und zur Bildung der öffentlichen Meinung beiträgt oder ob sie lediglich das Be-

202 TEPLITZKY, GRUR 1999, 108 (111); ähnlich: AHRENS, WRP 1999, 123 (125).

203 So auch: KÖHLER, in: Großkommentar, § 1 UWG, D 55; DERS., WRP 1998, 455 (461); BULLINGER, in: Isensee/Kirchhof, Handbuch des Staatsrechts, Band VI, § 142, Rn. 58; EMMERICH, Recht des unlauteren Wettbewerbs, § 19, 2a; im Ergebnis ebenso: KNÖPFLE, Die marktbezogene Unlauterkeit, S. 77, jedoch unter Verkennung der grundrechtlichen Problematik; mit einer zu eindimensionalen Betrachtungsweise: JUNGK, Die Ausübung wirtschaftlicher Macht als unlauterer Wettbewerb, S. 160.

204 KÖHLER, in: Großkommentar, § 1 UWG, D 55; DERS., WRP 1998, 455 (462); MANN, WRP 1999, 740 (741); ähnlich: BULLINGER, in: Isensee/Kirchhof, Handbuch des Staatsrechts, Band VI, § 142, Rn. 58.

205 BVerfGE 34, 269.

dürfnis einer mehr oder minder breiten Leserschicht nach oberflächlicher Unterhaltung befriedigt[206]."

Diese Textpassage, aus der in missverständlicher Weise oftmals nur der erste Satz wiedergegeben wird[207], verdeutlicht, dass es Gerichten bei der Auslegung zivilrechtlicher Normen aus verfassungsrechtlicher Sicht nicht verwehrt ist, eine Wertung zwischen einzelnen Presseerzeugnissen danach vorzunehmen, inwieweit die journalistische Qualität zur Bildung der öffentlichen Meinung beiträgt. Die Untersagung des Gratisvertriebs eines Presseerzeugnisses, das geeignet ist, herkömmliche, leserorientierte Zeitungen von hochstehender Qualität vom Markt zu verdrängen, kann folglich aus verfassungsrechtlicher Sicht nicht beanstandet werden, sofern man entgeltlich vertriebene Presseerzeugnisse mit der meinungsbildenden Presse gleichsetzt.

b) Wettbewerbsrechtliche Beurteilung

Gleichwohl verfassungsrechtliche Vorgaben einer Untersagung gratis vertriebener Presseerzeugnisse nicht entgegenstehen, bedeutet dies nicht, dass diese Vorgabe unüberlegt in die Generalklausel des § 1 UWG implementiert werden kann. Die Ausstrahlungswirkung der Pressefreiheit zu Gunsten des herkömmlichen, leserorientierten Pressewesens findet seine Grenzen in den wettbewerblichen Besonderheiten. Zu Recht wird regelmäßig hervorgehoben: „Es ist nicht Aufgabe des Wettbewerbsrechts, wettbewerbliche Strukturen zu erhalten und wirtschaftlichen Entwicklungen nur deswegen entgegenzusteuern, weil sie bestehende Konzeptionen in Frage stellen[208]." Demnach kann es bei der hier zu erörternden Problematik nicht darum gehen, bestimmte Presseerzeugnisse vor einem Wettbewerb mit gratis vertriebenen Konkurrenzerzeugnissen zu schützen, sondern allein um die generelle Gewährleistung eines funktionsfähigen Wettbewerbs.

Ein funktionsfähiges Pressewesen zeichnet sich zuvörderst durch die *Vielfalt* der am Pressemarkt agierenden Unternehmen aus. So sieht es auch das BVerfG:

206 BVerfGE a.a.O., S. 283.

207 So beispielsweise: MANN, WRP 1999, 740 (741).

208 BGH GRUR 1990, 44 (45) – Annoncen-Avis; BGH GRUR 1991, 616 (617) – Motorboot-Fachzeitschrift; AHRENS, WRP 1999, 123 (124); REICHOLD, AcP 193 (1993), 204 (237); KÖHLER, in: Großkommentar, § 1 UWG, D 25; ähnlich bereits: SCHRICKER, GRUR 1980, 194 (203).

„Eine freie, nicht von der öffentlichen Gewalt gelenkte, keiner Zensur unterworfenen Presse ist Wesenselement des freiheitlichen Staates und für die moderne Demokratie unentbehrlich. (...) Das setzt die Existenz einer relativ großen Zahl selbständiger, von Staat unabhängiger und nach ihrer Tendenz, politischer Färbung oder weltanschaulicher Grundhaltung miteinander konkurrierender Presseerzeugnisse voraus[209]."

Die Untersagung gratis vertriebener Presseerzeugnisse aufgrund von § 1 UWG bewirkt zunächst eine Reduzierung der agierenden Presseerzeugnisse[210]. Unter dem Aspekt der Vielfalt als Strukturprinzip wäre die Untersagung unentgeltlich vertriebener Presseerzeugnisse nur dann als geeigneter Eingriff in den Wettbewerbsprozess anzusehen, wenn dadurch zumindest mittelfristig der Erhalt anderer Presseerzeugnisse gesichert würde. Die Geeignetheit einer richterlichen Untersagung setzt also voraus, dass der Gratisvertrieb ein Mittel des Verdrängungswettbewerbs etablierter Verlage ist, das lediglich zeitlich befristet angewandt werden soll, um anschließend zur herkömmlichen Vertriebsform überzugehen. Angesichts der faktischen Gegebenheiten erweist sich diese Hypothese als kaum haltbar. Zum einen entstammen die bislang bekannten gratis vertriebenen Sonntagszeitungen gerade nicht den etablierten Verlagen, sondern werden von Newcomern herausgegeben, die den kostenlosen Vertrieb als Chance begriffen haben, in den kostenintensiven Pressemarkt einzutreten[211]. Zum anderen ist es sehr unwahrscheinlich, dass die betreffenden Zeitungen nur für den Zeitraum des Verdrängungswettbewerbs gratis vertrieben werden. Die Umstellung auf die entgeltliche Vertriebsform dürfte den Lesern wohl kaum nahezubringen sein. Dementsprechend führt die Zulassung gratis vertriebener Presseerzeugnisse zwar zu einer neuartigen Konkurrenzsituation auf dem Anzeigenmarkt. Eine ernsthafte Gefahr der Beeinträchtigung der Vielfalt der am Pressemarkt agierenden Unternehmen dürfte jedoch nicht zu befürchten sein.

Neben der Vielfalt der am Pressemarkt agierenden Unternehmen zeichnet sich ein funktionsfähiges Pressewesen durch die *Qualität* der konkurrierenden Erzeugnisse aus. Dementsprechend beruht die Berechtigung eines gerichtlichen Verbots gratis vertriebener Presseerzeugnisses auf der Prämisse, dass dessen Zulassung zwangsläufig zu einer Senkung des Niveaus führen würde. Die Gleichsetzung von gratis vertriebenen Presseerzeugnissen und einem niedrigen

209 BVerfGE 52, 283 (296).

210 KÖHLER, WRP 1998, 455 (461).

211 Als erste Pioniere des Gratisvertriebs von Sonntagszeitungen sind die „Zeitung zum Sonntag" in Freiburg i.Br. und die „15 Uhr aktuell" in Berlin zu nennen. Bei der „Zeitung zum Sonntag" hat sich erst später ein Großverlag finanziell beteiligt, vgl. MANN, WRP 1999, 740 (743).

journalistischen Niveau ist allerdings zweifelhaft. Als bedenklich werden gratis vertriebene Presseerzeugnisse nur dann eingestuft, wenn sie angesichts ihrer journalistischen Qualität geeignet sind, eine entgeltlich vertriebene Zeitung zu substituieren[212]. Wenn aber im gleichen Atemzug argumentiert wird, die Zulassung des Gratisvertriebs von Presseerzeugnissen führe zu einer Senkung des qualitativen Niveaus auf dem Pressemarkt, so erscheint dies paradox.

Die Vermutung eines Zusammenhangs zwischen einer Zulassung des Gratisvertriebs von Presseerzeugnissen und einer Senkung des journalistischen Niveaus ist zudem aufgrund der Doppelmarktstellung auf dem Pressemarkt fernliegend[213]. Die zahlreichen Interdependenzen zwischen Leser- und Anzeigenmarkt bewirken, dass beide Märkte in einem Reaktionsverbund stehen[214]. So ist es durchaus denkbar, dass der Wettbewerb zwischen entgeltlich und unentgeltlich vertriebenen Zeitungen zu einer Steigerung der redaktionellen Qualität führt. Bei entgeltlich vertriebenen Presseerzeugnissen ist man allein deswegen an einer Steigerung der journalistischen Qualität bemüht, um gegenüber der gratis vertriebenen Zeitung nicht an Boden zu verlieren. Der Herausgeber des gratis vertriebenen Presseerzeugnisses kann durch eine Steigerung der journalistischen Qualität eine breitere Akzeptanz unter den Lesern und damit eine Steigerung der Attraktivität als Insertionsorgan erreichen. Verschieben sich die Marktanteile infolge des Konkurrenzkampfes zwischen entgeltlich und unentgeltlich vertriebenen Zeitungen zu Gunsten der letzteren, so ist dies Ausdruck eines Strukturwandels, in den das Wettbewerbsrecht nicht einzugreifen hat[215]. Eine Qualitätssenkung ist mit der Zulassung des Gratisvertriebs von Presseerzeugnissen jedenfalls nicht zwingend verbunden.

212 BGH GRUR 1956, 223 (225) – Freiburger Wochenbericht; BGH GRUR 1969, 287 (288) – Stuttgarter Wochenblatt I; OLG Hamm, GRUR 1985, 63 (64) – Sonntag in Lippe; OLG Naumburg, WRP 1995, 61 (62) – Amts- und Informationsblätter.

213 Zur Doppelmarktstellung vgl. bereits: 5. Kapitel, C, S. 223 f.

214 KÖHLER, in: Großkommentar, § 1 UWG, D 50; DERS., WRP 1998, 455 (456); DENSE, Die rechtliche Problematik der Anzeigenblätter, S. 88; LEHMANN, Die Verteilung von kostenlosen Presseerzeugnissen, S. 75 (77); AHRENS, in: Handbuch des Wettbewerbsrechts, § 59, Rn. 5.

215 KÖHLER, WRP 1998, 455 (461); beachtlich progressiv hinsichtlich der Zulässigkeit von Anzeigenblättern mit redaktionellem Teil: OLG Karlsruhe, WRP 1996, 118 (120) – Wieslocher Woche.

3. Resümee

Der ständige Gratisvertrieb von Presseerzeugnissen kann terminologisch nicht der abstrakten Wertreklame zugeordnet werden. Die Grundsätze für die wettbewerbsrechtliche Beurteilung der abstrakten Wertreklame, insbesondere das Unlauterkeitsmerkmal Marktverstopfung durch Bedarfsdeckung, sind demnach nicht anwendbar. Begründen lässt sich dies mit der Doppelmarktstellung des Pressewesens. Der Gratisvertrieb ist nicht als zeitlich befristete Maßnahme darauf ausgerichtet, den Leser als neuen Kunden zu gewinnen. Angesichts der Reaktionsverbundenheit zwischen Leser- und Anzeigenmarkt handelt es sich vielmehr um ein in sich schlüssiges Absatzkonzept. Da die Zulassung des ständigen Gratisvertriebs von Presseerzeugnissen weder zwangsläufig zu einer Beeinträchtigung der Vielfalt noch der Qualität auf dem Pressemarkt führt, besteht zudem keine Bestandsgefährdung eines funktionsfähigen Pressewesens. Ganz im Gegenteil: Der Gratisvertrieb bewirkt eine Belebung des Wettbewerbs auf dem Pressemarkt. Da die Offenhaltung des Pressemarktes für neuartige Formen periodischer Presse zum Funktionsprinzip des Pressewesens gehört[216], ist diese Entwicklung sogar wünschenswert. Unabhängig davon, ob es sich um Fachzeitschriften, Anzeigenblätter oder Tagespresse handelt, verstößt der ständige Gratisvertrieb von Presseerzeugnissen demnach nicht gegen § 1 UWG.

216 BULLINGER, in: Isensee/Kirchhof, Handbuch des Staatsrechts, Band VI, § 142, Rn. 57.

ZUSAMMENFASSENDE THESEN

1. Unter Wertreklame im weitesten Sinne versteht man jede Art der Werbung, die dem Kunden besondere Vergünstigungen in Aussicht stellt, um ihn zum Abschluss von Geschäften mit dem Werbenden zu veranlassen. Die Wirkungsweise der Wertreklame ist entscheidend davon abhängig, inwiefern die Gewährung der Vergünstigung vom Abschluss des vom Werbenden erstrebten Rechtsgeschäfts abhängig gemacht wird. Erhält der Kunde die in Aussicht gestellte Vergünstigung lediglich, wenn er mit dem Werbenden ein weiteres Rechtsgeschäft abschließt, spricht man von akzessorischer Wertreklame; erhält er die Vergünstigung jedoch ohne weitere Bedingung, handelt es sich um abstrakte Wertreklame.

2. Kennzeichnend für die akzessorische Wertreklame als wettbewerblicher Aktionsparameter ist die Absatzproportionalität und die damit verbundene Hebelwirkung. Vor allem auf homogenen, oligopolistisch geprägten Märkten kann die akzessorische Wertreklame effektiv eingesetzt werden. Die wettbewerbsrechtliche Zulässigkeit der akzessorischen Wertreklame wird an der Generalklausel des § 1 UWG sowie an den sondergesetzlichen Bestimmungen der ZugabeVO und des RabattG gemessen.

3. Die abstrakte Wertreklame ist für den Werbenden von Bedeutung, weil sie den in der heutigen Informationsgesellschaft bestehenden Mangel an Aufmerksamkeit durchbrechen kann. Da durch die abstrakte Wertreklame Qualität, Verwendungsmöglichkeiten, Wirtschaftlichkeit und sonstige Eigenschaften der betreffenden Ware vorzüglich unter Beweis gestellt werden können, erhöht die abstrakte Wertreklame zudem die Markttransparenz. Neben der Tatsache, dass die Gewährung der Vergünstigung einen Wohlfahrtsgewinn beim Empfänger bewirkt, ist die abstrakte Wertreklame deswegen aus der Sicht des Umworbenen überaus vorteilhaft.

4. Die nach § 1 UWG beurteilten Erscheinungsformen der akzessorischen Wertreklame sind: gekoppelte Vorspannangebote, verdeckte Koppelungsangebote, Werbung mit Garantien, Werbung mit Zinsvorteilen, Werbung mit unmittelbaren Geldzuwendungen und geldwerte Zuwendungen innerhalb der Absatzkette. Als Unlauterkeitsmerkmale werden gegen diese Erscheinungsformen ein Verstoß gegen die Grundsätze des Leistungswettbewerbs, ein übertriebenes Anlocken, eine Erschwerung des Preisvergleichs sowie eine Verschleierungs- bzw. Irreführungsgefahr angeführt.

5. Der Begriff des Leistungswettbewerbs besitzt keine begrifflich-definitorische Aussagekraft und kann daher keinen Beitrag zur Abgrenzung von lauterem und unlauterem Verhalten leisten. Die Konzeption der Rechtsprechung, die den Leistungsbegriff mit den Parametern „Qualität“ und „Preis“ an-

reichert, beruht auf überholten preispolitischen Vorstellungen und widerspricht den Gegebenheiten der Werbewirklichkeit. Sie ist folglich abzulehnen.

6. Als Beurteilungsmaßstab der abnehmerbezogenen Analyse der akzessorischen Wertreklame dient – der Rechtsprechung des EuGH folgend – das Leitbild eines durchschnittlich informierten, aufmerksamen und verständigen Durchschnittsverbrauchers. Die Unlauterkeitsmerkmale des übertriebenen Anlockens und der Erschwerung des Preisvergleichs werden diesem Leitbild nicht gerecht. Aus Aspekten des Abnehmerschutzes ist lediglich eine irreführende akzessorische Wertreklame zu untersagen, insbesondere dann, wenn der Anbieter durch besondere Herausstellungen beim Abnehmer den Eindruck der Preiswürdigkeit des Angebots hervorruft, dieser Eindruck unzutreffend ist und der Anbieter Informationen unterdrückt, die geeignet sind, diesen unzutreffenden Eindruck zu beseitigen.

7. Aspekte des Mitbewerberschutzes werden bei der lauterkeitsrechtlichen Beurteilung der akzessorischen Wertreklame durch die Rechtsprechung zwar selten angesprochen. Die Behinderung von Mitbewerbern kann jedoch zur Sittenwidrigkeit der akzessorischen Wertreklame führen. Dies ist namentlich der Fall, wenn die akzessorische Wertreklame systematisch betrieben wird, der Verkaufspreis des Gesamtangebots niedriger ist als die Summe der Einstandspreise und dadurch die ernsthafte Gefahr einer Verdrängung von Mitbewerbern auf dem Markt des koppelnden Guts begründet wird.

8. Das Zugabeverbot in Gestalt eines abstrakten Gefährdungstatbestandes beraubt die werbenden Unternehmen eines wichtigen Aktionsparameters und nimmt den Abnehmern die Chance, in den Genuss geldwerter Vorteile zu gelangen. Diese wettbewerbsbeschränkenden Wirkungen können mit den Schutzzwecken der ZugabeVO – Gefahr der unsachlichen Beeinflussung des Kunden, Verschleierungs- bzw. Irreführungsgefahr, Gefahr eines Brancheneinbruchs sowie Übersteigerung des Zugabewettbewerbs – nicht gerechtfertigt werden. Zudem ist die Vereinbarkeit der ZugabeVO mit der Warenverkehrs- bzw. Dienstleistungsfreiheit äußerst zweifelhaft. Daher ist die Forderung nach der Aufhebung der ZugabeVO zu erheben. Missbräuche der Zugabenwerbung können gem. §§ 1, 3 UWG entsprechend den Grundsätzen, die für die lauterkeitsrechtliche Beurteilung der akzessorischen Wertreklame entwickelt wurden, unterbunden werden.

9. Das RabattG nimmt den Unternehmen fast vollständig die Möglichkeit der Differenzierung und Individualisierung von Preisen. Die Gefahren, vor denen das RabattG schützen will – Verschleierung überhöhter Preisgestaltungen, Anlocken der Käufer durch übermäßige Nachlässe sowie Verzerrung des Preiswettbewerbs zum Nachteil der Mitbewerber – können diese Beschränkung des Preiswettbewerbs nicht legitimieren. Gleichfalls besteht ein Konflikt mit

der Warenverkehrs- bzw. Dienstleistungsfreiheit. Das RabattG ist daher aufzuheben.

10. Missbräuche der Rabattwerbung können mit den allgemeinen Mitteln des Wettbewerbs- und Kartellrechts wirksam unterbunden werden. Eine irreführende Rabattwerbung mit Mondpreisen ist gem. §§ 1, 3 UWG zu untersagen, wenn der Ausgangspreis des Handelsguts vom Werbenden bewusst überhöht angesetzt worden ist, ohne dass dieser die Absicht hatte, den Ausgangspreis ernsthaft zu fordern. Gegen die aus strukturpolitischen Gesichtspunkten gefährlichen Gesamtumsatzrabatte marktbeherrschender bzw. marktstarker Unternehmen bieten die Bestimmungen der §§ 19 IV, 20 I, IV GWB ausreichenden Schutz.

11. Wichtigste Erscheinungsformen der abstrakten Wertreklame sind die unentgeltliche Abgabe von Waren zu Werbezwecken, Werbegeschenke und die unentgeltliche Leistungserbringung. Während die Gewährung von Werbegeschenken und die unentgeltliche Leistungserbringung vorwiegend mit den abnehmerschutzbezogenen Unlauterkeitsmerkmalen übertriebenes Anlocken und psychologischer Kaufzwang in Verbindung gebracht werden, spielt bei der unentgeltlichen Abgabe von Waren zu Werbezwecken die Fallgruppe marktbezogene Unlauterkeit eine zentrale Rolle.

12. Die Untersagung einer Werbeaktion aufgrund eines übertriebenen Anlockens bevormundet den Abnehmern in seinen Entschließungen und nimmt ihm die Möglichkeit, in den Genuss geldwerter Vergünstigungen zu gelangen. Das übertriebene Anlocken erweist sich demnach als „Leerformel und Schlagwort in der Hand des Richters". Das Merkmal des psychologischen Kaufzwangs in der Ausprägung der Rechtsprechung, die bereits zur Annahme der Sittenwidrigkeit gelangt, wenn die abstrakte Wertreklame eine auf Anstand oder Peinlichkeit beruhende Kaufentscheidung bewirkt, trägt den marktwirtschaftlichen Risikobereichen nicht ausreichend Rechnung. Eine Untersagung ist lediglich statthaft, wenn dem Umworbenen geldwerte Vergünstigungen zugewendet werden und der Werbende den Umworbenen in dieser anfälligen Situation weitergehend beeinflusst, um ihn mit der Intention eines Vertragsschlusses zu belästigen.

13. Mit der abstrakten Wertreklame ist typischerweise keine Mitbewerberbehinderung verbunden. Die Inkriminierung neuartiger Erscheinungsformen der abstrakten Wertreklame unter Bezugnahme auf eine aus Sicht der Mitbewerber unerwünschten Übersteigerung widerspricht der Funktion der geltenden Wettbewerbsordnung.

14. Die Bezugnahme auf Allgemeininteressen impliziert die Berücksichtigung von Marktfolgen einer Werbeaktion. Da das Lauterkeitsrecht in seiner Natur als Sonderdeliktsrecht Verhaltensregeln statuiert, die für alle Marktteil-

nehmer gleichermaßen zu gelten haben, scheidet die Marktmacht bzw. Marktstärke des werbenden Unternehmens als Aufgreifkriterium der sog. marktbezogenen Unlauterkeit aus. Die für diese Fallgruppe erforderliche Quantität an Marktfolgen kann auch nicht durch die Instrumentalisierung einer etwaigen Nachahmungsgefahr begründet werden. Es besteht kein Rechtsgrund, der es ermöglichen könnte, dem Initiator einer Werbeaktion das Verhalten der Nachahmer zuzurechnen. Die marktbezogenen Wirkungen müssen sich demnach aus der zu beurteilenden Werbeaktion selbst ergeben. Für die abstrakte Wertreklame kommt lediglich eine Marktverstopfung durch Bedarfsdeckung in Betracht.

15. Angesichts der Doppelmarktstellung des Pressewesens und der damit einhergehenden Reaktionsverbundenheit zwischen Leser- und Anzeigenmarkt stellt der ständige Gratisvertrieb von Presseerzeugnissen keine Erscheinungsform der abstrakten Wertreklame dar. Vielmehr handelt es sich um ein in sich schlüssiges Absatzkonzept. Folglich sind die Grundsätze für die wettbewerbsrechtliche Beurteilung der abstrakten Wertreklame nicht übertragbar. Die Sittenwidrigkeit des Gratisvertriebs von Presseerzeugnissen lässt sich auch nicht damit begründen, dass eine Gefahr für die Funktionsfähigkeit des Pressewesens droht. Ein funktionsfähiges Pressewesen zeichnet sich durch die Vielfalt der am Markt agierenden Unternehmen und durch die Qualität der journalistischen Leistungen aus. Der Nachweis, dass der ständige Gratisvertrieb einen dieser beiden Faktoren beeinträchtigt, ist bisher nicht erbracht.

LITERATUR

ACKERMANN, THOMAS: Warenverkehrsfreiheit und „Verkaufsmodalitäten" – Zu den EuGH-Entscheidungen „Keck" und „Hünermund", RIW 1994, 189 ff.

AHRENS, HANS-JÜRGEN: Vom stillen Wirken richterlicher Preiskontrolleure – Wettbewerbsverstöße bei Teilzahlungsgeschäften mit Niedrigzinsangebot, GRUR 1991, 501 ff.

AHRENS, HANS-JÜRGEN: „Kostenloser" Vertrieb meinungsbildender Tagespresse – Zum Prognosedilemma des Wettbewerbsrichters, WRP 1999, 123 ff.

AMANN, JOACHIM/JASPERS, ROLAND (HRSG.): Rechtsfragen in Wettbewerb und Werbung, Loseblattsammlung, Stuttgart – München – Hannover – Berlin – Weimar, Stand Juli 1993 (zitiert: Amann/Jaspers, RWW)

ANGEHRN, O.: Sinn und Unsinn der Wertreklame, MA 1972, 177

ARNDT, HELMUT: Macht und Wettbewerb, in: Cox, Helmut/Jens, Uwe/Markert, Kurt (Hrsg.), Handbuch des Wettbewerbs, Wettbewerbstheorie – Wettbewerbspolitik – Wettbewerbsrecht, München 1981, S. 49 ff. (zitiert: Handbuch. des Wettbewerbs)

ASSMANN, HEINZ-DIETER/BRINKMANN, DIETER: Die Gratisverteilung anzeigenfinanzierter Fachzeitschriften, NJW 1982, 312 ff.

ASSMANN, HEINZ-DIETER: Brauchen wir noch ein Rabattgesetz?, in: Rupert Scholz (Hrsg.), Kongress – Junge Juristen und Wirtschaft: Wandlungen in Technik und Wirtschaft als Herausforderungen des Rechts, Bachem – Köln 1985, S. 158 ff. (zitiert: Scholz, Herausforderungen des Rechts)

BADURA, PETER: Staatsrecht – Systematische Erläuterungen des Grundgesetzes für die Bundesrepublik Deutschland, 2. Auflage, München 1996 (zitiert: Staatsrecht)

BARTH, KLAUS/MÖHLENBRUCH, DIRK: Betriebswirtschaftliche Bedenken gegen eine Trennung von Haupt- und Nebenleistung in der Diskussion der Nachfragemacht des Handels, DB 1983, 593 ff.

BARTLING, HARTWIG: Leitbilder der Wettbewerbspolitik, München 1980

BASEDOW, JÜRGEN: Fällt das Rabattgesetz?, ZEuP 1994, 201 ff.

BASEDOW, JÜRGEN: Keck on the facts, EuZW 1994, 225 ff.

BAUDENBACHER, CARL: Suggestivwerbung und Lauterkeitsrecht, Zürich 1978

BAUDENBACHER, CARL: Zur funktionalen Anwendung von § 1 des deutschen und Art. 1 des schweizerischen UWG, ZHR 144 (1980), 145 ff.

BAUDENBACHER, CARL: Machtbedingte Wettbewerbsstörungen als Unlauterkeitstatbestände, GRUR 1981, 19 ff.

BAUER, KURT: Anmerkung zu: BGH GRUR 1974, 474 – Großhandelshaus, GRUR 1974, 476 f.

BAUMBACH, ADOLF/HEFERMEHL, WOLFGANG: Wettbewerbsrecht – Gesetz gegen den unlauteren Wettbewerb, Zugabeverordnung, Rabattgesetz und Nebengesetze, 21. Auflage, München 1999 (zitiert: Wettbewerbsrecht)

BEATER, AXEL: Nachahmen im Wettbewerb – Eine rechtsvergleichende Untersuchung zu § 1 UWG, Tübingen 1995 (zitiert: Nachahmen im Wettbewerb)

BEATER, AXEL: 100 Jahre Gesetz gegen den unlauteren Wettbewerb – Eine Würdigung aus deutscher, rechtsvergleichender und europäischer Sicht, ZEuP 1996, 200 ff.

BEATER, AXEL: Schutzzweckdenken im Recht gegen den unlauteren Wettbewerb, JZ 1997, 916 ff.

BECHER, HANS: Die Werbeware, NJW 1966, 1289 ff.

BECHTOLD, RAINER: Kartellgesetz – Gesetz gegen Wettbewerbsbeschränkungen, 2. Auflage, München 1999 (zitiert: Kartellgesetz)

BECKER, CLAUS-DIETER: Die Aufhebung des Verbotes der Werbung mit Preisgegenüberstellungen gemäß § 6e UWG und das neue EG-Recht, Münster 1996 (zitiert: Die Aufhebung des Verbotes der Werbung mit Preisgegenüberstellungen)

BECKERATH, ERWIN VON U.A. (HRSG.): Handwörterbuch der Sozialwissenschaften, Elfter Band, Verbundwirtschaft-Wert, Stuttgart 1961

BECKERS, ROLF : Werbefahrten im Spiegel der Rechtsprechung, WRP 1981, 182 ff.

BEHRENS, KARL- CHRISTIAN (HRSG.): Handbuch der Werbung, Wiesbaden 1970

BIELER, FRANK: Gedanken zur Tiefenpsychologie und zum Grundsatz der Sachlichkeit in der Werbung, GRUR 1972, 530 ff.

BLECKMANN, ALBERT: Europarecht – Das Recht der Europäischen Union und der Europäischen Gemeinschaften, 6. Auflage, Köln – Berlin – Bonn – München 1997

BÖHM, FRANZ: Wettbewerb und Monopolkampf – Eine Untersuchung zur Frage des wirtschaftlichen Kampfrechts und zur Frage der rechtlichen Struktur der geltenden Wirtschaftsordnung, Berlin 1933 (zitiert: Wettbewerb und Monopolkampf)

Bonner Kommentar zum Grundgesetz, herausgegeben von Dolzer, Rudolf/Vogel, Klaus, Stand: 90. Lieferung, Heidelberg April 1999 (zitiert: Bonner Kommentar)

BORCK, HANS-GÜNTHER: Über die Zugabe von handelsüblichem Zubehör, WRP 1964, 295 ff.

BORCK, HANS-GÜNTHER: Zugaberecht – Ein Wegweiser durch die Zugabeverordnung, Frankfurt a.M. 1974 (zitiert: Wegweiser durch die ZugabeVO)

BORCK, HANS-GÜNTHER: Branchenfremde Vorspannangebote, WRP 1975, 1 ff.

BORCK, HANS-GÜNTHER: Über das Verwerfliche an Vorspannangeboten, WRP 1975, 75 ff.

BORCK, HANS-GÜNTHER: Wertreklame – Leistungs- oder Nichtleistungswettbewerb?, WRP 1976, 285 ff.

BORCK, HANS-GÜNTHER: Über aggressive Wertreklame. Versuch der Abgrenzung unterschiedlicher Unlauterkeitskriterien gegeneinander, WRP 1983, 311 ff.

BORCK, HANS-GÜNTHER: Holzwege im Grenzgebiet von Wertreklame und Preiswettbewerb, WRP 1983, 469 ff

BORCK, HANS-GÜNTHER: Die Interessenabwägung bei irreführender Werbung, WRP 1985, 63 ff.

BORCK, HANS-GÜNTHER: Vorsprung, Vorfeld und Doppler-Effekt im Wettbewerbsrecht, WRP 1989, 145 ff.

BORCK, HANS-GÜNTHER: Zur wettbewerbsrechtlichen Relevanz der Stundung des Kaufpreises, WRP 1989, 699 ff.

BORCK, HANS-GÜNTHER: Zur Psychopathologie der Wertreklame in: Festschrift für Alfred-Carl Gaedertz zum 70. Geburtstag, München 1992, S. 61 ff. (zitiert: Festschrift für Gaedertz)

BORCK, HANS-GÜNTHER: Telefonieren zum Nulltarif?, WRP 1996, 4 f.

BORCK, HANS-GÜNTHER: Eine Lanze für die Zugabeverordnung, WRP 1996, 969 ff.

BORNKAMM, JOACHIM: Anmerkung zu „Keck und Mithouard“, GRUR 1994, 297 f.

BRANDNER, HANS ERICH: Der stumme Zeitungsverkäufer am Laternenmast, GRUR 1996, 531 ff.

BRÜHL, RAIMUND: Das kartellrechtliche Preis- und Konditionenbindungsverbot (§ 15 GWB), Berlin 1982

BUHL, H.: Die Wertreklame – Eine betriebswirtschaftliche Studie, Stuttgart 1929

BÜLOW, PETER: Psychologischer Kaufzwang – ein Schlagwort?, GRUR 1971, 64 ff.

BÜLOW, PETER: Tiefenpsychologie in der Werbung und im Wettbewerbsrecht, WRP 1971, 299 f.

BÜLOW, PETER: Der psychologische Kaufzwang – Zugleich ein Beitrag zur Bestimmung des Begriffs der guten Sitten im Wettbewerbsrecht, Frankfurt a.M. 1972 (zitiert: Der psychologische Kaufzwang)

BÜLOW, PETER: Die wettbewerbsrechtliche Bewertung der Werbung gegenüber Kindern, BB 1974, 768 ff.

BÜLOW, PETER: Preisgestaltung und Rechtswidrigkeit – Zivilprozessuale Grenzen der wettbewerbsrechtlichen Erfassung von Verkäufen unter Einstandspreis, BB 1985, 1297 ff.

BUNTE, HERMANN-JOSEF: Die Beurteilung von Lockvogel- und Sonderangeboten nach § 1 UWG, GRUR 1981, 397 ff.

BURKERT, THOMAS O. J.: „One for two" – Ein Beitrag zur 2-Güte-Frage –, GRUR 1989, 869 ff.

BURKERT, THOMAS O. J: Die Zulässigkeit von Koppelungsgeschäften aus wettbewerbsrechtlicher Sicht, Baden-Baden 1992 (zitiert: Zulässigkeit von Koppelungsgeschäften)

BURMANN, HANS FR.: Das Recht der Wertreklame – Sonderdruck aus dem Loseblatt-Handbuch Werberecht der Wirtschaft, Berlin 1965 (zitiert: Recht der Wertreklame)

BURMANN, HANS FR.: Marktbezogene Unlauterkeit als eigenständiger Tatbestand – Das Problem einer marktbezogenen Unlauterkeit, WRP 1967, 385 ff.

BÜTTNER, HERMANN: Die Irreführungsquote im Wandel – Folgen eines veränderten Normverständnisses, GRUR 1996, 533 ff.

CALLMANN, RUDOLF: Der unlautere Wettbewerb – Kommentar zum Gesetz gegen den unlauteren Wettbewerb und zu den materiellrechtlichen Vorschriften des Gesetzes zum Schutze der Warenbezeichnungen, Mannheim – Berlin – Leipzig 1929 (zitiert: Der unlautere Wettbewerb)

CORDES, CHRISTOPH REINHARD Umweltwerbung – Wettbewerbsrechtliche Grenzen der Werbung mit Umweltschutzaspekten, Köln 1994 (zitiert: Umweltwerbung)

COX, HELMUT/HÜBENER, HARALD: Wettbewerb. Eine Einführung in die Wettbewerbstheorie und Wettbewerbspolitik, in: Cox, Helmut/Jens, Uwe/Markert, Kurt (Hrsg.), Handbuch des Wettbewerbs, Wettbewerbstheorie – Wettbewerbspolitik – Wettbewerbsrecht, München 1981, S. 1 ff. (zitiert: Handbuch. des Wettbewerbs)

DAUSES, MANFRED A.: Die Rechtsprechung des EuGH zum Verbraucherschutz und zur Werbefreiheit im Binnenmarkt, EuZW 1995, 425 ff.

DENSE, HANS-GEORG: Die rechtliche Problematik der Anzeigenblätter in Deutschland unter Berücksichtigung der Verhältnisse in der Schweiz und Österreich, Münster 1974 (zitiert: Die rechtliche Problematik der Anzeigenblätter)

DICHTL, ERWIN/BRINKMANN, KAI-UWE/HARDOCK, PETRA/OHLWEIN, MARTIN/SCHELLHASE, RALF/WOLF, BERNHARD: Der Deregulierungsbedarf bei für die Wirtschaft relevanten Rechtsnormen, Beilage 12 zu Heft 35/1995 des BB

DICHTL, ERWIN: Konsequenzen einer Deregulierung – Das Rabattgesetz als Demonstrationsfall, WiSt 1995, 256 ff.

DOEPNER, ULF: Auslegungsprobleme im Rabattrecht: zur Abgrenzung von unechten Sonderpreisen und Preisnachlässen in Wirtschaftszweigen mit saisonal unterschiedlicher Nachfrage, GRUR 1976, 16 ff.

DOEPNER, ULF: Verbraucherleitbilder zur Auslegung des wettbewerbsrechtlichen Irreführungsverbots – Anmerkungen zum Diskussionsstand, in: Festschrift für Otfried Lieberknecht zum 70. Geburtstag, S. 165 ff., München 1997 (zitiert: Festschrift für Lieberknecht)

DÖLL, HERMANN: Die Berücksichtigung der Nachahmungsgefahr bei Wettbewerbsverstößen, BB 1965, 173 ff.

DOMINICUS, RICHARD: Schutz des Verbrauchers vor irreführender Werbung, Baden-Baden 1990

DÖRINKEL, W: Der Rabatt als Mittel des Wettbewerbs und als Gegenstand der Wettbewerbsbeschränkung, GRUR 1960, 7 ff.

DREIER, HORST: Grundgesetz – Kommentar, Band I, Tübingen 1996 (zitiert: Grundgesetz)

DRESCHER, ROLF-DIETER/LIPS, KARIN: Anmerkung zu BGH, Urteil vom 18.10.1990 – I ZR 113/89, Natur und Recht 1991, 447 ff.

DRETTMANN, FRITZ: Wirtschaftswerbung und Meinungsfreiheit, Frankfurt – Berlin – New-York, 1984

DREXL, JOSEF: Die Einwirkung der Grundrechte auf die Auslegung der Generalklauseln des UWG, in: Schricker, Gerhard/Henning-Bodewig, Frauke, Neuordnung des Wettbewerbsrechts – 11. Ringberg-Symposium des Max-Planck-Instituts für ausländisches und internationales Patent-, Urheber- und Wettbewerbsrecht, S. 163 ff.

DROSTE, HELMUT: Schaufenstermiete in wettbewerbsrechtlicher Sicht, MA 1961, 745 ff.

EBEL, HANS-RUDOLF: Kartellrecht – GWB und EG-Vertrag, Loseblattsammlung, Stand: 34. Ergänzung, Neuwied Mai 1999 (zitiert: Kartellrecht)

EBERT-WEIDENFELLER, ANDREAS: Anmerkung zu „Biowerbung mit Fahrpreiserstattung", GRUR 1991, 543 ff.

EBERT-WEIDENFELLER, ANDREAS: Fahrtkostenerstattung – Verkehrspolitik im Unternehmensinteresse versus Wettbewerbsrecht?, GRUR 1992, 94 ff.

EICHMANN, HELMUT: Die Beurteilung neuer Werbemethoden durch die Rechtsprechung, in: Mitarbeiterfestschrift zum 70. Geburtstag von Eugen Ulmer mit Beiträgen aus dem deutschen, ausländischen und internationalen Recht, Köln – Berlin – Bonn – München 1973, S. 287 ff. (zitiert: Festschrift für Eugen Ulmer)

EMMERICH, VOLKER: Die höchstrichterliche Rechtsprechung zum GWB, ZHR 139 (1975), 476 ff.

EMMERICH, VOLKER: Einfluß sozialer Wertvorstellungen auf den Begriff des unlauteren Wettbewerbs – Das Recht als Vehikel zur Durchsetzung von Gruppeninteressen, in: Giger, Hans/Linder/Willy (Hrsg.), Sozialismus – Ende einer Illusion, Zerfallserscheinungen im Lichte der Wissenschaften, Zürich 1988, S. 625 ff. (zitiert: Giger/Linder, Sozialismus)

EMMERICH, VOLKER: Wettbewerbsbeschränkungen durch die Rechtsprechung, in: Festschrift für Joachim Gernhuber zum 70. Geburtstag, Tübingen 1993, S. 857 ff. (zitiert: Festschrift für Gernhuber)

EMMERICH, VOLKER: Die Reform des Wettbewerbsrechts im Jahre 1994 – Teil 2, FLF 1995, 70 ff.

EMMERICH, VOLKER Übertriebenes Anlocken – Was ist das eigentlich?, in: Festschrift für Henning Piper, München 1996, S. 171 ff., (zitiert: Festschrift für Piper)

EMMERICH, VOLKER: Das Recht des unlauteren Wettbewerbs, 5. Auflage, München 1998 (zitiert: Recht des unlauteren Wettbewerbs)

EMMERICH, VOLKER: Kartellrecht, 8. Auflage, München 1999

FEZER, KARL-HEINZ: Die Grenzen des Selbstbedienungsgroßhandels im Leistungswettbewerb, BB 1976, 705 ff.

FEZER, KARL-HEINZ: Umweltwerbung mit unternehmerischen Investitionen in den Nahverkehr – Zugleich eine Besprechung der Entscheidung „Biowerbung mit Fahrpreiserstattung“ des BGH vom 18. 10. 1990 – I ZR 113/89, JZ 1992, 443 ff.

FEZER, KARL-HEINZ: Europäisierung des Wettbewerbsrechts – Gemeinschaftsrechtliche Grenzen im Recht des unlauteren Wettbewerbs – Kommentar zur jüngsten Entwicklung der Rechtsprechung des EuGH zum Warenverkehrsrecht (Rechtssachen „Yves Rocher“, „Keck und Mithouard“ und „Hünermund“), JZ 1994, 317 ff.

FLEISCHER, HOLGER: Absprachen im Profisport und Art. 85 EGV – eine kartellrechtliche Nachlese zum Bosman-Urteil des Europäischen Gerichtshofs, WuW 1996, 473 ff.

Frankfurter Kommentar zum Gesetz gegen Wettbewerbsbeschränkungen mit einer Darstellung ausländischer Kartellrechtsordnungen, herausgegeben von: Glassen, Helmut/Hahn, Helmut von/Kersten, Hans-Christian/Rieger, Harald, 3. Auflage, Köln 1993 (zitiert: Frankfurter Kommentar)

FREITAG, KLAUS PETER: Der Leistungswettbewerb als rechtliche Denkfigur, Göttingen 1968

GAEDERTZ, ALFRED-CARL: Psychologischer Kaufzwang – Eine Studie anhand aktueller Beispiele, WRP 1970, 287 ff.

GAMM, OTTO-FRIEDRICH FREIHERR VON: Die Grenzen der Wertreklame, WRP 1974, 1 ff.

GAMM, OTTO-FRIEDRICH FREIHERR VON: Das Verbot einer unbilligen Behinderung und einer sachlich nicht gerechtfertigten Diskriminierung – Ein Beitrag zum Spannungsverhältnis von GWB und UWG, NJW 1980, 2489 ff.

GAMM, OTTO-FRIEDRICH FREIHERR VON: Wettbewerbsrecht – Mit Zugabe und Rabattrecht sowie Nebengesetzen und kartellrechtlichen Vorschriften, 1. Halbband, 5. Auflage, Köln – Berlin – Bonn – München 1987 (zitiert: Wettbewerbsrecht, 1. Hb)

GAMM, OTTO-FRIEDRICH FREIHERR VON: Wettbewerbsrecht – Mit Zugabe- und Rabattrecht sowie Nebengesetzen und kartellrechtlichen Vorschriften, 2. Halbband, 5. Auflage, Köln – Berlin – Bonn – München 1987 (zitiert: Wettbewerbsrecht, 2. Hb.)

GAMM, OTTO-FRIEDRICH FREIHERR VON: Gesetz gegen den unlauteren Wettbewerb, 3. Auflage, Köln – Berlin – Bonn – München 1993 (zitiert: Unlauterer Wettbewerb)

GAUGLER, EDUARD: Die Rabattgewährung im Einzelhandel, in: Schriftenreihe der Forschungsstelle für Betriebswirtschaft und Sozialpraxis, München 1958

GERSTENBERG, EKKEHARD: Die sichtbaren Verführer – Verpackung, Vorspann- und Animierangebote, GRUR 1980, 618 ff.

GILLERT, PETER: Die rechtliche Bewertung des sogenannten Anzapfens nach § 1 UWG – Zugleich ein kritischer Beitrag zum Leistungswettbewerb sowie zum funktionsgerechten Wettbewerb, Mainz 1980 (zitiert: Die rechtliche Bewertung des sogenannten Anzapfens nach § 1 UWG)

GILLERT, PETER: Handelsfunktion und Nebenleistung – Zur rechtlichen Relevanz der Begriffe, BB 1981, 702 ff.

GLEIß, A.: Ist die Bindung von Rabatten bei Markenartikeln zulässig?, NJW 1953, 1456 ff.

GLOY, WOLFGANG: Zur Beurteilung gezielter Kampfpreise nach Kartell- und Wettbewerbsrecht, in: Festschrift für Alfred-Carl Gaedertz zum 70. Geburtstag, München 1992, S. 209 ff. (zitiert: Festschrift für Gaedertz)

GLOY, WOLFGANG: Neuere Rechtsprechung zu unlauteren Vertriebsmethoden auf dem Pressemarkt, GRUR 1996, 585 ff.

GODIN, HANS FREIHERR VON: Wettbewerbsrecht – Kommentar zum Gesetz gegen den unlauteren Wettbewerb und zum Zugabe- und Rabattrecht, Berlin 1957 (zitiert: Wettbewerbsrecht)

GOLL, HANS: Kaufscheinhandel und der Begriff des Letztverbrauchers im Sinne der §§ 6a und b UWG, NJW 1975, 1822 ff.

GÖTTING, HANS-PETER: Die neuere Entwicklung des Zugaberechts in Deutschland, Belgien, Frankreich und Schweden: zugleich eine Auseinandersetzung mit der deutschen Rechtsprechung zur Vorspannwerbung; Köln – Berlin – Bonn – München 1986 (zitiert: Entwicklung des Zugaberechts)

GRABITZ, EBERHARD/HILF, MEINHARD: Kommentar zur Europäischen Union – Vertrag über die Europäische Union, Vertrag zur Gründung der Europäischen Gemeinschaft, Loseblattsammlung, Stand: 12. Ergänzungslieferung, München Mai 1998 (zitiert: Kommentar zur Europäischen Union)

GROEBEN, HANS VON DER/THIESING, JOCHEN/EHLERMANN, CLAUS-DIETER (HRSG.): Kommentar zum EU-/EG-Vertrag, 5. Auflage, Baden-Baden 1997 (zitiert: von der Groeben/Thiesing/Ehlermann)

GRÖNER, HELMUT/KÖHLER, HELMUT: Der Selbstbedienungsgroßhandel zwischen Rechtszwang und Wettbewerb, München 1986

Großkommentar zum UWG, herausgegeben von Jacobs, Rainer/Lindacher, Walter F./Teplitzky, Otto; Einleitung, Stand: 9. Lieferung, Berlin 1994; § 1 UWG, Abschnitte C, D, E, Stand: 11. Lieferung , Berlin 1996 (zitiert: Großkommentar)

GRUBER, MICHAEL: Die Erstattung von Fahrt- und Parkkosten im Lichte des Wettbewerbsrechts – Zugleich eine Anmerkung zum Urteil des BGH vom 18. 10. 1990, WRP 1992, 429 ff.

HAHN, RÜDIGER: Vorspannwerbung ohne rechtliche Kopplung und ihre Bedeutung nach § 1 UWG, WRP 1984, 59 ff.

HAMMER, WOLFGANG F.: Die unentgeltliche Verteilung von Originalware – Eine Untersuchung der Zulässigkeit dieser Werbemethode nach § 1 UWG, der ZugabeVO und dem RabattG, Mainz 1970 (zitiert: Die unentgeltliche Verteilung von Originalware)

Handbuch des Kartellrechts, herausgegeben von Gerhard Wiedemann, München 1999 (zitiert: Handbuch des Kartellrechts)

Handbuch des Wettbewerbsrechts, herausgegeben von Wolfgang Gloy, 2. Auflage, München 1997 (zitiert: Handbuch des Wettbewerbsrechts)

HARTWIG, HENNING: Über das Verhältnis von informativer und suggestiver Werbung – Anmerkung zur „Benetton-Werbung" –, WRP 1997, 825 ff.

HAYEK, FRIEDRICH AUGUST VON: Der Wettbewerb als Entdeckungsverfahren, in: Erich Schneider (Hrsg.), Kieler Vorträge, Neue Folge 56, Kiel 1968 (zitiert: Der Wettbewerb als Entdeckungsverfahren)

HAYEK, FRIEDRICH AUGUST VON: Die Verfassung der Freiheit, 3. Auflage, Tübingen 1991

HEERMANN, PETER W.: Handelsüblichkeit von Zugaben – Eine Untersuchung des Begriffs der Handelsüblichkeit nach § 1 Abs. 2 lit. d) ZugabeVO, Pfaffenweiler 1989 (zitiert: Handelsüblichkeit von Zugaben)

HEERMANN, PETER W.: Handelsüblichkeit von Zugaben – Zugleich eine Besprechung der „Ikea-Family-Karte"-Fälle (OLG Düsseldorf WRP 1989, 726 ff.; OLG Frankfurt WRP 1990, 45 ff.; BGH WRP 1991, 225 ff.), WRP 1991, 625 ff.

HEERMANN, PETER W.: Der Deutsche Fußballbund (DFB) im Spannungsfeld von Kartell und Konzernrecht – Dargestellt anhand der Verwertung der Fernsehübertragungsrechte für Spiele des UEFA-Pokal- und des Pokalsieger-Wettbewerbs sowie der Bundesliga durch den DFB, ZHR 161 (1997), 665 ff.

HEERMANN, PETER W.: Garantien, Rückgabe- und Umtauschrechte, Koppelungsgeschäfte – Die ZugabeVO als „Hemmschuh wahrer Leistungssteigerungen"?, WRP 1999, 130 ff.

HEERMANN, PETER W.: Das deutsche Wettbewerbsrecht und die „Keck"-Rechtsprechung des EuGH – Mißverständnisse und Argumentationsdefizite rund um den Begriff der „Verkaufsmodalitäten", WRP 1999, 381 ff.

HEERMANN, PETER W.: Artikel 30 EGV im Lichte der „Keck"-Rechtsprechung: Anerkennung sonstiger Verkaufsmodalitäten und Einführung eines einheitlichen Rechtfertigungstatbestands?, GRUR Int. 1999, 579 ff.

HEFERMEHL, WOLFGANG: Sammelzugaben im Wettbewerb, WuW 1958, 264 ff.

HEFERMEHL, WOLFGANG: Werbung mit Vorspannangeboten, GRUR 1974, 542 ff.

HEFERMEHL, WOLFGANG: Entwicklungen im Recht gegen den unlauteren Wettbewerb, in: Festschrift für Robert Fischer, Berlin – New York 1979 (zitiert: Festschrift für Robert Fischer)

HEFERMEHL, WOLFGANG: Schutz der Privatsphäre vor belästigender Werbung, GRUR 1980, 622 ff.

HEFERMEHL, WOLFGANG: Grenzen des Lauterkeitsschutzes, GRUR Int. 1983, 507 ff.

HEFERMEHL, WOLFGANG : Die Konkretisierung der wettbewerbsrechtlichen Generalklausel durch Rechtsprechung und Rechtslehre, in: Festschrift zum hundertjährigen Bestehen der Deutschen Vereinigung für gewerblichen Rechtsschutz und Urheberrecht und ihrer Zeitschrift, Weinheim 1991, S. 897 ff., (zitiert: Festschrift für GRUR)

HEIL, ULF: Zur wettbewerbsrechtlichen Zulässigkeit von Gewinnspielen, WRP 1989, 647 ff.

HEISEKE, JÜRGEN: „Schmiergelder" als Verkaufshilfen, WRP 1969, 362 ff.

HELLGE, HORST HEINER: Die privatrechtlichen Schranken der Pressefreiheit, Hamburg 1970

HENNING-BODEWIG, FRAUKE: Das Wettbewerbsrecht in Luxemburg, GRUR Int. 1994, 809 ff.

HENNING-BODEWIG, FRAUKE: Neue Aufgaben für die Generalklausel des UWG? – Von „Benetton“ zu „Busengrapscher“ –, GRUR 1997, 180

HERDZINA, KLAUS: Wettbewerbspolitik, 3. Auflage, Stuttgart – New-York 1991

HEUß, ERNST: Allgemeine Markttheorie, Tübingen 1965

HIRTZ, BERND: Die Werbung mit dem Angebot branchenfremder Artikel, BB 1979, 450 ff.

HIRTZ, BERND: Die Relevanz der Marktmacht bei der Anwendung des UWG, GRUR 1980, 93 ff.

HOFMANN, PAUL: Die Akzessorietät der Zugabe, in: Entwicklungstendenzen im Wirtschafts- und Unternehmensrecht – Festschrift für Horst Bartholomeyczik zum 70. Geburtstag, Berlin 1973, S. 161 ff. (zitiert: Festschrift für Bartholomeyczik)

HÖLZLER, HEINRICH/SATZKY, HORST: Wettbewerbsverzerrungen durch nachfragemächtige Handelsunternehmen – Möglichkeiten und Grenzen ihrer Kontrolle, Köln – Berlin – Bonn – München 1980 (zitiert: Wettbewerbsverzerrungen durch nachfragemächtige Handelsunternehmen)

HÖNN, GÜNTHER : Zur Bedeutung spezieller Normen für die Konkretisierung von Generalklauseln am Beispiel des Wettbewerbsrechts, in: Festschrift für Otto Mühl zum 70. Geburtstag, 10. Oktober 1981, Berlin 1981, S. 309 ff. (zitiert: Festschrift für Mühl)

HOPPMANN, ERICH: Zum Problem einer wirtschaftspolitischen Definition des Wettbewerbs, in: Hans K. Schneider (Hrsg.) Grundlagen der Wettbewerbspolitik, 1968, S. 9 ff. (zitiert: Definition des Wettbewerbs)

HOPPMANN, ERICH: Zum Schutzobjekt des GWB – Die sogenannten volkswirtschaftlichen Erkenntnisse und ihre Bedeutung für die Schutzobjektsdiskussion, in: Wettbewerb als Aufgabe – Nach zehn Jahren Gesetz gegen Wettbewerbsbeschränkungen, Bad Homburg v.d.H. – Berlin – Zürich 1968, S. 61 ff. (zitiert: Zum Schutzobjekt des GWB)

HOPPMANN, ERICH: Marktmacht und Wettbewerb – Beurteilung und Lösungsmöglichkeiten, Vortrag gehalten am 25.2.1977 auf dem X. FIW-Symposium in Innsbruck, Stuttgart 1977 (zitiert: Marktmacht und Wettbewerb)

HOPPMANN, ERICH: Behinderungsmißbrauch – Die Entwicklung von per-se Verboten für marktbeherrschende Unternehmen – dargestellt am Beispiel der Umsatzrabatte, Tübingen 1980 (zitiert: Behinderungsmißbrauch)

HOPPMANN, ERICH: Behinderungsmißbrauch und Nichtleistungswettbewerb, WuW 1980, 811 f.

HÖSCH, ULRICH: Der Einfluß der Freiheit des Warenverkehrs (Art. 30 EWGV) auf das Recht des unlauteren Wettbewerbs, Frankfurt 1994 (zitiert: Der Einfluß der Freiheit des Warenverkehrs)

HÖSL, EMANUEL: Interessenabwägung und rechtliche Erheblichkeit der Irreführung bei § 3 UWG, Köln – Berlin – Bonn – München 1986 (zitiert: Interessenabwägung und rechtliche Erheblichkeit)

HOTH, JÜRGEN/GLOY, WOLFGANG: Zugabe und Rabatt – Kommentar zur Zugabeverordnung und zum Rabattgesetz, Berlin – New-York 1973 (zitiert: Zugabe und Rabatt)

HOTH, JÜRGEN: Übertriebenes Anlocken, GRUR 1974, 547 ff.

HOTH, JÜRGEN: Kopplungs- und Vorspannangebot, GRUR 1976, 219 ff.

HOTH, JÜRGEN: Der Zweck des Rabattgesetzes und die Grenzen seiner Auslegung, GRUR 1977, 233 ff.

HOTH, JÜRGEN: Übertriebenes Anlocken durch preisgünstige Zweitangebote?, GRUR 1978, 147 ff.

HUTH, FRIEDRICH: Gutscheinsystem und Zugabewesen, Berlin 1929

IKAS, KLAUS: Zum ständigen Gratisvertrieb von Presseerzeugnissen, insbesondere Stadtmagazinen, WRP 1997, 392 ff.

IMMENGA, ULRICH/MESTMÄCKER, ERNST-JOACHIM: GWB – Gesetz gegen Wettbewerbsbeschränkungen, 2. Auflage, München 1992 (zitiert: Immenga/Mestmäcker, GWB)

ISENSEE, JOSEF/KIRCHHOF, PAUL (HRSG.): Handbuch des Staatsrechts der Bundesrepublik Deutschland, Band VI Freiheitsrechte, Heidelberg 1989 (zitiert: Handbuch des Staatsrechts, Band VI)

JARASS, HANS/PIEROTH, BODO: Grundgesetz für die Bundesrepublik Deutschland, Kommentar, 4. Auflage, München 1997 (zitiert: Jarass/Pieroth)

JETZER, ROLF PETER: Lockvogelwerbung – Die werbepolitisch motivierte Preisunterbietung als unlauterer Wettbewerb, Zürich 1979 (zitiert: Lockvogelwerbung)

JOHANNSON, JÜRGEN: Rabattgesetz und Einzelhandel – Eine Darstellung der Systematik und der Wirkungen des Gesetzes über Preisnachlässe vom 25.11.1993, München 1977 (zitiert: Rabattgesetz und Einzelhandel)

JUNCKERSTORFF, KURT: Die Praxis des Zugabeverbots – Gesetz, Rechtsprechung und Erläuterungen, 3. Auflage, Leipzig 1936 (zitiert: Praxis des Zugabeverbots)

JUNGK, ROLF-DIETER: Die Ausübung wirtschaftlicher Macht als unlauterer Wettbewerb?, Berlin 1997

KAISER, ANDREAS: Werbung – Theorie und Praxis werblicher Beeinflussung, München 1980

KAKIES, DIETER : Verbot der teilweisen kostenlosen Verteilung einer Fachzeitschrift – Anmerkung zu der Entscheidung des Bundesgerichtshofes vom 17. Dezember 1976 – I ZR 26/75 –, AfP 1977, 297 ff.

KAMIN, HEINZ/WILKE, DIETRICH: Die Verkaufsveranstaltung im Handel, Kommentar, Sonderveranstaltungen – Winter- und Schlußverkäufe – Jubiläumsverkäufe – Räumungsverkäufe – Sonstige Verkaufsveranstaltungen, 5. Auflage, Frankfurt a.M. 1987 (zitiert: Die Verkaufsveranstaltung im Handel)

KAMIN, HEINZ: Zur Frage der Handelsüblichkeit nach den Bestimmungen des Rabattgesetzes und der Zugabeverordnung, WRP 1956, 214 ff.

KAUFER, E.: Nochmals: Von der Preistheorie zur Wettbewerbstheorie, in: Klaus Herdzina (Hrsg.), Wettbewerbstheorie, Köln 1975 (zitiert: Von der Preistheorie zur Wettbewerbstheorie)

KEHL, DIETER: Wettbewerbsrecht, Köln – Berlin – Bonn – München 1990

KERBER, WOLFGANG: Evolutionäre Marktprozesse und Nachfragemacht – Das Nachfragemachtproblem im Rahmen einer evolutionären Spielraumanalyse und Kritik seiner bisherigen wettbewerbspolitischen Behandlung, Baden-Baden 1989 (zitiert: Evolutionäre Marktprozesse und Nachfragemacht)

KEẞLER, JÜRGEN: Wettbewerbsrechtliches Irreführungsverbot und Freiheit des Warenverkehrs, EuZW 1991, 107 ff.

KEẞLER, JUTTA: Das System der Warenverkehrsfreiheit im Gemeinschaftsrecht – Zwischen Produktbezug und Verkaufsmodalitäten –, Berlin 1997 (zitiert: Das System der Warenverkehrsfreiheit im Gemeinschaftsrecht)

KIND, W.: Die volkswirtschaftliche Bedeutung des Zugabewesens, Heidelberg 1932

KISSELER, MARCEL: Ist das Rabattgesetz noch zeitgemäß?, WRP 1975, 129 ff.

KISSELER, MARCEL: Das deutsche Wettbewerbsrecht im Binnenmarkt, in: Harmonisierung des Rechts gegen den unlauteren Wettbewerb in der EG? – Referate einer FIW-Veranstaltung, Berlin 1993, S. 25 ff. (zitiert: Harmonisierung des Rechts gegen den unlauteren Wettbewerb in der EG)

KISSELER, MARCEL: Das deutsche Wettbewerbsrecht im Binnenmarkt, WRP 1994, 1 ff.

KISSELER, MARCEL: Ein Meilenstein für den Verbraucherschutz, WRP 1997, 625 ff.

KLAAS, CHRISTOPH : Gesetzesänderung aufgrund Urteilsschelte – Rechtsprechung des I. Zivilsenats des BGH zur Fahrtkostenerstattung und Änderung der ZugabeVO, in: Festschrift für Henning Piper; München 1996, S. 301 ff. (zitiert: Festschrift für Piper)

KLAUE, SIEGFRIED U.A. (HRSG.): Zur Problematik der Fusionskontrolle, Frankfurt a.M. 1971

KLÜNDER, WOLFGANG: Wirkt das Rabattgesetz wettbewerbsbeschränkend?, Tübingen 1986

KNÖPFLE, ROBERT: Die marktbezogene Unlauterkeit – Ist es berechtigt, die Unlauterkeit einer Handlung daraus herzuleiten, daß sie den Bestand oder die Funktionsfähigkeit des Wettbewerbs gefährdet, Tübingen 1983 (zitiert: Die marktbezogene Unlauterkeit)

KNÖPFLE, ROBERT: Schwerpunkte der Rechtsprechung des BGH zum unlauteren Wettbewerb in den Jahren 1982 und 1983, JZ 1984, 923 ff.

KNÖPFLE, ROBERT: Zur Anwendung der Zugabeverordnung auf Sammelgutscheine und Sammelzugaben, NJW 1993, 246 ff.

KNOPS, KAI-OLIVER: Rückgabe- und Umtauschrechte als Zugaben, GRUR 1995, 649 ff.

KOENIGS, FOLKMAR: Wechselwirkungen zwischen Gesetz gegen Wettbewerbsbeschränkungen und Recht des unlauteren Wettbewerbs, NJW 1961, 1041 ff.

KÖHLER, HELMUT/ PIPER, HENNING: Gesetz gegen den unlauteren Wettbewerb mit Zugabeverordnung, Rabattgesetz und Preisangabenverordnung, München 1995 (zitiert: Köhler/Piper)

KÖHLER, HELMUT: Wettbewerbs- und kartellrechtliche Kontrolle der Nachfragemacht, Heidelberg 1979 (zitiert: Kontrolle der Nachfragemacht)

KÖHLER, HELMUT: Nachfragewettbewerb und Marktbeherrschung, Tübingen 1986

KÖHLER, HELMUT: Nebenleistungswettbewerb und Zugabeverbot, in: Marktwirtschaft und Rechtsordnung: Festschrift zum 70. Geburtstag für Prof. Dr. Erich Hoppmann, Baden-Baden 1994, S. 283 ff. (zitiert: Festschrift für Hoppmann)

KÖHLER, HELMUT: Wettbewerbs- und verfassungsrechtliche Fragen der Verteilung unentgeltlicher Zeitungen, WRP 1998. 455 ff.

KÖHLER, HELMUT: „Verkauf unter Einstandspreis“ im neuen GWB, BB 1999, 697

KÖNIG, DIETER: Vertikale Preis- und Konditionenbindung nach deutschem und EWG-Kartellrecht, Berlin 1965

KOPPENSTEINER, HANS-GEORG: Sittenwidrigkeit und Wettbewerbswidrigkeit, WBl 1995, 1 ff.

KOPPENSTEINER, HANS-GEORG: Österreichisches und europäisches Wettbewerbsrecht: Wettbewerbsbeschränkungen, Unlauterer Wettbewerb, Marken, 3. Auflage, Wien 1997 (zitiert: Wettbewerbsrecht)

KOTLER, PHILIP/BLIEMEL, FRIEDHELM: Marketing-Management – Analyse, Planung, Umsetzung und Steuerung, 8. Auflage, München 1995 (zitiert: Marketing-Management)

KOTTHOFF, JOST: Werbung ausländischer Unternehmen im Inland – Die Beurteilung grenzüberschreitender Werbung nach dem internationalen Privatrecht, dem Wettbewerbsrecht und dem Recht der Europäischen Union, Baden-Baden 1995 (zitiert: Werbung ausländischer Unternehmen im Inland)

KOTTHOFF, JOST: Der Schutz des Euro-Marketings über Art. 30 EGV, WRP 1996, 79 ff.

KRAFT, ALFONS: Interessenabwägung und gute Sitten im Wettbewerbsrecht, München – Berlin 1963

KRAFT, ALFONS: Die Berücksichtigung wirtschaftspolitischer und gesellschaftspolitischer Belange im Rahmen des § 1 UWG, in: Entwicklungstendenzen im Wirtschafts- und Unternehmensrecht – Festschrift für Horst Bartholomeyczik zum 70. Geburtstag, Berlin 1973, S. 223 ff. (zitiert: Festschrift für Bartholomeyczik)

KRAFT, ALFONS: Gemeinschädliche Wirtschaftsstörungen als unlauterer Wettbewerb?, GRUR 1980, 966 ff.

KRASSER, RUDOLF: Der Schutz von Preis- und Vertriebsbindungen gegenüber Aussenseitern, Köln – Berlin – Bonn – München 1972

KREITERLING, HANS: Das Problem der Abgrenzung von Leistungs- und Nichtleistungswettbewerb in der Nachfragemacht-Diskussion, Frankfurt a.M. – Bern – Cirencester/U.K. 1980

KRETSCHMER, FRIEDRICH: Aufhebung des Rabattgesetzes, GRUR 1994, 272 f.

KREUZER, K.: Wettbewerb um jeden Preis? Zur Problematik des Verkaufs zu Verlustpreisen im Einzelhandel, WRP 1985, 467 ff.

KRÜGER, CHRISTOF: Zur aktuellen divergierenden „Handy-Rechtsprechung" der Oberlandesgerichte, WRP 1998, 262 ff.

KRÜGER, KAY: Die Systematik des Wettbewerbsrechts – Eine Untersuchung der bestehenden Systematiken unter Berücksichtigung der Tatbestände der Ausbeutung und der Marktstörung, Düsseldorf 1995 (zitiert: Die Systematik des Wettbewerbsrechts)

KRÜGER, TIMOTHY: Die Zulässigkeit der vergleichenden Werbung aufgrund gemeinschaftsrechtlicher Vorgaben – Das Leitbild des mündigen Verbrauchers und die Öffnung der nationalen Märkte, Berlin 1996 (zitiert: Die Zulässigkeit der vergleichenden Werbung)

KRÜGER-NIELAND, GERDA: Schwerpunkte der wettbewerbsrechtlichen Rechtsprechung des Bundesgerichtshofes, WRP 1979, 1 ff.

KÜBLER, FRIEDRICH: Pressefreiheit als Entscheidungsfreiheit des Lesers – Zur Wettbewerbswidrigkeit der fortgesetzten Gratisverteilung anzeigenfinanzierter Druckwerke, in: Presserecht und Pressefreiheit: Festschrift für Martin Löffler zum 75. Geburtstag, München 1980, S. 169 ff. (zitiert: Festschrift für Löffler)

KUNZ, KARL-HEINZ: Das allgemeine Übermaßverbot im bürgerlichen Recht und seine Auswirkungen auf das „übertriebene Anlocken" im Wettbewerbsrecht, Köln – Berlin – Bonn – München 1980 (zitiert: Das allgemeine Übermaßverbot)

KUNZE, GERD F.: Zur wettbewerbsrechtlichen Beurteilung von Gewinnspielen, in: Rechtsfragen der Gegenwart – Festgabe für Wolfgang Hefermehl zum 65. Geburtstag, Stuttgart – Berlin – Köln – Mainz 1972, S. 319 ff. (zitiert: Festgabe für Hefermehl zum 65. Geburtstag)

LANGEN, EUGEN/BUNTE, HERMANN-JOSEF: Kommentar zum deutschen und europäischen Kartellrecht, Band I, 8. Auflage, Neuwied – Kriftel – Berlin 1998 (Langen/Bunte, Kartellrecht, Band I)

LEHMANN, MICHAEL: Wirtschaftspolitische Kriterien in § 1 UWG, in: Mitarbeiterfestschrift zum 70. Geburtstag von Eugen Ulmer mit Beiträgen aus dem deutschen, ausländischen und internationalen Recht, Köln – Berlin – Köln – München 1973, S. 321 ff. (zitiert: Festschrift für Eugen Ulmer)

LEHMANN, MICHAEL: Die Werbung mit Geschenken – Eine juristische Analyse der abstrakten Wertreklame unter besonderer Berücksichtigung der wettbewerbsrechtlichen Beurteilung, Köln – Berlin – Bonn – München 1974 (zitiert: Die Werbung mit Geschenken)

LEHMANN, MICHAEL: Die „neue Sachlichkeit" des BGH im Wettbewerbsrecht, GRUR 1975, 239 ff.

LEHMANN, MICHAEL: Kostenlose Anzeigenblätter und unlauterer Wettbewerb, GRUR 1977, 21 ff.

LEHMANN, MICHAEL: Verkauf unter Einstandspreis und Lockvogelwerbung – Eine rechtsvergleichende Untersuchung, GRUR Int. 1977, 135 ff.

LEHMANN, MICHAEL: Wettbewerbsrecht, Strukturpolitik und Mittelstandsschutz, GRUR 1977, 580 ff, 633 ff.

LEHMANN, MICHAEL: Die Verteilung von kostenlosen Presseerzeugnissen – insbesondere von Anzeigenblättern – und unlauterer Wettbewerb, in: Fischer/Baerns (Hrsg.), Wettbewerbswidrige Praktiken auf dem Pressemarkt – Positionen und Probleme im internationalen Vergleich, Baden-Baden 1979 (zitiert: Die Verteilung von kostenlosen Presseerzeugnissen)

LEHMANN, MICHAEL: Vertragsanbahnung durch Werbung – Eine juristische und ökonomische Analyse der bürgerlich-rechtlichen Haftung für Werbeangaben gegenüber dem Letztverbraucher, München 1981 (zitiert: Vertragsanbahnung durch Werbung)

LEHMANN, MICHAEL: Wettbewerbs- und warenzeichenrechtliche Bemerkungen zur Entscheidung des Bundesgerichtshofs vom 6. Oktober 1983 – Verkauf unter Einstandspreis II, GRUR 1984, 313 ff.

LEIBHOLZ, GERHARD/RINCK, HANS-PETER/HESSELBERGER, DIETER: Grundgesetz für die Bundesrepublik Deutschland – Kommentar an Hand der Rechtsprechung des Bundesverfassungsgerichts, Band I, 7. Auflage, 34. Ergänzungslieferung, Köln November 1998 (zitiert: Grundgesetz)

LEIBLE, STEFAN/SOSNITZA, OLAF: „2 für 1-Vorteil", Rabattgesetz und europäisches Gemeinschaftsrecht – Anmerkungen zur Entscheidung des BGH vom 23.3.1995, GRUR 1995, 515 – „2 für 1-Vorteil", GRUR 1995, 799 ff.

LEIBLE, STEFAN: Abschied vom flüchtigen Verbraucher – Zugleich eine Anmerkung zum Urteil des EuGH vom 2.2.1994 „Clinique" –, DZWir 1994, 177 ff.

LEIBLE, STEFAN: Kfz-Parallelimporte und deutsches Irreführungsverbot – einige Anmerkungen zu OLG Dresden, WRP 1997, 517 ff.

LINDACHER, WALTER F.: Lockvogel- und Sonderangebote – Rechtliche Grenzen selektiver Niedrigpreisstellung, Köln – Berlin – Bonn – München 1979 (zitiert: Lockvogel- und Sonderangebote)

LINDACHER, WALTER F.: Funktionsfähiger Wettbewerb als Final- und Beschränkungsgrund des lauterkeitsrechtlichen Irreführungsverbots, in: Festschrift für Rudolf Nirk zum 70. Geburtstag am 11. Oktober 1992, München 1992, S. 587 ff. (zitiert: Festschrift für Nirk)

LINDEMANN, EGBERT: Markttransparenz und Preispolitik – Betrachtungen zu Begriffen, Wirkungen und wirtschaftspolitischen Einflüssen, speziell auf Konsumgütermärkten, Berlin 1968 (zitiert: Markttransparenz und Preispolitik)

LINDOW, KLAUS-PETER: Markstörung als UWG-Tatbestand – ein Beitrag zum wirtschaftsrechtlichen Charakter des UWG, Bochum 1995 (zitiert: Marktstörung als UWG-Tatbestand)

LOBE, ADOLF: Die Bekämpfung des unlauteren Wettbewerbs, Band I: Der unlautere Wettbewerb als Rechtsverletzung nach dem Bürgerlichen Gesetzbuch und den Nebengesetzen, Leipzig 1907 (zitiert: Die Bekämpfung des unlauteren Wettbewerbs)

LOBE, ADOLF: Die Wertreklame in wirtschaftlicher und juristischer Bedeutung – Ein Gutachten, Leipzig 1928 (zitiert: Die Wertreklame in wirtschaftlicher und juristischer Bedeutung)

LOEWENHEIM, ULRICH: Suggestivwerbung, unlauterer Wettbewerb, Wettbewerbsfreiheit und Verbraucherschutz, GRUR 1975, 99 ff.

LÖFFLER, MARTIN: Presserecht – Kommentar zu den Landesgesetzen der Bundesrepublik Deutschland mit einem Besonderen Teil und einem Textanhang, 4. Auflage, München 1997 (zitiert: Presserecht)

LUCKENBACH, HELGA: Zur konsum- und wohlfahrtstheoretischen Relevanz der Konsumentensouveränität, WiSt 1973, 399 ff.

LÜDER, TILMANN: Anmerkung zu EuGH: Werbeverbot für im Einzelhandel nicht zugelassene Arzneimittel, EuZW 1995, 87 f.

LUDWIG, BABETT: Irreführende und vergleichende Werbung in der europäischen Gemeinschaft, Baden-Baden 1995

MANN, ROGER: „Kostenloser" Vertrieb von Presse – eine Gefährdung der Pressefreiheit? – Erwiderung auf Ahrens, WRP 1999, 123 ff., WRP 1999, 740 ff.

MANTZAVINOS, CHRYSOSTOMOS: Wettbewerbstheorie – Eine kritische Auseinandersetzung, Berlin 1994

MARBE, K.: Psychologie der Wertreklame, Stuttgart 1930

MARSCHALL, HANS: Unlauterer Wettbewerb – Materielles Recht und Verfahren in Wettbewerbssachen, 2. Auflage, München 1993 (zitiert: Unlauterer Wettbewerb)

MARTIN-EHLERS, ANDRÉS: Die Irreführungsverbote des UWG im Spannungsfeld des freien europäischen Warenverkehrs, Berlin 1996

MEFFERT, HERIBERT: Marketing – Grundlagen marktorientierter Unternehmensführung, Konzepte – Instrumente – Praxisbeispiele, 8. Auflage, Wiesbaden 1998 (zitiert: Marketing)

MEIER, GERT: Maßnahmen des Nebenleistungswettbewerbs als unlauteres und marktmißbräuchliches Verhalten im Lebensmittel-Einzelhandel, DB 1980, 721 ff.

MEIER, GERT: Nochmals: Wettbewerbsrecht und Nebenleistungswettbewerb, WRP 1982, 135 ff.

MENKE, BURKHART: Funktionale Entscheidungskriterien in der Rechtsprechung zum bezugnehmenden Werbevergleich, GRUR 1991, 661 ff.

MENKE, BURKHART: Die moderne, informationsökonomische Theorie der Werbung und ihre Bedeutung für das Wettbewerbsrecht, dargestellt am Beispiel der vergleichenden Werbung, GRUR 1993, 718 ff.

MENKE, BURKHART: Die Voraussetzungen der ausnahmsweisen Zulässigkeit von Vorspannangeboten nach § 1 UWG, WRP 1997, 532 ff.

MERKEL, RUDOLF: Zum Schutz des Leistungswettbewerbs durch die Gerichte – Überlegungen zur Novellierung des Wettbewerbsrechts, BB 1977, 705 ff.

MERKEL, RUDOLF: Zum Schutz des Leistungswettbewerbs – Eine Zwischenbilanz, BB 1977, 1176 ff.

MERZ, ANDREAS: Die Vorfeldthese – Die Anwendung von § 1 UWG im Vorfeldbereich der horizontalen Marktbehinderungstatbestände des GWB, Baden-Baden 1988 (zitiert: Die Vorfeldthese)

MESTMÄCKER, ERNST-JOACHIM: Medienkonzentration und Meinungsvielfalt – Eine vergleichende wirtschaftsrechtliche Untersuchung im Auftrage des Bundesministers des Innern, Baden-Baden 1978 (zitiert: Medienkonzentration und Meinungsvielfalt)

MESTMÄCKER, ERNST-JOACHIM: Der verwaltete Wettbewerb – Eine vergleichende Untersuchung über den Schutz von Freiheit und Lauterkeit im Wettbewerbsrecht, Tübingen 1984 (zitiert: Der verwaltete Wettbewerb)

MEYER, ALFRED HAGEN: Bemerkungen zur „Mars"-Entscheidung des EuGH, GRUR Int. 1996, 98 ff.

MEYER, ANGELIKA: Die anlockende Wirkung der irreführenden Werbung, München 1989

MICHEL, ELMAR/WEBER, HANS/GRIES, GERHARD: Das Rabattgesetz, 2. Auflage, München – Berlin 1957 (zitiert: MICHEL/WEBER/GRIES)

MÖSCHEL, WERNHARD: Wettbewerb im Schnittfeld von Rechtswissenschaft und Nationalökonomie, in: Joachim Gernhuber (Hrsg.), Tradition und Fortschritt im Recht – Festschrift, gewidmet der Tübinger Juristenfakultät zu ihrem 500jährigen Bestehen 1977, Tübingen 1977, S. 333 ff. (zitiert: Festschrift für Tübinger Juristenfakultät)

MÖSCHEL, WERNHARD: Pressekonzentration und Wettbewerbsgesetz – Marktbeherrschung, unlauterer Wettbewerb und Sanierungsfusionen im Pressebereich, Tübingen 1978 (zitiert: Pressekonzentration und Wettbewerbsgesetz)

MÖSCHEL, WERNHARD: Rabattgesetz und Deregulierung, Bad Homburg 1996

MÜLBERT, PETER: Privatrecht, die EG-Grundfreiheiten und der Binnenmarkt – Zwingendes Privatrecht als Grundfreiheitenbeschränkung im EG-Binnenmarkt, ZHR 159 (1995), 2 ff.

MÜLLER-GRAFF, PETER-CHRISTIAN: Dienstleistungsfreiheit und Erbringungsformen grenzüberschreitender Dienstleistungen, in: Festschrift für Rudolf Lukes zum 65. Geburtstag, Köln – Berlin – Bonn – München 1989, S. 471 ff. (zitiert: Festschrift für Lukes)

MÜLLER-GRAFF, PETER-CHRISTIAN: Wettbewerbsregeln des gemeinschaftseuropäischen Binnenmarktes, Trier 1991

MÜLLER-GRAFF, PETER-CHRISTIAN: Binnenmarktauftrag und Subsidiaritätsprinzip?, ZHR 159 (1995), 34 ff.

Münchener Kommentar zum Bürgerlichen Gesetzbuch, herausgegeben von Rebmann, Kurt/Säcker, Franz Jürgen, Band 2, Schuldrecht Allgemeiner Teil, §§ 241-432, 3. Auflage, München 1994 (zitiert: Münchener Kommentar)

MYLAEUS, ANDREAS : Die „gefühlsbetonte Werbung" als Erscheinungsform der „unsachlichen Werbung" und ihre Beurteilung nach § 1 UWG, München 1983 (zitiert: Gefühlsbetonte Werbung)

NACKEN, GERT: Fahrpreiserstattung, WRP 1991, 212 ff.

NEES, HELMUT/SAUBERSCHWARZ, WERNER: Verkaufseinheiten – Komplettangebote – Kopplung, WRP 1993, 369 ff.

NETTE, CLAUS-GEORG: Die kartell- und wettbewerbsrechtliche Beurteilung der Preisunterbietung – Eine rechtsvergleichende Untersuchung des Rechtes der Bundesrepublik Deutschland und der Vereinigten Staaten von Amerika, Köln – Berlin – Bonn – München 1984 (zitiert: Die kartell- und wettbewerbsrechtliche Beurteilung der Preisunterbietung)

NEUMANN, CARL WOLFGANG: Historische Entwicklung und heutiger Stand der Wettbewerbstheorie – Kritische Bestandsaufnahme zum Disput zwischen „funktionsfähigem Wettbewerb" und „neoklassischem/freiem Wettbewerb" um ein angemessenes Wettbewerbskonzept, einschließlich der dogmenhistorischen Wurzeln, Königstein/Taunus 1982 (zitiert: Historische Entwicklung und heutiger Stand der Wettbewerbstheorie)

NEUMANN, LOTHAR F.: Die verbraucherpolitische Perspektive von Wettbewerbspolitk, in: Cox, Helmut/Jens, Uwe/Markert, Kurt (Hrsg.), Handbuch des Wettbewerbs, Wettbewerbstheorie – Wettbewerbspolitik – Wettbewerbsrecht, München 1981, S. 149 ff. (zitiert: Handbuch des Wettbewerbs)

NIESCHLAG, ROBERT/DICHTL, ERWIN/HOERSCHGEN, HANS: Marketing, 17. Auflage, Berlin 1995

NIPPERDEY, HANS-CARL: Wettbewerb und Existenzvernichtung – Eine Grundfrage des Wettbewerbsrechts, Berlin 1930 (zitiert: Wettbewerb und Existenzvernichtung)

NIPPERDEY, HANS-CARL: Wettbewerb und Existenzvernichtung, KartRdsch 1930, 127 ff.

NOELLE-NEUMANN, ELISABETH/ SCHRAMM, CARL: Umfrageforschung in der Rechtspraxis, Weinheim 1961

NORDEMANN, WILHELM/NORDEMANN, AXEL/NORDEMANN, JAN BERND: Wettbewerbs- und Markenrecht, 8. Auflage, Baden-Baden 1995

OCHS, GERD: Die kostenlose Verteilung von Fachzeitschriften – Eine Analyse des BGH-Urteils vom 17. 12. 1976 – I ZR 26/75 – Feld und Wald, WRP 1977, 454 ff.

OHLGART, DIETRICH C.: Sales-Promotion und unlauterer Wettbewerb, GRUR 1974, 693 ff.

OHLY, ANSGAR: Richterrecht und Generalklausel im Recht des unlauteren Wettbewerbs – Ein Methodenvergleich des englischen und des deutschen Rechts, Köln – Berlin – Bonn – München 1997 (zitiert: Richterrecht und Generalklausel)

OPITZ, HANS: Zugaben – Ein umstrittenes Gebiet des Wettbewerbsrechts, Waldenburg/Sachsen 1938

PACKARD, VANCE: Die geheimen Verführer – Der Griff nach dem Unbewußtsein in jedermann, Frankfurt a.M. – Berlin 1965

PAEFGEN, THOMAS CHRISTIAN: Psychologischer Kaufzwang – A quo venis et quo vadis? – Zugleich eine Besprechung des Urteils des Hanseatischen Oberlandesgerichts Hamburg vom 12. Januar 1989, ZUM 1989, 362 – „Super-Chance", WRP 1990, 85 ff.

PALACZEK, OTTO: Die volkswirtschaftliche Problematik in der Gesetzgebung und in der Rechtsprechung über das Zugabewesen, Frankfurt a.M. 1959

PALANDT, OTTO: Bürgerliches Gesetzbuch mit Einführungsgesetz, Gesetz zur Regelung des Rechts der allgemeinen Geschäftsbedingungen, Verbraucherkreditgesetz, Gesetz über den Widerruf von Haustürgeschäften und ähnlichen Geschäften, Gesetz zur Regelung der Miethöhe (Art. 3 des 2. WKSchG), Produkthaftungsgesetz, Erbbaurechtsverordnung, Wohnungseigentumsgesetz, Ehegesetz, Hausratsverordnung, 58. Auflage, München 1999 (zitiert: Bürgerliches Gesetzbuch)

PAUL, WOLFGANG: Sind Umtausch- und Rückgaberechte verbotene Zugaben? – Eine Besprechung des Urteils des Bundesgerichtshofs vom 4. Dezember 1997, ZIP 1998, 1124

PAUL, WOLFGANG: Umtausch- und Rückgaberechte als verbotene Zugaben?, GRUR 1999, 34 ff.

PAUSE, HANS-EGON: Die Berücksichtigung der Allgemeinheit bei der Beurteilung wettbewerblichen Handelns, Frankfurt a.M. – Bern – New-York – Nancy 1984

PEDRETTI, RENÉ: Wettbewerb und Zugabewesen, Berlin 1969

PERAU, GUIDO: Werbeverbote im Gemeinschaftsrecht – Gemeinschaftsrechtliche Grenzen nationaler und gemeinschaftsrechtlicher Werbebeschränkungen, Baden-Baden 1997 (zitiert: Werbeverbote im Gemeinschaftsrecht)

PETERSEN, KAY: Die Gratisverteilung von Presseerzeugnissen, WRP 1979, 428 ff.

PFEIFFER, GERD: Das strafrechtliche Schmiergeldverbot nach § 12 UWG, in: Festschrift für Otto-Friedrich Frhr. v. Gamm, Köln – Berlin – Bonn – München 1990, S. 129 ff. (zitiert: Festschrift für v. Gamm)

PIPER, HENNING: Fahrpreiserstattung und Kundenbeförderung als Werbemittel, GRUR 1993, 276 ff.

PIPER, HENNING: Zum Entwurf eines Gesetzes zur Aufhebung eines Rabattgesetzes und der Verordnung zur Durchführung des Rabattgesetzes (Rabattgesetzaufhebungsgesetz – RabattGAufhG), BT-Drucksache 12/6722, WRP 1994, 433 ff.

PRALLE, PETER : Die Wertwerbung – Absatzförderung mit Vergünstigungen, Stuttgart 1974 (zitiert: Die Wertwerbung)

RAISER, LUDWIG: Marktbezogene Unlauterkeit, GRUR Int. 1973, 443 ff.

RASCH, DIETER: Die Bekämpfung des Bestechungsunwesens im Wirtschaftswettbewerb in der Bundesrepublik Deutschland und in den übrigen Mitgliedstaaten der Europäischen Gemeinschaft, Frankfurt a.M. – Bern – New-York 1985 (zitiert: Die Bekämpfung des Bestechungsunwesens)

RATH-GLAWATZ, MICHAEL: Das Recht der Anzeige, Stuttgart 1995

REESE, ULRICH: Grenzüberschreitende Werbung in der europäischen Gemeinschaft – unter besonderer Berücksichtigung der Auswirkungen des Gemeinschaftsrechts auf das Recht des unlauteren Wettbewerbs, München 1994 (zitiert: Grenzüberschreitende Werbung in der europäischen Gemeinschaft)

REESE, ULRICH: Das „6-Korn-Eier"-Urteil des EuGH – Leitentscheidung für ein Leitbild?, WRP 1998, 1035 ff.

REICH, NORBERT: Europäisches Verbraucherrecht – Eine problemorientierte Einführung in das europäische Wirtschaftsrecht, 3. Auflage, Baden-Baden 1996 (zitiert: Europäisches Verbraucherrecht)

REICHOLD, HERMANN: Lauterkeitsrecht als Sonderdeliktsrecht – Zur Rolle zivilistischen Denkens bei der Anwendung von § 1 UWG –, AcP 193 (1993), 204 ff.

REIMER, DIETRICH: Die Gratislieferung nach deutschem Recht, GRUR Int. 1958, 159 ff.

REIMER, EDUARD/KRIEGER, ALBRECHT: Zugabe- und Rabattrecht, Köln – Berlin 1955

REMIEN, OLIVER: Grenzen der gerichtlichen Privatrechtsangleichung mittels der Grundfreiheiten des EG-Vertrages – Bemerkungen zu den Urteilen des EuGH vom 24.11.1993 (Keck und Mithouard) und 15.12.1993 (Hünermund) u.a., JZ 1994, 349 ff.

REUTHAL, KLAUS-PETER: Verstößt das deutsche Irreführungsverbot gegen Artikel 30 EGV?, WRP 1997, 1154 ff.

RINCK, GERD: Gute Sitten im Wettbewerb: insbesondere Verdrängung vom Markt durch übermäßige Werbung, in: Göttinger Festschrift für das Oberlandesgericht Celle, Göttingen 1961, S. 151 ff. (zitiert: Festschrift für das OLG Celle)

RITTNER, FRITZ: Wettbewerbs- und Kartellrecht – Eine systematische Darstellung des deutschen und europäischen Rechts für Studium und Praxis, 5. Auflage, Heidelberg 1995

RÖDDING, GERHARD: Scheinargumente im Wettbewerbsrecht, DB 1969, 1877 ff.

ROTH, WULF-HENNING: Zur Tragweite der Harmonisierung im Recht des unlauteren Wettbewerbs, in: Festschrift für Ernst-Joachim Mestmäcker zum siebzigsten Geburtstag, Baden-Baden 1996, S. 725 ff. (zitiert: Festschrift für Mestmäcker)

RÜFFLER, FRIEDRICH: Der Einfluß des Europarechts auf das österreichische UWG, in: Hans-Georg Koppensteiner (Hrsg.), Österreichisches und europäisches Wirtschaftsprivatrecht, Teil 6/2: Wettbewerbsrecht – UWG, Wien 1998 (zitiert: Österreichisches und europäisches Wirtschaftsprivatrecht, Teil 6/2)

SACHON, WERNER P.: Wettbewerbsrechtliche Probleme des Vertriebs von Freistücken auf dem Fachzeitschriftenmarkt, Mindelheim 1980 (zitiert: Wettbewerbsrechtliche Probleme des Vertriebs von Freistücken)

SACHON, WERNER P.: Die wettbewerbsrechtliche Problematik des Vertriebs von Freistücken auf den Märkten der Fachpresse, WRP 1980, 659 ff.

SACHON, WERNER P.: Fachzeitschriften im Wettbewerbsrecht – Anmerkungen zur neuen Rechtsprechung des BGH („Back-Journal") und zu den Bestrebungen zur Schaffung von Wettbewerbsregeln für den Fachzeitschriftenvertrieb, WRP 1982, 183 ff.

SACK, ROLF: Sittenwidrigkeit, Sozialwidrigkeit und Interessenabwägung, GRUR 1970, 493 ff.

SACK, ROLF: Zur Zulässigkeit von Vorspannangeboten, WRP 1975, 65 ff.

SACK, ROLF: Das Anstandsgefühl aller billig und gerecht Denkenden und die Moral als Bestimmungsfaktoren der guten Sitten, NJW 1985, 761 ff.

SACK, ROLF: Der Verkauf unter Selbstkosten im Einzelhandel, WRP 1983, 63 ff.

SACK, ROLF: Die lückenfüllende Funktion der Sittenwidrigkeitsklauseln, WRP 1985, 1 ff.

SACK, ROLF: Der rechtspolitische Zweck der §§ 6d, 6e UWG, WRP 1989, 693 ff.

SACK, ROLF: Grenzüberschreitende Zugabe- und Rabattwerbung, IPRax 1991, 386 ff.

SACK, ROLF: Rechts- und wirtschaftspolitische Argumente pro und contra Rabattverbot, Mannheim 1994 (zitiert: Rechts- und wirtschaftspolitische Argumente)

SACK, ROLF: Zur Vereinbarkeit des RabattG mit Art. 30 EG-Vertrag, EWS 1994, 181 ff.

SACK, ROLF: Die Auswirkungen des Art. 30 EG-Vertrag auf das Verbot von Eigenpreisvergleichen (§ 6e UWG), BB 1994, 225 ff.

SACK, ROLF: Staatliche Werbebeschränkungen und die Art. 30 und 59 EG-Vertrag, WRP 1998, 103 ff.

SACK, ROLF: Das Verbraucherleitbild und das Unternehmensleitbild im europäischen und deutschen Wettbewerbsrecht, WRP 1998, 264 ff.

SACK, ROLF: Die Präzisierung des Verbraucherleitbildes durch den EuGH, WRP 1999, 399 ff.

SAMBUC THOMAS: Folgenerwägungen im Richterrecht – Die Berücksichtigung von Entscheidungsfolgen bei der Rechtsgewinung, erörtert am Beispiel des § 1 UWG, Berlin 1977 (zitiert: Folgenerwägungen im Richterrecht)

SAMBUC, THOMAS: Monopolisierung als UWG-Tatbestand, GRUR 1981, 797 ff.

SCHERER, INGE: Privatrechtliche Grenzen der Verbraucherwerbung, Berlin 1996

SCHERER, INGE: Wechselwirkungen zwischen Kartellrecht und UWG, WRP 1996, 174 ff.

SCHERER, INGE: Divergenz und Kongruenz der Rechtsprechung des EuGH und des BGH zur Verbraucherwerbung, WRP 1999, 991 ff.

SCHMALEN, HELMUT: Werbung im Meinungsstreit, WiSt 1975, 496 ff.

SCHMIDT, INGO: Wettbewerbspolitk und Kartellrecht – Eine Einführung, Stuttgart 1999

SCHMIDT-BLEIBTREU, BRUNO/KLEIN, FRANZ: Kommentar zum Grundgesetz, 9. Auflage, Neuwied – Kriftel 1999

SCHNIEDERS, CHRISTINE: Allgemeininteressen im Wettbewerbsrecht – Eine Untersuchung zur Rechtstechnik und Legitimation gemeinwohlorientierten Interessenschutzes im UWG, Baden-Baden 1999 (zitiert: Allgemeininteressen im Wettbewerbsrecht)

SCHOLLMEYER, KLAUS: Grenzen der Zulässigkeit bei Probegaben – Zugleich ein Beitrag zur Bestimmung des Begriffs der „guten Sitten" in § 1 UWG, Hamburg 1972 (zitiert: Grenzen der Zulässigkeit bei Probegaben)

SCHOLZ, ULRICH: Der Verkauf unter Selbstkosten oder zurück zur Verordnung über den Wettbewerb, WRP 1983, 373 ff.

SCHÖNHERR, FRITZ: Probleme des österreichischen Zugabe- und Rabattrechts, in: Neue Entwicklungen im Wettbewerbs- und Warenzeichenrecht, Festschrift für Wolfgang Hefermehl zum 65. Geburtstag am 18. September 1971, Heidelberg 1972, S. 163 ff. (zitiert: Festschrift für Hefermehl zum 65. Geburtstag)

SCHOTTHÖFER, PETER: Handbuch des Werberechts in den EU-Staaten – einschließlich Norwegen, Schweiz, Liechtenstein und USA, 2. Auflage, Köln 1997 (zitiert: Schotthöfer, Handbuch des Werberechts)

SCHRICKER, GERHARD/LEHMANN, MICHAEL: Wettbewerbsrechtliche Probleme der Sortimentserweiterung und Diversifikation im Fachhandel, WRP 1977, 289 ff.

SCHRICKER, GERHARD: Gesetzesverletzung und Sittenverstoss – Rechtsvergleichende Untersuchung zur wettbewerblichen Haftung bei Verletzung außerwettbewerblicher Normen, München 1970 (zitiert: Gesetzesverletzung und Sittenverstoss)

SCHRICKER, GERHARD: Entwicklungstendenzen im Recht des unlauteren Wettbewerbs, GRUR 1974, 579 ff.

SCHRICKER, GERHARD: Wettbewerbsrechtliche Aspekte des Verbraucherschutzes, RabelsZ 40 (1976), 535 ff.

SCHRICKER, GERHARD: Deutsches Rabattrecht – Weltweit? Bemerkungen zur Entscheidung des BGH vom 13. Mai 1977 – „Weltweit-Club", GRUR 1977, 646 ff.

SCHRICKER, GERHARD: Die wettbewerbsrechtliche Beurteilung der Gratisverteilung von Fachzeitschriften, GRUR 1980, 194 ff.

SCHRICKER, GERHARD: Deregulierung im Recht des unlauteren Wettbewerbs?, GRUR Int. 1994, 586 ff.

SCHRICKER, GERHARD: Recht der Werbung in Europa – Einführung in das Recht der Werbung – Internationales und europäisches Recht, Baden-Baden 1995 (zitiert: Recht der Werbung in Europa)

SCHRICKER, GERHARD: Hundert Jahre Gesetz gegen den unlauteren Wettbewerb – Licht und Schatten, GRUR Int. 1996, 473 ff.

SCHULZE ZUR WISCHE, JÖRG: Wettbewerbsrechtliche Probleme des Selbstbedienungsgroßhandels, insbesondere das Problem der privaten Bedarfsdeckung, WRP 1975, 636 ff.

SCHÜNEMANN, WOLFGANG B.: Wettbewerbsrecht – UWG, RabattG, ZugabeVO und PreisnangabenVO unter Berücksichtigung des GWB, München – Wien 1989 (zitiert: Wettbewerbsrecht)

SCHÜTZ, JÖRG: Nachahmungsschutz und Unlauterkeit – Zugleich eine Anmerkung zur Entscheidung BGH WRP 1992, 646 („verdeckte Laienwerbung“), WRP 1993, 168 ff.

SCHÜTZ, JÖRG: Rabattgesetz und Gemeinschaftsrecht, EuZW 1993, 409 ff.

SCHWADE, MICHAEL H.: Verteilung von Sonntags-Anzeigenblättern, WRP 1985, 249 ff.

SEVECKE, THORSTEN: Wettbewerbsrecht und Kommunikationsgrundrechte – Zur rechtlichen Bewertung gesellschaftskritischer Aufmerksamkeitswerbung in der Presse und auf Plakaten am Beispiel der Benetton-Kampagnen, Baden-Baden 1997 (zitiert: Wettbewerbsrecht und Kommunikationsgrundrechte)

SEYDEL, HELMUT: Anmerkung zum Urteil des BGH vom 9. Oktober 1968 – Probierpaket, GRUR 1969, 300 f.

SEYDEL, HELMUT: Zugabeverordnung und Rabattgesetz, 4. Auflage, München 1993

SEYFFERT, RUDOLF: Werbelehre – Theorie und Praxis der Werbung, Band I, Stuttgart 1966 (zitiert: Werbelehre)

SOERGEL, HS. TH./SIEBERT, W.: Bürgerliches Gesetzbuch mit Einführungsgesetz und Nebengesetzen, Band 2, Schuldrecht I (§§ 241-432), 12. Auflage, Stuttgart – Berlin – Köln 1990 (zitiert: Bürgerliches Gesetzbuch)

Sondergutachten der Monopolkommission, Band 7 – Mißbräuche der Nachfragemacht und Möglichkeiten zu ihrer Kontrolle im Rahmen des Gesetzes gegen Wettbewerbsbeschränkungen, Baden-Baden 1977

SOSNITZA, OLAF : Wettbewerbsbeschränkungen durch die Rechtsprechung – Erscheinungsformen und Ursachen auf dem Gebiet des Lauterkeitsrechts, Baden-Baden 1995 (zitiert: Wettbewerbsbeschränkungen durch die Rechtsprechung)

SPECKMANN, GERHARD: Die Wettbewerbssache – UWG, MarkenG (geschäftliche Bezeichnungen), Wettbewerbsverfahren, Strategien in Wettbewerbsstreitigkeiten, 2. Auflage, Köln – Berlin – Bonn – München 1995 (zitiert: Die Wettbewerbssache)

SPLIETHOFF, HANS PETER: Verkehrsauffassung und Wettbewerbsrecht – Ein Beitrag zu Begriff, Ermittlung und Relevanz eines lauterkeitsrechtlichen Zentralbegriffs, Baden-Baden 1992 (zitiert: Verkehrsauffassung und Wettbewerbsrecht)

SPRINGER, RALF: Europäisches Gemeinschaftsrecht und die Auslegung des Irreführungsverbots gemäß § 3 UWG, Baden-Baden 1995

STEINDORFF, ERNST: Gemeinsamer Markt als Binnenmarkt, ZHR 150 (1986), 687 ff.

STEINDORFF, ERNST: Unvollkommener Binnenmarkt, ZHR 158 (1994), 149 ff.

STEINHÖFEL, JOACHIM NIKOLAUS: Das Mobiltelefon zum Nulltarif – Zur Abgabe von Mobiltelefonen zu subventionierten Preisen, GRUR 1998, 27 ff.

STERZINGER, HERMANN: Deregulierung im UWG und seinen Nebengesetzen – Ein Weg zur Steigerung der nationalen und internationalen Wettbewerbsfreiheit unter Einbeziehung der Verbraucherinteressen, München 1997 (zitiert: Deregulierung im UWG und seinen Nebengesetzen)

STOBBE, ALFRED: Gesamtwirtschaftliche Theorie, Heidelberg – New-York 1975

STOBBE, ALFRED: Mikroökonomik, 2. Auflage, Berlin – Heidelberg – New-York 1991

STOCKMANN, KURT: Sportübertragungsrechte und Kartellrecht am Beispiel der Europacup-Spiele, ZIP 1996, 411 ff.

STOPPER, MARTIN: Ligasport und Kartellrecht – Die Bündelung von Fernsehübertragungsrechten durch den Deutschen Fußball-Bund im Konflikt mit deutschem und europäischem Kartellrecht unter besonderer Heranziehung des amerikanischen Antitrust-Rechts, Konstanz 1997 (zitiert: Ligasport und Kartellrecht)

STRODTHOFF, HANS-JÜRGEN: Werbung in Wirtschaft und Recht, Hamburg 1964

TEPLITZKY, OTTO: Zur Methodik der Interessenabwägung in der neueren Rechtsprechung des Bundesgerichtshofs zu § 3 UWG, in: Festschrift für Ralf Vieregge zum 70. Geburtstag am 6. November 1995, München 1995, S. 853 ff. (zitiert: Festschrift für Vieregge)

TEPLITZKY, OTTO: Zur Frage der wettbewerbsrechtlichen Zulässigkeit des (ständigen) Gratisvertriebs einer ausschließlich durch Anzeigen finanzierten Zeitung, GRUR 1999, 108 ff.

TETZNER, HEINRICH: Recht und Unrecht der Zugabe, Köln 1953

TETZNER, HEINRICH: Gesetz gegen den unlauteren Wettbewerb – Kommentar, 2. Auflage, Köln 1957 (zitiert: Unlauterer Wettbewerb)

TETZNER, HEINRICH: Rabattgesetz – Kommentar unter Berücksichtigung der Rechtslage in Österreich, Berlin – Frankfurt a.M. 1963 (zitiert: Rabattgesetz)

TETZNER, HEINRICH: Anmerkung zu den Urteilen Meßbecher, Rustikale Brettchen und Kochbuch des BGH, JZ 1977, 29 f.

TETZNER, HEINRICH: Sonderveranstaltungen und Sonderangebote im Einzelhandel nach der Anordnung -AO- vom 4.7.1935, Stuttgart – München – Hannover 1979 (zitiert: Sonderveranstaltungen und Sonderangebote)

TIETZ, BRUNO (HRSG.): Die Werbung – Handbuch der Kommunikations- und Werbewirtschaft, Band 1: Rahmenbedingungen, Sachgebiete und Methoden der Kommunikation und Werbung, Landsberg am Lech 1981 (zitiert: Handbuch der Kommunikations- und Werbewirtschaft)

TILMANN, WINFRIED: Der „verständige Verbraucher", in: Festschrift für Henning Piper, München 1996, S. 481 ff. (zitiert: Festschrift für Piper)

TRAUB, FRITZ: Probleme der Interessenabwägung bei Anwendung des § 3 UWG, in: Festschrift für Rudolf Nirk zum 70. Geburtstag am 11. Oktober 1992, München 1992, S. 1017 ff. (zitiert: Festschrift für Nirk)

TYLLAK, OLAF: Wettbewerb und Behinderung – Eine rechtsvergleichende Untersuchung zur Beurteilung von Individual- und Wettbewerbsbehinderungen nach deutschem und amerikanischem Recht, München 1984 (zitiert: Wettbewerb und Behinderung)

ULMER, EUGEN/REIMER, DIETRICH: Das Recht des unlauterer Wettbewerbs in den Mitgliedstaaten der Europäischen Wirtschaftsgemeinschaft, Band III – Deutschland, München – Köln 1968 (zitiert: Unlauterer Wettbewerb Band III)

ULMER, EUGEN: Sinneszusammenhänge im modernen Wettbewerbsrecht – Ein Beitrag zum Aufbau des Wettbewerbsrechts, Berlin 1932 (zitiert: Sinneszusammenhänge im modernen Wettbewerbsrecht)

ULMER, EUGEN: Das Recht des unlauteren Wettbewerbs in den Mitgliedstaaten der Europäischen Wirtschaftsgemeinschaft, Band I – Vergleichende Darstellung mit Vorschlägen zur Rechtsangleichung, München – Köln 1965 (zitiert: Unlauterer Wettbewerb, Band I)

ULMER, PETER: Rabattgesetz und Wettbewerbsordnung, in: Neue Entwicklungen im Wettbewerbs- und Warenzeichenrecht, Festschrift für Wolfgang Hefermehl zum 65. Geburtstag am 18. September 1971, Heidelberg 1972, S. 201 ff. (zitiert: Festschrift für Hefermehl zum 65. Geburtstag)

ULMER, PETER: Wettbewerbs- und kartellrechtliche Grenzen der Preisunterbietung im Pressewesen, AfP 1975, 870 ff.

ULMER, PETER: Schranken zulässigen Wettbewerbs marktbeherrschender Unternehmen – Eine kartell- und wettbewerbsrechtliche Fallstudie zum Anzeigenwettbewerb auf dem Pressemarkt des Ruhrgebiets, Baden-Baden 1977 (zitiert: Schranken zulässigen Wettbewerbs marktbeherrschender Unternehmen)

ULMER, PETER: Der Begriff „Leistungswettbewerb" und seine Bedeutung für die Anwendung von GWB und UWG-Tatbeständen, GRUR 1977, 565 ff.

ULMER, PETER: Kartellrechtswidrige Konkurrentenbehinderung durch leistungsfremdes Verhalten marktbeherrschender Unternehmen – Eine Zwischenbilanz, in: Recht und Wirtschaft heute – Festgabe zum 65. Geburtstag von Max Kummer, Bern 1980, S. 565 ff. (zitiert: Festgabe für Kummer)

ULMER, PETER: Verbraucherpreisempfehlungen und Rabattverbot – Zur Problematik faktischer Bindungswirkung von Preisempfehlungen für Kraftfahrzeuge aufgrund der Preisangabenverordnung und Rabattgesetz, GRUR Int. 1983, 611 ff.

VAN DEN BERGH, ROGER/LEHMANN, MICHAEL: Informationsökonomie und Verbraucherschutz im Wettbewerbs- und Warenzeichenrecht, GRUR Int. 1992, 588 ff.

VIEREGGE, RALF/STROTHMANN, YORK: Preisausschreiben und Gewinnspiele als Werbemittel – Zugleich eine Anmerkung zur neueren Rechtsprechung, in: Festschrift für Karl-Heinz Quack zum 65. Geburtstag am 3. Januar 1991, Berlin – New-York 1991, S. 139 ff. (zitiert: Festschrift für Quack)

VINCK, KAI: Anmerkung zu OLG Frankfurt a.M., Urteil vom 20.11.1995 – 6 U 140/95, DZWir 1996, 124 f.

WEBER, WOLFGANG: Günstige Finanzierungsangebote – Unzulässige Rabatte oder Zugaben?, WRP 1991, 205 ff.

WERTENBRUCH, JOHANNES: Die zentrale Vermarktung von Fußball-Fernsehrechten als Kartell nach § 1 UWG und Art. 85 EGV, ZIP 1996, 1417 ff.

WEYER, HARTMUT: Freier Warenverkehr und nationale Regelungsgewalt in der europäischen Union – Eine Analyse des Anwendungsbereichs der Art. 30-36 EG-Vertrag auf Grundlage der Rechtsprechung des EuGH, Berlin – New-York 1997 (zitiert: Freier Warenverkehr und nationale Regelungsgewalt)

WILD, DANIEL VON: Der „vernünftige Verbraucher" im Wettbewerbsrecht – Chancen und Risiken einer Deregulierung des Irreführungsverbots durch eine Änderung des zugrundeliegenden Verbraucherleitbilds, München 1998 (zitiert: Der „vernünftige Verbraucher" im Wettbewerbsrecht)

WILDE, OLGA: Wettbewerbsverzerrungen und Wettbewerbsbeschränkungen durch Nachfragemacht, Freiburg i. Br. 1979 (zitiert: Wettbewerbsverzerrungen und Wettbewerbsbeschränkungen)

WILLEKE, FRANZ-ULRICH: Wettbewerbspolitik, Tübingen 1980

WIRTH, GUSTAV: Rabattgabe an den letzten Verbraucher, MA 1953, 109 ff.

WIRTH, ROBERT K.: Gedanken zur Tragweite des Zugabeverbotes, BB 1962, 356 ff.

WIRTZ, KARL-ERNST: Werberegeln nach § 28 II GWB mit dem Zielobjekt der Markttransparenz und die Wettbewerbsfunktion der marktleistungsgesteuerten Erfolgsverteilung, WRP 1978, 854 ff.

WIRTZ, KARL-ERNST: Der unlautere Handel mit dem Handel – Argumente für den Austausch der Funktion in der funktionsbezogenen Rechtsprechung zum „Anzapfen“ mit Sortimentssperre, GRUR 1985, 15 ff.

WITTMANN, WALDEMAR U.A. (HRSG.): Handwörterbuch der Betriebswirtschaft, A-H, 5. Auflage, Stuttgart 1993

WUTTKE, JÜRGEN: Sicherung des Leistungswettbewerbs durch das Verbot der unbilligen Behinderung in § 26 Abs. 4 GWB, Köln – Berlin – Bonn – München 1995 (zitiert: Sicherung des Leistungswettbewerbs)

ZÖLLER, ALEXANDER: Entfällt das Rabattverbot?, GRUR 1993, 953 ff.

ZULEEG, MANFRED: Die Grundfreiheiten des gemeinsamen Markts im Wandel, in: Festschrift für Ulrich Everling, Band II, Baden-Baden 1995, S. 1717 ff., (zitiert: Festschrift für Everling)

ZUMSCHLINGE, ANDREAS: Das Verbot der Werbung mit Preisgegenüberstellungen (§ 6e UWG) in rechtsvergleichender und europarechtlicher Sicht, München 1992 (zitiert: Das Verbot der Werbung mit Preisgegenüberstellungen)

Peter Lang · Europäischer Verlag der Wissenschaften

Guido Hobert

Datenschutz und Datensicherheit im Internet

Interdependenz und Korrelation von rechtlichen Grundlagen und technischen Möglichkeiten
2., durchgesehene Auflage

Frankfurt/M., Berlin, Bern, Bruxelles, New York, Oxford, Wien, 2000. 302 S.
Europäische Hochschulschriften: Reihe 2, Rechtswissenschaft. Bd. 2501
ISBN 3-631-36130-0 · br. DM 98.–*

Unsere Zeit ist geprägt durch den alles beherrschenden Einfluß der digitalen Medien. Kommunikationsforscher sprechen vom Beginn einer neuen technischen Ära: dem Zeitalter der totalen Informations- und Kommunikationsgesellschaft. Diese wird jedoch in Zukunft nicht nur höchste Anforderungen an die multimedialen Technologien stellen, sondern auch neue Fragen im Bereich der Gesetzgebung und Rechtsprechung aufwerfen. In den Mittelpunkt des Interesses rücken in diesem Zusammenhang Schutz und Sicherheit der Datenübertragung. Die Arbeit beschäftigt sich mit dem Spannungsverhältnis von technischer Entwicklung (Datensicherheit) und normativen rechtlichen Vorgaben (Datenschutz). Ziel der Arbeit ist eine Gesamtdarstellung der aktuellen Problematik des Datenschutzes und der Datensicherheit im Internet. Eine Bewertung des vorhandenen Datenschutzes und der bestehenden Datensicherheit sowie ein Ausblick auf deren künftige Entwicklung bilden den Abschluß des Buches.

Aus dem Inhalt: Entstehung, Funktionsweise und Dienste des Internets · Daten und Risiken der Internet-Kommunikation · Technische und rechtliche Möglichkeiten der Gefahrenabwehr · Kryptographie, Digitale Signaturen, Electronic Commerce, Home Banking · Gesamtsituation und Bewertung von Datenschutz und Datensicherheit im Internet

Frankfurt/M · Berlin · Bern · Bruxelles · New York · Oxford · Wien
Auslieferung: Verlag Peter Lang AG
Jupiterstr. 15, CH-3000 Bern 15
Telefax (004131) 9402131

*inklusive Mehrwertsteuer
Preisänderungen vorbehalten

Homepage http://www.peterlang.de

FSC
www.fsc.org
MIX
Papier | Fördert gute Waldnutzung
FSC® C083411

Kolibri 360 GmbH
Ferdinand-Jühlke-Straße 7
99095 Erfurt, Deutschland
produktsicherheit@kolibri360.de

Druck:
CPI Druckdienstleistungen GmbH
im Auftrag der
Kolibri 360 GmbH
Ferdinand-Jühlke-Str. 7
99095 Erfurt